WESTERN
ETHICS
CLASSICS
OF
THE 20TH
CENTURY

20 世纪西方伦理学经典

# 伦理学前沿

## 道德与社会

### ［上］

万俊人　主　编

唐文明　副主编

北京师范大学出版集团
BEIJING NORMAL UNIVERSITY PUBLISHING GROUP
北京师范大学出版社

# 新版序言

　　《20 世纪西方伦理学经典》是我 20 多年前还在北京大学从教时就想做的一件学术工作，但因为各种缘故，断断续续花了近十年时间，直到我辗转清华约五年后，才在唐文明教授等门人的协助下完成此事。感谢彼时担任中国人民大学出版社社长的贺耀敏先生和李艳辉编审，是他们的鼎力支持才使这部近 250 万字的文献集得以在很短的时间内成功出版，并数次重印！大约前年秋，转任北京师范大学出版社总编辑的李艳辉女士同我商议，能否将此书转至她新任总编的北师大出版社再版。艳辉总编先后负责出版过我的多部著作和译著，是我在出版界最信任的朋友之一，她的提议无疑是我必须认真对待的，更何况北师大出版社在她的经略下日新月异，已然成为当今最负学术盛名的大学出版社之一，于是，便有了此书的北京师范大学出版社新版。

　　我深知，翻译编辑这类专业学科类文献的系统选编已不多见。或许是受业师周公辅成先生的影响，抑或为我自己对从教为学的既定"成见"所致，至今我仍相信这样的工作依然是有意义的。业师辅成先生学出老清华国学院，而老清华国学院的"授业"范式是：不单每一类学科而且是每一门课程都需先立范例并确定文献范围，尔后方可开坛论学教学。辅成师早年在北大开招并授业西方伦理学专业的研究生时，便是先编专业文献，然后再编讲义，最后开讲教学的。只可惜，他老人家花费巨大心力和精力编辑的《西方伦理学名著选辑》因"文革"之故，只在"文革"前夕出版了上卷，下卷延迟到上世纪80年代后期才得以杀青。同样的情形也发生在辅成师开设的"西方人道主义史"并编译《西方哲学家、政治学家关于人性论人道主义的言论选辑》一事上。杏坛未已，天意苍茫。学界一如日用世界，许多的人和事确乎都是难以琢磨的，更遑论合理预期和从容信托了。

但无论世事如何变换，总有某种连绵不断的踪迹可寻，相对于社会文明，文化或者普遍意义上的知识往往显示出更顽强也更清晰的"传统"特性和"文脉""谱系"，亦即某种知识、意义和精神信念的连续性。当代的学人喜欢谈论诸如"知识边界"或"学科界限"一类的问题，而且说法甚多，说词亦繁，这大概源自当代学科交叉或所谓"跨学科"趋势日益增强的缘故。果真如是，我以为对于"知识边界"或"学科界限"至关重要的大概有两个因素：其一便是已有的专业知识谱系，其二是专业知识内部的"问题域"，即某专业知识的基本主题及其衍生问题。就此而言，编辑梳理学科经典（文献）的工作不仅不可或缺，而且具有首要地位。这当然只是我个人的"私见"，未必能够得到公认。可执着如此，我自然会我行我素，不改初心了。

职是之故，我便带着学界友人和门下诸弟子一如既往，持续数年，终于完成了这部20世纪西方伦理学的经典选编和翻译，依主题分类集结为四大卷。发行十多年后，出版社和我都意识到一些问题，诸如：开本过大，不便于学生携带；分卷太厚，不便于随时阅读，尤其是精读选读；如此等等。于是，趁此次再版的机会，出版社决定将之分解为较小开本的多卷本重新编排出版，我和唐文明教授非常感谢出版社的这种悉心考量和出版改进。

关于本书的选编、翻译及其背景和寄意等事宜，我在原版的长序中均有交待，这里就不再赘言了。我想再次强调的一点是，这部专业文献选编寄托着我和参编诸君对于某种师门学术传统的尊重和维护，主要目的是为现代西方伦理学专业教学和研究提供一种简要的知识路线图，她直接承接着业师周公辅成先生所主编的《西方伦理学名著选辑》（上、下卷），因此她更近似于一部较为系统的教学参考文献，若还能为非专业的伦理学、甚或人文社会科学爱好者提供某些有益的资源，甚或多少能够满足他们的阅读兴趣和求知愿望，那自然是再好不过的善举了。

是所望焉！

万俊人
急就于 2021 年"五一国际劳动节"，京郊悠斋。

# 编者序言： 20世纪西方伦理学知识镜像

## 一、西方伦理学知识的中国成像

40年前，业师周辅成先生主持编译了两卷本《西方伦理学名著选辑》，交付商务印书馆刊印。但由于种种原因，1964年上卷出版后，下卷却迟迟未能杀青，直到1987年，两卷才得以完整刊出。先生无疑是新中国成立后西方伦理学研究的开拓者，其主编的这两卷文本对于我国西方伦理学的研究和教学所发挥的作用自不待后学如我者言，大凡涉猎伦理学的国内学人，甚至是许多人文社会科学圈内的学人都会有所体会和评价。业师从学之时，西学东渐之势强劲如潮，然，西方伦理学却迟迟难越雷池。这或许与中国之为"道德文明古国"的文化传统身份或特殊地位多有关系。中华文明对西方现代文明的接受过程是经由"器物"到"政制"再到"文化"而渐次展开的，按陈独秀的说法，中国传统道德文化的现代开放乃是这一展开过程的最后阶段，是国人之最难"觉悟者"。不难理解，道德文化或社会"精神气质"(ethos)的改变肯定难于器物功能的改变，更何况是在一个拥有几千年道德文明传统且素来以此为荣的古老国度里实施道德文化的开放与变革。因此，西方伦理学进入现代中国当然也只能是西学东渐的最后一波，其传入的迟缓也就自然而然了。事实上，虽然国人对西方现代的道德价值观念吁求既久且烈，但对西方伦理学的知识援引却只是到了20世纪四五十年代才真正开始，而业师的两卷编译则是这一知识援引事业的标志性成果，至少可以说，绝大部分中国伦理学人都是通过这部两卷本的《西方伦理学名著选辑》，获取西方伦理学的原始知识地图的。

先生早年以中学为业。我曾经问过先生，是什么原因使他从中国哲学转向西方伦理学并最终决定以此为终生学术事业的。先生的回答极为简单却又耐人寻味："因为大家都不做而我又觉得必须去做，所以便做了。"先生当初的学术选择似乎是基于其主观直觉而做出的，可如今想来，这为人所不为的从学之道该要有多大的学术勇气和何等坚定的学术志向！近半个世纪的风雨春秋，先生大半生的荣辱坎坷不都系于他对西方伦理学教研事业的执著么？记得在研究生毕业前夕与我的一次促膝交谈中，先生仰头望着有些灰暗的天花板，几乎是一字一语地对我说："他们要我退休，我不能带你继续读书了，但西方伦理学总还是值得做的，你尽力去做吧！"也几乎就是从那一刻开始，我就再也没有考虑过自己的学术选择。几年后，我写成两卷本的《现代西方伦理学史》，当我把刚刚出版的样书送到先生台前的时候，先生平静地说："哦，好！只是稍急了些。若先把现代西方伦理学的文本资料编好，然后再写此书就更好了。"师言如光，师道如命，觉悟间更有几分沉重与决意。在随后的日子里，我仔细阅读了先生主编的两卷本选辑，并开始计划编译一部《现代西方伦理学名著选辑》以续师业。先生的编译始于古希腊而止于19世纪末，留下待续的恰好是整个20世纪。于是我便决意编译一部较为详尽的《20世纪西方伦理学经典》，按照理论类型和时间演变分为四卷，以期配合先生的奠基性工作，完整地呈现西方伦理学自古至今的知识图像。

西方伦理学的知识传统源远流长，用文本选集的方式所呈现的西方伦理学知识图像，显然只能是一幅粗略的知识草图，但文本选集的方式曾经是，且在我看来依然是我们了解域外文化和知识的一种简明可为的有效方式。比如说，20世纪五六十年代由我的母系北京大学哲学系外国哲学教研室的先生们所编译的数册《西方哲学原著选读》，就一直是国内大学西方哲学教学的基本教材或文本资料。近年来，有关西方哲学的原典移译总体上已经转向对学者或学派之代表性文本的系统翻译。但即便如此，一种"面"的文本了解仍然具有"点"的文本了解所不能替代的作用。譬如，前者更有助于呈现学科知识谱系的连贯性和完整性；更有助于专业知识的非专业化普及——须知：这也是现代知识传播最有效最具市场化力量的方式；更便于有关学科教育课程的普遍开展，如此等等。

业师的两卷本《西方伦理学名著选辑》呈现了西方古典伦理学的知识图像，而我则希望，这部四卷本的《20 世纪西方伦理学经典》能够延伸前书已经呈现的西方伦理学知识谱系，从而使整个西方伦理学知识图像的呈现更为完整连贯，尽管这一知识图像本身已然发生了即使在西方学者看来也是令人眩晕的变化。话说到此，难免牵扯出一个问题：既然 20 世纪西方伦理学知识图像本身如此变化多端，又为何以"经典"名之？学术或理论文本的经典性首先应当体现在文本自身持续长远的思想影响力和理论典范性上，而这又需要一定的时间检验。从这个意义上说，将刚刚过去的 20 世纪的西方伦理学文本冠以经典之名确乎有些冒昧。但我之所以明知故犯，是基于这样两点考虑：其一，我们所选编的大部分文本已然经过了相当长的时间检验，并被公认为 20 世纪西方伦理学的权威性文本。在选编这些文本时，我们参照了多种已在欧美学界获得广泛认可，或者已经成为权威性的大学或研究生基本教材的伦理学选编本，如 Sellars & Hospers 合编的《伦理学理论阅读》(*Reading in Ethical Theory*［1970］)，Steven M. Cahn & Joram G. Haber 合编的《20 世纪伦理学理论》(*20ᵗʰ Century Ethical Theory*［1995］)，Peter Singer 主编的《伦理学指南》(*A Companion to Ethics*［1991］)，等等。其二，文本的经典性总是相对的，伦理学文本的经典性更是如此。我这样说当然不是想用后现代主义的解释方式，来消解现代理论经典及其学术权威性，而仅仅是想表达这样一种或许还有待批评的见解，即任何理论文本的经典性首先应当是由它所表达的思想之时代特征和理论创造性价值所赋予的，其次也应该是由它对于某一学科的知识创新贡献所赋予的，而即使是同时代的学人也应该，而且可能在这两个方面对同时代的知识文本作出合理的评价和选择，尽管毫无疑问，这些同时代的学术评价和选择标准将会因未来学人的再评价或重新选择而发生改变。

对于读者来说，文本总是具有"他者"的文化特性，西方的文本对于中国的读者来说自然就是更遥远、更陌生的"文化他者"，而由于作为文化的道德伦理的知识有着比其他知识更为敏感的"文化意识形态"特征和价值征服性（权力）话语功能，所以，西方伦理学的知识文本对于中国的读者来说，就更可能产生某种精神隔膜，甚至是某种文化恐惧了。事实上，西方伦理学知识图像的中国呈现一直都是不太完整的，有时甚至是模糊不清、扭曲变形的。其所以如此，不仅仅是由于人们显而易见的社会政治原因，或者因为"政治意识形态"之故，而且也由于我们不易察觉和承认的文化传统影响，或者叫做"文化意识形态"的原因。就前者言，由于我们在相当长的时间内把道德伦理问题仅仅看做社会意识形态和国家上层建筑内的问题，忽略了道德伦理作为社会文化精神之价值内核的普遍意义（相对于意识形态或上层建筑的纯政治理解），因而不可避免地把西方伦理学知识化约成了西方资本主义政治原则本身，始终对其保持着高度的政治警惕和文化抵触。就后者论，由于各文化传统之间有着天然的文化异质性，道德伦理价值层面的"不可公度性"（incommensurability）始终是阅读和理解异域伦理学知识文本的一个难以逾越的文化—心理障碍，而具体到现代中国知识界，这种道德知识层面上的文化心理隔膜往往更容易成为文化守成主义的一个有力的借口。

上述两种因素无疑对西方伦理学知识的中国成像产生了很大的影响。十多年前，我曾向伦理学界呼吁，我们需要持守的学术姿态应当首先是"本色的了解"，然后才是理性的批判和选择。但时至今日，这种"本色的了解"仍然是我们所欠缺的，或可说，西方伦理学知识的中国成像至今仍然是不够清晰的。弥补这一基础性的知识欠缺，正是我们编译本书的初衷之一。好在时至今日，不仅是当代中国的知识学人，而且是当代中国的普通民众，都逐渐意识到了这样一个道理：社会的开放不可能限制在某些"器物"技术性的层面或学术局部，更不可能回避来自各个方面或层面的参与和竞争。问题的关键不在于我们必须面对什么，而在于我们如何面对！如果我们把西方伦理学知识不仅仅当作一种异质的社会意识形态，而且也看做一种有差异的文化竞争者和知识资源，那么，我们就会以一种学习和竞争的姿态，面对这一来自异域的"地方性知识"，并从中寻求和吸收一切有益于丰富我们自己的道德文化知识的资源，将中西伦理学的会面与交流看做中国地方性道德知识扩展为普遍意义上道德知识的机遇。就此而论，首先获取一幅较为完整的西方伦理学知识图像就不仅是必要的，而且也是有益的。这一确信几乎又可以说是我们编译本书的基本动力和目标。

## 二、20 世纪西方伦理学知识镜像

麦金太尔教授在其《追寻美德》一书的开篇即大胆断言："后启蒙时代"的西方伦理学由于传统的中断已然只剩下一些道德知识的"碎片"而显得缺乏充分的理论可信度和实践解释力。这一西方式的自我批评可能有些言过其实，但就 20 世纪西方伦理学发展的整体而论，又很难说麦氏的此一论断全然是空穴来风。

道德知识首先是一种地方性知识，而且总是以传统的方式生长和传承着。这是为什么在此一传统中被视为正当或者善的行为在彼一传统中却可能被看做不当或者恶的行为的根本缘由。比如说，云南傣族的"阿注婚姻"（一妻多夫婚姻制的变形？！）在道德伦理上就难以为汉族所接受。所以我们可以说，任何道德知识首先必定是一种"地方性知识"，然后才可能成为一种普适性知识，因而必须首先在特定的道德文化传统语境中才可能被正确地了解和理解。麦金太尔对西方"后启蒙时代"道德知识的状况的指摘正是基于其脱出传统、一味追求普遍理性主义道德知识的主流趋势有感而发的。事实上，20 世纪的西方伦理学首先就是从这种伦理知识的科学化寻求起步的。1900 年，英国伦理学家摩尔《伦理学原理》一书的出版被看做一个具有划时代意义的伦理学知识事件。它第一次系统地批判了各种已有的伦理学所触犯的一个共同"谬误"——即所谓"自然主义谬误"：人们一直试图用某种自然的或人为的东西来定义"非自然的"道德的"善"概念，实际是用某种事实性的东西来定义价值（善）概念，而真正的道德价值（善）却是不可定义的，一如"红色"不可定义一样。摩尔的批判复活了 18 世纪"休谟命题"的非认知主义力量：我们不能合乎逻辑地从"是然"（事实命题）中推导出"应然"（价值命题），因此关于道德的学问能否成为一门科学或知识仍然是一个疑问。伦理学的知识合法性再一次以——与休谟的质疑相比——更彻底的方式突显出来，成为 20 世纪上半叶西方伦理学争论不休的中心课题，由是，所谓"元伦理学"（meta-ethics）或"批判的分析伦理学"（critical analytical ethics）也就成为20世纪西方伦理学的主流之一。

"元伦理学"的突显无疑是现代科学主义压迫的文化后果之一，然而，道德的人文本性决定了道德知识无法满足科学技术化知识标准的"非科学"命运。一种学院式或学究式的道德知识永远只能是灰色的理论，无法真正反映丰富多彩的人类道德生活世界。如果说人类的道德知识只能寄居于特定的道德文化传统并以文化的而非科学知识的方式生长的话，那么，麦金太尔关于"后启蒙时代"之道德知识碎片化的理论论断，就不啻对现代西方道德知识状况的文化诊断，而这一诊断的依据正来源于尼采的"道德谱系"理论。站在"世纪的转折点上"（周国平语），尼采以超人的智识洞见到，当康德、黑格尔式的理性主义伦理学在19世纪后期登峰造极之时，人类自身的道德知行潜能便已然枯竭见底。道德首先是一种实践智慧和意志能力，一旦它被迫蜕化为某种形式的知识技术，人类社会便不再存有任何道德崇高的渴望和英雄主义的道德激情。普遍形式化的知识所要求的是强求一律和恒定不变，而道德智慧却要求实践崇高和价值超越。尼采用一种极端的提问方式将他在19世纪末叶所发现的道德疑问交给了20世纪：在我们这个道德（文化）谱系多元化而且充满族群意志力的人类生活世界里，一种普遍的道德知识如何可能？

尼采的声音春雷般地随着20世纪西方世界的思想年轮一起滚动，不绝于世，以至于我们无法因为时间的分界而将生活在19世纪的尼采排除在20世纪西方伦理学的发展过程之外。最先发出响应的是胡塞尔及其所发动的现象学—存在主义哲学思想运动，它不可避免地带来了西方20世纪伦理学的革命性骚动：拨开理性主义的哲学天幕，反省现代科学主义及其所导致的价值观念危机，重返生活世界本身，成为20世纪前中期西方伦理嬗变的又一主题。由是，存在主义本真伦理学、生命伦理学和形形色色的人本主义伦理学相继登台。你方唱罢我登台，各领风骚数十年。20世纪前中期的西方伦理学既有学究式的逻辑游戏，又有迪斯科式的思想宣泄。

思想的宣泄源于过度积压的思想爆发。20世纪的确是一个太多思想刺激的世纪：仅仅在前半个世纪的40年间便爆发两次世界大战，这本身也许是人类文明史上绝无仅有的劫数！经济大萧条、饥荒、"冷战"、核威胁、种族屠杀与地区冲突、传染病与生态危机、恐怖与征服……几乎所有灾难和悲剧都在这个世纪迸发，人们不能不日有所思，夜有所梦，陷入难以摆脱的心灵焦虑。然而，生活的磨难常常成为思想的温床，甚至成为人文知识的增长动力，这仿佛又是人类文明行进的悲剧性逻辑！在欧洲大陆，这一逻辑显示为伦理思想的深度进展和广度扩张，似乎可以肯定地说，没有哪一个世纪能够像20世纪的欧洲大陆这样产生如此众多的道德"主义"和伦理"学说"，形成如此富有张力的伦理思想和道德理论。存在与虚无、自我与他者、生命与天道、心理与身体或者灵与肉、形上与反形上、人与自然，以及现代与后现代或后后现代，几乎人类所有的道德经验、道德情感、道德观念和伦理问题都挤压在这个世纪，一起迸发出来。与之对照，在美国，这一逻辑却更多地表现为知识的生长与积累。一方面，由威廉·詹姆斯在19世纪末叶创造的"美国哲学"即实用主义，迅速成为20世纪的显学，这种被称为"美国精神"之灵魂和核心的哲学，不仅缔造了"美国哲学的谱系"（C. West语），成为美国开始摆脱其对于欧洲文化母体的精神依赖的基本标志，而且还凭借着20世纪迅速强大起来的美国国力，向世界各地迅速扩张，本土化的地方性哲学知识一跃成为普遍意义上的哲学知识。当美国人自豪地宣称詹姆斯使美国从一个哲学进口国一跃成为哲学出口国并把詹姆斯奉为"哲学的爱国者"（康马杰：《美国精神》）和美国的精神英雄时，他们实际上也在告诉世人：美国不仅要成为20世纪的经济强国、政治强国和军事强国，而且也将要成为精神文化的强国。另一方面，正是这一强烈而深远的动机，促使美国利用两次世界大战的机会，在大力扩张自己的物质势力的同时，也大量引进或接受了来自欧洲大陆一批又一批科学家、哲学家和人文社会科学家，获取了前所未有的技术资源和智力资源。也就是说，20世纪中后期的知识学人的地域迁徙，使美国实际上已经成为全球的科技创造中心、思想创造中心和知识创造中心。

虽然美国实用主义哲学根本上只不过是美国现代典型经验的观念反映，一种地道的工具主义目的论道德哲学。然而，它却再典型不过地揭示了西方"现代性"道德危机的秘密：实用理性至上，让包括道德在内的一切人类和人类社会事务都暴露于市，使其接受竞争和交易规则的检验！西方"现代性"的道德危机给西方宗教的复兴提供了机遇，一如中世纪晚期的宗教危机给近代人道主义的启蒙运动提供了历史机遇一样。在整个 20 世纪，西方宗教尤其是宗教伦理主要是作为一种社会文化批判的精神力量而复活和发展起来的。在市场经济和商业社会的环境下，现代世俗伦理不断降低价值目标和道德标准，正当合理性的规范化诉求逐步掩盖甚至替代了人类对卓越与崇高的美德追求。缺乏终极价值关怀成了现代人普遍的道德缺失，因之也成了现代社会最稀有的道德精神资源。人类需求最大的往往是其最缺乏的。现代宗教伦理正是从这一缺口切入现代社会的。20世纪的西方宗教伦理构成了整个 20 世纪西方伦理知识体系中最重要也最连贯的一脉，从 20 世纪之初的人格主义，到马里坦的"神学人道主义"；从神正道义，到当今方兴未艾的宗教生态伦理学；西方各种形式或教派的宗教都在充分利用自身的价值精神资源和现代社会文明的缺陷，用道德批判的方式参与并干预现代社会生活，神学道德或宗教伦理学成为 20 世纪西方伦理学知识图像中主要构成之一。

然而，对"现代性"道德的批评与辩护始终是 20 世纪西方伦理学演进的主线。进至 20 世纪后期，这一主线演化为两个相互交错层面上的理论争论：一个是现代主义与后现代主义之间的争论，其中的道德争论更多地行进在关于"文化政治"（the politics of culture）和"文化哲学"（the philosophy of culture）的语境之中，而且所谓"后现代（主义）伦理学"至今仍然处在朦胧不清的生长初期，除了李约塔尔、鲍曼等少数后现代思想家开始讨论后现代伦理问题之外（见李氏的《后现代道德》和鲍氏的《后现代伦理学》），真正谈论后现代伦理学的学者并不多见。事实上，充满解构力量的后现代话语究竟如何谈论甚是否能够谈论天性持守规范秩序的道德伦理话题，仍然还是一个问题，期待用后现代叙事方式去建构某种后现代伦理学，就更是一个疑问了。

另一个层面是"现代性"思想内部的理论争执，其中以新自由主义、共同体主义（社群主义）和文化守成主义（一说"文化保守主义"）三家最为突出。自由主义原本是西方现代社会的意识形态——即一种具有宰制性思想力量的社会观念形态，如何辩护和完善这一观念形态及其社会价值权威，始终是西方思想界的头等大事。20 世纪 70年代伊始，美国哈佛大学伦理学和政治哲学教授罗尔斯发表《正义论》(1971)，标志着 20 世纪西方伦理学的重大转折，即伦理学从学理式的纯伦理学知识论探究转向道德实践规范的重新建构。康德社会契约论的普遍主义规范伦理学传统得以复兴。与此同时，一种基于亚里士多德美德伦理或黑格尔历史主义传统的共同体主义（一译"社群主义"）伦理学也开始抬头，并与新自由主义伦理学形成鲜明对照，而与共同体主义有着内在亲缘关系的文化守成主义也悄然兴起，并逐渐成为一种全球性的当代伦理思潮。然而，当代西方伦理学的三足鼎立并不具有内在分裂的知识异质性或理论异质性，毋宁说，它们之间的理论竞争更像是一场话语权力的争夺，一如江湖门派之争终究无外乎武林势力的较量一样。不过，任何有关"现代性"的道德话语都无法脱开当代世界的社会语境，因而，当代西方伦理学所讨论的课题，诸如，自由与平等、正义与秩序、规范与美德、权利与制度、个体与群体等，实际也是全球伦理的当代主题。从这个意义上说，由罗尔斯引发的当代西方伦理学讨论不仅不会随着 20 世纪的结束而结束，而且也不会只限于西方伦理学的语境，关于上述课题的讨论将会而且实际上已经开始进入 21 世纪全球伦理的公共论坛，成为新世纪人类社会的共同话题。有鉴于此，我想特别强调，在我们这个时代和社会里，阅读 20 世纪西方伦理学的文本已经不再只是在阅读"文化他者"，它实际上也是一种本土文明或文化的道德自我阅读，包括对我们自身道德文化传统的重新解读，以及更重要的是对我们现实生活情景与意义的道德解读！

## 三、道德谱系与知识镜像

毫无疑问，20 世纪西方伦理学的发展展现出一种异常复杂多变的知识状态，无论人们是用"破碎凌乱"还是用"丰富多彩"来描绘这一知识状态，实际上都无关紧要，对于我们来说，重要的是通过解读那些显露抑或遮蔽这种知识状态的典型文本，了解这一知识状态背后的道德实在、道德实在与伦理知识之间的互动关联，以及有可能和有必要了解的西方伦理学知识镜像之于当代中国伦理学知识生长的复杂意义。

尼采的说法是对的。任何道德都以谱系的方式存在和发展着，没有一种无谱系生成的一般道德。不同民族、不同群体、不同阶层，其所形成并信奉的道德伦理都从属于他们各自不同的生活方式、生活环境和生活目标（理想）。因此在道德实在论的意义上说，任何一种道德知识或者道德观念首先都必定是地方性的、本土的，甚或是部落式的。人们对道德观念或道德知识的接受习得方式也是谱系式的。儿童首先是从其父母身上和家庭生活中习得原初的道德知识，而不是从书本中获取其道德知识的。必须明白，道德知识乃是一种特殊的人文学知识，而所谓人文学知识（the knowledge of humanities）不是现代知识意义上的"科学技术知识"，或者用时下的技术语言来说"可编码化的知识"，而是一种最切近人类自身生活经验的学问或生活智慧。当然，今天的儿童也可以从诸如电视和网络上习得某些普遍标准化的道德知识，如一些商业广告或社会宣传所传达的道德信息。但无论如何，这些公共的道德信息都远不及父母的言传身教对儿童的影响来得直接和根本，后者的体认式知识传授方式恐怕是永远不可替代的。

这样说来，伦理学的知识生成和传播就面临着一个难以消解的矛盾：如果伦理学是一门真正的科学，其知识就必须是超道德谱系的，或者用康德式的术语来说，必须是可普遍化的，否则，就不能叫做知识，而只能叫做常识或经验。反过来，如果脱开具体的道德文化传统或道德谱系，伦理学的知识最多也只能是一种纯形式的知识，不具有任何实质性的内容，因而很难对人们的道德实践发生普遍的实质性价值影响。如果有人对那些食不果腹、衣不蔽体的非洲部落居民宣讲自由和平等的人权原则，他或者她除了漠然、疑惑和失望之外，肯定不会得到任何实质性的价值满足。

不过，这并不是反驳基于普遍理性或普遍道德推理之上的伦理知识论的充分理由，人们同样可以反驳说，如果普遍的伦理学知识绝无可能，人类又是如何达成相互间的道德理解和道德共识的？毕竟人类社会实际上在诸如正义、和平、良知和爱等一些基本的道德伦理价值理念上有着相当程度的分享和共识。麦金太尔曾经承认并且希望，各个道德谱系或道德文化传统在达成对本谱系或本传统及其它们自身的连贯性发展的具体确认之后，有可能而且应该通过它们相互间的解读、对话和"翻译"（不仅是文本的，而且还有道德观点或文化价值观念的），寻求某些道德共识。然则，麦金太尔似乎仍然拒绝了诸如康德和罗尔斯等人主张的普遍主义伦理学知识的实际可能。相比之下，我个人可能要比麦金太尔先生更乐观一些，但也不及罗尔斯先生那般大胆，主张比如说他晚年在《万民法》(1999) 一书中所倡导的那种或可称之为万民自由主义的价值立场。我相信，道德知识首先是一种寄居于各特殊道德谱系之中的地方性或本土化知识，不同的地方性道德知识之间的确存在着某些不可通约或公度的知识元素。然而我也相信，某种基于相互沟通和相互理解的道德共识并非是完全不可能的，关键取决于各地方性道德知识是否有相互了解、相互学习的愿望，是否能够保持一种相互宽容、相互增进或共生共荣的文化姿态。况且，道德知识的普遍化实际上也是每一种地方性道德知识的生长愿望，在一个开放和竞争的时代，没有哪一个道德文化传统或哪一种地方性道德知识会轻易放弃这种普遍生长的愿望，问题是，每一种地方性道德知识或道德文化传统都必须明白，这一愿望的实现首先是以"文化平等"（参见 Brain Barry, *Culture and Equality*，2003）和相互学习、相互理解为基本前提和条件的。就此而论，一种平等的文化心态和学习理解的学术姿态，也应当是我们阅读 20 世纪西方伦理学的经典文本的基本态度。

最后我想特别说明一下，作为一名普通的伦理学知识传授者，我自身的知识局限同时也决定了这部四卷本的《20 世纪西方伦理学经典》的知识局限性。这不是参与本书编译工作的其他学人的过错，而是作为本书主编的我难以短期改善的问题。然而无论如何，我不想因为自身的局限而限制甚至挫伤本书读者的知识了解愿望，克服这种局限的唯一办法只能是，请那些想了解 20 世纪西方伦理学知识本相的读者，在翻阅本书之后，进一步研读这一时期各西方伦理学家更详细的著述文本，获取更完整更详尽的 20 世纪西方伦理学的知识图像。就此而言，本书所能起到的最大作用只不过是提供一种知识索引或知识草图而已。

万俊人

2003 年 12 月中旬成稿于广州中山大学紫荆园

12 月下旬定稿于北京西北郊蓝旗营小区悠斋

# 目　录

## ［美］罗尔斯（John Rawls，1921—2002）

《正义论》（1971）（节选）

《政法自由主义》（1993）（节选）

《万民法》（1999）（节选）

# 《正义论》（1971）（节选）

## 一、正义论的主要观念

我的目的是要提出一种正义观，这种正义观进一步概括人们所熟悉的社会契约理论（比方说：在洛克、卢梭、康德那里发现的契约论），使之上升到一个更高的抽象水平。[①] 为做到这一点，我们并不把原初契约设想为一种要进入一种特殊社会或建立一种特殊政体的契约。毋宁说我们要把握这样一条指导线索：适用于社会基本结构的正义原则正是原初契约的目标。这些原则是那些想促进他们自己的利益的自由和有理性的人们将在一种平等的最初状态中接受的，以此来确定他们联合的基本条件。这些原则将调节所有进一步的契约，指定各种可行的社会合作和政府形式。这种看待正义原则的方式我将称之为作为公平的正义（justice as fairness）。

---

[①] 如书中所示，我将把下面的书看作契约论的经典：洛克的《政府论》下篇；卢梭的《社会契约论》；康德的从《道德形而上学基础》开始的一系列伦理学著作。霍布斯的《利维坦》尽管是伟大的，但它提出的问题是专门性的。J. W. 高夫提供了一个历史的概观：《社会契约论》，第 2 版（牛津，克莱伦顿出版社，1957 年版）。还有奥托·吉尔科的《自然法与社会理论》，有厄内斯特·巴克尔的英译本（剑桥，剑桥大学出版社，1934 年版）。把契约论观点主要作为一种伦理学理论提出来的是 G. R. 格赖斯：《道德判断的基础》（剑桥，剑桥大学出版社，1967 年版）。

这样，我们就可以设想，那些参加社会合作的人们通过一个共同的行为，一起选择那些将安排基本的权利义务和决定社会利益之划分的原则。人们要预先决定调节他们那些互相对立的要求的方式，决定他们社会的基本蓝图。正像每个人都必须通过理性的反省来决定什么东西构成他的善——亦即他追求什么样的目标体系才是合理的一样，一个群体必须一次性地决定在他们中间什么是正义的，什么是不正义的。有理性的人们在假定的同等自由的状况中做出的这一抉择(现在假定这一抉择已经产生)决定着正义原则。

在作为公平的正义中，平等的原初状态相应于传统的社会契约理论中的自然状态。这种原初状态当然不可以看作是一种实际的历史状态，也并非文明之初的那种真实的原始状况，它应被理解为一种用来达到某种确定的正义观的纯粹假设的状态。① 这一状态的一些基本特征是：没有一个人知道他在社会中的地位——无论是阶级地位还是社会出身，也没有人知道他在先天的资质、能力、智力、体力等方面的运气。我甚至假定各方并不知道他们特定的善的观念或他们的特殊的心理倾向。正义的原则是在一种无知之幕(veil of ignorance)后被选择的。这可以保证任何人在原则的选择中都不会因自然的机遇或社会环境中的偶然因素得益或受害。由于所有人的处境都是相似的，无人能够设计有利于他的特殊情况的原则，正义的原则是一种公平的协议或契约的结果。因为，在这种既定的原初状态的环境中，在所有人的相互联系都是相称的条件下，对于任何作为道德人，即作为有自己的目的并具有一种正义感能力的有理性的存在物的个人来说，这种最初状态是公平的。我们可以说，原初状态是恰当的最初状况，因而在它那里达到的基本契约是公平的。这说明了"作为公平的正义"这一名称的性质：它示意正义原则是在一

———————

① 康德很清楚这种原初契约是假设的。见《道德形而上学》第1编，特别是第47、第52节；以及论文《论一个通常的说法：这可能是真实的但却不见诸实践》的第2部分，收在汉斯·莱斯编：《康德政治论集》，73～87页，剑桥，剑桥大学出版社，1970，H. B. 尼斯贝特译。进一步的讨论见乔治·瓦科斯：《康德的政治思想》，326～335页，巴黎，法兰西大学出版社，1962；还有 J. G. 默菲：《康德：正当的哲学》，109～112、133～136页，伦敦，麦克米兰公司，1970。

种公平的原初状态中被一致同意的。这一名称并不意味着各种正义概念和公平是同一的，正像"作为隐喻的诗"并不意味着诗的概念与隐喻是同一的一样。

正如我说过的，作为公平的正义以一种可能是大家一起做出的最一般的选择开始，亦即选择一种正义观的首要原则，这些原则支配着对制度的所有随后的批评和改造。然后，在选择了一种正义观之后，我们就可推测他们要决定一部宪法和建立一个立法机关来制定法律等，所有这些都须符合于最初同意的正义原则。我们的社会状况如果按这样一种假设的契约系列订立成一种确定它的规范体系，那么它就是正义的。而且，假定原初状态决定着一系列原则（即一种特殊的正义观将被选择），那么下述情况就是真实的：凡是社会制度满足这些原则的时候，那些介入其中的人们就能够互相说，他们正按照这样的条件在合作——只要他们是自由平等的人，他们的相互联系就是公平的，他们就都会同意这些条件。他们都能够认为他们的社会安排满足了他们在一种最初状态中将接受的那些规定，这种最初状态体现了在选择原则问题上那些被广泛接受的合理限制。普遍地承认这一事实就将为一种对于相应的正义原则的公开接受提供基础。当然，没有任何社会能够是一种人们真正自愿加入的合作体系，因为每个人都发现自己生来就在一个特定的社会中处于一个特定的地位，这一地位的性质实质上影响着他的生活前景。但一个满足了作为公平的正义的原则的社会，还是接近于一个能够成为一种自愿体系的社会，因为它满足了自由和平等的人们在公平的条件下将同意的原则。在此意义上，它的成员是自律的，他们所接受的责任是自我给予的。

作为公平的正义还有一个特征，它把处在原初状态中的各方设想为是有理性的和相互冷淡(mutually disinterested)的。这并不意味着各方是利己主义者，即那种只关心自己的某种利益，比方说财富、威望、权力的个人，而是被理解为对他人利益冷淡的个人。他们推测他们的精神目标甚至可能是对立的（以那种对立的宗教目标的方式相对立）。而且，对合理性这样一个概念必须尽可能在狭窄的意义上理解，可以按照经济理论的标准，解释为采取最有效地达到既定目标的手段。在后面的解释中，我将在某种程度上修改这一概念，但是，我们必须努力避免在这个概念中引入任何会引起争论的伦理因素。原初状态必须具有这样一种特征：在那里规定是被广泛接受的。

在确立作为公平的正义观时，一个主要的任务显然是考察处在原初状态中的人们将会选择哪些正义原则。为此我们必须详细地描述这一状态，认真概括它提出的选择问题。这些内容我将在后面两章中涉及。然而，我们可以看到，一旦正义原则被设想为是从一种平等状态中的原初契约中产生出来的，功利原则是否会被接受就成为问题了。因为这几乎马上就成为不可能的——那些认为他们都是平等的、都同样有资格相互提出要求的人们绝不会同意这样一个原则：只是为了使某些人享受较大的利益就损害另一些人的生活前景。因为每个人都希望保护他的利益，保护他提出他自己的善的观念的权利，没有理由认为为了达到一个较大的满意的净余额就可以默认对自己的不断伤害。在缺少强烈和持久的仁爱冲动的情况下，一个理智的人不会仅仅因为一个不顾及他的基本权利与利益的基本结构能最大限度地增加利益总额就接受它。这样看来，功利的原则就与平等互利的社会合作观念冲突了，它也不符合隐含在一个组织良好的社会概念中的互惠观念。我以后将就此做出论证。

反过来，我要坚持认为，处在原初状态中的人们将选择两个相当不同的原则：第一个原则要求平等地分配基本的权利和义务；第二个原则则认为社会和经济的不平等（例如财富和权力的不平等）只要其结果能给每一个人，尤其是那些最少受惠的社会成员带来补偿利益，它们就是正义的。这些原则拒绝为那些通过较大的利益总额来补偿一些人的困苦的制度辩护。减少一些人的所有以便其他人可以发展——这可能是策略的，但不是正义的。但是，假如另一些并不如此走运的人们由此也得到改善的话，在这样一些人赚来的较大利益中就没有什么不正义。在此直觉的观念是：由于每个人的幸福都依赖于一种合作体系，没有这种合作，所有人都不会有一种满意的生活，因此利益的划分就应当能够导致每个人自愿地加入到合作体系中来，包括那些处境较差的人们。只要提出的条件合理，这还是可以期望的。上述两个原则看来是一种公平的契约，以它为基础，那些天赋较高、社会地位较好（对这两者我们都不能说是他们应得的)的人们，能期望当某个可行的体系是所有人幸福的必要条件时，其他人也会自愿加入这个体系。① 一旦我们决定像反对派追求政治和经济利益那样，来寻找一种可使自然天赋和社会环境中的偶然因素归于无效的正义观时，我们就被引导到这些原则。它们体现了把那些从道德观点看来是任意专横的社会因素排除到一边的思想。

然而，原则的选择是个极其困难的问题。我不期望我建议的回答会对每个人都有说服力。因此，我们从一开始就需要注意：作为公平的正义像别的契约理论一样，包括两个部分：(1)一种对原初状态及其间的选择问题的解释；(2)对一组将被一致同意的原则的论证。一个人可能接受这一理论的第一部分(或其变化形式)，但不接受第二部分，反之亦然。原初的契约状态可能被看作是合理的，虽然那些提出的特殊原则被拒绝。确实，我想坚持的是：关于这种状态的最适当观念必定导致与功利主义和至善主义相反的正义原则，所以，契约论提供了一个替换功利主义等观点的选择对象。但是，一个人即使承认契约论的方法是研究伦理学理论和建立它们的基本结论的一种有用方法，他还是可以对上述论点提出质疑。

作为公平的正义是我所说的契约论的一个标本。可能有人会反对"契约"这个词及其有关表示法，但我想它是很适用的。许多词都具有那种从一开始就易使人混淆和误解的歧义。"功利"与"功利主义"当然也不例外，它们也有批评的对手愿意利用的不幸的歧义，但对于那些准备来研究功利主义理论的人来说，它们还是足够清楚的。用于道德理论的"契约"一词也是如此。我说过，要理解它就必须把它暗示着某种水平的抽象这一点牢记在心。特别是我的正义论中的契约并不是要由此进入一个特定的社会，或采取一种特定的政治形式，而只是要接受某些道德原则。而且，它所涉及的承诺也纯粹是假设的：一种契约的观点认为，那些确定的原则是在一个恰当定义的原初状态中被接受的。

契约论术语的优点是它表达了这样一个观点：即可以把正义原则作为将被有理性的人们选择的原则来理解，正义观可以以这种方

---

① 对这一直觉观念的概括，我得益于阿兰·吉巴德。

式得到解释和证明。正义论是合理选择理论的一部分，也许是它最有意义的一部分。而且，正义的原则处理的是分享社会合作所带来的利益时的冲突要求，它们适用于在若干个人或若干团体之间的关系。"契约"一词暗示着这种个人或团体的多数性，暗示必须按照所有各方都能接受的原则来划分利益才算恰当。"契约"的用语也表现了正义原则的公开性。这样，如果这些原则是一个契约的结果，公民们就具有对这些决定其他原则的最初原则的知识。强调政治原则的公开性正是契约论的特点。最后，契约论还有一种悠久的传统。以这一思考方式来表现人际关系有助于明确观念且符合自然的虔诚（natural piety）。这样就有了好几个使用"契约"一词的优点。只要抱以必要的小心，它是不会被误解的。

最后我们说：作为公平的正义并不是一种完全的契约论。很明显，契约的观念能扩大到多少是完整的一个伦理学体系的选择，即扩大到包括所有德性原则而不仅包括正义原则的体系的选择。既然我将主要只考虑正义原则以及和它们有密切联系的原则，我就不想以一种系统的方式来讨论德性。显然，如果对作为公平的正义的探讨进行得合理而成功，下一步就是研究"作为公平的正义"一词所暗示的较普遍的观点。但即使这一更宽广的理论也不能包括所有的道德关系，因为它看来只包括我们与其他人的关系，而不考虑我们在对待动物和自然界的其他事物方面的行为方式。我不想辩论契约的概念是否提供了一种接近这些肯定是头等重要的问题的途径，而是认为必须把这些问题放到一边。我们必须承认作为公平的正义和它示意的一般类型的观点的有限范围。我们不可能提前决定，一旦别的问题被理解了，对作为公平的正义的结论需如何做出修正。

## 二、原初状态和证明

我说过，原初态状（original position）是恰当的最初状态（initial situation），这种状态保证在其中达到的基本契约是公平的。这个事实引出了"作为公平的正义"这一名称。那么显然，如果理性的人在这种最初状态中选出某种正义观的原则来扮演正义的角色，这种正义观就比另一种正义观更合理，或者说可以证明它是正义的。各种正义观将按照它们为这种状况中人们能够接受的程度来排列次序。按这种方式理解，证明问题就是通过提出一个慎思的问题来解决的：我们必须弄清采取哪些原则在这种给定的契约状态下是合理的。这就使正义的理论与合理选择的理论联系起来。

要使这种证明方式成功，我们当然必须详细地描述这一选择问题的性质。只要我们知道各方的信仰和利益、他们的相互联系、可供他们选择的各种对象、他们做出决定的程序等，一个合理选择的问题就会有一个确定的答案。随着呈现的情况不同，所接受的原则也相应不同。我所说的原初状态的概念，是一种用于正义论目的的、有关这种最初选择状态的最可取的哲学解释。

但我们是根据什么来决定何为最可取的解释呢？我想，其中一点是：契约的一个起码标准是正义原则的选择要在某些条件下进行。我们要证明一种特殊的对最初状态的描述，就要展示它联合了这些共同分享的假设条件。我们要从广泛接受的前提而不是从较专门结论的薄弱前提去论证。其中有一些可能会显得乏味和琐碎。契约论方法的目标就是要把对可接受的正义原则有意义的约束连为一体。理想的结果将是：这些条件决定一组独特的原则；但如果它们足以排列一些主要的传统社会正义观念，我也就满足了。

我们不应当因某些作为原初状态特征的多少有点异常的条件而误入歧途。我们要明白这只是为了使我们生动地觉察到那些限制条件——那些看来对正义原则的论证、因而对这些原则本身也是合理的限制条件。这样，在选择原则时任何人都不应当因天赋或社会背景的关系而得益或受损看来就是合理和能够普遍接受的条件了。而不允许把原则剪裁得适合于个人的特殊情形看来也是能得到广泛同意的。我们还应进一步保证被采用的原则不受到特殊的爱好、志趣及个人善恶观的影响。这是为了排除那些作为提议似乎有道理，但只要人们知道一些与正义立场无关的事情就很少有成功希望的原则。例如，如果一个人知道他是富裕的，他可能会认为提出把累进税制看作是不公正的原则是有道理的；而如果他知道他是贫穷的，他可能就会提出相反的原则。为体现这些可取的限制，我们可想象一个所有人都被剥夺了这种信息的状态。这种状态排除了对那些会使人们陷入争吵、使自己受自己的偏见指引的偶然因素的察知。这样，我们自然就达到了"无知之幕"的概念，只要我们在心里牢记它的意思是要表示对论证的限制，这个概念就不会引起任何困难。可以说，任何时候我们都能进入原初状态，只要遵循某种程序，即通过相应于这些限制条件对正义原则所做的论证。

假定在原初状态中的各方的平等是合理的，也就是说，所有人在选择原则的过程中都有同等的权利，每个人都能参加提议并说明接受它们的理由，等等。那么显然，这些条件的目的就是要体现平等——体现作为道德主体、有一种他们自己的善的观念和正义感能力的人类存在物之间的平等。平等的基础在于人们这样两方面的相似：目的体系并不是以价值形式排列的；每个人都被假定为具有必要的理解和实行所采用的任何原则的能力。这些条件和无知之幕结合起来，就决定了正义的原则将是那些关心自己利益的有理性的人们，在作为谁也不知道自己在社会和自然的偶然因素方面的利害情形的平等者的情况下都会同意的原则。

然而，要证明一种对原初状态的特殊描述还有另外的事情要做。这就是看被选择的原则是否适合我们所考虑的正义信念，或是否以一种可接受的方式扩展了它们。我们可以注意：采用这些原则是否能使我们对社会的基本结构做出我们现在直觉到的并抱有最大确信的同样判断；或者，如果我们现在的判断是犹疑不决的，这些原则是否能提供一个我们通过反省可加以肯定的答案。有一些我们感到确信的问题必须以一种确定的方式回答。例如，我们深信宗教迫害和种族歧视是不正义的，我们认为我们仔细考察了这些现象，达到了一个我们自信是公正的判断，这一判断看来并没有受到我们自己利益的曲解。这些信念是我们推测任何正义观都必须去适应的暂时确定之点。但我们在怎样正确地划分财富和权力的问题上的确信却要少得多。这里我们可能在寻求一种能消除我们的疑惑的途径。所以，我们考察对原初状态的一种解释所提出的原则能否符合我们最坚定的信念并提供必要的指导，便可看出它是否合理。

在寻求对这种原初状态的最可取描述时，我们是从两端进行的。开始我们这样描述它，使它体现那些普遍享有和很少偏颇的条件，然后我们看这些条件是否足以强到能产生一些有意义的原则。如果不能，我们就以同样合理的方式寻求进一步的前提。但如果能，且这些原则适合我们所考虑的正义信念，那么到目前为止一切就都进行得很顺利。但大概总会有一些不相符合的地方，在这种情况下我们就要有一个选择。我们或者修改对原初状态的解释，或者修改我们现在的判断，因为，即使我们现在看作确定之点的判断也是可以修正的。通过这样的反复来回：有时改正契约环境的条件；有时又撤销我们的判断使之符合原则，我预期最后我们将达到这样一种对原初状态的描述：它既表达了合理的条件，又适合我们所考虑的并已及时修正和调整了的判断。这种情况我把它叫作反思的平衡。[①]它是一种平衡，因为我们的原则和判断最后达到了和谐；它又是反思的，因为我们知道我们的判断符合什么样的原则和是在什么前提下符合的。此时可以说一切都有条有理。但这种平衡并不是一定稳固的，而是容易被打破的。这一方面是由于对加于契约状态之条件的进一步考察；另一方面是由于那些可能导致我们修改自己判断的特殊情形。但至少目前我们还是做了为达到首尾一致和证明我们有关社会正义的信念所能做的事情。我们得到了一种原初状态的观念。

当然，我实际上并不按照这一程序工作。但我们还是可以设想，我能把对原初状态的解释作为这种假设的反思过程的结果来考虑。这一状态力图通过一种结构同时提供有关原则的合理哲学条件和我们所考虑的正义判断。在做出原初状态的这一可取解释的过程中，无论对一般观念还是特殊信念，我并没有诉诸传统意义上的自明性。我并不要求提出的正义原则一定是必然真理或来自这种真理。一种正义观不可能从原则的自明前提或条件中演绎出来，相反，它的证明是一种许多想法的互相印证和支持，是所有观念都融为一种前后一致的体系。

最后，我们想说，某些正义原则得到证明是因为它们将在一种平等的原初状态中被一致同意。我强调这种原初状态是纯粹假设的，人们自然会问，既然这种一致同意绝不是现实的，我们为什么还要

---

① 原则和所考虑的判断之间的相互调整过程并不是道德哲学独有的。参见尼尔森·古德曼：《事实、想象和预测》(坎布里奇，马萨诸塞州，哈佛大学出版社，1955 年版)，65~68 页，里面有对演绎和归纳原则的证明的一些相应评论。

对这些原则是否是有道德的感兴趣呢？我的回答是，体现在这种原初状态的描述中的条件正是我们实际上接受的条件。或者，如果我们没有接受这些条件，我们或许也能被哲学的反思说服去接受的。我们能对契约状态的每一方面都给出支持的理由。这样，我们所要做的事情就是根据那些我们经过必要的考虑认为是合理的原则，把一系列条件结合为一种观念。这些约束条件表现了我们按照社会合作的公平条件准备接受的限制。因此，我们可把原初状态的观念看作一种显示手段，它总结了这些条件的意义，帮助我们抽绎其结果。另外，这个观念也是一种精致的直觉性观念，通过它我们可以较清楚地确定一个可以使我们最好地解释道德关系的立场。我们需要一种能使我们从远处观察我们的目标的观念，关于原初状态的直觉概念正是在为我们做这件事。①

## 三、正义的两个原则

我现在将以一种暂时的形式，陈述我相信将在原初状态中被选择的两个正义原则。我希望在这一节中仅做出最一般的评论，因此，对这些原则的首次概括只是尝试性的。随着我们的继续行进，我将提出好几种概括，一步一步地接近那个将在书较后地方提出的最后陈述。我相信这样做将使阐述以一种自然的方式前进。

两个原则的首次陈述如下：

第一个原则：每个人对与其他人所拥有的最广泛的基本自由体系相容的类似自由体系都应有一种平等的权利。

第二个原则：社会的和经济的不平等应这样安排，使它们被合理地期望适合于每一个人的利益；并且依系于地位和职务向所有人开放。

在第二个原则中有两句含糊的短语，即"每一个人的利益"和平等地"向所有人开放"。更确切地阐述它们的意义将引出在第 13 节中对这一原则的第二个概括。两个原则的最后陈述将在第 46 节中给

---

① 亨利·彭加勒写道："我们需要一种能力使我们能从远处看到目标，这种能力就是直觉。"见《科学的价值》(巴黎，弗拉马里翁公司，1909)，27 页。

出，而在第 39 节就要推出第一个原则。

一般来说，如我所述，这些原则主要适用于社会的基本结构。它们要支配权利与义务的分派，调节社会和经济利益的分配。正如这些原则的公式所暗示的，这些原则预先假定了社会结构能够划分为两个大致明确的部分，第一个原则用于第一个部分，第二个原则用于第二个部分。它们区别开社会体系中这样两个方面：一方面是确定与保障公民的平等自由的方面；另一方面是指定与建立社会及经济不平等的方面。大致说来，公民的基本自由有政治上的自由(选举和被选举担任公职的权利)及言论和集会自由；良心的自由和思想的自由；个人的自由和保障个人财产的权利；依法不受任意逮捕和剥夺财产的自由。按照第一个原则，这些自由都要求是一律平等的，因为一个正义社会中的公民拥有同样的基本权利。

第二个原则大致适用于收入和财富的分配，以及对那些利用权力、责任方面的不相等或权力链条上的差距的组织机构的设计。虽然财富和收入的分配无法做到平等，但它必须合乎每个人的利益，同时，权力地位和领导性职务也必须是所有人都能进入的。人们通过坚持地位开放而运用第二个原则，同时又在这一条件的约束下，来安排社会的与经济的不平等，以便使每个人都获益。

这两个原则是按照先后次序安排的，第一个原则优先于第二个原则。这一次序意味着：对第一个原则所要求的平等自由制度的违反不可能因较大的社会经济利益而得到辩护或补偿。财富和收入的分配及权力的等级制，必须同时符合平等公民的自由和机会的自由。

虽然，这两个原则的内容是相当专门的，对它们的接受立足于某些假设，而我最终必须解释和证明这些假设。一种正义论在某些方面依赖于一种社会理论，这些方面随着我们的阐述将变得明朗起来。现在，我们应当注意到，这两个原则(包括它所有的概括形式)是一种可以表述如下的更一般的正义观的一个专门方面。

这一表述是：所有社会价值——自由和机会、收入和财富、自尊的基础——都要平等地分配，除非对其中的一种价值或所有价值的一种不平等分配合乎每一个人的利益。

这样，不正义就仅是那种不能使所有人得益的不平等了。当然，这个观念是极其含糊和需要解释的。

作为第一步，我假定社会的基本结构分配某些基本的善——分配预计每个有理性的人都想要的东西。这些善不论一个人的合理生活计划是什么，一般都对他有用。为简化起见，假定这些社会掌握的基本善是权利和自由、权力和机会、收入和财富（在后面的第三编中将集中探讨作为自尊的基本善）。这些善是基本的社会善。别的基本善像健康和精力、理智和想象力都是自然赋予的，虽然对它们的占有也受到社会基本结构的影响，但它们并不在它的直接控制下。那么，让我们假设一个最初的安排，在这一安排中，所有的社会基本善都被平等地分配，每个人都有同样的权利和义务，收入和财富被平等地分享。这种状况为判断改善的情况提供了一个水平基点。如果某些财富和权力的不平等将使每个人都比在这一假设的开始状态中更好，那么它们就符合我们的一般观念。

那么，下面这种情况至少从理论上是可能的：人们所放弃的某些基本的自由能从作为其结果的社会经济收益中得到足够的补偿。我们的正义论的一般观念并不对究竟允许哪一种不平等作出任何规定，它只是要求这种不平等能改善每一个人的状况。我们不需要去假定某种类似奴隶制那样极端的事情，而只是设想人们在这样的情况下放弃某些政治权利：即当经济回报是巨大的，而他们通过运用这些权利影响政策过程的能力却是微乎其微的时候。但这种交换仍是上述两个原则要排除的交换，由于它们的次序，它们不允许在基本自由和经济社会收益之间进行交换。原则的次序表现了对各种基本社会善的一个根本的偏爱。当这种偏爱有合理性的时候，对处在这种次序中的原则的选择也是有合理性的。

在确立作为公平的正义理论时，我将在很多地方把正义的这一个一般观念搁置一边，转而专门考察两个原则的先后次序的情形。这种做法的优点是从一开始就注意到优先的问题，并努力想找到处理它的原则。人们被引导到始终注意某些条件——在这些条件下，承认自由相对于社会经济利益的绝对重要性（这是由两个原则的词典式次序决定的）将是合理的。这种排列初看起来是极端的，太专门化了，以致不会引起人们很大的兴趣，但这只是初步的印象，对这种排列我们可以有更多的证明。无论如何，我要坚持这种做法（见第82节）。再者，在基本的权利自由和经济社会利益之间的差别反映了人们欲利用的基本社会善的不同。它暗示着对社会体系的一种重要划分。当然，这种划分和次序至多只是一个近似，肯定有一些它们要在其中归于无效的情形。但最重要的是清楚地描述一种恰当的正义观的主要轮廓，而在许多情况中，这两个处在先后次序中的原则都能很好地服务于这个目的。必要的时候，我们也可以回到较一般的概念上。

这两个原则是适用于制度的事实引出了某些推论。首先，这些原则所涉及的权利和自由，是那些由基本结构的公开规范确定的权利和自由。一个人是否自由，是由社会主要制度确立的权利和义务决定的。自由是社会形式的某种样式。第一个原则仅仅要求某些规范(那些确定基本自由的规范)平等地适用于每一个人，要求这些规范承认与所有人拥有的最广泛的自由相容的类似自由。确定自由的权利和减少人们自由的唯一理由，只能是由制度所规定的这些平等权利会相互妨碍。

另一件要记住的事情是，当原则述及个人或要求每一个人都从不平等中得益时，这里的人是指占据着由社会基本结构确定的各种地位、职务等的代表人。这样在应用第二个原则时，我就将假定可以把一种对福利的期望指定给占据这些地位的代表人。这种期望指示着从他们的社会地位所展望的生活前景。一般来说，这些代表人的期望依赖于整个基本结构对权利和义务的分配。当这种分配改变时，期望也就改变了。所以，我假定这些期望是相互联系的：若提高某一地位代表人的前景，大概就要增益或减损另一地位代表人的前景。由于原则是适用于制度的，第二个原则(或宁可说是它的第一部分)就要参考代表人的期望来说明。如我下面将讨论的，两个原则不适用于那种按姓名分辨的特殊个人的特殊物品的分配。那种某人要考虑怎样把某些东西分配给他认识的需求者的情况，也不在我们的原则讨论范围之内。我们的原则是要调节基本制度的安排。我们绝不要犯这样的错误：以为从正义的角度看，一种对专门的人进行的管理性的利益分配和社会的恰当设计之间会有很多相似之处。适用于前者的常识性直觉对后者可能只是一种贫乏的指导。

第二个原则坚持每个人都要从社会基本结构中允许的不平等获利。这意味着此种不平等必须对这一结构确定的每个有关代表人都

是合理的，如果这种不平等被看做是一种持续的情形，每个代表人
宁愿在他的前程中有它存在而不是没有它。我们不能根据处在某一
地位的人们的较大利益超过了处在另一地位的人们的损失额而证明
收入或权力方面的差别是正义的。对自由的侵犯很少能通过这种方
式来抵消。用于基本结构的功利主义原则要我们最大限度地增加
代表人的期望总额（按古典功利主义观点，这总额由代表人代表的
人数来衡量），这允许我们用一些人的所得补偿另一些人的所失。
相反，两个正义原则却要求每个人都从经济和社会的不平等获利。
然而，如果把平等的最初安排当做一个水平基点，显然有无数的
方式可以使所有人得利。那么我们怎么在这些可能性中选择呢？
对原则的说明必须使它们能产生一个决定性的结论。我现在就转
向这个问题。

## 四、正义的环境

正义的环境可以被描述为这样一种正常条件：在那里，人类的
合作是可能和必需的。① 这样，像我一开始就注意的，虽然一个社
会是一种为了相互利益的合作冒险，它却同时具有利益冲突和利益
一致的特色。由于社会合作使所有人都能过一种比他们各自努力、
单独生存所能过的生活更好的生活，就存在一种利益的一致；又由
于人们谁也不会对怎样分配他们的合作所产生的较大利益无动于衷
（因为为追求他们的目的，每个人都想要较大而非较小的份额），这
样就又存在一种利益的冲突。如此就需要有一些原则来指导人们在
决定利益划分的各种不同的社会安排中进行选择，来签署一份有关
恰当的分配份额的协议。这些要求表明了正义的作用。正义的环境
就是产生这些必要性的背景条件。

这些条件可以分成两类。首先，存在着使人类合作有可能和有

---

① 我的说明大致遵循休谟在《人性论》第 3 卷第 2 部分第 2 节（参见商务印书馆 1980
年版中文本）以及《道德原理探究》第 3 节第 1 部分中的观点。亦见哈特：《法律的概念》（牛
津，克莱伦顿出版社，1961 年版），189～195 页；卢克斯：《政治学原理》（牛津，克莱伦
顿出版社，1966 年版），1～10 页。

必要的客观环境。这样我们假定，众多的个人同时在一个确定的地理区域内生存，他们的身体和精神能力大致相似，或无论如何，他们的能力是可比的，没有任何一个人能压倒其他所有人。他们是易受攻击的，每个人的计划都容易受到其他人的合力的阻止。最后，在许多领域都存在着一种中等程度的匮乏。自然的和其他的资源并不是非常丰富以致使合作的计划成为多余，同时条件也不是那样艰险，以致有成效的冒险也终将失败。当相互有利的安排是可行的时候，它们产生的利益与人们提出的要求尚有差距。

主观的条件涉及合作的主体，即在一起工作的人们的有关方面。这样，一方面，各方都有大致相近的需求和利益(或以各种方式补充的需求和利益)，以使相互有利的合作在他们中间成为可能；另一方面，他们又都有他们自己的生活计划。这些计划(或善的观念)使他们抱有不同的目的和目标，造成利用自然和社会资源方面的冲突要求。而且，虽然由这些计划提出的利益并不被假定为是某个特定的自我的利益，但他们是一自我的利益，这一自我把它的善的观念看做是值得接受的，认为有关它自己的要求是应当满足的。我将通过假设各方对别人的利益不感兴趣来强调正义的环境这一方面。我也要假定人们受知识、思想和判断方面的缺点的影响，他们的知识必然是不完全的，他们的推理、记忆力和注意力总是受到限制，他们的判断易被渴望、偏见和私心歪曲。在这些缺点中，有的是来自道德缺陷，来自自私和疏忽，但在很大程度上，它们只是人们的自然状态的一部分。结果各人不仅有不同的生活计划，而且存在着哲学、宗教信仰、政治和社会理论上的分歧。

对于这样一种条件的分布，我将称之为正义的环境。休谟对它们的解释是特别明晰的，我前面的概述对休谟特别详细的讨论并没有增加什么重要的东西。为简化起见，我常常强调客观环境中的中等匮乏条件，强调主观环境中的相互冷淡或对别人利益的不感兴趣的条件。这样，一个人可以扼要地说，只要互相冷淡的人们对中等匮乏条件下社会利益的划分提出了互相冲突的要求，正义的环境就算达到了。除非这些环境因素存在，就不会有任何适合于正义德性的机会；正像没有损害生命和肢体的危险，就不会有在体力上表现勇敢的机会一样。

应当注意我的几点澄清。首先，我将假定原初状态中的人们知道这些正义的环境因素已经形成。至此他们把他们的社会条件看做是理所当然的。我们进一步假定各方试图尽可能好地提出他们的善的观念，在尝试这样做时他们彼此并不受到优先的道德戒律的约束。

然而，在此出现了一个问题：原初状态中的人们是否有对第三者的职责和义务，例如是否有对于他们的直系后裔的义务？如果有，就要涉及一种处理代与代之间的正义问题的方式。然而，作为公平的正义的目的是要从某些别的条件获得所有的义务和职责，所以这种方式应当避免。作为替代，我将作出一种动机的假设。各方被设想为代表着各种要求的连续线，设想为宛如一种持久的道德动因或制度的代表。他们不必考虑他们生命的恒久的影响，但他们的善意至少泽及两代。这样，处在邻近的时代的代表就有一种重叠的利益。例如，我们可以想象作为家长，因而欲望推进他们的直接后代的福利的各方，作为各个家庭的代表，他们的利益像正义的环境所暗示的那样是对立的。虽然我将普遍地遵循这一解释，但设想各方作为家长并非必需。关键是在原初状态中的每个人都应当关心某些下一代人的福利，并假定他们的关心在每个场合都是对不同的个人的。而且，对下一代的任何人，都有现在这一代的某个人在关心他。这样，就使所有人的利益都被照顾到了，在无知之幕的条件下，全部的线头都接到了一起。

应当注意：对于各方的善的观念，我除了假定它们是合理的长期计划之外，再没有任何的规定。当这些计划决定着一个自我的目的和利益时，这些目的、利益并没有被假设是利己的或自私的。是否属于这种情况依赖于一个人究竟追求什么样的目的。如果财富、地位、势力和社会威望是一个人的最后目的，那么他的善的观念确实是自私的。他的主要利益是他自己的，而不仅仅是（像它们必然总是的那样）一个自我的利益。① 那么，这跟以下假定并无矛盾——假定一旦消除无知之幕，各方就会发现他们有各种情感和爱的纽带，

---

① 有关这一点见 W. T. 斯特斯：《道德的概念》（伦敦，麦克米兰公司，1937 年版），221～223页。

想去推进他人的利益，并看到他们实现其目的。但是，在原初状态中假定相互冷淡是为了确保正义原则不致依赖于太多的假设。我们可回想一下：原初状态是意味着合并广泛分享同时又不太强烈的条件。那么，一种正义观不应当预先假定广泛的自然情感的纽带。在理论的基础部分，我们要努力作出尽可能少的假定。

最后，当我们假定各方是相互冷淡、不愿为了别人牺牲他们的利益时，我们的意图是想表现在正义问题出现时人们的行为和动机。圣徒英雄的精神理想能够像别的利益一样毫不妥协地互相对立。在追求这些理想中发生的冲突是所有悲剧中最大的悲剧。这样，正义就是实践中的德性，在那些实践中，人们的利益相互冲突，人人觉得自己有资格凌驾于别人之上。在一个抱有共同理想的圣徒团体中（如果这样一个集体能够存在），有关正义的争论就不会出现，每个人都会无私地为一个由他们的共同宗教所确定的目标工作。他们将参照这一目标（假定它是被清楚定义的）决定所有有关正当的问题。但是一个人类社会却具有正义环境的那种特征。我们对这些条件的解释并不牵涉任何特殊的人类动机理论，而宁可说，我们的目的是要在原初状态的描述中包括那些为正义问题提供场所的个人之间的相互联系。

## 五、无知之幕

原初状态的观念旨在建立一种公平的程序，以使任何被一致同意的原则都将是正义的。其目的在于用纯粹程序正义的概念作为理论的一个基础。我们必须以某种方法排除使人们陷入争论的各种偶然因素的影响，引导人们利用社会和自然环境以适于他们自己的利益。因而为达此目的，我假定各方是处在一种无知之幕的背后。他们不知道各种选择对象将如何影响他们自己的特殊情况，他们不得不仅仅在一般考虑的基础上对原则进行评价。①

----

① “无知之幕”的概念是很自然的一个条件，以致类似的概念一定被许多人思考过。据我所知，这方面最明显的一个表述是在 J. C. 哈桑伊那里出现的，参见《在福利经济和冒险理论中的基本功利》，载《政治经济学杂志》，第 61 卷，1953。他用此发展了一种功利主义理论，我将在后面的第 27~第 28 节中述及。

因此，我们假定各方不知道某些特殊事实。首先，没有人知道他在社会中的地位，他的阶级出身，他也不知道他的天生资质和自然能力的程度，不知道他的理智和力量等情形。其次，也没有人知道他的善的观念，他的合理生活计划的特殊性，甚至不知道他的心理特征：像讨厌冒险、乐观或悲观的气质。再次，我假定各方不知道这一社会的经济或政治状况，或者它能达到的文明和文化水平。处在原初状态中的人们也没有任何有关他们属于什么世代的信息。这些对知识的广泛限制所以是恰当的，部分是因为社会正义的问题既在一代之中出现，也在代与代之间出现，例如，恰当的资金储存率和自然资源及自然环境的保护问题。至少在理论上也有一种合理的遗传政策的问题。为了彻底贯彻原初状态的观念，各方在这些形式中也绝不能知道将使他们陷入对立的偶然因素。他们必须选择这样一些原则：即无论他们最终属于哪个世代，他们都准备在这些原则所导致的结果下生活。

因此，各方有可能知道的唯一特殊事实，就是他们的社会在受着正义环境的制约及其所具有的任何含义。然而，以下情况被看作是理所当然的：他们知道有关人类社会的一般事实，他们理解政治事务和经济理论原则，知道社会组织的基础和人的心理学法则。确实，各方被假定知道所有影响正义原则选择的一般事实。在一般的信息方面，即一般的法律和理论方面没有任何限制，因为正义的观念必须被调整得适合于它们要调整的社会合作体系的特征，没有任何理由排除这些事实。例如，有一种反对正义观的考虑，它认为：由于道德心理学法则，即使人们按照一种正义观安排了他们的社会制度，也不会获得一种按照它行动的欲望，因为此时在保证社会合作的稳固性方面存在着困难。正义观的一个重要特征就在于它自己产生对自己的支持，即，它的原则应当是这样：当原则体现在社会的基本结构中时，人们倾向于获得相应的正义感。按照道德学习的原则，人们发展起一种按照它的原则行动的欲望。在这一意义上，一种正义观是稳固的。这种性质的一般信息在原初状态中是能被理解的。

无知之幕的概念引起了一些困难。有些人可能反对说：排除几乎所有的特殊信息会使人难于把握原初状态的含义。那么，观察一下，仅仅通过按照适当限制进行的推理，一个或较多的人在任何时候都能进入这种状态，或者更准确地说，激发起对这一假设状态的沉思，对我们可能是很有帮助的。在论证一种正义观时，我们必须确信它是处于被允许的选择对象之中和满足了规定的形式限制的。只有在若我们处于此种无知之幕中提出支持它的论点也是合理的情况下，我们才能提出支持它的论点。假定原则被所有人遵守，对原则的评价就必须通过它们的被公开承认和普遍应用的一般结果来进行。说某种正义观将在原初状态中被选择就等于说：满足了某些条件和限制的合理慎思将达到某种结论。若必要的话，对这一点可提出更一般的论据，然而，我将始终借助原初状态的概念进行讨论，这样可以更简洁和富有启发性，引出某些换一种方式一个人可能容易忽略过去的基本特征。

这些解释说明了原初状态并不是被设想为一种在某一刻包括所有将在某个时期生活的人的普遍集合，更不是可能在某个时期生活过的所有人的集合。原初状态不是一种所有现实的或可能的人们的集合。以这些方式的任何一种来理解原初状态都不免要深深地陷入幻想，从而使这一观念将不再是直觉的自然向导。无论如何，重要的是把原初状态解释得使一个人能在任何时候都采用它的观点。在一个人考虑这一观点或者这样行动之间必须没有任何区别：限制条件必须能使同样的原则总是被选择。无知之幕是满足这一要求的一个关键条件。它不仅保证提供的信息是相关的，而且保证它是始终一样的。

人们可能驳斥说：无知之幕的条件是非理性的。确实，他们可能提出相反的主张：认为应当借助所有可利用的知识来选择原则。对这一论点可以有各种不同的回答，在此我将略述那些强调若要建立完全的理论就须做出简化的回答(那些基于对原初状态的康德式解释的回答将放在后面，见第 40 节)。首先，清楚的是，由于各方的差别不为他们所知，每个人都是同等理智和境况相似的，每个人都是被同样的论证说服的。所以，我们可以从随意选择的一个人的立场来观察原初状态中的选择。如果有什么人在经过必要的反思之后比较偏爱某种正义观，那么他们所有的人都会这样做，一种一致同意的契约就能够达到。为使这些环境因素更生动地呈现，我们可以想象各方被要求通过一个作为中介的仲裁人来互相联系，这个人要宣布究竟有哪些可供选择的原则以及支持它们的理由。他禁止结盟的企图，告诉各方什么时候他们达到了一种共同理解。但这样一个仲裁人实际上是多余的，只要我们假定各方的思考一定是相似的。

这样就产生出一个很重要的推论：各方不再具备通常意义上讨价还价的基础。没有人知道他在社会上的地位和他的天赋，因此没有人能够修改原则以适合他自己的利益。我们可能想象一个立约人大概要在别人会同意有利于他的原则时才提出它们。但他怎么知道哪些原则是特别有利于他呢？这同样适用于结盟的形式：如果一个集体决定要联合起来造成对他人的不利情况，他们也不会知道怎样在选择原则中使自己有利。即使他们能使所有人都同意他们的提议，他们也不能确信这一提议就适合他们的利益，因为他们不可能通过特定名称或描述来鉴定他们自己。使这种推论归于无效的一个例子是储存的例子。由于原初状态中的人们知道他们是当代的，他们能通过拒绝为后代作出牺牲来使自己这一代有利，他们只接受那些不使任何人有一为后代储存的义务的原则。先前的世代是否储存，则是现在的各方所无力影响的。在这种情况下，无知之幕没有保障可望的结果。因此，我通过改变动机的假设来以不同的方式解决这一代际正义问题。但即使有这一调整，仍没有人能够提出特别适合促进他自己的事业的原则。不管他处在什么时候，每个人都不能不为所有人选择。①

这样，对原初状态的有关特殊信息的限制就具有基本的意义。没有这些限制，我们就完全不可能建立任何确定的正义理论。我们将必须满足于一种含糊的公式化的陈述，说正义是将被一致同意的东西，而不能够对这一契约本身的实质说更多的东西（如果有的话）。那些直接用于原则的、正当概念的形式限制对我们的目的来说并不是足够的条件。无知之幕使一种对某一正义观的全体一致的选择成为可能。没有这些知识方面的限制，原初状态的订立契约问题将是

---

① 卢梭：《社会契约论》，第2部，第4章，第5段。

无比复杂的。即使在理论上存在着一种答案，至少我们现在是无论如何也达不到它的。

　　我想，在康德的伦理学中无疑包含有无知之幕的概念（见第 40节）。然而，限定各方知识的问题和鉴定可供他们选择的对象的问题却常常被带过去了，即使在契约论中。有时，这种明显来自道德考虑的状态是以一种不确定的方式提出来的，以致我们不能确定它将产生什么结果。这样，培里的理论实质上就是契约论的：他认为社会和个人的统一必须根据完全不同的原则进行；后者根据合理的慎思，前者根据具有善良意志的个人的联合一致。他看来也是根据很相近的理由拒斥功利主义的，即，认为它不恰当地把适用于一个人的选择原则扩展到了对社会的选择。正当的行为被鉴定为是那些最好地推进社会目标的行为，这些行为是在假定各方对环境有着充分的知识，并由一种关怀相互利益的仁爱之心推动的情况下，由反思的契约表述出来的。然而，培里没做出任何努力来准确地指出这种契约的可能结果。的确，没有一种远比这精心的解释，是不可能得出任何结论的。① 在此我不想再批评其他人的观点了，而是想解释许多有时看来像是互不相关的细节的必然联系。

　　应用无知之幕的理由不仅仅是为了简化。我们想如此定义原初状态以得到可望的结果。如果允许各方有对特殊事态的知识，那么结果就会被任意的偶然因素扭曲。如前所述，在威胁情况下达到的原则不是一个正义的原则。如果原初状态要产生正义的契约，各方必须是地位公平的，被作为道德的人同等地对待。世界的偶然性必须通过调整最初契约状态的环境来纠正。而且，如果在选择原则时我们虽占有充分信息但仍然需要达到一致同意，那就只有一些相当明显的情况能被决定。在这种环境中以一致同意为基础的正义观确实会是微弱和琐屑的。但一旦知识被排除，全体一致的要求就不是不适当的，它能被满足的事实就具有重要的意义。它使我们能够说可取的正义观代表着一种真正的利益和谐。

　　最后我想说，我将在大多数地方假设各方掌握所有的一般信息。

---

　　① 　参见 R. B. 培里：《一般价值论》（纽约，朗曼公司，1926 年版），674～682 页。

任何一般事实对他们都是开放的。我这样做主要是为了避免复杂化。而且，一种正义观将成为社会合作条件的公开基础。由于共同的理解必然给原则的复杂性提出某些限制，所以就可能也对原初状态中理论知识的应用提出某些限制。于是很清楚，对一般事实的复杂性很难进行分类和定级的工作。我将不作此尝试。但当我们遇到一种错综复杂的理论结构时我们还是要接受它。那么这样说看来就是合理的：假定其他情况相同，当一种正义观是建立在显然更简明的一般事实之上时，它就比别的正义观更可取，对它的选择无须根据对众多的可能理论的精心考察。以下要求是合理的：只要环境允许，一种正义的公开观念的根据应当对所有人都是明显的。我相信，这种考虑有利于正义的两个原则而非功利标准。

## 六、两个正义原则的主要根据

在这一节里，我的目的是用公开性和终极性的条件给出某些支持两个正义原则的主要论据。我将依赖下述事实：对于一个将确实有效的契约来说，各方必须能够在所有有关的和可预见的环境里尊重它；必须有一种合理的保障使人能把它贯彻到底。我将提出的论据适于放在遵循最大最小值规则的理由所暗示的启发性结构之中。亦即它们有助于展示两个原则是一种涉及处在一个很不确定的状态中的恰当的最小值的正义观。通过功利原则或别的什么原则可能赢得的任何进一步利益都是没有把握的，而如果情况一旦变坏其结果却是不可忍受的。正是在这一点上，一种契约的观点有一确定的作用，它示意了公开性的条件并对选择对象提出了限制。这样，作为公平的正义就比前面的讨论显得更为依赖于契约概念。

两个原则的第一个可靠基础可以通过我先前称之为承诺的强度的术语来解释。我在第25节中说过：各方在这个意义上——他们确信他们的承担不会是徒劳的——有一种建立正义感的能力。假定他们把一切都考虑到，包括道德心理学的一般事实，他们就能相互信赖地坚持所采用的原则。这样他们就考虑到承诺的强度问题。他们不可能进入那些可能有不可接受的后果的契约。他们亦将避免那些只能很困难地坚持的契约。由于原初的契约是最终的和永久性的，就不会有第二次机会。鉴于这些可能的结果的严重性，承受的负担问题就特别尖锐了。一个人要一劳永逸地选择将支配他的生活前景的标准。而且，当我们进入一种契约后，我们必须能够甚至在属于它的最坏情况下仍然尊重它，否则，我们就不会充满信心地行动。这样，契约各方就必须仔细衡量契约是否能够在所有环境里都被他们所坚持。当然，在回答这一问题时，他们只具有对人类心理的一般知识。但这一信息足以告诉他们哪一种正义观涉及较大的紧张程度。

　　在这方面，两个正义原则有一确定的优势，各方不仅可保护他们的基本权利，而且他们确信自己抵制了最坏的结果，他们在他们的生活过程中没有任何这样的危险：必须为了别人享受的较大利益而默认对自己自由的损害，这种默认是他们在实际的环境里可能承受不了的一项负担。的确，我们会怀疑那种超越了人性的接受能力的契约是否能在完全的信任中达成。各方怎么可能知道，或相当确信他们能维持这样一种契约呢？他们肯定不能把他们的信心建立在道德心理学的一般知识上。诚然，任何在原初状态中被选择的原则都可能要求某些人做出一种很大的牺牲。那些显然不正义的制度（即那些按照没有任何资格被接受的原则建立的制度）的受益人可能会觉得很难使自己调和于那种必将做出的改变。但在这种情况中，他们将知道他们无论如何不可能坚持他们的地位。如果有一个人以自己的自由和实质利益来打赌，希望功利原则的采用可能保证给他一种较大的福利，那么他可能有被他的承诺约束的困难。他定会提醒自己还有两个正义原则可供他选择。如果所有可能的候选对象都涉及类似的冒险，承诺的强度问题就必须放弃。但情况并非如此，从这方面判断，两个原则看来占有明显的优势。

　　我的第二个考虑要诉诸公开性的条件和对契约的限制条件。我将通过心理的稳定性问题来提出这一论证。前面我讲到：一种正义观能够自我支持是人们赞成它的一个有力证据。当社会的基本结构众所周知地在一个长时期里满足了它的原则的时候，那些属于这一社会的人们就倾向于发展起这样一种愿望：他们要按照这些原则行动，在体现它们的制度中履行他们的职责。当一种正义观通过社会体系的实现得到了公开承认，并由此带来了相应的正义感时，这种正义感是稳定的。当然，这种情况是否会发生主要依赖于道德心理学的法则和人类动机的有效性。我将在第75～第77节中讨论这些问题。现在我们可以看到：功利原则比两个正义原则更为要求一种与别人利益的认同。既然这种认同是困难的，那么，对此要求较少的两个正义原则就是一种较稳固的观念。当两个正义原则被满足时，每个人的自由都得到保证，并有一种差别原则所确定的使每个人都从社会合作中获利的意义。因此，我们能够按照这样一条心理学法则——人们倾向于热爱、珍惜和支持所有肯定他们自己的善的东西——来解释对社会体系以及它所满足的原则的接受。既然每个人的利益都被肯定，所有人就都培养起坚持这一体系的倾向。

然而，当功利原则被满足时，却没有这种使每个人有利的保障。对社会体系的忠诚可能要求某些人为了整体的较大利益而放弃自己的利益。这样，这一体系就不会是稳定的，除非那些必须做出牺牲的人把比他们自己利益宽泛的利益视为根本的利益。但这不是容易发生的。这里的牺牲并不是那些在社会危急时所有人或某些人为了共同善必须做出的牺牲。正义的原则是应用于社会体系的基本结构和对生活前景的决定的。而功利原则所要求的正是这些前景的一种牺牲。我们要把别人的较大利益接受为一种充足的理由，以证明我们自己的整个生活过程的较低期望是正当的，这确实是一个极端的要求。事实上，当社会被领悟为一种旨在推进它的成员利益的合作体系时，以下情况看来是令人难于置信的：一些公民竟被期望（根据政治的原则）为了别人而接受自己生活的较差前景。这样，我们就明白了为什么功利主义要在道德教育中强调同情的作用，以及强调仁爱在德性中所占据的中心地位。除非同情和仁爱能够普遍深入地培养，他们的正义观就有被动摇的危险。从原初状态的立场看问题，各方将认识到：择选可能有这样极端的结果以致不能在实践中接受的原则，即使不是无理性的，也是非常不明智的。他们将拒绝功利原则，而采用那种按照一种互惠原则设计社会组织的较现实的观念。当然，我们不必假定人们绝不会因为常常受情感的纽带和爱推动而相互做出实质性的牺牲。但这样的行为并不是作为一种正义的问题而被社会基本结构所要求的。

而且，对两个原则的公开承认给予人们的自尊以较大的支持，因而也就增加了社会合作的有效性。这两个效果是选择这些原则的理由。人们保护他们的自尊显然是合理的。如果他们要热烈地追求他们的善的观念和欢享它的实现，一种自我价值感总是必需的。自尊在合理的生活计划中占有的比重，并不像一个人的计划是值得执行的那种意义所占的比重那么大。我们的自尊通常依赖别人的尊重。除非我们感到我们的努力得到他们的尊重，否则我们要坚持我们的目的是有价值的信念即使不是不可能，也是很困难的(见第 67 节)。因此，各方将接受那种要求他们相互尊重的自然义务，这一义务要求他们相互有礼貌，愿意解释他们行为的根据，特别是在拒绝别人的要求时(见第 51 节)。而且，我们可以推测：那些尊重自己的人更易于尊重别人，反之亦然。自轻自贱导致别人的轻蔑，像妒忌一样威胁着他们的利益。自尊是互惠的自我支持。

这样，一种正义观的恰当特征就是：它应当公开地表示人们的相互尊重。他们即以这种方式保证了一种自我价值感。两个正义原则正符合这一目的。因为当社会遵循这些原则时，每个人的利益都被包括在一种互利互惠的结构中，这种在人人努力的制度中的公开肯定支持着人们的自尊。平等自由的确立和差别原则的实行必定会产生这种效果。像我评论过的，两个正义原则等于是这样一种许诺：把自然能力的分配看作是一种集体的资产，以致较幸运者只有通过帮助那些较不幸者才能使自己获利。我并不认为各方是由这一观念的伦理性质推动的，但他们有理由接受这一原则。因为，通过使不平等的安排适合于互惠的目的，通过避免在一个平等自由的结构中利用自然和社会环境中的偶然因素，人们在他们的社会的结构中表达了相互的尊重。通过这种方式，他们就以合理的方式保证了他们的自尊。

用另一种保证来说，正义原则通过社会基本结构表明了人们希望相互不把对方作为手段，而只是作为自在的目的来对待的意愿。我不可能在此考察康德的观点①，而是借助于契约论的观点自由地解释它。把人们作为自在的目的而绝不仅仅作为一个手段的概念显

---

①　参见《道德形而上学基础》，那里介绍了绝对命令的第二个公式。

然需要一种解释。甚至它是否可能实现还是一个问题。我们怎么能总是把任何人作为目的而绝不仅仅作为手段呢？我们肯定不能说是通过某些一般原则达到这样对待每一个人的态度的，因为这一解释使这一概念等同于形式的正义。按照契约论的解释，把人作为自在的目的对待意味着至少要按照他们将在一个平等的原初状态中同意的原则来对待他们。因为，在这种状态中，人们作为把自己视为目的的道德人有着平等的代表权，他们接受的原则将被合理地设计以保护他们的要求。这样的契约论确定了一种人们将被作为目的而不仅仅作为手段对待的意义。

但问题在于是否有什么实质性原则表达这一观念。如果各方希望明确地在社会基本结构中表现这一概念以保证每个人的合理尊严，他们应当选择哪些原则呢？两个正义原则看来达到了这一目的。因为，所有人都有一平等的自由的原则和差别原则说明了把人仅作为手段对待和也作为自在目的的对待这两种态度之间的区别。在社会的基本设计中把人们视作自在目的就是要同意放弃那些不能有助于代表人之期望的利益。相反，把人们视作手段就是准备为了别人的较高期望而降低他们的生活前景。这样我们就看到：那个初看起来相当极端的差别原则有着一个合理的解释。如果我们进一步推测，在那些使他们的制度明显地表现出他们的自尊和互尊的人们中的社会合作很可能更有效和更和谐，那么，假定我们能够估计期望的水平，则期望的一般水平在两个原则被满足时可能就比别的原则被满足时更高。可见，功利原则在这方面的优势也不再是那么明显。

功利原则可能会要求某些人为了别人放弃他们自己的较高生活前景。确实，那些必须做出这种牺牲的人不必通过对自我价值的一种较低评价来使这种要求合理化。从功利主义理论推不出这样一种结论，某些个人的期望被减少是因为他们的目的琐屑或不重要。但事实可能却常常如此，像我们刚才所提到的那样，功利主义在某种意义上并不把人看作目的本身。在任何情况下，各方都必须考虑道德心理学的一般事实。当我们必须为了别人而自己接受一种较低的生活前景时，我们若体验到一种自尊的丧失，一种对达到我们的目标的自我价值感的削弱，这确实是很自然的。在社会合作是为了个人利益安排，亦即在那些拥有较大善的人并不断言这种较大的善对于保持每人都有义务维护的某些宗教和文化价值是必需的情况下，特别容易产生这种体验。我们在此并不想考虑一种传统层次的理论或至善主义的原则，而只是考虑功利原则。那么，在这种情形中，人们的自尊就有赖于他们互相怎样看待。如果各方接受功利标准，他们就缺少对他们的自尊的支持，这种支持是由他人的公开承诺——同意把不平等安排得适合于每个人的利益并为所有人保证一种平等的自由——所提供的。在一个公开的功利主义的社会里，人们将发现较难信任自己的价值。

功利主义者可能回答说：在最大限度地增加平均功利中，这些事情已经被考虑到了。例如，如果平等的自由对人们的自尊来说是必要的，而且当这种自由被肯定时平均功利较高，那么当然应当确立这种自由。到此为止这听起来都是正确的。但问题是我们绝不要忽视公开性的条件。这要求我们在最大限度地增加平均功利中遵循这一条件，使功利主义的原则被公开地接受，并作为社会的基本蓝图。我们不可能通过鼓励人们采取和运用非功利主义的正义原则来提高平均功利。不管什么缘故，如果对功利主义的公开承认必然损害到某些人的自尊，就没有办法绕过这一障碍。在我们所规定的条件下，这是功利主义体系的一个不可避免的代价。例如，若我们假定当两个正义原则被公开肯定和成为社会结构的基础时平均功利实际上较大（由于前面提到的理由，可以想象情况大致就是这样），那么，两个正义原则就代表着最有吸引力的提议了，按照我们刚刚考察过的两种思路，人们将会接受两个正义原则。功利主义者不可能回答说一个人现在的确在最大限度地增加平均功利。事实上各方也许已选择了两个正义原则。

我们应当注意：我在此所定义的功利主义，是把功利原则看作可成为社会的公开正义观的正确原则。而要说明这一点就必须论证这一标准将在原初状态中被选择。如果我们愿意，我们能够定义一个不同形式的最初状态，在那里动机的假设将是各方想采取那些最大限度地增加平均功利的原则。先前的评论说明：两个正义原则可能仍然要被选择。但如果这样，称这些原则（和它们的理论形式）为功利主义的原则就是一个错误。动机的假设本身并不决定整个理论的性质。实际上，如果两个正义原则在不同的动机假设下仍被选择，支持它们的证据就更加强有力了。这说明我们的正义论基础稳固，不易受到条件的轻微变化的影响。我们想知道的是哪种正义观表现了我们在反思的平衡中所考虑的判断，并最好地作为社会的公开道德基础服务于社会。除非一个人坚持这一观念是由功利原则给予的，否则他就并不是一个功利主义者。①

然而，功利主义者可以坚持认为功利原则也给了康德的观念一种意义，即，一种由边沁的公式："每一个人都只算作是一个人，没有人被算作比一个人多"提供的意义。如密尔指出的，这意味着：被假定在程度上与一个人的幸福相等的另一个人的幸福将被准确地算作是同样的②，功利原则对增加数额的衡量对所有人都是同等的，因而把它们看作同一是很自然的。我们可以说，功利原则是把人们既作为目的又作为手段来对待，它通过把每一个人的福利看得同等重要（肯定意义上的）而把人们看作目的，通过允许用一些人较高的生活前景来平衡另一些较不利者的较低生活前景，又把他们看作手段。两个正义原则则给了康德的人是目的的观念以一种更强有力的和更有特色的解释。它们甚至排除了把人们看作促进相互利益的手段的倾向。在社会体系的设计中，我们必须把人仅仅作为目的而绝不作为手段。前面的论证显示了这一更有力的解释。

在这一节快结束时我还注意到，原则的一般性、普遍应用、对自然和社会地位信息的限制这些条件本身并不足以构成作为公平的正义的原初状态。对于平均功利原则的推理说明了这一点。这些条件是必要的但不是充分的。原初状态要求各方签订一个集体契约，因此，如公开性和终级性一样，要求有效实施的有关条件也是正义两原则的基本论据。我联系承诺的强度和稳定性问题讨论了这些限制条件的作用。一旦这些考虑被确立，对于平均原则的推理的疑问

----

① 这样，当布兰特认为一个社会的道德律是要被公开地承认的，认为从一种哲学的立场看最好的道德律是最大限度地增加平均功利的道德律时，他并不坚持功利原则本身必须属于道德律。事实上，他否认在公开的道德中最后的上诉法庭是功利。这样，按教科书的定义，他的观点不是功利主义的。见《一种规范功利主义形式的某些优点》，载《科罗拉多大学学报》（布尔德，科罗拉多州，1967），58页以后。

② 《功利主义》，第5章，第36段。

就变得更加突出了。

这样，我们探讨的结论就是：理由的平衡明显地倾向两个正义原则而非平均功利原则，自然也不赞成古典的功利原则。就我们运用原初状态的观念来对日常生活中的原则进行证明而言，主张一个人将同意两个正义原则是完全可信的，认为它不真实则是没有理由的。要使这一声称令人信服，并不需要一个人实际地给过并尊重过这一承诺。这样，我们说，它是能作为一种人人都深信对方也相信的公开接受的正义观而服务于我们的。

## 七、法　治

现在我想考虑受法治原则保护的个人权利。① 像以前一样，我的意图不仅是揭示正义原则和以下观念的关系，而且是解释自由优先性的意义。我已经提到（见第 10 节），形式正义的观念和有规则的、公平的行政管理的公共规则被运用到法律制度中时，它们就成为法律规则。不正义的行为之一就是法官及其他有权者没有运用恰当的规则或者不能正确地解释规则。在这方面，举出各种严重的侵犯行为，例如受贿、腐化和滥用法律制度来惩罚政敌，还不如举出那些诸如在司法诉讼程序中实际上歧视某些团体的细微的成见和偏心更有启发意义。我们可以把有规则的、无偏见的、在这个意义上是公平的执法称之为"作为规则的正义"，这个说法比"形式的正义"的措辞更具有启发性。

法治和自由显然具有紧密的联系。对于这一点，我们通过对一个法律体系的观念以及它与作为规则的正义所规定的准则的紧密联

---

① 一般的讨论可见郎·费勒：《法律的道德》（纽黑文，耶鲁大学出版社，1964 年版），第 2 章。赫伯特·韦克斯勒考虑了宪法法规中关于原则性判决的观念，参见《原则、政治和基本法》（坎布里奇，哈佛大学出版社，1961 年版），第 2 部分。参见奥托·柯切恩海默：《政治的正义》（普林斯顿，普林斯顿大学出版社，1961 年版）和 J. N. 谢克拉：《条文主义》（坎布里奇，哈佛大学出版社，1964 年版），第 2 章，它们讨论了政治中的司法系统的运用和滥用。J. R. 卢卡斯：《政治原则》（牛津，克莱伦顿出版社，1966 年版），106～143 页，那里有一个哲学的解释。

系的考察就可以看到。一个法律体系是一系列强制性的公开规则。提出这些规则是为了调整理性人的行为并为社会合作提供某种框架。当这些规则是正义时，它们就建立了合法期望的基础。它们构成了人们相互信赖以及当他们的期望没有实现时就可直接提出反对的基础。如果这些要求的基础不可靠，那么人的自由的领域就同样不可靠。当然，其他规则也具有许多这类特征。游戏和私人交往的规则也是向理性人提出，以实现他们的活动的。假定这些规则是公平的或正义的，那么一旦人们进入这些安排并接受它们所产生的种种好处，由此产生的种种职责便构成合法期望的一个基础。法律体系的特色在于它的广阔范围和调节其他交往的力量。它所规定的立宪机构一般来说至少对较极端的强制拥有绝对的法律权利。私人交往中使用的各种强迫手段则受到严格的限制。此外，法律秩序对某个已很好确定的领域行使一种最后权威。它也具有这样一些特征：控制大范围内的活动和保护利益基本性质。这些特征直接反映了以下事实：即法律确定了那种所有其他活动都在其中发生的社会基本结构。

如果法律秩序是一个对理性人提出来的公开规则体系，我们就能解释与法治相联系的正义准则。它们是这样一些准则：任何充分体现了一种法律体系观念的规范体系都要遵循它们。当然，这不是说现存的法规在所有情况下都必然满足这些准则。倒不如说，这些准则来自这样一种理想观念，即人们指望各种法规至少在大部分情况下接近于这一理想观念。如果对作为规则的正义的偏离十分普遍，那么就可能产生一个严重问题：即一个法律体系是否还是作为一系列旨在推进独裁者利益或仁慈君主的理想的特殊法则的对立面而存在的。对这个问题常常没有明确的答复。把一种法律秩序看成是一个公开规则体系的目的在于：它能使我们推衍出与法律原则相联系的各种准则。此外，我们可以说，在其他条件相同的情况下，如果一种法律秩序较完善地实行着法治的准则，那么这个法律秩序就比其他法律秩序更为正义。它将为自由提供一个较可靠的基础，为组织起来的合作体系提供一个较有效的手段。但由于这些准则仅保证对规则的公正的、正常的实施，而不管规则本身的内容，所以它们可以与不正义相容。它们对社会基本结构施加了相当微弱的约束，但这些约束无论如何不可以被忽略。

　　我们首先来阐明"应当意味着能够"的准则。这个准则和法律体系的几个明显特征具有共同点。首先，法治所要求和禁止的行为应该是人们合理地被期望去做或不做的行为。为组织理性人的行为而向他们提出的一个规范体系涉及他们能或不能做的行为，它不能提出一种不可能做到的义务。其次，"应当意味着能够"的观念可以表达这样一种观念：那些制定法律和给出命令的人是真诚地这样做的。这个体系的立法者，法官及其他官员必须相信法规能够被服从；他们要设想所颁布的任何命令都能够被执行。此外，权威者的行动必须是真诚的，而且权威者的诚意必须得到那些要服从他们所制定的法规的人的承认。只有人们普遍地相信法规和命令能够被服从和执行时，法规和命令才能被接受。如果这里有问题，那么权威者的行动大概另有所图，而不是想组织行为。最后，这个准则表达这样的要求，即一个法律体系应该把执行的不可能性看成是一种防卫或至少作为一种缓行的情况。在规范的实施过程中，一个法律体系不能把无力实行看成是一件无关紧要的事情。如果惩罚的责任不是正常地限制在我们做或不做某些行为的能力范围之内的话，这种责任便将是加于自由之上的不可容忍的重负。

　　法治也含有类似情况类似处理的准则。如果这个准则不被遵循，人们就不能通过规范的手段来调节他们的行为。诚然，这个观念并不十分吸引我们，因为我们必须假设法律规范本身和解释它们的原则给出了类似性的标准。然而，类似情况类似处理的准则却有效地限制了法官及其他当权者的权限。这个准则迫使他们对他们参照有关的法律规则和原则在人与人之间所作出的区分给出证明。在特殊情况下，如果规则很复杂而需要解释的话，那么对一个专断判决的证明可能是容易的。但是，随着案例的增多，对于带偏见的判决的貌似有理的辩护就变得十分困难了。一致性的要求当然适用于所有规则的解释和各种层次的证明。对歧视性的判决的合理论证最终变得更加难于形成，并且这样做的意图也不那么诱人了。这个准则也适用于衡平法的情形，即当既定规范发生了始料未及的困难因而需要做出例外处理时的情形。但是在这种条件下，由于没有区分例外情况的明确界线，于是就发生了这样一种情况，就像在翻译中的情况那样，在此几乎所有差别都是很重要的。在这样的情况中，便要运用权威决定的原则，而且先前的或已宣布的判决的力量就足够了。①

法无明文不为罪的准则（Nalla crimen sine Lege）及其暗含的种种要求也产生于一个法律体系的观念中。这个准则要求法律为人所知并被公开地宣传，而且它们的含义得到清楚的规定；法令在陈述和意向两方面都是普遍的，不能被当成损害某些可能被明确点名的个人（褫夺公民权利法案）的一种手段；至少对较严重的犯法行为应有严格的解释；在量刑时不追溯被治罪者的既往过错。上述要求潜含在由公开规则调节行为的概念中。因为，比方说如果法规的命令和禁止的内容不明确的话，公民就不知道该怎样行动。而且，尽管可能存在着剥夺公民权利的临时法案和追溯法规，但这些东西不能太普遍，换言之，不能成为法律体系的特征，否则它就必定具有另外的目的。一个暴君可能不预先通告就改变法律，并相应地惩罚（如果这是一个恰当的词的话）他的臣民，因为他乐于看到他的臣民花多长时间才从观察他所给予的惩罚中领会到新规范的内容。但是这些规范不是一个法律体系，因为他们不能通过提供合法期望的一个基础来组织社会行为。

最后，有一些规定自然正义观的准则，它们是用来保护司法诉讼的正直性的指针。② 如果法律是向理性人提出的指令的话，法庭就必须考虑以某种适当的方法来运用和贯彻这些规范；就必须做出有意识的努力来确定一个违法行为是否已经发生，是否要对它处以正确的惩罚。所以，一个法律体系必须准备按照法规来进行审判和受理申诉；它必须包括可保障合理审查程序的证据法规。当在这些程序方面出现偏离时，法治要求某种形式的恰当程序：即一种合理设计的、以便用与法律体系的其他目的相容的方式来弄清一个违法行为是否发生，并在什么环境下发生的真相的程序。例如，法官必须是独立的、公正的，而且不能判决他自己的案子。各种审判必须是公平的、公开的，不能因公众的吵闹而带有偏见。自然正义的准

---

①　见郎·费勒：《法律的分析》（纽约，新美国文库出版社，1969），182 页。

②　这个自然正义的含义是传统的。参见 H. L. A. 哈特：《法律的概念》（牛津，克莱伦顿出版社，1966 年版），156、202 页。

则要保障法律秩序被公正地、有规则地维持。

现在，法治和自由的联系就十分清楚了。正如我曾说过的，自由是制度确定的多种权利和义务的复杂集合。各种各样的自由指定了如果我们想做就可以决定去做的事情，在这些事情上，当自由的性质使做某事恰当时，其他人就有不去干涉的义务。[①] 但是如果法无明文规定不为罪的准则，比方说，由于模糊的、不精确的法规而受到侵犯的话，那么我们能够自由地去做的事情就同样是模糊的、不精确的。我们的自由的界限便是不确定的。在这种情况下，人们对行使自由就会产生一种合理的担心，从而导致对自由的限制。如果类似的情况不类似地处理，如果司法诉讼缺少本质的正直性，如果法律不把无力实行看成是一种防卫，等等，那么也会产生同样的结果。因此，在理性人为自身所确立的最大的平等自由的协议中，法治原则具有坚实的基础。为了确实拥有并运用这些自由，一个组织良好的社会中的公民一般都要求维持法治。

我们可以用稍微不同的方式得出同样的结论。这样一种假设是合理的：即使在一个组织良好的社会中，为了社会合作的稳定性，政府的强制权力在某种程度上也是必需的。因为，尽管人们知道他们分有相同的正义感，并且每个人都要求维持现存的安排，但他们可能还是缺乏完全的相互信任。他们可能怀疑某些人没有尽职，从而可能被诱惑得也不尽职。对这些诱惑的普遍领悟最终可能导致合作体系的崩溃。人们日益猜疑其他人没有履行义务和责任，这是由

①　这一观点是否适用于所有权利——比方说是否适用于拾取无人认领之物的权利——可能是有争议的。见哈特的论文，载《哲学评论》，第 64 卷，179 页。但是就我们这里的目的而言，这一观点或许是足够正确的。尽管有一些基本权利像我们所认为的那样类似于竞争的权利，例如参与公共事务的权利和影响已形成的政治决定的权利，但每个人同时仍有以某种方式来指导自己行动的义务。这一义务可以说是一种公平的政治行为中的义务，对它的侵犯就是一种对他人的干预。正如我们所看到的，正义宪法的目的是建立这样一种结构，在这个结构的范围内，被公平地追求的并且具有其公平价值的平等政治权利，可能导致正义的、有效的立法。在适当的时候，我们可以在正文及其他段落中解释这个观点。关于这个观点，参见理查德·沃尔海姆：《平等论》，载《亚里士多德协会会刊》，第 56 卷(1955—1956 年)，291 页以后。换一种方式说，权利可以重述为在特定环境下试图做某事的权利，这些环境允许其他人的公平竞争，不公正变成了干预的一种特殊形式。

于在缺少权威的解释和规则的强制的情况下，寻找一些违反规则的借口是特别容易的。这样，即使在合理的理想条件下，设想一个，比方说基于自愿的成功的所得税方案也是十分困难的。这样一种安排是不稳定的。得到集体制裁支持的一种对规范的权威的公开解释，其作用恰恰是要克服这种不稳定性。政府通过强制实行一个公开的惩罚体系来消除那些认为其他人不遵守规则的根由。仅仅因为这一点，一个强制权力大概也总是必需的，虽然在一个组织良好的社会中，制裁是不严厉的甚至可能是不需要强加的。我们宁可说，有效的刑罚机构的存在是为保障人们相互间的安全服务的。我们也许可以把这个主张及其背后的理由看成是霍布斯的理论。①

现在，立宪会议的各方在建立这种制裁体系的过程中必须权衡它的利弊。它至少有两个弊端：一是由税收所支付的维持机构的费用；二是对代表的公民的自由构成的某种危险，这种危险可以由这些制裁将错误地干预公民自由的可能性来估量。只有当这些弊端比由于不稳定而丧失自由的弊端更小时，一个强制机构的建立才是合理的。假定情况是这样的话，那么最佳安排就是使这些危险减少到最小程度的安排。显而易见，在其他条件相同的情况下，当人们按照法律原则公正地、正常地执法时，对自由构成的危险就比较小。当一个强制机构是必需的时候，确切地规定这个机构运行的方向显然是十分重要的。公民们如果知道什么事情要受罚，并知道这些事情是在他们可做可不做的能力范围之内的，他们就可以相应地制订他们的计划。一个遵守已公布的法规的人不必害怕对他的自由的侵犯。

从前面的评论来看，我们显然需要一种对刑事制裁的解释，不管这种解释对理想的理论来说是多么有限。在人类生活的正常条件下，这样一种安排是必要的。我坚持认为，为这些制裁辩护的原则可以从自由原则中推演出来。无论如何，在这种情况中，理想的观念展示出非理想的体系应当如何被确立；这一点也肯定了以下推测：

---

① 参见《利维坦》，第13～第18章。也见霍华德·沃伦德：《霍布斯的政治哲学》（牛津，克莱伦顿出版社，1957年版），第3章；见 D. P. 高塞勒：《利维坦的逻辑》（牛津，克莱伦顿出版社，1969年版），76～89页。

即构成基础的正是理想的理论。我们也看到责任原则不是建立在这样一个观念上：即认为惩罚主要是报复和恐吓。相反，责任原则被看成是为了自由本身。除非公民能知道何为法律，并得到一种公平的机会来考虑法律所颁布的各种指令，否则刑事制裁就不应该运用于他们。这个原则仅仅是把一个法律体系看成一种为调节理性人的合作而向他们提出的公开规则的命令这一看法的结果，是赋予自由以适当分量的结果。我相信，这样一种责任的观点能使我们解释刑法之所以承认以犯罪意图的名义做出的许多辩解和辩护的原因，相信这种责任观点可用来指导法律改革。不过，在这里我不能继续讨论这些观点。① 我们只注意到下面一点也就足够了：即理想的理论要求把刑事制裁解释为一种维持稳定的手段，同时表明部分服从理论的这个部分应该怎样被设计。具体些说，自由的原则导向责任的原则。

部分服从理论中出现的各种道德困境也要联系我们所持的自由优先性的观点来考察。这样，我们就可以想象一种不幸的状态，在那里，不太有力地坚持遵循法治准则的情况也许是允许的。例如，在某些极端的事件中，人们可能认为某些个人对一些违反"应当意味着能够"的准则的行为负有责任。让我们假设由于激烈的宗教对立，敌对团体的成员正收集武器组成部队以准备一场内战。面对这种情况，政府可能制定一个禁止占有各种武器的法令（假设在目前占有武器已不是一种犯法行为）。法律可能认为如果在被告家中或所有物中找到了武器，那么定罪就有了充足的证据，除非被告能够证实是其他人放置了那些武器。除了这个条件之外，其他的情况，诸如被告没有占有武器的意图、缺少有关方面的知识、遵守了合理的武器管理标准等都是不相干的。人们认为这些通常的辩护将使法律归于无效和不可能实行。

那么，虽然这个法令不符合"应当意味着能够"的准则，但至少在所加的刑罚不是太严厉的情况下，作为一种它的丧失自由较少的情形，代表的公民可能会接受它的（在此我假设监禁是对自由的一种

---

① 关于这些问题，可参考 H. L. A. 哈特：《惩罚和责任》（牛津，克莱伦顿出版社，1968 年版），173～183 页。在这里我遵循他的观点。

严厉剥夺，所以，在打算实施这种惩罚时必须考虑它的严重性）。当人们从立法阶段来考虑这个情况时，他们可能认定：如不通过这一法令，便不能防止全副武装的军事团体的形成，这比要求他们对占有武器的行为严格负责对一般公民自由的威胁大得多。公民可能确认这个法令是两害之中较轻者，他们相信这样一种论据：即虽然他们可能会因他们没有做过的事情而被定罪，但以其他方式拿他们的自由来冒险情况可能会更糟。既然存在着激烈的不和，那么正如我们通常考虑的一样，是没有办法来避免某些不正义的。我们所能做的事情只是以最少不正义的方式来限制这些不正义。

结论再一次证实了限制自由的理由来自自由原则本身。至少在某种程度上，自由的优先性转向了部分服从理论。这样，在刚才讨论过的情形中，某些人的较大利益并没有和其他人的较小利益相平衡，人们也没有为了较大的经济、社会利益而接受一种较少的自由；倒不如说，人们一直诉诸的是以代表的公民的基本的平等自由的形式出现的共同善。不幸的环境和某些人的不正义的计划，使得一种比在一个组织良好的社会里所享受的自由少得多的自由成为必需。社会秩序中的任何不正义都必定会给社会带来损失；要完全清除它的后果是不可能的。在运用法律原则中，我们必须牢记那些确定自由并相应地调节其要求的权利和义务的整体。如果我们要减轻因不能根除的社会邪恶而导致的对自由的损害，并且把目标集中在环境允许的最少不正义上，那么我们有时不能不允许某些违反正义准则的情况存在。

## 八、自由优先性的规定

亚里士多德评论说，具有一种正义感是人的一个特征，他们对正义的共同理解造就了一个城邦。[①] 同样，我们可以说，根据我们的讨论，对作为公平的正义的共同理解造就了一种宪法民主。因为我在提出第一个原则的进一步论据之后已试图表明，一个民主政体

---

① 《政治学》，第 1 篇，第 2 章，第 1253 页 a15。

的基本自由受到这种正义观的最坚决的保护。从每一个例证中所得出的结论都是我们熟谙的。我的目的一直是要表明两个正义原则不仅符合我们所考虑的各种判断，而且为自由提供了最有力的论据。相反，各种目的论原则充其量为自由(或至少为平等的自由)提供了一些不确实的论据。良心和思想的自由不应该建立在哲学或伦理学怀疑主义基础上，也不应该建立在对各种宗教和道德利益的冷淡上。正义原则在两个极端中间开辟了一条合适的通道，一个极端是独断论和不宽容，另一个极端是把宗教和道德看成是纯粹偏爱的简化论。而且，由于正义论依赖于一些微弱的和被广泛接受的假设，它就可能赢得相当普遍的承认。当我们的自由来自这样一些原则，即来自相互处在公平状态中的人们一致同意的原则(假若他们能全体一致地同意什么事情的话)时，我们的各种自由就确实有了十分坚固的基础。

现在我希望更审慎地考察自由优先性的意义。这里我先不论证这种优先性(放到第 82 节去讨论)，而是希望借助于前面的例证来弄清它的意义。应该区别几种优先性。我把自由的优先性看成是平等自由的原则对第二个正义原则的优先。两个原则处在词典式的次序中，因此自由的主张首先应该被满足。只有自由的主张获得满足之后，其他原则才能发挥作用。我们目前尚不考虑正当对善的优先性，或者公平机会对差别原则的优先性。

正如所有前面的例证所表明的那样，自由的优先性意味着自由只有为了自由本身才能被限制。这里有两种情况，各种基本自由可能或者是虽然平等却不够广泛的，或者是不平等的。如果自由不够广泛，那么代表的公民应当发现这种情况总的来说对他的自由仍是有利的；如果自由不平等，那些自由较少者的自由必然得到了较好的保障。在这两种情况中，证明是通过参照整个平等自由的体系进行的。这些优先性规则实际上已经无数次地被提到了。

然而，我们必须进一步区分对自由的限制进行证明或辩解的两种情况。首先，一个限制可能来自自然界的限制和人类生活中的偶发事件，或者来自历史和社会的偶然因素。这里不会出现关于这些约束的正义问题。例如，即使在处于有利环境下的一个组织良好的社会中，思想和良心的自由也要服从合理的调节，参与原则在某种程度上也受到限制。这些约束产生于一些多少是永久性的政治生活条件；其他的约束则是适应于人生的自然特征而进行的调整，像给予儿童以较少的自由。在这些情况中，问题在于发现某种正义的方式来处理某些既定的限制。

在第二种情况中，不正义已经存在，既存在于一些社会安排中，又存在于一些个体的行为之中。这里的问题是：什么是对不正义做出反应的正义方式。当然，对这种不正义可能有许多解释，那些不正义的行动者在行动中经常抱有这样的信念：以为他们是在追求一种高尚的事业。不宽容和敌对团体的例子说明了这种可能性。但是人们的不正义倾向并不是共同体生活的一个永久方面；它在许多方面多少依赖于各种社会制度，特别是依赖于这些社会制度是否正义。一个组织良好的社会倾向于摒弃或至少控制人的不正义倾向（见第八至第九章）；因此，一旦这样的社会建立起来，好战和不宽容的团体可以说就不太可能存在，或构成某种危险。正义要求我们怎样对待不正义这个问题，是和我们怎样最好地处理人类生活中不可避免的限制和偶然事件的问题很不相同的。

这两种情况提出了几个问题。我们可以回想起：严格服从是原初状态的规定之一；两个正义原则是在假定正义原则会被普遍服从的基础上被选择的。任何没能服从的情形都被看成是一些例外而不予考虑（见第25节）。通过使两个正义原则处于一种词典式的次序中，各方正在选择一个适合于有利条件的正义观，并假设一个正义社会能够在适当的时候被建立起来。被安排在这种次序中的两个正义原则于是就确定了完善正义的体系；它们属于理想的理论，并且确立了一个指导社会改革的目标。但即使承认这些原则对于这一目标来说是正确的，我们仍然要问：在各种较不利的条件下，怎样把它们很好地运用到制度中去？它们是否能为解决不正义的问题提供指导？由于两个正义原则及其词典式次序不是连同这些情况被接受的，所以它们可能不再有效。

我不打算系统地回答这些问题。一些特殊问题留到以后再讨论（见第六章）。在此直觉的观念是把正义理论分成两个部分。第一部分即理想部分，假设了严格的服从，确定了那些在有利环境下的一个组织良好的社会的原则。它建立了一个完善正义的基本结构的观念，以及在人类生活的确定约束下的个人相应的义务和责任。我主要考虑了正义论的这个部分。非理想部分(即第二部分)的设计是在一种理想的正义观被选择之后进行的。只是在那时，各方才提出在不太幸运的条件下应采纳哪个原则的问题。正如我指出的，理论的这一划分产生两个相当不同的部分，一个部分是由那些指导对自然限制和历史偶然因素进行调整的原则所组成的，另一个部分是由那些解决不正义问题的原则所组成的。

若把正义论看成一个整体，那么，理想部分就提出了一个如果可能我们就要去实现的一个正义社会的观念。我们根据这个观念来判断现存的各种制度；如果它们没有充足理由就违背这一观念的话，那么在此范围内它们就被视为不正义的。正义原则的词典式次序指定了这一理想的哪些因素相对来说是更紧迫的，这一次序暗示着优先性规则也要同样地被运用到非理想情形中去。这样，在环境许可的范围内，我们有一种排除任何不正义的自然义务，首先排除那些根据对完善的正义的偏离程度而确定的最严重的不正义。当然，这个观念是十分粗糙的，对偏离理想的程度的衡量大都托付给直觉。但词典式次序所表明的优先性仍然可以指导我们的判断。如果我们对何为正义有一种相当清楚的观念的话，那么我们所考虑的正义信念就可能更为协调一致，尽管我们不能确切地阐述这种更大的一致是如何发生的。所以，虽然正义原则是属于一种理想状态的理论，它们却是和我们的日常正义信念普遍相关的。

我们也许可以用不同的例子(其中有我们已讨论过的例子)来解释非理想理论的几个方面。一种情况涉及不够广泛的自由。由于那里没有不平等，而是所有人都拥有一种狭隘而非广泛的自由，这个问题就能够从代表的平等公民的观点来评价。在应用正义原则时诉诸这个代表人的利益就是诉诸共同利益的原则(我把共同利益看成是某些在适当的意义上有利于每一个人的一般条件)。前述的几个例子涉及不广泛的自由：如以与公共秩序相一致的方式来调节良心和理想的自由，对多数裁决规则范围的限制也属于这种情况(见第34、第37节)。这些约束来自永久性的人类生活条件，因此这些情况属于非理想理论中那个用来处理自然限制的部分。由于约束不宽容者的自由和限制竞争团体的暴力这两种情况牵涉到不正义，所以它们隶属于非理想理论中的部分服从理论。不过，在这四种情况中，论据都是从代表的公民的观点来展开的。根据词典式次序的观念，对自由范围的限制是为了自由本身的缘故，它所产生的是一种较少但仍然是平等的自由。

第二种情况是不平等的自由。如果某些人比其他人拥有更多的表决权，那么政治自由就是不平等的；如果某些人的表决权比别人重要得多，或者社会的某个阶层完全没有选举权，情况也是这样。在许多历史情况中，一种较小的政治自由可能被证明是正当的。柏克对代议制的不现实的解释在 18 世纪的社会背景下或许具有某种正确性。① 如果真是这样的话，它就反映了这样一个事实：即各种自由不是等价的。因为虽然在那时也许可以设想不平等的政治自由是对历史限制的一种可允许的适应，但农奴制、奴隶制和宗教的不宽容却肯定是不可允许的。这些约束并不能为良心自由的丧失和确定人格完整的权利的丧失辩护。关于某些政治自由和机会的公正平等权利的例子也并不那么诱人。正如前面（见第 11 节）我所提到的，当长远利益大到足够把一个较不幸的社会改造为一个人人都能充分地享受平等自由的社会时，放弃这些自由中的一部分也许是合理的。在环境无助于运用这些权利的情况下，则尤其是这样。在某些目前还不能改变的条件下，有些自由的价值可能还不会如此之高，以致排除了对较不幸者补偿的可能性。我们要接受两个原则的词典式次序，但这并不要求我们否认自由价值依赖于环境的观点。但是的确应当说明的是：当一般的正义观被遵循时，最终会形成这样一些社会条件，在这些条件下，一个比平等的自由较少的自由就不再被接受，那时不平等的自由就不再得到辩护。可以说，词典式次序是一个正义体系的内在的、长远的平衡。一旦平等的趋势被确立（如果不费很长的时间），那么两个原则就要被系列地排列。

在这些评论中，我一直假设，正是那些拥有较少自由者总是必须得到补偿。我们要经常从他们的观点来评价境况（像从立宪会议或立法阶段来看一样）。那么，正是这个限制实际上使下面一点明确

---

① 参见 H. F. 皮特金：《代表制的概念》，第 8 章，那里有对柏克观点的解释。

了：即只有当奴隶制和农奴制排除了更坏的不正义时，它们(至少是它们的那些为我们熟悉的形式)才是可容忍的。可能有一些过渡的情形，在那里实行奴隶制比当时的惯例要好些。例如，假设各城邦以前不带回战俘，而总是处死战俘，现在城邦则根据协议同意把战俘当作奴隶。虽然我们不能根据一些人的较大利益超过其他人的损失这一点容忍奴隶制，但是在这些条件下，由于所有人都冒有在战争中成为战俘的危险，所以这种形式的奴隶制比起当时的惯例不正义的程度要轻一些；至少这种奴隶状态不是世袭的(让我们假设)，而是由多少平等的各城邦的自由公民普遍接受的。如果奴隶没有受到十分残酷的对待的话，这种安排作为相对于既定制度的一种进步来看是能得到辩护的。它大概最终要被完全摒弃，因为交换战俘是一种更理想的安排，放回某一共同体的被俘者比奴隶服役更可取。但是所有这些考虑，不管多么奇特，都不倾向于用自然的、历史的限制来证明世袭的奴隶制或农奴制是正当的。此外，人们在这一方面不能诉诸必然性，或至少不能诉诸这些奴隶制安排有利于较高文化形式发展的重大优越性。正如我以后要讨论的那样，至善原则在原初状态中应该遭到拒绝(见第 50 节)。

这里，需要讨论一下家长式统治的问题，因为在平等自由的论证中，家长式统治经常被提到，并且它关系到一种较小的自由。在原初状态中，各方假设自己在社会中是有理性的，是有能力处理各种事务的。他们不承认任何对自己的义务，因为就追求他们的善而言这是不必要的。但是只要理想观念一被选择，他们就要确保自己不因这样一些可能性而蒙受损害：即他们的力量是尚未发展的，不能合理地推进他们的利益，例如儿童的情形；或者由于某些不幸和偶然事件，他们不能为自己的利益做出决定，例如那些脑子受到严重伤害或精神紊乱的人。他们通过同意一种刑罚体系(这给他们一个很大的压力来避免愚蠢的行为)和接受某些课税(这用来避免那些会带来不幸后果的轻率行为)来保护自己不受自己的不合理倾向的支配，这对他们来说也是合理的。对于这些情形，各方采纳这样的原则，这种原则规定什么时候其他人有权代表他们行动，而且必要的话，什么时候可以不理睬他们当时的愿望；他们之所以这样做，是因为他们认识到他们合理地追求他们自己利益的能力有时可能失败或者完全缺少这种能力。①

　　所以，家长式统治的原则是这样的原则：在原初状态中，各方会接受这种原则以保护自己在社会中免受自己的理智和意志力的软弱动摇之害。这样，他人就被授权、有时是被要求代表我们来行动，做假如我们是理智的话就会为我们自己做的事情；只有当我们不能照管自己的利益时，这种授权才生效。家长式决定应当根据授权者已经形成的偏爱与兴趣（利益）（就其不是非理性的而言）的指导，或者，在缺乏有关这些情况的知识时，根据基本善的理论的指导而做出。我们对一个人知道得越少，我们为他做出的行动就越像我们从原初状态的立场为自己做出的行动。我们努力为他得到无论他想要别的什么他大概都想要的东西。我们必须能够这样说：当所说的这个人发展或恢复了他的理智力时，他将接受我们代表他所做的决定，承认我们为他做了最好的事情。

　　然而，一个人由他人在适当的时候来考虑他的处境这个要求绝不是充分的，即使这一处境的真实性经得起理性的检验。例如，我们设想两个持有不同的宗教和哲学信仰的充分自主和有理性的人，并假设存在着某种使他们各自向对方观点皈依的心理作用。尽管这一作用是违反他们的意愿的。让我们假设，双方在适当的时候会转变到认真地信奉他们的新信仰。但我们仍然不能以家长式统治的方式来代替他们做出改换信仰的决定。两个进一步的条件是必要的：家长式干预必须由理性和意识的明显先天不足或后天损失来证明其正当性；同时，它必须受正义原则和有关这个人的较长期的目标和偏爱的知识或者对基本善的解释的指导。这些关于家长式措施的采用和方向方面的限制来自原初状态中的各种假设。各方需要保证他们人格的完整，保证他们的终极目标及其信仰（不管他们的具体内容是什么）。家长式原则是一种克服我们自己的非理性的保护措施，绝不应把它解释为可采取任何尔后可能得到同意的手段去污辱一个人的信仰和个性。更一般地说，教育方法也必须尊重这些约束（见第 78节）。

---

　　① 关于这个问题的讨论，见杰拉尔德·德沃金的《家长式统治》，这篇论文载《道德和法律》，R. A. 沃塞斯特罗姆编（加利福尼亚，沃兹沃思公司，1971 年版），107～126 页。

作为公平的正义的力量看来来自这样两件事情：一是它要求所有的不平等都要根据最少受惠者的利益来证明其正当性；二是自由的优先性。这两个条件便使作为公平的正义区别于直觉主义和目的论。把我们前面的讨论考虑进来，我们就能重新表述第一个正义原则，并且把它与恰当的优先规则联系起来。我相信，变动和增补的内容是自明的。现在第一个原则如下所述：

第一个原则

每个人对与所有人所拥有的最广泛平等的基本自由体系相容的类似自由体系都应有一种平等的权利。

优先的规则

两个正义原则应以词典式次序排列，因此自由只能为了自由的缘故而被限制。这有两种情况：一种不够广泛的自由必须加强由所有人分享的完整自由体系；另一种不够平等的自由必须可以为那些拥有较少自由的公民所接受。

下述重复也许是值得的：虽然我已经在大量重要的例证中检查过这个优先规则，但是我还得给出关于它的系统论证。这个优先规则看上去相当好地符合我们所考虑的信念。但是我把这种从原初状态的观点进行的论证推迟到第三编去讨论，那时契约论的力量将能够充分展开(见第 82 节)。

节选自［美］约翰·罗尔斯：《正义论》，第一、第二、第三、第四章，北京，中国社会科学出版社，1988。何怀宏、何包钢、廖申白译。略有改动。

# 《政治自由主义》（1993）（节选）

## 平装本导论

在这篇平装本导论中，我想就本书的主要理念给读者提供一个阅读指南。①《政治自由主义》的一个主要目标，是想讨论秩序良好的**公平正义**的社会②（它是我在《正义论》[1971]一书中阐明的）是如何通过一种政治的正义观念来获得理解的，而且，一旦它适合于理

---

① 我当感谢几位帮助我成就这篇导论的人士：佩西·勒宁与我就如何撰写本篇导论进行了多次讨论，并帮我几次校改开篇；诺曼·丹尼尔斯与我就稳定性在政治自由主义的作用问题做了多次富有启发的谈话；艾林·凯丽、T. M. 斯坎伦和丹尼斯·汤普逊给予我许多极有价值的建议，对此我都高兴地接受之；最后还有伯顿·决本，我与他有过多次长时间的谈话，并从他对如何组织和改进最后文本定稿的不胜枚举的思考与批评中，获益良丰。没有他们以及稍后我还要提到的其他人士的帮助和努力，我是难以完成这篇导论的。

② 我之所以用黑体字标示"**公平正义**"这一短语，是因为它是一种特殊的正义解释的恰当名称，而且人们总是这样来理解它。我将用**学说**这一术语来表示各种完备性的观点，用**观念**这一术语来表示一种政治观念及其组成部分，诸如，作为公民的个人观念。理念这一术语则被作为一种普遍性的术语来加以使用，它可以根据上下文指这两个词的任何一个。凡参考《正义论》和《政治自由主义》两书，均以括弧标明第几讲、第几节或页码数。

性多元论的事实(第 3 页以后，第 36 页以后)①，又是如何受一种政治的正义观念规导的。我首先从政治领域的理念以及政治的正义理念开始，将公平正义的观念作为一个范例来讨论。我以为，这些理念以及它们与各种完备性②学说之间的区别，乃是政治自由主义中最为关键的理念。《政治自由主义》第一部分的各讲、第二部分的第五讲阐述了这些理念，并对其他必要的观念作了界定。《政治自由主义》的另一个目标，是想讨论如何理解一个包含着大量合乎理性的政治观念之秩序良好的自由社会。在这一情形中，既存在理性多元论的事实，也存在族类性的、尽管相互不同却又合乎理性的诸种自由主义政治观念；我所探讨的是，在这两种条件下，社会统一最合乎理性的基础何在。我在该书的第二部分，也就是这些理念所出现的第四讲和第六讲，讨论了这些问题。我将集中探讨民主政体中的公民理念，以及该理念是如何与政治合法性和公共理性相联系的。我想强调指出，政治领域的理念和一种政治的正义观念本身都是规范性的和道德的理念，这就是说，它们的"内容是由某些确定的理想、原则和标准所给定的，而这些规范又清晰地表达了某些价值，在我所谈的情况中，它们清晰表达了某些政治价值"。我还要解释公平正义在《正义论》和《政治自由主义》两书中的地位。

　　在探讨这些问题之前，我应该解释一下，阅读《政治自由主义》的一个障碍是，该书没有明确地确认它所谈论的哲学问题。而人们在阅读《正义论》时，则不存在任何这样的障碍：该书力求明确地从洛克、卢梭和康德所代表的社会契约论中开出一种正义论，该正义论不再受到那些常常被认为是致命性的反驳，并证明它优于长期占宰制性地位的功利主义传统。《正义论》希望阐明这样一种正义论的结构性特征，以使其最接近我们所考虑的正义判断，因之给民主社会提供最适当的道德基础。这是一个人们已经认识到的哲学问题，尽管它可能是一个学究性问题。

---

　　①　该事实是这样的：如果该社会的制度是自由的，一种合乎理性的完备性学说——包括宗教的、哲学的和道德的学说——的多元性，乃是民主文化的正常状况。

　　②　我已对完备性学说作了界定(第十三节)。它与一种政治的正义观念相区别，因为它适用于所有主体及其生活各部分的美德[解释]。

确认《政治自由主义》最初所谈的这个哲学问题的障碍在于，该书第一讲的开篇没有清楚地解释这一问题，在第一讲中，我提出了这样一个问题：当一社会中自由而平等的公民因其诸种合乎理性的宗教学说、哲学学说和道德学说而形成深刻的分化时，一个正义而稳定的社会何以可能保持其长治久安？倘若问题在于该社会如何基于正当理性基础而保持长治久安——它总是与稳定性的理念相关①——那么，在诸如康德和密尔这类相互冲突的完备性自由主义学说中，为什么还会存在这类根本问题？即便它们是因不同原因而存在这类问题，它们之中到底是哪一种学说（让我们假定）认可了一种正义的民主政体呢？确乎，这个问题看起来并不复杂。因此我们应该以下述方式更尖锐地提出这一问题：对于那些认肯某一基于宗教权威（譬如说，教会或《圣经》）的宗教学说的人来说，如何可能让他们也坚持一种支持正义民主政体的合乎理性的政治观念？

关键在于，并非所有合乎理性的完备性学说都是自由主义的完备性学说；所以，问题便成了这些学说是否还能够基于正当理性而与一种自由主义的政治观念相容。为了探讨这一问题，我坚持认为，这些学说仅仅把民主政体当作一种临时协定来加以接受是不够的。相反，它们必须把这一民主政体作为社会各成员达成一种合乎理性的重叠共识之政体来接受才行。对于那些坚持一种宗教学说的信教公民，我们则可以这样提问：对于这些信教公民来说，当他们认可一种能够满足自由主义的政治正义观念及其内在政治理想和内在价值的制度结构时，以及当他们不是仅仅鉴于政治力量与社会力量之间的平衡考虑而持守民主社会时，他们如何可能使自己成为全心全意的民主社会成员？

为了提供一个简略的回答，《政治自由主义》一书原导论已经谈到了这些问题。政治自由主义不是一种启蒙自由主义的形式，即是说，它不是一种完备性的自由主义学说，不是一种常常被认为是基于理性并被视为是适合于现代的世俗学说，基督教时代的那种宗教

---

①　"基于正当理性的稳定性"这一短语在《政治自由主义》一书的文本中并未出现过，但在《正义论》和《政治自由主义》的语境中，"稳定性"这一语词通常都表达了这种意味。

权威已不再具有宰制性了。政治自由主义没有上述这些目标。它姑
且认可存在各种完备性学说这一理性多元论的事实，同时也把这些
学说中的某些学说看作是非自由主义的和宗教性的。政治自由主义
的问题，是为一种立宪民主政体制定一种政治的正义观念，在这种
立宪民主政体中，人们可以自由地认可各种合乎理性的学说之多样
性存在，包括宗教的和非宗教的，自由主义的和非自由主义的，因
而他们可以自由地生活在这一政体中，并逐步理解该政体的美德。
需要强调指出的是，政治自由主义并不想取代各种完备性的学说，
包括宗教的和非宗教的完备性学说，但它有意与宗教和非宗教的完
备性学说都保持区别，而且希望这两种完备性学说都能接受它。我
对这些看法都已有过强调和简略的表述。

　　此外，我花了一些篇幅阐明《政治自由主义》一书所谈到的古
代政治哲学与现代政治哲学之间的那种对比。古代人的中心问题
是善的学说，而现代人的中心问题是正义观念。《政治自由主义》
推测了之所以如此的原因。对于古代人来说，宗教乃市民宗教，
而建立一种善学说的任务则留给了哲学。对于现代人来讲，宗教
乃是基督教的救赎宗教，它已在宗教改革时代发生了内在分裂和
冲突，譬如天主教和新教；而这些宗教已然包括一种善——一种救
赎之善的学说。但是，当它们相互竞争的超验性因素不能达成妥
协时，依赖教会或《圣经》的相互冲突的权威，无法解决它们之间
的矛盾。它们之间不共戴天的战斗只能通过环境和精疲力竭的争
斗才能缓和，要么通过平等的良心自由和思想自由才能缓和。环
境和精疲力竭的争斗会导向一种临时协议；而平等的良心自由和
思想自由有时则可以导向更有希望的达成宪法共识，进而达成重
叠共识的可能性，正如我在《政治自由主义》第四讲的第六、第七
节里所提示的那样。

　　因此我再重复一遍：政治自由主义的问题是为一种（自由主义
的）立宪民主政体制定一种政治的政治正义观念，在该政体中，各种
合乎理性的学说——宗教和非宗教的、自由主义的和非自由主义
的——之多元性可以基于正当理性得到认可。根本的困难是，由于
在理性多元论的情形下，宗教的救赎之善无法成为所有公民的共同
善，因而这种政治观念必须运用诸如自由和平等这类政治观念而不

是宗教救赎之善的观念，并保证以适合于各种目的的手段（即首要之善，见《政治自由主义》第四讲第三、第四节），使公民们能够理智而有效地运用他们的自由。尽管对有些人来说，这些问题可能看起来更多的是政治问题而非哲学问题，但人们经过了很长时间才认识到这一点。我们怎么说这并不要紧，只要我们认识了这些问题的本性就行。我之所以把它们看作是哲学问题，是因为一种政治的正义观念乃是一种规范性的和道德的观念，而且政治的领域和其他的政治观念也是如此。《政治自由主义》从这种政治的观点出发，讨论了立宪民主政体的主要道德观念和哲学观念：自由而平等的公民观念；实施政治权力的合法性观念；理性的重叠共识观念；公共理性及其市民义务的观念；以及基于正当理性的稳定性观念。该书还探寻了适合于现代民主社会之公民的最合乎理性的社会统一基础。总而言之，《政治自由主义》考究了在各种合乎理性的学说——宗教的与非宗教的、自由主义的与非自由主义的——多元性环境下，一种秩序良好而又稳定的民主政府是否可能的问题，甚至考究了如何使它本身始终如一的问题。

以此为背景，我现在来谈谈读者指南。《正义论》第三部分假设，公平正义的良序社会是可能的，而且多多少少已成为现实。接着，该书还探询了这种社会是否稳定的问题。该书认为，自然法和人类心理学可以引导那些作为社会成员而在该社会里成长的公民获得一种正义感，这种正义感足以使他们世世代代坚持其政治制度和社会制度。整个论证在该书的第八、第九两章达到顶点，通过对道德学习诸阶段和稳定性诸阶段的概括性阐述表达出来。在任何时间内，稳定性都意味着有正当理性的稳定性。这意味着公民行动所依据的理性包括那些由他们所认定的正义解释——在此情形下，包括公平正义的完备性学说①，该学说表现了他们的有效正义感的基本特征——所提供的理性。

然而，由于在《正义论》中，公平正义的原则有一种立宪民主政体的要求，而且由于理性多元论的事实乃是一社会文化在这些

————————

　① 作为一种完备性的道德观点，它表示公平正义乃是公平正当性的一部分（《正义论》，17、111页）。

自由制度情景中长期作用的结果，所以《正义论》中的论证依赖于其正义原则得以实现的前提。该前提是，在秩序良好的公平正义社会里，公民们都坚持相同的完备性学说，而这也包括康德的完备性自由主义的那些方面，公平正义的原则可能隶属于这种完备性学说。但是，由于理性多元论这一事实，此种完备性观点是不可能为公民们普遍坚持的，更不用说是一种宗教学说，或是某种形式的功利主义了。

在这种处境下，政治的观念又能够提供什么，来作为引导公共政治讨论——正是基于这种公共政治讨论，认肯各种相互冲突的、宗教的和非宗教的然而却又是合乎理性的完备性学说的公民们才会达成一致——的原则与理想之共同基础呢？人们不能明白，在各种相互冲突的完备性学说之间，怎么会出现一种合乎理性而又正义的临时协定。我们只是设想，历史的环境已经证明，各派力量至少暂时都从各个方面支持现存的安排，这些安排恰巧对各派都是公正的。然而，当两种救赎宗教发生冲撞时，能否有什么解决冲突的办法跨越这种冲撞呢？我已经谈到，有时候，一种临时协定可能发展成为各种合乎理性学说之间的一种重叠共识（第四讲第六、第七节）。正如我在该书第四讲第三节所解释的那样，重叠共识理念的目标和动机都是道德的，它使这种共识达于稳定，超越学说的分化。这一点便使稳定性有了正当的理性基础，而且也使这种共识区别于临时协定。

因此，《政治自由主义》的主要目标是想表明，《正义论》中秩序良好的社会理念可以重新予以阐发，以解释理性多元论的事实。为达此目标，该书将《正义论》所提出的公平正义学说转换为一种适应社会基本结构的政治的正义观念。① 将公平正义转换为一种政治的正义观念，要求重新阐发作为政治观念的各构成性理念，它们构成

---

① 所谓基本结构，意指社会主要的政治、宪法、社会和经济制度，以及它们如何相互契合，形成一种永久性社会合作的统一图式。这种结构完全属于政治领域之内。

了公平正义的完备性学说。① 在《正义论》中，这些构成要素中的一些看起来可能是宗教的、哲学的或道德的，而且实际上也可能的确如此，因为《正义论》并不对完备性学说与政治观念进行区分。这种转换是通过《政治自由主义》第一部分的各讲和第二部分的第五讲来完成的。我把一种政治的正义观念称之为独立的观点，这时候，它就不再被解释为是从某种完备性学说中推导出来的，或是某完备性学说的一部分。这样一种正义观念想要成为一种道德的观念，就必须包含其自身的内在规范理想和道德理想。

我们可以这样阐释这类理想中的一种理想：当公民们相互间都把对方看作是一个时代传延的社会合作系统中自由而平等的公民时，他们准备相互提供公平的社会合作项目（通过各种原则和理想来规定这些项目），而且他们都一致同意按照这样的条款行动，即使在某些特殊环境下要牺牲他们自由的利益时也要如此，假如其他人也接受这些项目的话，这时候，他们就是有理性的。因为这些项目是公平的，提出这些项目的公民必定理性地认为，那些被提供这些项目的公民也会理性地接受它们。请注意，"理性地"这一语词出现在这一系统表达的前后两端：当公民提出这些项目时，我们必定理性地认为，提出它们的公民也会理性地接受它们。而且，他们必须以自由而平等的公民身份这样做，而让步则是那些被支配或被操纵的公民的让步，或者是在一种较低政治地位和社会地位的压力下被迫这样做。我把这一点看作是相互性的标准。② 因此，政治的权利和义务即是道德的权利和义务，因为它们都是政治观念的一部分，而该政治观念乃是一种具有其内在理想的规范性（道德的）观念，尽管它本

---

① 这并不需要改变公平正义学说的许多内容。比如，除了其所属的构架之外，正义两原则和基本结构的意义与内容都是一样的。另外，正如我将要在稍后的行文中谈到的那样，《政治自由主义》强调了政治自律与道德自律的差异（见第二讲之六），并很谨慎地强调指出，一种政治的正义观念只包括前者。《正义论》没有作这种区分，在该书中，自律被解释为康德式的道德自律，是从康德的完备性自由主义学说中引申而来的（见《正义论》的第四十、第七十八、第八十六节）。

② 在强调"理性地"这一语词出现在该系统表达的两端时，我根据需要，对相互性的标准作了较《政治自由主义》一书更为充分的陈述。

身并不是一种完备性学说。①

关于一种完备性学说的道德价值与一种政治观念的(道德)政治价值之间的差异，可以自律的价值为例。这种价值至少可以表现为两种形式。一种形式是政治自律，法律的独立性，有保证的公民之政治正直，以及他们与其他公民在行使政治权力时所共享的政治正直。另一种形式是表现在某种生活方式和反思之中的道德自律，这种反思批判地省察着我们最深刻的目的和理想，正如密尔的个体性理想所表现的那样②，或者是把康德的自律学说当作一个最好的例子。

如果说，作为一种道德价值的自律在民主思想史中占有一种重要地位的话，它却不能满足需要理性的政治原则的相互性标准，也不能成为政治的正义观念的一部分。许多持有信仰的公民拒绝把道德自律作为他们的生活方式。

在从公平正义的完备性学说到公平正义的政治观念这一转换中，作为拥有道德人格及其充分的道德行为主体之能力的个人理念则被转换为公民的理念。在道德的和政治的哲学学说中，人们讨论了道德行为主体的理念，以及行为主体的理智力量、道德力量和情感力量。个人被看作能够履行其道德权利并担负其道德义务的个人，并认为他们都受各种适合于该学说所具体规定的每一种美德的所有动机的支配。与之相反，在《政治自由主义》一书中，个人却被看作是自由而平等的公民，是享受着公民身份之政治权利和政治义务的现代民主社会的政治个人，他与其他政治公民有着一种政治关系。当然，这种公民也是一个道德的行为主体，因为正如我们业已看到的那样，一种政治的正义观念也是一个道德观念。但是，我们所考量的这些权利与义务，还有这些价值，都受到了更多的限制。

公民身份的根本性政治关系具有两个特征：第一，它是社会基本结构内部的公民关系，对于这一结构，我们只能因生而入其中，因死而出其外；第二，它是一种自由而平等的公民关系，这些公民作为一个集体性实体来行使终极的政治权利。这两个特征立刻给我们提出了这样的问题：当宪法根本和基本正义问题产生危机时，具

---

① 例如，我们可以在 145 页所描述的第三种观点中看到这一点。

② 见《论自由》第三章，尤其是第一至第九段。

有这种关系的公民怎样才能绝对尊重其立宪政体的结构？又怎样才能通过他们自己在这一结构中的各种法规和法律来遵守其立宪政体的基本结构？理性多元论的事实比其他任何事实都更尖锐地提出了这一问题，因为它意味着，受到各种不同的完备性学说——宗教的与非宗教的——熏陶的公民们之间的差别是无法调和的，因为这些完备性学说包含着诸种超验性因素。这样一来，什么样的原则和理想才是公民们平等共享终极政治权利，以使他们每一个人都能合乎理性地相互证明其政治决定的正当合理性呢？

答案是通过相互性的标准来给予的：只有当我们真诚地相信我们为自己的政治行动所提供的理由有可能为其他公民合乎理性地接受下来，作为他们行动的正当证据时，我们对政治权的行使才是恰当的。① 这一标准适用于两个层面：一个层面是宪法结构本身；另一个层面是按照这一结构制定的特殊的法规和法律。合乎理性的政治观念必定只能满足这一原则的宪法的正当合理性。当我们把这一标准运用到宪法的合法性和那些在宪法指导下所制定的法规之合法性时，便产生了我们可以称为自由主义的合法性原则。

为了发挥其政治角色的作用，公民被看作是具有适合于这一角色的理智能力和道德能力的，诸如，由一种自由主义观念所给定的政治的正义感的能力；一种形成、遵循和修正其个体善学说的能力②；还有他们具有维持正义的政治社会所需要的政治美德能力。（当然也不可否认，他们还具有的超出这一范围的其他美德能力和道德动机）

《正义论》中的两个理念都需要满足理性多元论的事实要求，这两个理念是：合乎理性的重叠共识的理念（第 15 页，第 39 页以后，

---

① 我想解释一下，严格地说，在这里不存在任何争论的余地。前面一段文字仅仅描述了一种制度情景，在这一制度情景中，公民们处于某些确定的关系之中，并考量某些确定的问题，如此等等。然后我们可以说，从这一制度情景中，产生了对公民遵循相互性标准的义务要求。这种义务缘于该书 49 页以后所刻画的个人之理性的理念。在 T. M. 斯坎伦的《允诺与实践》（载《哲学与公共事务》，1990 年夏季号，第 19 卷，第 3 期）一文中，人们可以发现类似的推理，但所列举的例证却全然不同。

② 《正义论》和《政治自由主义》都谈到了（完备性的）善观念。从此处开始，我们都将它作为一种学说来参引。

第四章第三节）和公共理性的理念（第六章第四、第七、第八节）。如果没有这两个理念，那么我们就无法明白政治的正义观念在具体规定一良序社会——当它受一种政治观念规导时——的公共理性的过程中所发挥的作用（或者说，正如我们将要看到的那样，是一组政治观念所发挥的作用）。在执行这一观念使命时，公平正义（作为已经转换了的公平正义之政治观念）便成了主要的范例。

在此，我不想超出我描述重叠共识的理念。相反，我只想解释一下与之相关的两点。其一，理性多元的事实导致——至少在我看来——政治的正义观念，因之也导致政治自由主义的理念。因为，能够系统表达一种可能为那些非自由主义学说所认可的自由主义政治观念的，恰恰是这一思想，而不是以一种完备性的自由主义哲学学说来对抗各种宗教的和非自由主义的学说。要找到这种政治观念，我们无须抱着在各种完备性学说之间强求均衡或搞平均化的目的，来看待这些众所周知的完备性学说，也不必通过剪裁该政治观念，使其适合这些完备性学说，来寻求与社会现存的那些完备性学说的足够多数达成妥协。这样做乃是诉求于错误的共识理念，是以错误的方式使政治观念政治化（第 39 页以后）。① 相反，我们系统表达的是一种独立的政治观念，它具有其内在的（即道德的）通过相互性标准表达出来的政治理想。以此方式，我们希望各种合乎理性的完备性学说能够基于正当的理性，认可该政治观念，因而该政治观念被视为一种重叠共识。

关于重叠共识的另外一点是，《政治自由主义》没有任何企图想证明或者表明这种共识可以作为合乎理性的政治正义观念的最终形式。它所做的，最多也只是提出一种独立的自由主义政治观念，该政治观念并不反对各完备性学说自身的基本理由，也不排除形成一种具有正当理性的重叠共识之可能性。《政治自由主义》特别解释了某些历史事件和历史过程，这些历史的事件和过程似乎已然导致了共识，而另一些则有可能发生（第四讲第六、第七节），但是，对这些常识性政治社会学事实的观察，并不构成我们的证据。

---

① 另见第九讲第二节，389 页。

除了在相互冲突的完备性学说之中，《政治自由主义》还认识到，在任何一个实际的政治社会里，社会的政治争论也有着大量各种不同的自由主义的政治正义观念相互冲突。这便导出《政治自由主义》的另一个目标，即探讨这样一个问题：如果不仅存在理性多元论的事实，而且也存在着诸多合乎理性的自由主义政治正义观念的家族之争，那么，一个秩序良好的自由主义政治社会又是如何形成的？自由主义的观念规定了三个条件①：首先是某些权利、自由[权]和机会（它们都是民主政体中人们十分熟悉的）的具体规定；其次是这些自由的特殊优先性；第三则是各种维度，它们确保着所有公民——无论他们的社会地位怎样——都拥有充分适应于各种目的②并使他们理智而有效地运用其自由权利和机会的手段。请注意：我在此所谈论的是自由主义的政治观念，而非自由主义的完备性学说。

我之所以相信公平正义——它的两个正义原则，其中当然包括差异原则——是最合乎理性的观念，是因为它最能满足这些条件。③但是，当我把它看作是最合乎理性的（甚至于，哪怕许多理性者可能并不同意我的观念）时，我也没有否认，其他的观念也能满足自由主义观念的规定[条件]。的确，如果我否认存在着其他可以满足这一规定[条件]的理性观念，譬如说，某种可以替代差异原则的观念，某种改善社会福利——这种改善在服从一种保证每一个人都能获得充分实现其目的的手段的约束——的原则，那我就真的是没有理性了。任何能够满足相互性标准并承认判断负担（第二讲第二节）的观念，都可以成为这样一种政治观念。在《政治自由主义》一书中，这

————————

① 《政治自由主义》是把这些条件作为特点来讨论的。"条件"这一术语要比"特点"更好些，因为依我理解，正是这些条件界定了一种自由主义的政治观念。

② 这一术语涉及首要善，正如《政治自由主义》第五讲第四节所界定的那样。

③ 这并不否认我必须对公平正义[的观念]作某些改变。比如说，第八讲就按照 H. L. A. 哈特的批评，对有关基本自由的解释作了修正。第五讲的第三、第四节也按照 K. J. 阿罗、阿马蒂亚·森、耶和华·柯亨、T. M. 斯坎伦和其他人的批评对有关首要善的解释作了修正。我还可能根据托马斯·内格尔和德雷克·帕菲特以及简·英格利希的建议，修改正义储存原则及其推导理论（见第七讲：274 页的注释）。我相信这些修正和其他一些修正都未对公平正义[的观念]造成实质性的伤害，因为它的基本理想和原则依然如故，而这只会使它们的系统表达更加精致。毫无疑问，它们仍然需要作继续不断的修正和调整。

些[判断]负担发挥着双重作用：它们是基于理性理念的良心自由和思想自由之基础的一部分。而且它们使我们认识到，存在着各种相互不同和互不相容的自由主义的政治观念。

《政治自由主义》也关注为现代自由社会之公民所接受的社会统一的最合乎理性的基础问题，尽管它并没有尽其所能地表达这种关注。社会统一的基础可表述如此①：

> 甲、社会的基本结构受一种或一类合乎理性的自由主义正义观念(或这两者的混合)的有效规导，该类[观念]中包括那种最合乎理性的观念。

> 乙、社会中所有合乎理性的完备性学说都认可该类合乎理性的观念中的某些观念，而且认肯这些学说的公民与那些否定该类观念中的每一种观念的人相比，长期占据绝大多数。

> 丙、当宪法根本和基本正义问题发生危机时，公共政治讨论总是或几乎总是可以基于由该类合乎理性的自由主义正义观念所具体规定的理由，做出理性的决定，因为，该类观念中，有一种是每一个公民都认为最(或比较)合乎理性的。

很清楚，这一界定在好几个方面都是可以改变的。比如说，假设社会受最合乎理性的观念之有效规导，且公民们对这一点达到了广泛而普遍的反思平衡，这一基础可能在理想意义上是最合乎理性的。从实践的意义上看，最合乎理性的基础即是一种可以实际产生的基础，即：所有公民都一致认为，该规导性的政治观念合乎理性，某些公民甚至认为它最合乎理性。这足以使政治社会基于正当理性来保持稳定：因为该政治观念现在能够得到所有公民的尊重，至少将之看作是合乎理性的，就政治目的而言，这通常是我们能够期待的最佳结果。

现在，我来考察一下公共理性的理念，并对第六讲第四、第七、第八节的内容作些补充说明。读者应该小心注意公共理性所适用的

---

① 《政治自由主义》没有阐述[社会]统一的这一定义和我们所提示的基础问题。在此，还有在"答哈贝马斯"(第九讲第二节之一)一文中，我是首次明确地谈到这一问题。

那些问题和论坛。例如，各政治派别的争论，和那些寻求公职的人在讨论宪法根本和基本正义问题时所出现的疑问——并应把它们与背景文化中的许多地方区别开来，政治问题是在背景文化中讨论的，也常常是在民族的完备性学说内部来加以讨论的。① 这一理想是，公民们都在下列框架内，进行他们有关宪法根本和基本正义问题的公共政治讨论②，在这一框架内，我们同样也可以合乎理性地期待，每一个公民都能真诚地尊重政治的正义观念，该政治正义观念表达着政治价值，是我们同样可以合乎理性地期待自由而平等的其他公民也能合乎理性地予以认可的观念。因此，我们必须有我们所求诸的原则和指导，以此方式，可以满足相互性的标准。我曾提出，认同这些政治原则和政治指南的一种方式，是表明人们在《政治自由主义》所讲的原初状态下，有可能认同它们（第一讲第四节）。其他人会认为，别的认同这些原则的方式更合乎理性。如果说存在着这类方式和原则的话，那它们也必须合乎相互性的标准。

　　为了更清楚地解释公共理性所表达的相互性标准的作用，我想解释一下，它的作用是具体规定立宪民主政体中作为市民友谊之一的政治关系的本性。因为，当公民们在其公共推理中遵循这一标准时，该标准便塑造了他们的基本制度形式。③ 譬如——我引证一些简单易明的例子——如果我论证，要否认某些公民的宗教自由，我们就必须对他们讲出我们的理由，这些理由不仅是他们能够理解的——就像塞维塔斯（塞维塔斯（Michael Servetus，1511—1553），西班牙神学家和殉道者。——译者注）能够理解为什么加尔文在危急时刻要烧死他一样——而且是我们可以合乎理性地期待他们作为自

---

　　① 政治自由主义中的公共理性与哈贝马斯的公共领域里的公共理性不是一码事。

　　② 宪法根本有关比如说什么样的政治权利和自由可以合乎理性地被包括在一部成文宪法中，这时候，我们假定宪法可以由最高法院或某个类似的机构来解释，基本正义问题与基本社会结构相互关联，所以，宪法并不含那些有关基本经济正义和社会正义的问题。

　　③ 人们有时谈到，公共理性首先可以降低人们对政治实践意义上的民主之不稳定性和易受破坏性所产生的恐惧。这种反驳意见是不正确的，它没有看到公共理性及其相互性标准刻画了政治关系及其民主理想的基本特征，并反映着该政体的本性，我们所关注的正是这一政体的稳定性或易受破坏性。这些问题要优先于政治实践意义上的稳定性和易受破坏性问题，尽管任何一种民主观都肯定不会忽视这些实践问题。

由而平等的［公民］也可以合乎理性地加以接受的理由。无论何时，只要基本的自由权利被否认，在正常情况下，相互性的标准也会受到僭越。有什么样的理由既能满足相互性的标准，又能证明某些诸如奴役或对选举权施加财产限制或取消妇女的选举权这类主张的正当合理性呢？

当我们介入公共理性的推理时，我们还可以用我们的完备性学说作为公共推理的理由吗？我现在相信并因此在修改我第六讲第八节中的观点后认为，假如人们在恰当的时间里所提出的公共理性——它是由一种合乎理性的政治观念给定的——足以支持不论是何种为人们用来作为支撑的完备性学说的话，那么这些合乎理性的学说在任何时候都可以引入公共理性之中。① 我把这作为一项条款②，它具体规定了我现在称之为广泛的公共理性的观点。我在第249页以后讨论的三种情况也满足了这一条款。其中，具有特殊历史重要性的情况是堕胎主义者和公民人权运动。我说过，这两种情况并不能僭犯我所称的包容性观点。堕胎主义和马丁·路德·金（公民人权运动的领袖。——译者注）的学说之所以都属于公共理性，是因为他们都是在一个不正义的社会里提出其请求的，而且他们的正义结论合乎自由政体的宪法价值。我还说过，我们应该有理由相信，在公民的完备性学说中寻求这些理性基础，将有助于使社会变得更加公正。现在我看不出有什么必要去限制他们，即使他们越出了这一条款，所以我放弃了这些条件限制。公民在适当的时候通过公共

————————

① 这一见解比《政治自由主义》第六讲第八节所讲到的具有更大的容忍度，它具体规定了将这些完备性学说引入它所涉及的包容性观点的某些条件。这一宽泛的观点（我如此称之）不是我原创的，而是艾林·凯利（在1993年夏天）给我提议的。劳伦斯·所罗门也有类似的观点，他对这一问题的最充分陈述发表在其《建构一种公共理性的理想》一文中，载《圣地亚哥法学评论》，1993年秋季号，第30卷，第4期。在747～751页，他有一个总结性的看法。而他较新的看法则发表在《太平洋哲学季刊》第75卷第3和第4期（1994年9～12月）。

② 对于如何满足这一条款，人们可能会提出许多问题。一个问题是：当它需要得到满足时，是同时呢？还是稍后？再者，谁该尊重这一条款？存在许多这样的问题——我这里仅仅指出其中的几个问题。正如汤普逊所指出的，人们应当弄清楚并确定该如何适当地满足这一条款。

理性来证明其结论的正当合理性的条款确保了这种必要。① 它还有一种好处，就是可以告诉其他公民，在我们的完备性学说中，有着使我们忠诚于政治观念的根基，因而强化了合乎理性的重叠共识所表现的稳定力量。由此便产生了此种宽泛性观点，并适合于我在第六讲第八节所举的那些例子。

关键在于，公共理性不是由任何一种政治的正义观念来规定的，当然也不仅仅是由公平正义单独来规定的。相反，它的内容——人们可能诉求的那些原则、理想和标准——乃是那些族类性的合乎理性的政治之正义观念，而这一族类性［观念］又是随时改变着的。这些政治观念当然不相容，它们有可能作为其相互争论的结果而得到修正。世世代代的社会变更也产生着新的群体，他们会有各种不同的政治问题。明显的例子是，各种观点都会提出与种族、性别和民族相关的新问题，而这些观点所导致的政治观念将与现存的观念产生矛盾。公共理性的内容不是固定不变的，任何一种公共理性都超出任何一种合乎理性的政治观念所规定的内容。

对这种公共理性的宽泛性观点的一种反驳是，认为它仍然有太多的限制。然而，要建立这种宽泛的观点，我们就必须知道，宪法根本的紧迫问题或基本正义的问题（第四讲第五节）是无法通过任何现存的合乎理性的政治观念所表达的那些政治价值理性地加以解决的，也无法通过人们可能制定的任何这类观念来加以解决。《政治自由主义》并不认为这种情况永远也不会发生；它只是提示这种不太可能发生。我们无法在抽象的、超出实际情况的条件下，决定公共理性是否可以通过一种理性的政治价值秩序，来解决所有或差不多所有的政治问题。我们需要小心地弄清楚这些情况，以澄清我们该如何看待这些情况。因为如何思考一种情况，并不只取决于一些普遍考虑，而且还取决于我们系统阐述的那些相关的政治价值，而这些政治价值可能是我们在反思某些特殊情况之

---

① 我不知道主张堕胎的人和金是否能够在任何时候都可以满足这一条款。但无论他们是否已经做到了这一点，但是他们可能做到这一点。而且，由于他们已经知道公共理性的理念并分享着公共理性的理想，他们理应如此。我感谢保罗·魏特曼帮我指出了这一点。

前所没有想到的。

公共理性也可能看起来限制过多，因为它可能先解决一些问题。然则，它并不一般地决定或解决法律或政策的某些特殊问题。相反，它是各种公共理性的具体化，正是按照这些公共理性，这类问题才在政治上得到解决。比如说，我们可用学校祷告的问题为例。有人可能设想，一种自由主义观点可能会否定性地认为，这种做法在公共学校里是不可接受的。但是为什么会这样？我们必须考量人们在解决这一问题时可能诉求的所有政治价值，考量那些决定性的理由会倒向哪一方。这场争论的一个著名例子，是 1785 年弗吉尼亚州议会下议院帕特里克·亨利与詹姆斯·麦迪逊围绕建立格益鲁教堂所展开的争论，争论含涉学校的宗教问题，他们的争论几乎只涉及政治价值。①

也许，其他人认为，公共理性之所以限制过多，是因为它可能

---

①　弗吉尼亚州议会下议院采用的对杰弗逊"建立宗教自由条款"提出的最严厉反驳，是由深孚众望的帕特里克·亨利提出的。亨利对保持国教的论证基于下述观点，即认为："宗教知识具有一种矫正人们的道德、克制其罪恶、并保持社会和平的天然倾向，如果没有一个有力的习教条款，宗教知识就无法发挥作用。"见汤姆·J. 科里的《首要自由》(纽约，牛津大学出版社，1986)一书第四章对弗吉尼亚例子的讨论。亨利似乎并不是要论证基督教知识本身，相反，他似乎是想论证，基督教知识是一种实现基本政治价值即公民的善和和平行为的有效方式。因此我认为，他所说的"罪恶"，至少有部分用意是指那些僭犯政治美德的行动，而这些政治美德乃是政治自由主义所确立(194 页以后)的，而且是由其他民主观念表达出来的。撇开我们是否能够在学校组织祷告、让它满足所有必需的政治正义限制这一明显的困难不谈，麦迪逊对亨利条款的反驳，在很大程度上表明，国教对于维持有序的市民社会是否必要？他的结论是，没有必要。麦迪逊的反驳也取决于国教对社会和宗教本身的整合所产生的历史影响。见麦迪逊的《纪念与谏疏》(1785)一文，收入马尔文·梅耶尔编《国父精神》一书(纽约，巴波斯—梅利尔，1993)，7～16 页。亦见科里的《首要自由》142 页以后。他引证了一些殖民地繁荣发展的事实，这些殖民地没有建立国教，最著名的是宾夕法尼亚和罗德岛，在这些州里，早期基督教具有反罗马帝国的敌对力量，而过去建立的各种国教都已堕落。在这些系统阐述中，我们得持几分谨慎，这些论证如果说不是全部也有许多论证是能够按照公共理性的政治价值表达出来的。学校祷告这一例子让人特别感兴趣之处在于，它表明公共理性的理念不是一种关于特殊政治制度或政策的观点，而是一种关于如何论证这些政治制度和政策并对必须决定这一问题的公民实体证明它们的正当合理性的观点。

导致公民之间的相互疏远①，不能导致他们观点的一致。还有人宣称，它之所以限制过多，是由于它不足以提供解决所有问题的充分理由。然而，这种情况不仅发生在道德推理和政治推理之中，而且也发生在所有推理形式之中，包括科学和常识的推理。但对于公共理性的推理来说，可以与这样一些事例进行相关比较：在这些事例中，人们必须做出某种政治决定，例如，立法者制定法律，法官判决案例。在这里，必须制定某种政治的行动规则，所有人都必须能够理性地认可达成该规则的过程。公共理性把公民的职责及其公民义务看作是可以与法官岗位及其判决案例的责任相类比的。正像法官要依据预先的法律根据、已获认准的法规解释原理和其他相关根据来判决这些案例一样，公民也要根据公共理性来推理，并接受相互性标准的指导，不论宪法根本和基本正义问题是否发生危机。

因此，在可能出现一种相互偏离的现象时，也就是说，在双方的法律证据看起来势均力敌时，法官断不可诉诸他们自己的政治观点来裁决案情。对法官来说，这样做就是违反他们的责任。公共理性也同样如此：假如在出现[公民们]相互偏离的现象时，公民们都想把他们的完备性学说当做根本的理由②，那么，相互性的原则就会受到侵犯。决定宪法根本和基本正义的理由，不再是我们可以合乎理性地期待所有公民——尤其是那些宗教自由、选举权利或机会均等权利被否认的人——都可能合乎理性地认可的那些理由。从公共理性的观点出发，公民只应该投票赞成他们真诚地认为是最合乎理性的政治价值的规范。否则，我们就不能用那些可以满足相互性标准的方式来行使政治权利。

然而，一些有争议的问题，诸如堕胎问题，可能会导致各种不同政

---

① 我从保罗·奎因那里借用了这一术语。而这一理念则出现在《政治自由主义》的第六讲第七节之一和之二。

② 我之所以使用**根本的理由**这一术语，是由于许多可能诉诸这些理由的人，都把它们看作是公共理性的理想与原则和政治的正义观念之恰当根据或真实基础，包括宗教的、哲学的或道德的根据或基础。

治观念之间的疏远，而公民们必定只是依据问题来投票。① 的确，这是一种正常情况：各种观点的全体一致是不可期待的。合乎理性的政治之正义观念也并不总能导致相同的结论(第 24 页以后)，持守相同观念的公民也不是总能在特殊问题上达成一致。然则，投票的结果将被视为是合乎理性的，只要是一合乎理性的公正立宪政体的公民都真诚地按照公共理性的理念来投票。这并不意味着结果是真实的或正确的，但它在此时刻是合乎理性的，并通过多数原则来约束公民。当然，某些人可能反对某一决定，就像天主教徒可能会反对一种同意孕妇有权堕胎的决定一样。他们可以在公共理性中提出一种否定堕胎的论据，只是他们没有赢得多数人的赞同。②

---

① 有些读者已经自然地把我的那段脚注读做是我赞成孕妇有权在头三个月堕胎的一种论证。但我本意非然。(这段脚注的确表达了我的意见，但意见并不是论证。)我的失误在于，让人们怀疑这段脚注的目的仅仅是解释和确认紧接着这段脚注所注释的那段行文后面的陈述：即"与公共理性相冲突的完备性学说只是那些不能支持[我们所谈到的]诸种政治价值达到一种理性平衡[或理性秩序]的完备性学说"。为了解释我的意思，我使用了三种政治价值来解释这一问题，可能不是偶然的。我相信，对这些价值——当他们在公共理性的基础上确实得到发展时——给予一种更详细的解释，真的可能会产生一种合乎理性的论证。我不是说它将是一种最合乎理性的或最具有决定性意义的论证。我不知道这种最合乎理性的论证会是什么样子，即使真的存在这样一种论证，我也不知道。关于这种更为详细的解释，见朱迪思·嘉维斯·汤姆逊的《堕胎：谁的权利?》一文，载《波士顿评论》，1995 年夏季号，第 20 卷，第 3 期。尽管我想补充几个附注，也无此意图，为了解释清楚这个问题，让我们现在设想一下，不存在任何对等的诸政治价值之间的理性平衡或秩序。这样一来，在此情况中，而且仅仅在这类情况中，一种否认堕胎权的完备性学说就与公共理性相冲突。然而，如果它能够较好地满足宽泛的公共理性的条款规定，或者至少也像其他观点一样，那么它就已经使其问题进入了公共理性。如果说一种完备性学说不是不合乎理性的，它在某一个或几个问题上也可能是不合乎理性的。

② 关于这类论据，见卡丁诺·伯纳丁在《无矛盾伦理学：何种框架?》(载《原创》，第 16 期，1986 年 10 月 30 日，345、347~350 页)一文中提出的观点。卡丁诺提出的公共秩序理念包括三种政治价值：公共和平、人权的根本保护、法律共同体中人们共同接受的道德行为标准。进而他同意，并非所有的道德律令都能转换成为禁止性的市民法规，他认为，政治秩序和社会秩序的根本意义是保护人们的生活和基本人权。他希望根据这三种价值来证明否定堕胎权的正当合理性。在此，我不想评价他的这一论证，我只想说，这一论证已用公共理性的形式给予了清楚的表达。它本身是否是合乎理性的？或者说，它本身是否比另一方式的论证更合乎理性？这是另外一个问题。正像公共理性中任何一种形式的推理一样，这种推理也可能是谬误或错误的。

但是，他们在他们自己的生活中并不需要行使堕胎的权利。他们可以确认这种权利属于合法的权利，因此他们不会强行抵制这种权利。这样做可能不合乎理性（第 60 页以后）：可能意味着他们试图强加他们自己的完备性学说，而其他绝大多数遵循公共理性的公民不会接受这种学说。当然，按照公共理性的要求，天主教徒仍有继续反对堕胎的权利。教会的非公共理性要求其成员遵循其学说，这一点与他们对公共理性的尊重是完全一致的。① 对这一问题，我暂不予深究，因为我的目的只是强调，公共理性并不能经常导致各种观点的普遍一致，它也不应如此。公民们在［各种观点的］冲突和论证中学习并从中获益，而当他们遵循公共理性来进行论证时，他们也就了解和深化了社会的公共文化。

在前面第四节里，我们看到，一种自由主义的观念依三个特点结合并规定着自由和平等两种基本价值。前两个特点陈述了基本权利和自由以及它们的优先性；第三个特点则保证有充分适应各种目的的手段，使所有公民能够理智而有效地运用他们的自由。当然，第三个特点必须满足相互性的标准，因之促使基本结构按照该标准的具体规定，防止出现过度的社会和经济的不平等。在缺少下列从（甲）到（戊）的制度规定或类似安排的情况下，合乎理性的政治自由主义认为，这些过度的不平等往往容易扩大。这是一种常识性政治社会学应用事实。

《政治自由主义》在三个地方简略考量了这种实际应用。它在第二部分的第四讲考量了这种应用。在第四讲第六节，它考察了一种宪法共识是怎样从更早时期逐渐形成的，在更早时期，人们还是在有很大犹豫的情况下，把诸如良心自由一类的宪法原则当作一种临时协定来采用的。随后在第四讲第七节里，它又考察了一种宪法共识是如何变成一种重叠共识的。进而在第六讲第八节，我们看到，

---

① 就我所知，这种观点与约翰·科特尼·莫雷神父在《我们坚持这些真理》（纽约，希德与沃德出版公司，1960，157 页以后）一书中提出的关于教会对避孕应采取的立场之观点相似。另见马里奥·科莫在 1984 年圣玛丽讲座上发表的关于堕胎的演讲，该演讲收入《语词之外》（纽约，圣马丁出版社，1993），32～51 页。我感谢莱斯利·格里芬和保罗·魏特曼帮我一起探讨并澄清了这一脚注和前面两个脚注所涉及的问题，是他们使我了解到莫雷神父的观点。

人们可能因为抱着加速向一种正义立宪政体的社会改革的希望，而引入一种支持合乎理性之政治观念的完备性学说。宪法共识与重叠共识之间的根本区别在于，前者是基于某些确保各种不同的自由权利之宪法原则的共识。这些原则——诸如良心自由——后来被扩展到包括《独立宣言》和《法国大革命人权宣言》在内的范围。

这些得到保障的自由被作为纯形式的自由而给予了恰当的批评（第八讲第七节）。① 由于这些自由本身的纯形式化，它们只是一种贫乏的自由主义形式，它的确根本不是自由主义，而是唯意志自由论（第七讲第三节）。② 后者并不用自由主义所使用的方式，将自由与平等结合起来；它缺乏相互性的标准，按相互性标准来衡量，它允许过度的社会与经济的不平等。在这种情况下，我们就没有基于正当理性的稳定性，而这永远是一种纯形式的立宪政体所缺乏的。需要这种稳定性的制度指标有以下五个方面。

甲、各种选举的公共经费负担和确保有关政策问题的公共信息之有效性（第八讲第十二至第十三节）。对这些安排（和下列安排）的陈述仅仅暗示出，使被选代表和官员足以独立于特殊的社会利益和经济利益，并提供知识和信息，正是依据这些知识和信息，各种政策才能形成并接受公民利用公共理性所对之进行的理智评价。

乙、确定的机会均等，尤其是教育与培训的机会均等。如果没有这些机会，社会各方就无法参与公共理性的争论，或无法为社会和经济的政策进言。

丙、满足自由主义第三个条件的适当的收入和财富分配：必须确保所有公民获得他们理智而有效地实现其基本自由所必需的、适合各种目的手段。③ 缺少这一条件，那些拥有财富和较高收入的人就容易宰制那些财富和收入较少的人，并日益控制政治权力，使之有利于他们自己。

---

① 黑格尔、马克思主义者和社会主义的作家们非常正确地提出这种反驳。

② 另见第七讲第四节之九。

③ 这一要求要远远高于衣食居住方面或基本需求方面的简单要求。基本自由是由基本的自由权和机会来规定的，而这些自由和机会包括政治自由和公平进入政治运作过程的机会。

丁、通过中央或地方政府，或其他经济与社会政策，社会作为最后雇主。缺乏长远的安全感和从事有意义的工作机会与求职机会，不仅会伤害公民的自尊，而且会伤害他们的社会成员感，让他们觉得自己只是被社会收留的人。这会导致他们的自我憎恶、痛苦和愤恨。

戊、全体公民的医疗保健。

当然，这些具体制度并不能充分满足公平正义的原则。但是，我们所讨论的不是这些原则要求什么，而是开列出基本结构的前提条件，在这一结构内，当公民们自觉追寻公共理性的理想时，它就可能保护基本自由，防止过度的社会和经济的不平等。由于公共理性的理想包含一种公共政治慎思的形式，这些具体制度——前三项最为明显——是使这种慎思可能而有效所必需的。对于一理性的立宪政体来说，一种对公共慎思之重要性的信念乃是根本性的，而要支持和鼓励这种政治慎思，就需要制定各种具体详细的制度安排。公共理性的理念告诉我们如何刻画政治慎思之社会根本性基础的结构和内容的特征。

我想以有关公共理性之协调性局限的评价作为本节的结论。有三种主要冲突：即公民间相互冲突的完备性学说所导致的冲突；他们不同的社会身份、阶级地位和职业所导致的冲突，或他们不同的种性、性别和民族导致的冲突；最后是由各种判断负担所导致的冲突。政治自由主义能够缓和但无法消除第一种冲突，因为从政治上讲，各种完备性学说是不能相互调和一致的。然而，合乎理性的公共立宪政体之正义原则，却可以帮我们调和第二种冲突。因为，一旦我们接受正义原则，或者把这些原则看作至少是合乎理性的（哪怕不是最合乎理性的），并了解到我们的政治制度和社会制度与这些正义原则相一致，第二种冲突就不再发生，否则就会强烈爆发。我相信，一个合乎理性的公共立宪政体可以在很大程度上消除这些冲突发生的根源，因为其政治正义的原则满足相互性的标准。①《政治自

---

① 我还相信，这样一个政体也可以公共地处理各种文化和民族［请将后一理念（即，民族的理念）与国家的理念区别开来］的差别问题。在这里，我遵循了易尔·塔莫尔在她的《自由主义的民族主义》一书中提出的观点。

由主义》没有讨论这些冲突，而是将它们留待公平的正义［原则］去解决(如同在《正义论》中那样)，或者留给某种其他合乎理性的政治之正义观念去解决。然则，由判断负担所导致的冲突却依然存在，它限制着公民可能达成一致的程度。

《正义论》和《政治自由主义》都力图探讨理性而公正的和秩序良好的民主社会如何可能，为什么公平正义在政治和社会世界的诸种政治观念中应享有一种特殊地位。当然，许多人都准备接受这样一个结论：即，一公正而良序的民主社会是可能的，甚至把它看作是明显的事实。一部分人富强起来，而另一部分无辜者则不可避免失落下去，这难道是不可接受的吗？但是，这是我们可以如此轻松地接受下来的结论吗？我们这样做的后果是什么？对我们的政治世界观来说会产生什么结果？甚至，如果从作为整体的世界来看，这样做的后果又会怎样？

哲学可以在许多普遍性和抽象性的层面研究政治问题，包括所有有价值的和有意义的政治问题。它可以探询，为什么在战争中用普通炸弹或原子武器对平民实施空中攻击是错误的。更一般地说，它可以探询正义的宪法安排形式，而这类问题恰当地说属于宪法政治学。更一般地说，它可以探询正义而良序的立宪民主是否可能且如何可能的问题。我不是说，较一般的问题就是较哲学化的问题，也不是说，它们就较为重要。所有这些问题及其答案，只要我们能够找到这些问题及其答案，它们就具有相互联系，并共同充实着我们的哲学知识。

正义的民主社会是否可能？它能否基于正当的理性而保持稳定？我们对此问题的回答影响到我们对整体世界的背景思考和态度。而且，它在我们逐渐进入实际政治学问题之前就影响到我们的这些思考和态度，限制或激励我们参与实际政治的行动。对一般哲学问题的争论，不可能成为政治学的日常材料，但这并不会使这些问题成为无意义的问题，因为我们对这些问题之答案的思考，将塑造我们对政治文化的基本态度和我们的政治行为。① 假如我们姑且把不可

---

① 在这一点上，我同意迈克·沃兹尔在《纽约书评》(1989 年 2 月 2 日，42 页以后)上发表的对本杰明·巴伯尔《政治学的征服》一书的评论。

能有正义而良序的民主社会当作共同的知识假定下来的话，那么，我们态度的品德和基调就将影响到这一知识。魏玛①立宪政体失败的原因之一，乃是德国的传统精英都不支持其宪法，或是不愿意合作使其生效。他们不再相信有可能建立一种像样的自由议会政体。时机错过了，这一政体首先沦落为1930—1932年集权主义的内阁政府。当政府由于缺乏大众的支持而日见削弱时，兴登堡总统最终又被劝退，让位于希特勒，而希特勒却获得了民众的支持，于是，保守派的思想便有可能控制这些民众。② 另一些人可能更喜欢列举别的不同的例子。

本世纪的多场战争以其极端的残暴和不断增长的破坏性——在希特勒的种族灭绝的狂热罪行中达到顶峰——以一种尖锐的方式提出了这样一个问题：政治关系是否必须只受权力和强制的支配？如果说，一种使权力服从其目的的合乎理性的正义社会不可能出现，而人民普遍无道德——如果还不是无可救药的犬儒主义者和自我中心论者——的话，那么，人们可能会以康德的口吻发问：人类生活在这个地球上是否还有价值？③ 我们必须从这样一种假设出发：即，一合乎理性的正义之政治社会是可能的，唯其可能，所以人类必定具有一种道德本性，这当然不是一种完美无缺的本性，然而却是一种可以理解、可以依其而行动并足以受一种合乎理性的政治之正当与正义观念驱动、以支持由其理想和原则指导的社会之道德本性。《正义论》和《政治自由主义》力求勾画出适合民主政体的较合乎理性的正义观念，并为最合乎理性的正义观念提出一种预选观念。它们也都考量了公民们需要如何设想建构（《政治自由主义》第三讲）这些较合乎理性的观念，他们必须以怎样的道德心理学去长久地支持一

---

①　指德国魏玛宪政时期。

②　见卡尔·施密特的《议会民主的危机》，艾伦·肯尼迪译（坎布里奇，麻省理工学院出版社，1988），尤其详见第 2 版（1926）的前言和第二章。关于魏玛宪法，见德特勒伏·皮克特的《魏玛共和国》，艾伦·勒恩译（波士顿，企鹅图书出版公司，1991），尤其是第十一至第十四章；以及克劳斯·费舍尔的《纳粹德国》（纽约，连续出版社，1995），第七章和结论，258～263 页。

③　"如果正义荡然无存，那么人们就不再值得在这个地球上生活"（《生命的权利》，第四十九节以下，释义［五］，《康德全集》，第六卷，332 页）。

个合乎理性的正义之政治社会。<sup>①</sup> 对这些问题的集中讨论，无疑只是部分地解释了文本这些对许多读者来说是抽象而又不常见的特点。

我不想为此辩解。

约翰·罗尔斯

1995 年 12 月

节选自［美］约翰·罗尔斯：《政治自由主义》，平装本导论，南京，译林出版社，2000。 万俊人译。

---

① 有关这种心理学，见《正义论》，第三部分，尤其是第八章；《政治自由主义》，第二讲第一至第三节。

# 《万民法》（1999）（节选）

## 引　言

　　我使用"万民法"①一词，系指运用于国际法与实践之原则与准则中权利与正义的一种特殊政治理念。我所用的"万民社会"一词，意指在相互关系当中遵循万民法的理想与原则的所有民族。这些民族有自己的国内政府，该政府或者是宪政自由民主制，或者是非自由然而合宜的②政府。在本书里，我要考量万民法的内容如何由正义的自由观念发展而来，此观念有似于我在《正义论》（1971）中之所谓作为公平的正义③，而比其更为普遍。这一正义观念，植根于我

---

　　①　"万民法"一词源于传统的 *ius gentium*，而 *ium gentium intra se* 一词则通常指各民族的共同法律。见 R. J. Vincent，*Human Rights and International Relations*（Cambrldge and New York：Cambridge University Press，1986），27 页。但我并未用"万民法"一词于这种意思，而是意指规制人民相互间政治关系的特殊政治原则，如 ξ2 中的定义所示。

　　②　我用"体面的"一词描述这样的非自由社会，其基本制度满足政治权利与正义的某种特定条件（包括公民在政治决策中扮演实质性角色的权利，虽然要通过联合体与集团才能实现），并引导公民尊重万民社会合理而正义的法则。此一观念将在第二部分讨论。我对该词的使用，不同于 Avishai Margalit，他在 *The Decent Society*（Cambridge，Mass.：Harvard University Press，1996）一书里强调的是社会福利的考量。

　　③　我以仿体字表示"作为公平的正义"乃是一种正义特殊理念的名称。以后不用仿体。

们熟悉的社会契约观念，而其遵循的程序，在权利与正义原则选定与征得同意之前，某种程度上在国内与国际情形方面颇为相同。我要讨论一种万民法①怎样满足某一些条件，这些条件证明了该把万民社会叫作现实乌托邦(realistic utopia，见 ξ1)；我也要转而解释，何以我使用"民族"一词而不用"国家"。②

在《正义论》ξ58 里，我指出了为判断正义战争目标与限度的有限目的，作为公平的正义如何能够扩展到国际法(这是该书中我的用语)。在这里，我的讨论涉及更多的领域。我想要考虑五种类型的国内社会。第一种是合乎理性的自由民族(reasonable liberal peoples)；第二种则是体面民族(decent peoples)。一种体面民族的基本结构，是我之所谓"体面的协商等级制"(decent consultation hierarchy)，该制度下的民族我称为"体面的等级制民族"(decent hierarchical peoples)。其他可能的体面民族我未想去描述，而只有一种保留，即认为尚有其他体面民族，其基本结构不适于我描述的协商等级制，但在万民社会中不失为有价值的成员。[自由民族与体面民族，我并称为"组织良好的民族"(well-or-dered peoples)]③第三种为法外国家(outlaw states)；第四种为负担不利条件的社会(societies burdened by unfavorable conditions)；第五种是仁慈的专制主义(benevolent absolutisms)社会：该社会尊重人权，但由于其成员在政治决策中被剥夺了有意义的角色，所以这种社会组织不够良好。

我要用三部的篇幅，考察社会契约的一般观念扩展到万民社会的问题，包括我之所谓理想理论与非理想理论。第一部为理想理论的第一部分，涉及社会契约的一般观念扩展到自由民主的万民社会。第二部为理想理论的第二部分，涉及该观念扩展到体面民族的社会，这一社会虽称不上自由民主社会，却具有某种特征，使之可以接受

————————

①　在本书里，我有时指的是一种万民法，有时指的就是此种万民法。我们会看到，并没有单一可能的万民法，毋宁是一系列如此的合理法律，满足所有我讨论的条件与标准，并使得确定法律特殊性的民族代表满意。

②　在 ξ2 里，我更充分地解释了"民族"一词的意义。

③　"组织良好的"一词来自 Jean Bodin，他在 *Six Books of the Republic*(1576)一书开篇，即论及"République bien ordonnée"。

为合理万民社会的合格成员。通过表明自由与体面两种社会同意同样的万民法，便完成了社会契约观念扩展的理想理论部分。万民社会，其成员在相互关系中遵循合理正义的万民法，因此这一社会也是合理正义的。

第二部的目的，在于表明存在着体面的非自由人民，他们同样接受并遵循万民法。为此，我给出一个非自由穆斯林民族的假想例子，我称之为"卡赞尼斯坦"（Kazanistan）。这些民族满足我提出的体面的等级制民族的标准（§§8—9）：卡赞尼斯坦不侵略其他民族，接受并遵循万民法；它尊重人权；它的基本结构具有我论及的体面的协商等级制的特征。

第三部论述的是两种非理想理论。一种谈的是不服从（noncompliance）的诸条件，在这些条件下，某种体制拒绝奉行合理的万民法。我把这称为法外国家，我还要讨论其他社会——自由民族与体面的民族——能正当地保卫自己以对抗法外国家的限度。另一种非理想理论，则论及不利条件，在这种社会条件下，其历史、社会和经济环境，都使其难于——若不是不可能——达成组织良好的体制，无论是自由体制也罢，体面的体制也罢。对这样承受负担的社会，我们必得询问，自由民族与体面的民族在何种程度上对此一社会具有援助义务，俾使该社会能够建立其合理正义或体面的制度。当所有社会都能够建成各不相同的自由或体面的体制，万民法的目标也便完全实现。

这篇关于万民法的专题文章，既非关于国际法的论文，亦非国际法教科书。毋宁说，此书只在于研究现实乌托邦是否可能以及其实现需要的条件的相关问题。我始于现实乌托邦的观念，也终于这一个观念。一旦政治哲学扩展到人们一般认为是实际政治可能性之限度的时候，它便是现实的乌托邦。我们对我们社会未来的希望，系于这样的信念，即相信社会世界的性质将准许合理正义的宪政民主社会作为万民社会的成员而存在。在这样的社会世界，自由民族与体面的民族间无论在国内或国外，都能够成就和平与正义。这种社会的观念便是现实的乌托邦，它描绘了一个可成就的社会世界，其中为万民社会的一切自由与体面的民族，结合了政治权利与正义。

《正义论》与《政治自由主义》都在试图说明自由社会的可能性。① 而
《万民法》则希望说明自由与体面的民族的世界社会的可能性。当然，
许多人会说这根本就不可能，而且在社会的政治文化当中，乌托邦
成分又有很严重的缺陷。②

　　相反，虽然我并不否认这种成分可能遭到误解，但我还是相信，
现实乌托邦的观念是非常重要的。有两个主要观念，促成了万民法
的建立。一是人类历史上巨大的罪恶——非正义战争和压迫，宗教
迫害与对良心自由的否认，饥饿与贫困，还不必说种族灭绝与大屠
杀——它们来自政治上的非正义，及其所具有的残酷无情。（在这
里，政治正义的观念与依照政治自由主义所讨论的观点相同③，万
民法即由此推演出来。）另一个主要观念显然与第一个有关，便是如
若政治非正义的最严重方式，可由遵循正义的（或至少是体面的）社
会政策，由建立正义的（或至少是体面的）基本制度而排除，到头来
这些巨大的罪恶也将消失。我就把这些观念，与现实乌托邦的观念
联系了起来。按卢梭《社会契约论》开篇的观点（征引于下文第一部
ξ1.2），我设想他所谓的"人类的实际情况"指的是人类的道德与心理

---

　　① 参见 *Political Liberalism*（New York：Columbia University Press，1993）及其
1996 年平装本。该平装本并附有另一篇导论，以及"答哈贝马斯"一文，该文最先发表于
*Journal of Philosophy*，1995 年 3 月。我现在的评论，来自第二篇导论的最后一节。

　　② 我在这里想到的是 E. H. Carr 的 *The Twenty Year Crisis*，1919—1939：*An Intro-
duction to the Study of International Relations*（London：Macmillan，1951）与他对乌托邦
思想的著名批评。（我的引证采自 1964 年 Harper Torchbook 版。）按 Carr 的观点，英国和
法国在两次大战之间的政策当中，乌托邦思想扮演了有害的角色，并最终导致了第二次世
界大战。见其第四、第五章中对"利益和谐"观念的批判。然而，Carr 之利益和谐的观念，
却并非诉诸哲学，而是诉诸政治巨头的一厢情愿。例如，温斯顿·丘吉尔就曾经讲："大
英帝国的命运与荣耀，与世界的命运密不可分地交织在一起。"（82 页）虽然 Carr 批判了乌
托邦主义，他却从来没有质疑构成我们政治见解的道德判断的关键作用；他把合理政治见
解视为现实主义（权力）与乌托邦主义（道德判断与价值）之间的妥协。与 Carr 不同，我的
现实乌托邦观念并不满足于权力和政治权利与正义之间的妥协，而是为权力的合理行使设
定了限度。像 Carr 指出的，权力自身亦会决定妥协会带来的是什么。

　　③ 参见本书中的《公共理性观念新论》，特别是 141～160 页。

属性，以及此一种属性如何在政治与社会制度的框架里发生作用①；而他之所谓"法律的可能情况"则指法律的将然或者应然状态。我还设想，如果我们生长在一个合理且正义的政治与社会制度的框架当中，当我们到了法定年龄，总会认肯这一制度，而该制度也将持久存在下去。这样讲来，我们说人性善，也就是说是生长在合理且正义的制度——这样的制度满足任何一系列合理自由的政治正义理念——下的公民，总会肯定这样的制度，其行动也会利于其社会世界的存在。（其显明的特征在于，此一理念系列的每一个都满足互惠准则。）②但这样的制度即便存在，也绝不会很多，俾使其必能得到我们的理解、奉行、同意和赞同。我坚决认为这种方案是现实的——它能够存在，并且将会存在。我也说它是非常吸引人的乌托邦，因为它将合理性与正义，同能使公民意识到其根本利益的条件结合在一起。

既然主要关注现实乌托邦的观念，当前许多困扰公民与政治家的外交政策问题便无遑涉及，或只能略一提及。我要举出三个重要的例子：非正义战争，移民，核武器和其他大规模杀伤性武器。

战争问题的关键一点，是宪政民主社会之间不会相互作战（§5）。这不是由于此一社会的公民特别正义而善良，而只因为他们没有理由相互作战。我们且把民主社会，与欧洲现代早期的民族国家作比较。英国，法国，西班牙，哈布斯堡治下的奥地利，瑞典，以及其他国家，为了疆域，为了真正的宗教，为了权力和荣耀，为了太阳下的领土，进行着王朝战争。这都是君主与王室进行的战争；这些社会的内部制度结构，使它们内在地具有侵略性，也对其他国家怀有敌意。而民主政体间和平的关键，就在于民主社会的内部结

---

① 卢梭还说："精神事物方面的可能性的界限，并不像我们所想象的那么狭隘。正是我们的弱点、我们的罪过、我们的偏见，把它们给束缚住了。卑鄙的灵魂是绝不会信任伟大的人物的；下贱的奴隶们则带着讥讽的神情在嘲笑着自由这个名词。"见 The Social Contract，book Ⅱ，chap. 12，para. 2。（卢梭：《社会契约论》，118～119 页，何兆武译，北京，商务印书馆，1980。按：本段出自该书第三卷第十二章，原注有误。）

② 参见《公共理性观念新论》，142、146～149 页。

构，依照这样的结构，除非为了自卫，或为了保护人权而干涉非正义社会的严重情形(grave cases)，便绝不会被诱使投入战争。因为宪政民主社会相互安全，它们便彼此相安无事。

对于第二个问题即移民问题，在§4.3中我认为，不管从历史观点看社会的边界划分如何武断随意，政府的一项重要作用，毕竟是作为万民的有效机构，有责任维持国家的疆域、人口数量，保持领土的环境。除非有特定的机构负责保护资源并能恪尽职守，资源便要受到损失。在我看来，财产制度的作用，正为了阻止这种损失的发生。在此一情形中，所谓资源，便是人民的领土，便是其永远支持人民的潜在能力；而所谓机构，就是作为政治组织的万民自身。这一永远的条件至关重要。人民必须承认，若是未能规制自己的成员，未能保护领土不受征服，未能防止万民不经许可移往他国，其所造成的损失都是无法弥补的。

移民有许多原因。我提及了其中的几个，并认为在自由与体面的民族的社会，移民现象将会消失。一个原因是对宗教与种族的少数群体进行迫害，否认他们的人权。另一个原因是各种形式的政治压迫，例如因争夺权力与领土进行王朝战争时，农民阶级的成员被征入伍，或者被君主征为雇佣军。[1] 与19世纪40年代爱尔兰饥荒的情形一样，人们经常只因饥饿而背井离乡。然而，饥荒多半该归咎于政治上的失误以及缺少合宜的政府。[2] 我要提及的最后一个原因，是国内的人口压力，及其错综复杂的原因当中妇女的不平等与从属地位。一旦消灭了这种不平等与从属地位，保证妇女与男人平等的参政及受教育的权利，这些问题就能够解决。因此，对于现实乌托邦而言，宗教自由与良心自由，政治自由与宪政自由，以及妇女的平等正义，都是合理社会政策的根本方面(见§15.3—4)。这样，移民问题不能简单地存而不论，在现实乌托邦当中，它应作为严肃的问题来解决。

我只想扼要谈及控制核武器与其他大规模杀伤性武器的问题。在合理正义的自由与合宜人民中间，控制这样的武器相对容易，因

---

① 可以忆及黑森的军队脱离了英国军队，并在美国革命之后变成合众国的公民。

② 参见注35提及的Amartya Sen著作，第三部，§15.3。

为它们能得到有效的禁止。这样的人民没有理由相互作战。然而，只要——像我们设想的——存在着法外国家，总该有些核武器保留起来，以制约这些国家，确保它们不至于获得这些武器，并用以进攻自由及合宜的人民。这问题如何处理得最好，属于专家知识的领域，哲学是无能为力的。当然，这里有一个重大的道德问题，便是是否能够以及在何种条件下能够使用核武器的问题（见§14 中的讨论）。

最后，认识到万民法在政治自由主义当中得以发展，并认识到万民法乃是把正义的自由理念由国内体制扩展到万民社会，是很重要的事情。我要强调，在正义的自由理念当中发展万民法时，我们要制定合理正义的自由民族之外交政策的理想与原则。这种对自由民族外交政策的关注，暗含在全篇之中。我们之所以继续考量体面民族的观点，不是要为他们确定正义原则，而是向我们自己保证，自由民族外交政策的理想与原则，便是从体面的而非自由的观点看，也同样合理。对这种保证的需要，是自由理念之内在的特征。万民法认为，存在着体面的而非自由的观点，而对非自由民族能宽容到何种程度的问题，乃是自由外交政策的根本问题。

我的基本观念，遵循了康德在《永久和平论》（1795）中的概述，以及他 *foedus pacificum*（和平联盟）的观念。按我的解释，这一观念意味着我们始于宪政民主体制的自由政治总念之社会契约观念，而后通过导入次级的第二原初状态——换言之，此时自由民族的代表与其他自由民族达成协议，来对其进行扩展。我在§§3—4 论述了这一点，并在§§8—9 又论述了与非自由但却体面的民族达成的协议。每一个这样的协议，都要理解成假设的协议，非历史性的协议，此一协议的达成，乃由均称处于适当的无知之幕下原初状态里的平等民族来做到。因之，民族间的承诺便是公平的。所有这些，都符合康德的观念，即宪政体制必须建立一种有效的万民法，俾使充分实现公民的自由。① 事先我不能确定这样来探讨万民法是否能

① 参见 *Theory and Practice*，part Ⅲ：Ak：Ⅷ：308～310，此处康德考量了——或如他所说，从世界主义的观点——有关国际权利实践的理论；并见 *Idea for a Universal History*，*Seventh Proposition*，Ak：Ⅷ：24ff。

够达到目的，我也不坚持其他达成万民法的途径就不会正确。殊途同归，当然是更好的事情。

节选自［美］约翰·罗尔斯：《万民法》，引言，长春，
吉林人民出版社，2001。 张晓辉等译。

# ［美］麦金太尔（Alasdair MacIntyre，1929—　）

《追寻美德》(1981)(节选)

《谁之正义？何种合理性?》(1988)(节选)

《三种对立的道德探究观》(1990)(节选)

# 《追寻美德》（1981）（节选）

## 一、一个令人忧虑的联想

想象一下自然科学遭受一场浩劫后的可怕情形。公众将纷至沓来的环境灾难归咎于科学家。骚乱四起，实验室被焚，科学家受刑，书籍和仪器惨遭破坏。最后，一个名为"一无所知"的政治运动攫取了权力，成功地废除了中小学与大学中的科学教育，监禁并处决了幸存的科学家。然而时过境迁，一股反对这一破坏性运动的势头还是出现了，明智的人们试图复兴科学，尽管对于科学本来是什么他们已渺无记忆。此时人们所拥有的无非是残篇断章：实验的知识与所有赋予其意义的理论语境的知识相脱节；大部分理论或者本身已支离破碎，或者与实验无甚关联；仪器的用法也已遗忘；残剩的书籍因遭撕毁和焚烧而不堪卒读。然而，在所谓的物理学、化学和生物学等复活了的名目之下所进行的一系列实践中，所有这些残篇断章又都重现了。成年人为相对论、进化论和燃素论的各自优点而彼此争辩不休，纵然他们对各种理论都知之甚少。儿童们则记诵着化学元素周期表的残留片段和欧几里得咒语般的几何学定理。没有人，或几乎没有人意识到他们正在从事的并非全然是真正意义上的自然科学。因为他们所做和所说的一切都不再符合某些具有稳固性与融贯性的准则，而且那些使他们的所作所为具有意义所必要的语境亦已丧失，甚或无可挽回了。

在这样一种文化中，人们会以某些系统的且常常是相互关联的方式使用，诸如"中微子""质量""比重""原子量"等术语，这多少类似于科学知识如此大规模地丧失之前的情形。但是，为这些术语的使用所预设的许多信念已不复存在，因而在其应用中就出现了一种令我们惊诧不已的、武断的乃至任意的成分。到处充斥着各种相互敌对、彼此互竞却又不可能有进一步论证的假定。主观主义的科学理论也将出现，而且还会受到那些持有与主观主义极不相容的科学真理观的人们的批评。

这一想象的可能世界很像是某些科幻作家所虚构的。我们可以把它描绘成这样一个世界，在其中，自然科学的语言，或至少是其某些部分，还在继续使用，但却处于一种严重的无序状态。我们会注意到，即使分析哲学在这个想象的世界里繁盛一时，它也绝不能揭示这一无序的事实。因为分析哲学的技术本质上是描述性的，并且是对现存语言的描述。分析哲学家只能严格地按照他阐明自然科学本身的概念结构的方式，来阐明在这一想象的世界里所谓的科学思想和话语的概念结构。

现象学与存在主义同样不可能辨识出任何错误。所有意向性结构都将依然如故。以现象学的语汇为这些自然科学的幻象提供一个认识论基础的任务不会与现在所展示的任务有什么两样。一个胡塞尔或梅洛-庞蒂似的现象学家也会像斯特劳森或奎因一样受骗。

构造这个由虚构的伪科学家和实在的真哲学所栖居的想象世界的目的何在？我要提出的假设是，我们身处其中的现实世界的道德语言，同我所描绘的这个想象世界的自然科学的语言一样，处于一种严重的无序状态。如果这个看法是正确的，那么我们所拥有的就只有一个概念构架的诸片断，并且很多已缺乏那些它们从中获取其意义的语境。我们诚然还拥有道德的幻象，我们也继续运用许多关键性的语汇，但是无论理论上还是实践上我们都已极大地（如果不是完全地）丧失了我们对于道德的把握力。

但何以至此呢？拒斥这整个联想的冲动肯定会非常强烈。我们使用道德语言、遵循道德推理并以道德的术语界定我们与他人的交往等方面的能力，对于我们如何看待自己的地位，以至于哪怕只是设想一下我们在这些方面有根本无能的可能性，也会要求我们彻底改变对于自己的所作所为的看法，而这将是难以企及的。然而，关于这一假设，我们实际上已有两点认识。并且，假如我们想要转变观点，那么这两点认识就至关重要。一是哲学的分析将对我们无所助益。当今占统治地位的分析哲学或现象学哲学，都将无力觉察现实世界中道德思想和道德实践的无序状态，如同它们面对想象世界中科学的无序状态时无能为力一样。不过，这类哲学的无能并没有使我们全然束手无策。因为，理解目前这个想象世界中的无序状态的先决条件乃是理解其历史。二是必须以三个截然不同的阶段来撰写的历史。第一阶段是自然科学的繁盛时期，第二阶段是其遭受浩劫的时期，第三阶段则是以残缺和无序的形式重建自然科学的时期。但是，请注意，作为一种衰落和沉沦的历史，它渗透了某些标准。它不是一种价值中立的编年史。叙述的形式、阶段的划分都隐含了成功与失败、有序与无序等标准。这正是黑格尔所谓的哲学史、柯林伍德所谓的一切成功的历史撰述所应当做到的。因此，如果我们想要寻找资源来研究我已提出的有关道德的那一假设（无论它显得多么古怪和可疑），就不得不询问，我们是否能够在诸如黑格尔与柯林伍德那样的作家（他们彼此当然也是迥然不同的）所提出的哲学和历史的类型中，找到我们在分析哲学或现象学哲学中不可能找到的资源。

然而，这一联想立即使人们想到我的假设所包含的一个致命的困难。人们反对有关我所建构的想象世界的观点（更不必说我对现实世界的看法），说想象世界的居民已抵达这样一个阶段，即，他们已意识不到他们所曾遭受的浩劫的性质；可是，一个具有如此显著的世界历史维度的事件真的会从视野中消失，无所记忆、不可复原吗？并且，我们自身现实世界的问题真的比虚构世界的问题更为严重吗？如果一场足以把道德的语言和实践抛入严重的无序状态的浩劫真的发生过，我们也不可能对此都全然无知。实际上它会成为我们历史的核心事件之一。但是，人们又会说，我们的历史明摆着，并没有这类浩劫的任何记录。因此，我的假设就必须彻底予以摒弃。对此，我至少必须承认，这一假设尚需进一步的阐述，然而不幸的是，如果以提出这一假设的方式来开始阐述这一假设（如果可能的话）就比以前更不可置信。因为这一浩劫将必然是这样一种情况，它以前且至今未被承认是一场浩劫（可能除了极少数人持有异议之外）。我们所必须寻找的，不是一些其特征无可争辩的、短暂而又显著的事件，而是一个更为漫长、更为复杂且更难以确认的过程，并且由于其独特的性质，这个过程本身就可能面临对立的解释。然而，对我的这一部分假设的最初的怀疑也许会因另一个联想而有稍许的减弱。

迄今为止，在我们的文化中，历史就意味着学院化的历史学，而学院化的历史学还不到两百年。假如我的假设所提到的浩劫早在学院化历史学奠基之前确曾发生，而学院化历史学之道德的和其他评价性的前提就源于它所引起的各种无序形式，那会怎么样？假如学院化历史学的观点乃是一种基本上看不到道德无序性的价值中立的观点，那又会怎么样？历史学家（社会科学家也如此）以他的学科的准则和范畴所看到的一切无非是绵绵相续的各种道德学说：17世纪的清教主义，18世纪的享乐主义，维多利亚时代的工作伦理等，而有序与无序状态的真实语言他是看不到的。如果情况真是这样，那么至少可以解释为什么学院教程依然不承认我所看到的现实世界及其命运。因为学院教程的各种形式事实上正是灾难的一种症候，这种教程并不承认这一灾难的发生。正如大多数学院化哲学与黑格尔和柯林伍德的哲学观大相径庭，大多数学院化历史学和社会学（纳米尔或霍夫斯塔特的历史学，默顿或李普塞的社会学）最终也与黑格尔和柯林伍德的历史观相去甚远。

在许多读者看来，当我阐述我的初始假设时，就已逐步地把自己可能的论辩盟友都排除殆尽了。但这不正是这一假设本身所要求的吗？因为，陈述这部分假设在一定程度上恰恰就是断言，我们处在一种几乎无人承认甚至可能根本就没有人能完全承认的状况中，因此，如果这假设是正确的，那么必然会显得令人难以置信。相反，如果我的假设从一开始就显得似乎有理有据，那肯定是虚假的。并且，至少，即使容许这一假设把我置于一个反对派的立场上，那也是一个与诸如现代激进主义非常不同的反对派的立场。因为现代激进分子如同任何保守分子一直以来那样，对有关其立场的道德表述从而对道德语言的武断使用都确信不疑。无论他谴责我们文化中什么别的东西，他都相信，它拥有他为了谴责所需的道德资源。在他眼里，任何别的东西都可能是无序的，但道德的语言却是有序的。然而，他怎么也想不到，他也可能恰恰被他使用的语言所出卖。本书的目的就在于使激进主义者、自由主义者和保守主义者等都意识到这一点。但我不指望它能合其胃口；因为，假如本书的观点是正确的，那么我们就都处在一种无可补救的灾难之中了。

不过，我并不认为本书所得出的是一个令人绝望的结论。烦是一种间歇性的时髦情感，并且对某些存在主义文本的误读已使绝望本身成为一种心理上的灵丹妙药。但是，如果我们确实处在我所描述的惨状之中，那么悲观主义最终也只是一种我们不得不放弃的文化奢侈品，以便在这些艰难岁月里存活下去。

当然，我不能否认(诚然也是我的论题所必需的)，尽管道德的完整实体在很大程度上已成碎片且部分被毁，但道德的语言与现象却持续存在着。也正因如此，当我言及当代道德态度与道德论争(正如我即将要做的那样)时就不会有自相矛盾。在此，我仅对当代使我能用它自己的词汇来论述它表示谢意。

## 二、今日道德分歧的性质与情感主义的主张

当代道德话语最显著的特征乃是它如此多地被用于表达分歧；而这些分歧在其中得以表达之各种争论的最显著的特征则在于其无休无止性。我的意思是说这类争论不仅没完没了(尽管它们的确如此)，而且显然不可能得出任何结论。在我们的文化中似乎没有任何理性的方法可以确保我们在道德问题上意见一致。让我们考虑以下三个恰恰属于此类当代道德争论的例子，它们都是依据各自独特的且人所熟知的对立的道德论辩而形成的：

1(a)一场正义的战争是这样一场战争：人们从中获得的善超过开战所造成的恶，并且能够在其中清楚地区分生死悬于一线的战斗人员与无辜的平民。但在现代战争中，对未来逐步升级的情况估计极不可靠，并且不可能在战斗人员与平民之间做出切实可行的区分。因此，现代战争都不可能是正义的战争，我们现在都应成为和平主义者。

(b)如果你想要和平，就得备战。获得和平的唯一方法是威慑潜

在的侵略者。因此必须扩充军备，而且清楚地表明你的政策并不必然排除任何特定规模的战争。这就不可避免地要求你清楚地表明你不仅准备打有限的常规战争，而且在某些情形下准备跨越核战争的边界。否则你不仅无法避免战争，而且将被打败。

(c)超级大国间的战争纯粹是破坏性的，但解放被压迫群体的战争（尤其在第三世界中）却是必要的，从而是摧毁妨碍人类幸福的剥削统治的合法手段。

2(a)每个人都拥有某些人身权利，其中包括对自己的身体的权利。从这些权利的性质中可以推知，当胎儿本质上还是母亲身体的一部分时，母亲就有权利不受强制地自主决定是否流产。因此，人工流产不仅在道德上是许可的，而且应当为法律所允许。

(b)当我母亲怀着我时，我不可能愿意母亲做人工流产，除非确定胎儿已经死亡或受到致命伤害。但是，如果涉及自身时我不愿意母亲做人工流产，那么我又怎么能够前后一致地否定他人的生命权利而为自己要求生命权利？因此，除非我否认一个母亲一般地具有人工流产的权利，否则就要违犯所谓的金律。当然，我并不因此就认定，应当在法律上禁止人工流产。

(c)谋杀是错误的。谋杀就是消灭一个无辜的生命。胎儿可被看作是个体，它与新生儿的不同仅仅在于它处在通向成人的漫长道路的一个较早阶段上；并且，假如任何生命都是无罪的，那么胎儿也是无罪的。因此，假如杀婴是谋杀，那么人工流产也是谋杀。所以，人工流产不仅在道德上是错误的，而且在法律上也应当予以禁止。

3(a)正义要求每一个公民在可能的范围内都应享有发展天赋和其他潜能的平等机会。但是，提供此类平等机会的先决条件包括提供平等的医疗保健和教育。从而，正义就要求政府提供以税收为其财力保证的医疗和教育服务，而且，它还要求，没有一个公民能够用金钱买到此类服务中的不公平的份额。而这就要求废除私立学校与私人医疗行业。

(b)每一个人都有权担负且仅担负他愿意担负的责任，都有权自由地订立他想要订立的契约，都有权决定他自己的自由选择。因此，医生必须有如其所愿地开业的自由，而病人也必须有选择医生的自由；教师必须有依其选择进行教育的自由，而学生和家长也必须有按其意愿选择受教育地点的自由。所以自由就不仅允许私人医疗机构和私立学校的存在，而且要求废除那些对私人行业的种种限制，这些限制是由诸如大学、医学院、全美医学协会以及政府以许可和规范的方式所强加的。

这些论辩只有被阐述出来，才能在我们的社会中产生广泛的影响。当然，它们也有其能言善辩、圆滑老练的代言人：赫尔曼·卡恩和教皇约翰·保罗二世、切·格瓦拉和弥尔顿·弗里德曼均在制作这种种不同说法的人物之列。但正是因为它们不断出现在报刊的社论与高级中学的研讨中，出现在电台访谈节目与致国会议员的信函中，出现在酒吧、兵营与公寓中，也就是说正是因为其典型性，它们成了这里的重要例子。那么这些争论和分歧所共有的突出特征又是什么呢？

我们可以将其概括为三。第一个特征，我想采用科学哲学的术语称之为，三个争论的每一个立证在概念上的不可公度性（incommensurability）。每一个论证在逻辑上都是有效的，或者，很容易通过推演达到这一点；所有结论的确都源于各自的前提，但是，对于这些对立的前提，我们没有任何合理的方式可以衡量其各个不同的主张。因为每个前提都使用了与其他前提截然不同的标准或评价性概念，从而给予我们的诸多主张也就迥然有别。例如，第一个争论中，援引正义和无辜的前提与援引胜利和生存的前提相互冲突，第二个争论中，诉诸权利的前提与诉诸可普遍化的前提彼此对立，而在第三个争论中，平等的诉求与自由的诉求针锋相对。正因为我们的社会中没有任何既定的方式可以在这些主张之间进行抉择，道德论辩才必然无休无止。从这些对立互竞的结论我们可回溯到其对立互竞的诸前提；但是，一旦我们抵达这些前提，论辩也就停止了，而援引一个前提反对另一个则成了纯粹的断言与反断言。或许这就是道德争论中尖叫之声嘶哑嘈杂的缘由。

不过，那尖叫可能还另有原因。因为不仅在与他人的论辩中，我们如此迅速地陷入断言与反断言，而且我们自己内心的争论也同样如此。因为每当一个辩论者进入公共论坛，他心里就大抵已或明或暗地拿定了主意。而假如我们并没有任何无可辩驳的标准，没有任何可以使对方信服的理由，从而我们在做出决定的过程中可以全然不诉诸此类标准或理由。如果我拿不出任何充足的理由来反对你，那必定意味着，我缺乏任何充足的理由。因此，似乎必定有某种非理性的决断作为我自身立场的基础，使我采取了这一立场。与公共论辩的无休无止相应，这里至少存在着一种恼人的个人独断的现象。这样，当我们转入防守因而尖叫起来，也就不足为怪了。

这些论辩的第二个同等重要却差别悬殊的特征是，它们无一不是旨在作出一种非个人的合理论辩，从而通常都以一种适合于非个人的模式出现。那么，这是一种什么样的模式呢？我们不妨考虑一下为一个要某人从事某种具体行为的命令提供根据的两种不同方式。在第一类情形中，我说："如此这般地去做。"被命令者反问："为什么我应如此这般地去做？"我回答："因为我希望这样。"这里，我并没有给予被命令者任何理由去做我所命令或要求的事情，除非他自有某个特别的理由来尊重我的意愿。比如，在警察局或军队中，如果我是你的上司或对你具有其他权力与权威，或者，如果你爱我、惧我或有求于我，那么当我说"因为我希望这样"时就给了你一个理由，尽管可能不是个充足的理由。注意，在这类情况下，我的话是否给了你一个理由，取决于你听话时所具有的特定情状或你对我的话的领会。因此，这命令具有什么样的说服力就以这种方式取决于话语的个人语境。

相反，在第二类情形中，对于"我为什么应如此这般地去做"的回答，就不是"因为我希望这样"，而是"因为这将使一些人高兴"或"因为这是你的职责"。这里，所予的行为理由是否就是履行此行为的充足理由，与是谁说的甚或是否说了都毫无关系。而且，这里所要考虑的东西也不依赖于说者与听者之间的关系。这类诉求预设了非个人标准的存在，亦即与说者和听者的爱好、态度都无关的公正、慷慨或义务等标准的存在。因此，言说的语境与表达个人爱好和欲望时不可或缺的说服力之间的特殊联系，在道德以及其他评价性言说那里被割裂开来了。

当代道德言说与论辩的这第二个特征与其第一个特征放在一起时，就透露出当代道德分歧中所弥漫的自相矛盾的气息。因为，假如我们仅注意第一个特征，注意那首先呈现出来的论辩迅速陷入无法论证的分歧的方式，便可以得出结论说，诸如此类的当代分歧无

非是些敌对的意志的冲突罢了，而每一意志都是由其自身的一系列
武断选择所决定的。但这第二个特征，亦即对那些词汇——它们在
我们语言中独特的功能就是体现了对于客观标准的诉求——的运用，
却有着别样的含义。因为，即使论辩的表面现象只是一个假面具，
问题依然存在："为什么这是假面具?"它对于合理的论辩——这种合
理的论辩是如此重要以致卷入道德冲突的人们都以为它是近乎普遍
的现象——又意味着什么？这不就意味着我们文化中道德论辩的实
践至少表达了我们对于道德生活领域的合理化的渴望吗？

　　当代道德论争的第三个显著特征与前两个特征密切相关。这些
争论中所展开的诸对立论辩在概念上具有不可公度性的不同前提，
有着极为多样的历史起源。第一个论辩中的正义概念在亚里士多德
的美德理论中有其根源；第二个论辩的谱系可从俾斯麦和克劳塞维
茨一直追溯到马基雅维利；第三个论辩中的解放概念则前有费希特
开其端，后有马克思承其绪。在第二组争论中，有着洛克式先驱的
权利概念与明显康德式的可普遍化观点、托马斯主义的道德律诉求
针锋相对。而在第三组争论中，一个肇始于格林和卢梭的论辩与一
个以亚当·斯密为其鼻祖的论辩互较高下。这一伟人名录很有启发
意义，却也可能在两方面误导我们。引证这些人的名字很可能使我
们低估此类论辩的历史源流的复杂性；并且，也可能导致我们仅仅
在哲学家和理论家的著作中，而不是在那些构成人类诸多文化之理
论与实践的复合体中，去探寻历史源流，但哲学家和理论家只是以
一种零碎的、有选择的方式阐明了这些文化中的诸多信念而已。然
而，这名单表明，我们所承继的道德资源的多样性是何其庞杂。我
们文化的表层话语倾向于自得地谈及这一脉络中的道德多元论，可
多元论的概念却很不严格。因为它对于交叉着不同观点的有条理的
对话与混合着残章断稿的不和谐的杂烩都同样适用。我们怀疑——
此刻我们所有的只是怀疑——我们不得不面对的就是这种杂烩；而
当我们认识到，那充斥于我们道德话语中的所有各种概念原本都处
于更大的理论与实践总体中，而使它们在这一总体中发挥作用的语
境现在已被剥除时，我们的疑虑加剧了。并且，我们使用的概念在
过去的 300 年中已或多或少改变了其性质；我们使用的评价性语汇
也已改变其意义。从它们在其中发端的多种多样的语境向我们当代

文化的变迁过程中，"美德""正义""虔诚""义务"甚至"应当"等概念均已面目全非。我们应当如何撰写此类变迁史呢？

正是试图回答这个问题，使当代道德争论的上述特征和我的原初假设之间的关联变得清楚了。因为，如果我提出的有关道德语言从有序状态变为无序状态的看法不假，那么，这一嬗变过程必将反映在——实际上是部分地存在于——诸如此类的意义变迁中。而且，如果我所揭示的有关我们自身道德论辩的诸特征——最显著的事实是，我们同时且前后矛盾地把道德论辩视为理性能力的一种练习与单纯表意式的断言——乃是道德无序的征兆，那么我们就应当能够建构一种真实的历史叙事，在其中，较早阶段的道德论辩有着非常不同的性质。我们能吗？

我们这样做的一个障碍是，当代哲学家在著述和讲授两方面都以非历史的态度对待道德哲学。我们都仍然过多地把以往的道德哲学家看作是对某一相对不变的主题的一次讨论的撰稿人，既把柏拉图、休谟、密尔和我们视为同时代人，也把他们彼此视为同时代人。这就导致将这些著述家从他们所生活和思想的文化与社会环境中抽离出来，有关其思想的历史获得了一种对于文化其他部分的虚假的独立性。康德不再是普鲁士历史的一部分，休谟也不再是一个苏格兰人。因为，从我们所考虑的道德哲学的立场来看，这些特征已变得无关紧要。经验的历史是一回事，哲学则是完全不同的另一回事。然而，像我们通常所做的那样来理解学科的划分是正确的吗？这里再一次表明，在道德话语的历史与学院教程的历史之间似乎有一种可能的联系。

但是现在，人们可能会反唇相讥：你说来说去无非是些可能性、怀疑、假设；你允许你的意见乍看之下难以置信；至少在这一点上你是对的。因为所有这类求助于对历史的种种推测的做法都是多余的。你陈述问题的方式也容易使人误入歧途。当代道德论辩是合理地无休无止的，因为一切道德的论辩，甚至一切评价性的论辩，都是且始终必然是合理地无休无止的。某些当代道德分歧不可能得到解决，因为这类道德分歧在任何时代，无论过去、现在还是未来，都不能得到解决。那些被你视为我们文化中需要某种特殊的、或许是历史的解释的偶然特征，实际上是所有具有评价性话语的文化的必然特征。这就是本书论辩一开始必不可免要碰到的一种挑战。但它能被驳倒吗？

情感主义就是这种挑战尤其需要我们去面对的一种哲学理论。情感主义是这样一种学说：所有的评价性判断，尤其是所有的道德判断，就其具有道德的或评价性的特征而言，都无非是偏好的表达、态度或情感的表达。当然，一个具体的判断也可以将道德要素与事实要素统一在一起。"损毁财产的纵火是不道德的"，这句话就是事实判断"纵火损毁财产"与道德判断"纵火是不道德的"的统一。但是，这样一种判断中的道德要素与事实要素总是有截然的区分。事实判断或真或假；并且，事实领域存在着一些合理的标准，借此，我们可以确保在何者为真何者为假的问题上达成一致意见。然而，表达态度或情感的道德判断既无真也无假；道德判断中的意见一致并不是由任何合理的方法来保证的，因为根本就没有这种方法。相反，它完全是由对持不同意见者的情感或态度造成某些不合乎理性的影响来保证的。我们使用道德判断，不仅表达我们自己的情感和态度，而且恰恰要对他人造成这样一种影响。

因此，情感主义就是一种自称对所有诸如此类的价值判断做出说明的理论。显然，如果它是正确的，则一切道德分歧都是合理地无休无止的；同样，如果一切道德分歧真的都是合理地无休无止的，那么我在前面所提到的当代道德争论的某些特征就不是当代所特有的了。但这是正确的吗？

现在，情感主义已被其迄今为止最成熟的捍卫者发展为一种关于被用来作道德判断的句子之意义的理论。作为这一理论最重要的代表人物，C. L. 史蒂文森认为句子"这是善的"的意义与句子"我赞成这，你也赞成吧"的意义大致相同，他想通过这一等式同时注意到道德判断之表达说话人态度的功能和道德判断之用以影响听者态度的功能。① 其他情感主义者也提出，说"这是好的"就等于说了一个意思大致为"这好啊"的句子。可是，作为一个有关某种句型之意义的理论，情感主义至少因以下三个极为不同的原因而明显地失败了。

---

① C. L. 史蒂文森：《伦理学与语言》(1945)，第 2 章。

首先，倘若这个理论是要通过参照某类句子被言说时表达各种情感或态度的功能来阐明这类句子的意义，那么，这个理论的一个实质部分就必然在于识别和描述这些情感或态度。对此，情感主义理论的代表人物一般都保持缄默，这或许是明智的。因为，迄今为止，一切企图辨别相应类型的情感或态度的尝试都不可避免地陷入了空洞的循环。他们说："道德判断表达情感或态度。"我们问："何种情感或态度？"答曰："赞成的情感或态度。""何种赞成？"因为赞成有许多种。正是在对这个问题的回答上，各种版本的情感主义都要么保持缄默，要么通过把相应类型的赞成等同为道德上的赞成（亦即由特殊的道德判断所表达的那类赞成）从而陷入空洞的循环。

如果我们考虑到拒斥情感主义的另外两个理由，就不难理解这种理论为什么会在上述批评面前显得如此脆弱。作为关于某类句型之意义的理论，情感主义从一开始就从事了一项不可能完成的工作，因为它致力于将两种表达描述为在意义上是等同的。但正如我们已经看到的，这两种表达在我们语言中的特定功能主要源于彼此之间的对比与区别。我已指出，我们有很好的理由在我所谓的个人偏好的表达与评价性的（包括道德的）表达之间做出区分。我还引证说，前一种言说所可能具有的任何说服力都取决于是谁向谁说的，而后一种言说的说服力并不同样依赖于言说的语境。这似乎足以表明，这两类表达在意义上存在着某种巨大的差异；而情感主义理论则想把它们的意义等同起来。这不只是一个错误；这是一个需要解释的错误。在被视为一种意义理论的情感主义理论的第三个缺点里能够找到解释的迹象。

如我们所见，情感主义理论旨在成为一种有关句子意义的理论；但是，从特征上讲，情感或态度的表达是一种无关乎句子意义而只关乎其在具体情境中的使用的功能。可用 G. 赖尔所举的例子说明这一点：恼怒的教师可以通过冲着刚做错一道算术题的小男孩叫喊"7×7＝49"来发泄他的情感。可是，用这个句子来表达情感或态度与句子的意义没有任何关系。这就意味着我们不应该仅依据这些缺点去拒斥情感主义理论，而应该考虑，是否它本不应该作为有关某类表达之使用——被理解为目标或功能——的理论，而更应作为有关这些表达的意义——被理解为包括了弗雷格以"意义"与"指称"所指的一切——的理论。

到此为止的论证清楚地表明，当某人做出一个诸如"这是对的"或"这是好的"的道德判断时，并不同样意味着"我赞成这，你也赞成吧"或"这好啊"或情感主义理论家们提出的任何其他等式的企图；然而，即使这类句子的意义与情感主义理论家们所提出的完全不同，仍有可能主张（如果证据充足），在用此类句子说它们所意味的任何东西时，说话者实际上正在做的无非是表达他的情感或态度，并试图影响他人的情感或态度。假如对情感主义理论的这般解释是正确的，那就意味着道德表达的意义与使用是（或至少已经成为）两种彼此迥然不同的东西。意义与使用将以诸如"意义趋于遮蔽使用"的方式相互冲突。对于某个在作道德判断的人，我们不能仅仅通过倾听他所说的来可靠地推断他实际所做的。况且，说话者自己就可能处在那些对他们来说"使用被意义所遮蔽"的人中间。也正因为他本身就意识到他所使用的语词的意义，他可以确信他正诉诸那些独立的非个人的标准，而事实上他正在做的一切无非是以一种操控的方式向他人表达自己的情感。这样一种现象又何以可能发生呢？

为此，我们不去顾及情感主义所号称的普遍性，而只将情感主义作为一种在特定历史条件下发展起来的理论来进行考察。早在18世纪，休谟就在他整个道德理论的巨大而又复杂的结构中包含了情感主义的因素；不过，只是在20世纪，情感主义才作为一种独立的理论盛行起来，并且是作为对1903年至1939年（特别是在英国）所盛行的一系列理论的回应而盛行起来的。因此，我们应该询问，是否情感主义作为一种理论，可能既不是对道德语言本身的一种回应，而且首先也不是如它的倡导者所说的对道德语言本身的一种说明，而是对1903年以后英国的道德语言（也就是由情感主义全力拒斥的那个理论体系所诠释的道德语言）的一种回应与说明。那个理论借用19世纪早期的"直觉主义"之名，其直接的先驱是G.E.摩尔。

"我于1902年进入剑桥的米歇尔马斯学院，就在第一学年结束时摩尔的《伦理学原理》问世了。……这是激动人心、令人振奋的，是一个复兴时代的开端，一片新天地的绽放。"约翰·梅纳德·凯恩斯这样写道。① 利顿·斯特雷奇、戴思蒙·麦卡锡、后来逐页读完《伦理学原理》的弗吉尼亚·伍尔夫以及剑桥与伦敦的整个朋友圈里的人都以自己的不同文风描述这一事件。开启这片新天地，是1903年摩尔语调平静但却像传播天启一样的宣告：作为第一个充分关注伦理学诸问题之确切性质（这是伦理学的真正使命）的哲学家，他最终解决了多少世纪以来悬而未决的伦理学疑难。摩尔相信，通过对这些问题之确切性质的关注，他有了三重发现。

首先，"善"是一种单一的不可定义的属性的名称，这种属性不同于以"愉快""有益于进化生存"为名的属性或任何其他自然属性。因此，摩尔把善说成是一种非自然的属性。那些宣称这或那是善的命题就是摩尔所谓的"直觉"；它们既不能证明也不能证伪，事实上，我们举不出任何证据或理由来支持或反驳它们。尽管摩尔不主张使用作为一种相当于我们视觉能力之直觉官能的名称的"直觉"一词，但是他认为，判断一给定事态是或不是善的相当于正常视知觉的最简单的判断，以这种方式，他就把善之为一种属性与黄之为一种属性加以比较。

其次，摩尔主张，称一个行为是善的，只不过是说，在所有可供选择的行为中，它是事实上正在或已经产生最大善的行为。这样，摩尔就成了一个功利主义者；每一行为仅依其后果而被评价，亦即把他的后果与其他可供选择的行为过程的后果相比较。无论如何，摩尔就和其他一些功利主义者一样得出结论说，没有一个行为本身是对的或错的。无论什么事情在一定环境之下都可能被允许。

最后，其结果是这样，在《伦理学原理》最后的第六章中，摩尔写道："人际友爱与审美的享受包含了**一切**最伟大的善，而且也是我们所能想象的最伟大的善……"这是"道德哲学的终极的、根本的真理"。友谊的获得、对自然或艺术中美好事物的沉思显然成了人类一切行为唯一的式样，也是唯一合理的目的。

我们应当立即注意到摩尔道德理论的两个致命事实。其一，他的三个中心论点相互之间没有逻辑联系。如果有人想要肯定其一而

---

① 引自 S. P. 罗森鲍姆主编：《布鲁姆斯布里群体》(1975)，52 页。

否定另外两者的话，也不会破坏其融贯性。某人可以是一个直觉主义者而不必是一个功利主义者；大多数英国直觉主义者开始认为，除了"善"，还有一种非常自然的"正当（right）"的属性，并且主张，知觉"某一类的行为是正当的"也就是要看到"一个人至少有一种不证自明的义务去履行这类行为而无关乎其后果"。同样，一个功利主义者对于直觉主义没有任何必然的承诺；而且，无论功利主义者还是直觉主义者也都无须必然信奉摩尔《伦理学原理》第六章中的价值观。其二，此致命之处很容易由反观得到：摩尔所说的第一部分是完全虚假的，而第二与第三部分则至少是有很大争议的。摩尔的论证有时是有明显缺陷的（现在看来肯定如此）。例如，他试图依据一种糟糕的词典式的对"定义"的定义，来表明"善"是不可定义的——并且很大部分是在断言而非论证。但是，正是这种在我们看来完全虚假、论证拙劣的观点，凯恩斯视为"一个复兴时代的开端"，利顿·斯特雷奇称之为"动摇了从亚里士多德和基督到斯宾塞和布拉德雷所有这些著述家的伦理学著作"，而列奥纳德·伍尔夫则把他描述为"是那些由耶和华、基督和圣保罗、柏拉图、康德和黑格尔所笼罩在我们身上的宗教和哲学的梦魇、迷惘与幻觉的替代品，是常识的新鲜空气与纯粹亮光"①。

这当然是大愚至极；但这是有着极高睿智和洞察力的人们的大愚。因此，这里值得探讨的是，我们能否发现有关他们何以会接受摩尔的天真而又自得的启示的任何线索。原因首先在于，这群正要成为伦敦文化住宅区布鲁姆斯布里居民的人已经接受了摩尔《伦理学原理》第六章中的价值观，但不愿意承认这些价值观仅仅是其自身的偏好。他们觉得有必要找到客观的、非个人的合理根据来拒斥除了有关个人交往与审美以外的所有主张。那么，什么是他们所特别拒斥的呢？实际上并不是伍尔夫或斯特雷奇的判决名单中的柏拉图、圣保罗或任何其他伟人的学说，而是作为19世纪末文化象征的那些人物的理论。西季威克、莱斯利·斯蒂芬和斯宾塞、布拉德雷一起被打发掉了，并且，过去的一切都被看作是包袱，而摩尔刚替他们

---

①　转引自戴维·伽德：《好友们》（1976）。

卸掉了这个包袱。而那使得过去的一切成为一种急于被摆脱的包袱的 19 世纪末的道德文化又是怎样的呢？这个问题应当缓一步来回答，因为在论证的过程中它会不断地向我们袭来，而在后面我们也可以更充分地回答它。但是，我们应当注意到，在伍尔夫、利顿·斯特雷奇、罗杰·弗赖的生平与著作中，这种摒弃过去的主题有着怎样的支配地位。凯恩斯强调，不仅要摒弃边沁式功利主义的和基督教学说，而且要摒弃一切赞成将社会行为视为有价值目的的主张。那么，还剩下什么？

回答是：一种有关"善"可以如何被使用的极度贫乏的观点。凯恩斯列举了摩尔追随者中间所探讨的中心论题："如果 A 爱 B，并且相信 B 会回报他的感情，但 B 并不爱 A，而是与 C 热恋；假如 A 是对的，那么事情显然不像它本应发生的那样好，但 A 发现了他的错误，那么事情会更好些还是更坏些？"又："如果 A 是因为误解 B 的品质而与 B 相爱，那么比起 A 根本就没陷入爱中，这是更好些还是更坏些？"这类问题应当如何回答？——遵循严格的摩尔式的处方。你看出还是没看出，在较大的还是较小的程度上，非自然的善的属性存在还是不存在？而假如两个观察者有了分歧又怎样呢？按照凯恩斯的说法，答案是：要么两人专注于不同的主题而没有意识到这一点，要么一人的知觉能力高于另一人。但是，正如凯恩斯告诉我们的，实际发生的事情显然完全不同："实际上，胜利总是属于带着清晰而又确信无疑的最出色表情说话的人，他们能把不容置疑的腔调运用自如。"接着，凯恩斯描绘了他对摩尔的摇头叹息、斯特雷奇的冷峻的沉默以及洛尼·迪金森的耸肩的深刻印象。

这里恰好有证据表明，在被说出的话语的意义与目标和我们重释情感主义时所关注的话语的使用之间有一道裂隙。作为当时一个敏锐的旁观者，凯恩斯本人如果反观一下，就可能这样来看待这一问题：这些人要他们自己去辨识一种非自然的属性（他们称之为"善"）的存在；但实际上并没有此种属性，而他们所做的仅仅是表达了他们的情感与态度，并且通过对其自身的言语与行为的解释，赋予表达以一种它实际上并不具有的客观性，从而伪装了这种有关偏好与怪想的表达。

　　情感主义的现代奠基者中最激烈的那些人，如哲学家 F. P. 拉姆塞①、A. 邓肯-琼斯以及 C. L. 史蒂文森，无一不是摩尔的门生，我认为这绝非偶然。同时，有理由相信，实际上他们将 1903 年以后的剑桥（以及具有相似学统的其他地方）的道德话语与道德话语本身相混淆，从而，他们所提出的实质上是对前者的一种准确的解释，尽管看起来却好像是对后者的一种说明。这样，摩尔的追随者们似乎通过诉诸一种客观的、非个人的标准解决了他们在什么是善的问题上的分歧；但事实上，更强有力、心理上更为机敏的意志却占了上风。这就无怪乎情感主义者在事实的分歧（包括知觉的分歧）与史蒂文森所谓的"态度的分歧"之间作了截然的划分。然而，假如情感主义的主张——被理解为关于 1903 年以后的剑桥及其在伦敦和其他地方的后继者们的道德话语之使用的主张，而非关于所有时间所有地方的道德表达之意义的主张——看似有显著的说服力，那也是出于这样一些理由：它们乍看上去似乎削弱了情感主义对我的本来论点的明显威胁。

　　正是为那段历史所独具的某些特征，使得情感主义作为一种关于 1903 年以后剑桥的某类道德话语的论点而具有说服力。由于摩尔论点的虚假性，那些其评价性话语体现了摩尔对那些话语的解释的人并不能做他们要自己做的事。然而，似乎没有任何关于一般道德话语的东西随之而来。有鉴于此，情感主义与其是一种经验性的论点，或毋宁是一种经验性论点的最初轮廓，其后或许为心理学、社会学和历史学的考察所充实。这种经验性论点涉及的是这样一些人：当所有对客观的、非个人的标准的把握都丧失殆尽后，他们却像被此类标准控制住了似的继续使用道德的和其他评价性的表达。因此，我们应该期望各种情感主义的理论类型在特定的环境下成长起来，作为对那些分有摩尔直觉主义的某些关键特征之理论与实践类型的回应。以这种方式所理解的情感主义——一种有说服力的有关用法的理论而非虚假的有关意义的理论——结果就与道德兴衰的一个特殊阶段连接起来了。这是一个早在本世纪初我们自己的文化就已进

---

① 参见 F. P. 拉姆塞：《数学基础》(1931)，结语。

入的阶段。

我在前面谈到，情感主义不仅是对 1903 年以后的剑桥的道德话语的一种说明，而且也是对"具有相似学说的其他地方"的道德话语的一种说明。对此，可能立即就会有人反对说：情感主义毕竟是在不同时间、不同地点和不同环境下被提出的，所以我片面强调摩尔对于情感主义的"催生"作用是错误的。对此，我将首先回答说，当且仅当情感主义已经是一种有理有据而又可辩护的论点时，我才对它感兴趣。例如，卡尔纳普的情感主义学说——在那里，他对作为情感与态度之表达的道德话语的描述乃是（当他的意义理论与科学理论将道德话语从事实与描述性领域驱逐出去之后）一种再为它们寻找某个位置的令人绝望的尝试——就建立在对道德话语的独特性的最贫乏的关注之上。其次我应反驳的是，与摩尔的剑桥流派相平行，还存在一种肇始于普里查德的直觉主义的牛津流派，并且事实上，无论什么地方，只要发现某种与情感主义相像的东西在盛行，一般都是类似于摩尔或普里查德观点的后继理论。

正如我在前面曾提出的，这些评论所预设的道德衰微图式要求有三个不同阶段的区分：在第一阶段，评价性的理论与实践（特别是道德的理论与实践）包含真正客观的、非个人的标准，为具体的政策、行为和判断提供合理的辩护，反过来它们本身也容易得到合理的辩护；在第二阶段，存在着维护道德判断的客观性与非个人性的不成功的尝试，而且这期间借助于这些标准来为这些标准提供合理辩护的筹划一败再败；而在第三阶段，由于在实践上，普遍地默认（尽管不是以明确的理论的方式），客观性与非个人性的主张不可能有所作为，各种情感主义类型的理论也就隐然获得了广泛的赞同。

对这一图式的真实描述足以表明，被重释为一种使用理论的情感主义的一般主张并不能如此轻易地被置于一旁。因为我刚才勾勒的发展图式实际上预设了一个前提，即，真正客观的、非个人的标准能够以这种或别种方式予以合理地辩护，即使在某些文化里、某些阶段中已不再具有此类合理辩护的可能性。而这是情感主义所否认的。我所揭示的基本上属于我们自己的文化的那种情形——对原则的明确断言在道德论辩中起着表达个人偏好的假面具的作用——也是情感主义视为普遍性的那种情形。而且，它这样做无须以对人类诸文化进行任何一般的历史和社会学的研究为根据。因为，情感主义的核心观点是，任何宣称客观的、非个人的道德标准存在的主张都没有也不可能有任何有效的辩护，因此，根本不存在诸如此类的标准。其主张与那种宣称无论何种文化都没有狐狸精的主张同属一类。佯称的狐狸精可能有，但真正的狐狸精不可能有过，因为本来就没有。情感主义同样认为，佯称的合理辩护可能有，但真正的合理辩护不可能有过，因为本来就没有。

因此，情感主义就以这样一种主张为基础，即，无论过去还是现在，为一种客观道德提供合理辩护的所有企图事实上都已失败。它是对整个道德哲学历史的一种判定，由此它抹杀了我的原初假设中所包含的现在的东西与过去的东西之间的对比。然而，情感主义所忽略的正是这样一种区分，即，假如情感主义不仅是真的，而且还被广泛地信以为真，那么它就要为道德做出这种区分。例如，史蒂文森非常清楚地看到，说"我不赞成这，你也别赞成"与说"这是坏的"并不具有同样的力量。他注意到有一种威权附着于后者而没附着于前者。可是恰恰因为他把情感主义视为一种意义理论，他就没能注意到，这种威权源于这样一个事实：即，"这是坏的"的使用以一种"我不赞成这，你也别赞成"所没有的方式隐含了一种对客观的、非个人的标准的诉求。假如情感主义是正确的，道德语言就在严重地误导我们；同时，假如情感主义有理由被相信，那么传统的、承继的道德语言大概也应当被放弃。没有一个情感主义者得出这样的结论，而且显然，像史蒂文森一样，他们得不出这样的结论，因为他们将自己的理论误释为一种意义理论。

这当然也是情感主义没有在分析的道德哲学中间流行开来的原因。分析哲学家们把破解日常语言与科学语言中的关键表达的意义界定为哲学的核心任务；并且，既然情感主义严格说来不能作为一种有关道德表达之意义的理论，分析哲学家们基本上也就拒斥了情感主义。然而，情感主义并没有死去，而且有必要去注意一下，在各种全然不同的现代哲学语境中，某种与情感主义将道德还原为个人偏好的企图非常相似的东西，多么频繁地持续重现在那些并不把自己看作是情感主义者的人们的著作中。情感主义未被承认的哲学力量乃是其文化力量的一条线索。分析的道德哲学中间对情感主义的抵制产生于这样一种认识，即，道德推理的确存在，并且，在那类为情感主义本身考虑不到的各种道德判断（"从而""如果……那么……"就明显的不能用来表达情感）之间也能够存在逻辑上的联系。但是，按照情感主义在对这种批评的回应中所凸显出来的最有影响力的道德推理理论，要证明一个特殊的判断，只能通过参考能够逻辑地衍生出这一特殊判断的某个普遍规则，而要证明这一规则，也只能通过将它从某个更一般的规则或原理中推演出来；但是根据这种观点，既然每一个推理的链条都必然是有限的，因此，这样一个论证推理的过程也必然始终以断言某个不能给出进一步理由的规则或原理而告终。"从而，对一个决断的完全的证明是由对其结果的完全的说明和对其所遵守的诸原理以及遵守这些原理的结果的完全的说明一起构成的。……假如提问者还继续追问'但为什么我应该那样生活'那么就不能进一步地回答他，因为我们已经假定了任何可以被包含在进一步回答中的东西。"①

因此，按照这种观点，辩护的终点总是一种无法进一步辩护的选择、一种不由标准引导的选择。每一个体都必须或隐或显地以这样一种选择为基础去采纳他自己的第一原理。任何普遍原理的言说最终都是个人意志的各种偏好的表达，而对于这意志来说，其原理所具有且只能具有的权威是他在采纳这些原理时选择性地授予它们的。这样看来，情感主义毕竟没被抛得太远。

对此，有人会答复说，只有忽略分析的道德哲学中间所持的、与情感主义不相容的积极观点的广泛多样性，我才能得出这一结论。从特征上讲，这样的著作总想先入为主地表明，合理性概念本身就为道德提供了一个基础。有了这个基础，我们就有足够的根据拒斥情感主义与主观主义的解释。它还让我们考虑黑尔以及罗尔斯、多纳根、格尔特、格沃思等人提出的种种主张。对于被引以支持此类主张的各种论辩，我想指出两点。第一，实际上他们中没有一个人真正成功过。我将在第6章中把格沃思的论证作为一个范例。作为这类作者中最新近的一个，格沃思自觉而又审慎地意识到了其他分

---

① 黑尔：《道德的语言》(1952)，69 页。

析的道德哲学家对于道德论争的贡献，因此，他的论辩为我们的考察提供了一个理想的范例。如果他的论辩亦不成功，那就强有力地证明了，分析的道德哲学的整个筹划也不会成功。然而，正如后面将表明的，他的这些论辩的确没有成功。

第二，显而易见的是，这些作者或者在道德合理性的特征问题上或者在以此合理性为基础的道德实质的问题上不能达成一致意见。诚然，当代道德论争的多样性及其无休无止性也反映在分析的道德哲学的争论中。而假如那些宣称能够制定出理性的道德主体都应该认同之原理的人，都不能保证那些与他们共有着基本的哲学目标与方法的同仁们对这些原理的制定取得一致意见，那就再一次有力地证明了他们的筹划已经失败，甚至都不用等我们去考察其具体的争论与结论。他们之间的相互批评乃是其各自建构工作归于失败的明证。

因此，我认为，我们没有任何充分的理由去相信，分析哲学能够为我们摆脱情感主义提供任何令人信服的东西，而事实上，一旦将情感主义视为一种有关用法而非意义的理论，分析哲学就总是认可其实质。但是，不仅分析的道德哲学是这样，就是乍看之下非常不同的德国和法国的道德哲学也是这样。尼采和萨特所使用的哲学词汇大部分异于英语世界的哲学词汇；而且即使在这两人之间，其词汇、风格和修辞的差异程度绝不亚于他们与分析哲学的那种差异。然而，当尼采试图把制作所谓的客观道德指控为那些过于懦弱与奴性而不能以古老的贵族尊荣来确立自己的人的权力意志所戴的假面具时，当萨特试图把第三共和国中产阶级的理性主义道德揭露为是那些不堪承认自己的选择是道德判断的唯一源泉的人所持的恶劣信念的一种实践时，他们都承认了情感主义为之奋争的那些东西的实质。只是他们都把自己看作是用他们的分析来谴责传统道德，而大多数英美情感主义者却相信自己没有做过任何这样的事情。尼采和萨特都将奠立一种新道德视为其使命之一，但正是在这一点上其著作中的修辞（尽管非常不同）模糊而晦涩、隐喻性的断言代替了论证。超人与萨特的存在主义的马克思主义属于哲学的寓言而非严肃的讨论，相反，他们在哲学上最强大最有说服力的部分却是其否定性的批判部分。

在此多种多样的哲学外观之中的情感主义现象意味着，我必须在正视情感主义的基础上去界定自己的观点。因为构建我的论点"道德不是它过去曾是的道德"的方式之一，恰巧就是要承认，在很大程度上人们现在的所思、所言和所为都似乎表明情感主义是正确的，无论他们公开的理论立场是什么。情感主义已具体体现在我们的文化中了。当然，我这样说，不仅仅是主张道德不是它过去曾是的那种道德，而且更重要的是要强调过去曾是的那种道德在很大程度上已经消失了——而这就标志着一种衰微、一种严重的文化没落。因此我致力于两个不同而又相关的任务。

首先是辨识和描述过去的、已丧失了的道德并评价其对客观性、权威性的要求。这个任务部分是历史的、部分是哲学的。其次是完善我有关现时代之特殊性质的主张。因为我已指出，我们正活在一种特殊的情感主义的文化之中，如果真是这样，那我们就应当看到，我们的观念与行为模式（而不仅仅是我们的公开的道德争论与判断）的广泛多样性——如果不是在自觉的理论化的层面上，那至少也是在日常实践的层面上——预设了情感主义的真理性。然而，真是这样的吗？我立即转入对这后一问题的探讨。

## 三、论证道德合理性的启蒙筹划为什么必定失败

到此为止，我把论证道德合理性的筹划的失败只表述为一系列特殊论证的失败；如果这就是问题的全部的话，那么人们也许会以为毛病仅出在克尔恺郭尔、康德、狄德罗、休谟、斯密以及他们的其他同时代人建构论证时不够机敏，因此，恰当的策略就是等待，直到某个更强有力的心灵来解决这些问题。而这恰恰就是学院哲学界的策略，尽管承认这一点可能会使许多职业哲学家颇觉尴尬。可事实上，我们显然有理由假设 18 至 19 世纪筹划的失败实际上完全不是这个样子；假设克尔恺郭尔、康德、狄德罗、休谟、斯密等人论证的失败，是某些源于其极其独特的共同历史背景的共同特征造成的；假设我们不把他们理解为无休止的道德争论的贡献者，却只将他们视为一种非常特殊、具体的道德信念体系的承继者，而这一体系内在的不一致又使得这一共同的哲学筹划从一开始就注定要失败。

　　现在我们就考虑一下这一筹划的所有贡献者共同具有的某些信念，如前所述，在构成真正道德的那些训诫之内容与特性问题上，他们之间有着惊人的一致。婚姻与家庭对于狄德罗的理性主义的"哲人"和克尔恺郭尔的"法官威廉"来说同样都是不可置疑的；而诚信与正义对于休谟和康德来说也同样都是不可违背的。那么，他们是从哪里承继了这些共同的信念的呢？显然，因为他们过去都曾是基督徒，与此相比，他们之间的背景差异——康德和克尔恺郭尔属于路德教、休谟属于长老会、狄德罗则属于深受詹森教派影响的天主教——相对说来就无足轻重了。

　　在他们对道德的特性问题广泛认同的同时，他们对道德的合理化论证应该是什么的问题也见解一致。他们都认为，这种论证的关键前提将描述人性的某一特征或某些特征；而道德的规则也就会被解释和证明为，那些能够期望被一种具有这样一类人性的存在者所接受的规则。对于狄德罗和休谟来说，相应的人性特征是激情，对于康德来说，相应的人性特征是某类理性规则的普遍性和绝对性（康德当然否认道德"以人性为基础"，但是他所谓的"人性"仅是人的心理或非理性的方面）。而克尔恺郭尔则全然放弃了证明道德合理性的企图；不过，他的解释与康德、休谟、狄德罗的解释恰恰有着同样的结构，其不同之处仅在于：在他们诉诸激情或理性的地方，他却求助于他所谓的"根本的抉择"。

　　因此，所有这些思想家都参与了这个构建有效论证的筹划，即从他们各自所理解的人性前提出发，推导出有关道德的规则与训诫之权威性的结论。我想证明的是，任何形式的筹划都必定失败，因为在他们共有的道德规则与训诫的概念和他们的人性概念中共有的东西（尽管他们的人性概念也有较大的差别）之间，存在着一种根深蒂固的不一致。这两个概念都有各自的历史，并且它们之间的关系只有依照这种历史才可以理解。

　　我们首先考虑作为这两个概念之历史渊源的那种道德体系的一般形式。这种道德体系呈现出不同形式的多样性并伴有大量的对立互竞者，而且由来已久，自12世纪始即在中世纪的欧洲占据了主导地位，因此又同时包含了古典的和神学的成分。其基本结构乃是亚里士多德在《尼各马可伦理学》中分析的那种结构。在亚里士多德的目的论体系中，偶然所是的人（man-as-he-happens-to-be）与实现其本质性而可能所是的人（man-as-he-could-be-if-he-realized-his-essential-nature）之间有一种根本的对比。伦理学就是一门使人们能够理解他们是如何从前一状态转化到后一状态的科学。因此，根据这种观点，伦理学预设了对潜能与行动、对作为理性动物的人的本质，以及更重要的，对人的目的（telos）的某种解释。那些敦促美德而禁绝恶行的训诫，教导我们如何把潜能变为行动、如何实现我们的真实本性并达到我们的真正的目的。违抗这些训诫是不会成功的，也得不到人作为一个特殊物种所特别追求的合理幸福的善。通过这类训诫的运用以及伦理学研究所规定的那些行为习惯性的培养，我们所具有的欲望和情感将得到调整与教化；理性既告诉我们什么是我们的真正的目的，又教导我们如何去达到它。这样，我们就有了一个三重构架，其中，偶然所是的人性（human-nature-as-it-happens-to-be）（处于未受教化状态的人性）最初与伦理学的训诫相左，从而需要通过实践理性和经验的指导转变为实现其目的而可能所是的人性（human-nature-as-it-could-be-if-it-realized-its-telos）。这一构架的所有三个要素——未受教化的人性概念，理性伦理学的训诫，以及实现其目的而可能所是的人性概念——其地位和功能都必须相关乎另外两个要素才能理解。

当被置于某种有神论信仰的框架中时，这一构架就复杂化并丰满起来，但实质却未改变，无论是阿奎那之于基督教、迈蒙尼德之于犹太教，还是伊本·罗什德之于伊斯兰教，都是如此。伦理学的训诫现在不仅须被理解为目的论的指令，而且须被理解为一种神定法的表达。美德与罪恶的目录也不得不被修改与增加，罪的概念就被加到亚里士多德的"过错"概念之上。上帝的法律要求一种新的尊崇与敬畏。人的真正目的不再可能在此世完全达到，而只能在另一世界实现。然而未受教化的偶然所是的人性、实现其目的而可能所是的人性，以及作为这两者转化之手段的理性伦理学的训诫，这三重构架仍然是神学家们进行评价性思想与判断的核心。

因此，纵观古典道德中有神论样式占统治地位的时期，道德言说既有双重的观点和目的，又有双重的标准。说某人应该做什么，也就是说在这些事实环境之下什么样的行为过程会通往人的真正目的，同时，也等于说，由上帝所颁布、由理性所把握的法律命令了什么。于是，道德上的格言就在这一框架之内被用来做出种种或真或假的申言。这一构架的绝大多数中世纪支持者显然都相信它本身就是上帝启示的一部分，而且也是理性的一种发现，可以合理地给予辩护。可是，当新教和詹森派天主教(以及它们的中世纪晚期的先驱者)登上舞台时，这种大规模的认同就消失了。因为它们(新教和詹森派天主教)体现了一种全新的理性概念。①

这些新兴的神学家们断言，理性对于人的真正目的不可能提供任何真实的理解；理性的力量已被人的堕落所摧毁。按照加尔文的观点，"如果亚当是纯洁的"，那么理性才有可能发挥亚里士多德所归于它的那种功能。然而现在，理性无力校正我们的激情(休谟的观点就受到了加尔文主义者的熏染，这一点很重要)。尽管如此，偶然所是的人与实现其目的而可能所是的人之间的对比依然存在，神圣的道德律也仍然是把我们从前一状态变成后一状态的导师，甚至可以说，唯有上帝的恩宠才能使我们响应并遵从它的训诫。詹森主义者帕斯卡在这一历史的发展中占有特别重要的地位。因为正是帕斯卡认识到，新教和詹森派的理性概念在许多重要方面都从根本上相应于 17 世纪最为革新的哲学和科学中的理性概念。理性把握不了本质或从潜能向行动的转化，这些概念属于已遭受鄙夷的经验哲学的概念构架。因此，反亚里士多德的科学为理性的力量设置了严格的界限。理性是计算性的，它能够确定有关事实和数学关系的真理，但仅此而已。所以在实践领域，它只能涉及手段。对于目的，它必须保持缄默。理性甚至不能拒斥怀疑论(如笛卡儿所坚信的)；从而，根据帕斯卡的观点，理性的重要功绩在于认识到我们的信念最终建立在自然、习俗和习惯的基础之上。

帕斯卡先于休谟提出的这种令人瞩目的观点——并且，既然我们知道休谟熟悉帕斯卡的著作，所以或许有理由相信，这里有一种直接的影响——表明了这种理性概念保有其力量的方式。甚至康德也保留了其否定性特征；和休谟一样，对于他来说，在物理学所研

①　我在此处以及其他地方的论证都受惠于安斯贡贝的《现代道德哲学》，载《哲学》，第 33 卷(1958)，但观点不尽一致。

究的客观宇宙中，理性辨识不出任何本质性相和目的论的特征。因此，他们在人性问题上的分歧与这种显著而重要的认同并存，而他们所认同的东西也就是狄德罗、斯密和克尔恺郭尔所认同的。所有这些思想家都拒斥任何目的论的人性观、任何认为人具有规定其真正目的的本质的看法。但是，要理解这一点也就是要理解为什么他们为道德寻找基础的筹划必定失败。

我们已经看到，构成这些人思想之历史背景的道德构架是一个必须具备三个要素的结构：未经教化的人性，实现其目的而可能所是的人，以及使他能够从前一状态过渡到后一状态的道德训诫。但是，世俗社会对新教与天主教神学的拒斥和科学、哲学对亚里士多德主义的拒斥的共同后果，却是消除了任何有关"实现其目的而可能所是的人"的概念。既然伦理学的全部意义——无论作为理论的金律还是实践的训诫——就在于使人能够从他目前的状态过渡到其真正的目的，因此在消除任何本质人性的观念从而放弃任何目的概念之后，所留下的是一个由两种残存的、其关系已变得极不清楚的要素所组成的道德构架。一方面是某种特定的道德内容：一系列丧失了其目的论语境的命令；另一方面是某种有关未经教化的人性本身的观点。既然道德命令，都根植于一个旨在校正、提升与教化人性的构架之中，那么这些道德命令就显然无法从有关人的本性的真实陈述中被推演出来，也不可能以其他方式通过诉诸其特性来证明其合理性。以这种方式所理解的道德命令，很可能会遭到以这种方式所理解的人性的激烈违抗。因此，18世纪道德哲学家们所从事的是一项注定不会成功的筹划。因为，他们的确想要在一种特殊的人性理解中，为他们的道德信念寻找一个合理的基础，但他们所承继的一系列道德命令与人性概念却似乎有意要彼此相左。这一矛盾并没有因他们修正了自己有关人性的信念而消除。他们从曾经前后一贯的思想与行为体系中继承彼此矛盾的碎片，并且，由于他们意识不到自己独特的历史和文化处境，他们也不可能意识得到他们为自己规定的任务的不可能性和堂吉诃德式的特征。

"不可能意识得到"，这一说法也许有点过分。因为我们可以根据他们对于这一问题的不同认识程度，来给18世纪的道德哲学家依次排序。如果真是这样，我们就会发现，苏格兰人休谟与斯密的自我质疑最少，大概是因为他们已对英国经验主义的认识论体系怡然自得。诚然，在慢慢习惯于这一体系之前，休谟也有过类似于精神崩溃的经历；不过在他的道德著述中，却丝毫找不到这种崩溃的迹象。狄德罗在其生前所发表的著作中也没有显露出任何不适意的痕迹，但是在《拉摩的侄儿》（他死后落入叶卡捷琳娜二世手中的手稿之一，后又被偷带出俄国于 1803 年出版）中，他对整个 18 世纪道德哲学筹划做出了比任何有关启蒙运动的外在批评都更为尖刻、更有见地的批判。

如果说狄德罗比休谟更为深切地认识到了启蒙筹划的失败的话，那么康德又比他们二者略胜一筹。诚然，他从那同时在数学和道德中显现自身之理性的可普遍化的规则中寻找道德的基础；而且，尽管他严厉指责将道德建立在人性的基础之上，他对人类理性的本性的分析却成了他自己对道德所作合理解释的基础。但是，在第二"批判"的第二卷中，他又确实承认，没有一个目的论的框架，有关道德的全部筹划就变得不可理解。这种目的论框架是作为"纯粹实践理性的悬设"被呈现出来的。它在康德道德哲学中的出现，在诸如海涅和后来新康德主义者等 19 世纪的读者看来，不啻是对他业已拒斥的立场的一种武断的、不可辩解的让步。然而，如果我的主张不假，那么康德就是对的。作为一个历史事实，18 世纪的道德的确隐含了某种有关上帝、自由和幸福的目的论构架的东西，康德称之为德性的最高桂冠。将道德与这一框架分离，你就不再拥有道德；或者，至少，你将从根本上改变其特性。

道德训诫与人性事实之间任何联系的消失所造成的道德特性的这种变化，在 18 世纪道德哲学家本身的著作中已初露端倪。因为，尽管我们所提到的所有这些思想家都试图在肯定性论证中将道德建立在人性的基础之上，但在其否定性论证中又都走向了这样一种主张的愈来愈无限制的翻版，即，没有任何有效论证能够从全然事实性的前提推出任何道德的或评价性的结论。这条原则一旦被接受，就成了他们全部筹划的墓志铭。休谟尚以一种疑问而非肯定性申言的形式表达了这一主张。他指出，"在我所遇到的每一个道德学体系中"，作者们都从有关上帝或人性的陈述向道德判断跳跃，"不再是命题中通常的'是'与'不是'的连接，相反，没有一个命题不是由一个'应该'或一个'不应该'联系起来的"①。接着他又要求"对于这种似乎完全不可思议的事情，即这个新关系如何能从完全不同的另外一些关系中推出来，应当列出理由加以说明"。但是，这同一个普遍的原则，不再作为一个问题，而是作为一个申言，出现在康德的著作中。他强调，道德律的各种命令不能从任何有关人类幸福或上帝意志的陈述中推出。这一主张后来又重现于克尔恺郭尔有关伦理生活的解释中。那么，这一普遍的主张的意义何在？

　　某些后来的道德哲学家走得更远，以至于将"从一系列事实性前提不能有效地推出任何道德结论"这一论点描述为一个"逻辑的真理"。他们认为这可以从某些中世纪逻辑学家所阐述的一个更一般的原则中推得，即，在一个有效的论辩中，结论中不能出现前提中没有包含的任何东西。因此这些哲学家提出，在一个试图从事实性前提推出道德的或评价性的结论的论证中，道德或评价性的因素就会出现在结论中，所以任何这样的论证都必然失败。但事实上，这种所谓的万事万物必须依赖的无限制的普遍逻辑原则是假的——而且这种经验哲学的陈词滥调也只适用于亚里士多德的三段论。实际上的确存在几类有效的论证，其中，前提中未出现的某个因素可以出现在结论中。A. N. 普赖尔所举的上述原则的反例表明了这一原则的彻底失败；从前提"他是个大副"可以有效地推论出"他应该做大副应该做的事情"这样的结论。这个反例不仅表明根本不存在上述所谓的一般原则，而且它本身还证明，"一个表述'是'的前提能够在一定场合包含一个表达'应该'的结论"至少不会有语法上的谬误。

　　不过，那些坚持"'是'中不能生'应该'"的人若将自己的立场稍加修改，便不难部分地克服普赖尔的例子所产生的困难。他们大概会这样说，他们想要主张的是，从事实性前提不可能得出任何具有实质性评价内容与道德内容的结论，而普赖尔的例子中的结论显然就缺乏任何这样的内容。但即便如此，问题依然存在，人们为什么要接受他们的主张呢？因为他们已经承认其主张不能从任何不受限制的一般逻辑原则中得出。当然，他们的主张可能仍具有其实质内

---

① 参见休谟：《人性论》，第 3 卷，第 1 章，第 1 节。

容，但却是一种源于有关道德规则和道德判断的特殊概念的实质内容，而且在18世纪是个新东西。这就是说，人们可以申言一条原则，其有效性来自所采用的关键词的意义而非某个一般的逻辑原理。可以设想，17至18世纪，道德话语中所使用的关键词的意义和蕴涵已经改变了其特性；那么结果可能是，从某个特殊道德前提得出特殊道德结论，这曾经是有效的推论，但现在，从似乎相同的事实前提得出道德结论就不再是有效的推论了。因为，那在某种意义上曾经是相同的表达、相同的语句现在都负载了不同的意义。可是，实际上，对于这样一种意义的变化，我们有证据吗？要回答这个问题，我们有必要考虑一下"'是'的前提不能生'应该'的结论"的另一类反例。从诸如"这块表走得极不准确且不稳定"与"这块表太重戴着不舒服"这样的事实性前提可以有效地推论出"这是块坏表"的评价性结论。从诸如"他种这种作物每英亩的产量在当地农夫中是最高的"，"他所采用的恢复和提高土地肥力的方法是迄今所知最好的"，以及"他饲养的奶牛群在农业展览会上赢得了头奖"的事实性前提中，也可以有效地推论出"他是个好农夫"的评价性结论。

这两个论证之所以有效，是因为这里的"表"和"农夫"概念具有特殊的性质。这样的概念属于功能性的概念；这就是说，我们是基于表或农夫被期望实现的特有的目标或功能来界定"表"和"农夫"的。可见，我们既不能完全独立于好表的概念来界定表的概念，也不能完全独立于好农夫的概念来界定农夫的概念；所以，衡量某物是不是表的标准与衡量某块表是不是好表的标准不可能相互独立，这对于"农夫"以及其他所有功能性概念也是一样的。这里，正如上一段落所举例子所证明的，两套标准显然都是事实性的。因此，任何从断言某适当标准被满足了的诸前提，推出一个"这是一个好某某"的结论（而这里的某某指的就是一个具体的功能性概念）的论证，都将是从事实性前提推出评价性结论的有效论证。这样我们就可以放心地断言：如果有人要提出某种修正方案使"'是'前提不能生'应该'结论"的原则成立，那么必须将所有涉及功能性概念的论证都排除出它的范围。而这就意味着，那些坚持所有道德论证都落在这种原则范围之内的人可能一直都是这样做的，因为他们视"一切道德论证都不涉及功能概念"为理所当然。但是，古典的、亚里士多德传统内（无论希腊样式还是中世纪样式）的道德论证却至少包含了一个核心的功能性概念，即，被理解为具有一种本质的本性和一种本质的目的或功能的人的概念；并且，当且仅当这一古典传统在整体上遭到拒斥时，道德论证才改变了它的特性，以致落入"'是'前提不能生'应该'结论"原则的范围之内。这就是说，在古典传统内，"人"之于"好人"恰如"表"之于"好表"或"农夫"之于"好农夫"。"人"与"生活得好"的关系，类似于"竖琴师"与"竖琴弹得好"的关系，亚里士多德将其作为伦理探究的起点。① 但是，把"人"用作功能性概念早在亚里士多德之前很久就已存在，并且最初也非源于亚里士多德具有形而上意味的生物学。它植根于古典传统的理论家们所表达的社会生活形式之中。因为，根据这一传统，要成为一个人也就是要扮演一系列的角色，每一角色均有其自身的意义和目的：家庭成员、公民、士兵、哲学家、神的奴仆。当且仅当人被视为一个先于并分离于一切角色的个体时，"人"才不再是一个功能性概念。

为此，其他关键的道德术语也必须至少部分地改变其意义。而某些类型的句子之间的承继关系也必定有所变化。这样一来，不仅各种道德结论不能像以前那样被合理地证明，而且这种合理证明的可能性的丧失，显示出道德惯用语的意义也发生了相应的变化。因此，"'是'前提不能生'应该'结论"，对于那些其文化只拥有极贫乏的道德语汇（这是我在前面解释的那些事件造成的）的哲学家们来说，成了一种不可避免的真理。把这个原则视为永恒的逻辑真理，乃是当时历史意识极度缺乏的一种标志，但至今仍深刻地影响着道德哲学。因为其最初的宣言本身就是一个严重的历史事件。它既是与古典传统最终决裂的信号，又是18世纪在继承传统遗留下来的不再融贯的残章断稿的语境中论证道德合理性的筹划彻底失败的标志。

然而，并不只是道德的概念和论证在这个历史节骨眼上彻底改变了其特征，以至于被认为是我们自身文化的不可解决、无休无止的论辩的直接起因。事实上，道德的判断也改变了其意义和蕴涵。在亚里士多德主义传统中，就X是好的（这里的X可以包括一个人、

---

① 参见亚里士多德：《尼各马可伦理学》，1095a 16。

一只动物、一项政策或一个事态)，也就是说，想要把具有 X 所具有特性的事物作为自己目的的人都会选择 X 类事物。说一块表好，也就是说，它正是那些想用表来准确计时(而非用它来打猫)的人都会选择的那块表。"好"的这种用法隐含了每一种可以恰当地被称为好的或坏的东西(包括人与行为)事实上都具有某种既定的特殊目的或功能。从而称某物好也就是在做一事实陈述。称一个特殊的行为是正义的或对的，也就是说，这个行为是一个好人在这样一种情况下会做的行为；因此，这类陈述也是事实性的。在这一传统内，道德的或评价的陈述之能够被称为真的或假的，与任何其他事实性陈述之能够被称为真的或假的，别无二致。然而，一旦本质性的人的目的或功能的概念从道德中消失，把道德判断视为事实陈述也便开始显得难以置信了。

此外，启蒙运动将道德世俗化，也使人对道德判断作为神法的公开表达的地位产生了疑问。甚至康德，尽管他仍然将道德判断理解为一种普遍法则(即它是每一个有理性的行为者为自己所立的法则)的表达，也不再把道德判断视为这种法则所要求或命令的东西的表达，相反，道德判断本身就是绝对命令。而绝对命令是不容怀疑其真假的。

在迄今为止的日常谈话中，人们习惯于说道德判断是真的或假的；可是我们凭什么说一个特殊的道德判断是真的或假的呢？这个问题始终缺乏明确的答案。如果我所勾勒的历史假设是真实的，那么上述境况就完全可以理解了：因为道德判断不过是古典有神论的各种实践的语言残存物，而且它们已丧失了这些实践所提供的语境。在这种语境中，道德判断的形式既是假言的，又是定言的。就其表达了"何种行为在目的论上对一个人是恰当的"这样的判断而言，它们是假言的："如果且因为你的目的是如此这般，所以你应该做这做那"，或者"如果你不想使你的基本欲望受到阻挠，就应该做这做那"；就其传达了神所颁布的普遍法则的内容而言，它们又是定言的："你应该做这做那：这是神的法则所命令的"。但是，如果把那些它们所赖以成为假言判断和定言判断的东西都剔除掉，这些判断还能是什么呢？道德判断丧失了任何明确的地位，而表述这些道德判断的语句也相应地丧失了无可争辩的意义。这样的语句就成了情感主义自我的表达形式，而情感主义自我缺乏这些语句原来所根植的语境的引导，也就丧失了其在这个世界中的实践方式和语言方式。

不过，以这种方式讨论问题也就是以一种不加论证的方式进行预言。因为，这些变化其实是基于诸如残存的、丧失了语境从而也丧失了明晰性的概念而被刻画的，我认为这是理所当然的。但是正如我此前曾指出的，许多经历了发生在我们前辈文化中的这一变化的人，都把这种变化看作是对传统有神论之重负和目的论思想之混乱的一种解脱。在其最雄辩的哲学发言人眼里，我所描述的传统结构与内容的丧失恰恰是具有适当自律的自我所取得的成就。自我已从所有那些过时了的社会组织形式中解放出来。这些社会组织既把自我囚禁于对有神论与目的论的世界秩序的信仰之中，又将它封闭在那些试图把自身合法化为这样一种世界秩序之一部分的等级结构之内。

然而，无论我们把这种决定性的变化视为丧失抑或解放、向自律的转化抑或向**失范**（anomie）的过渡，都须重视以下两个方面。首先是这一变化所造成的社会政治后果。其次道德概念的抽象变化总是体现在实在的、具体的事件之中。有一部迄今尚在撰写的历史，在其中，梅迪契王子、亨利八世和托马斯·克伦威尔、腓特烈·威廉和拿破仑、沃波尔和威尔伯福斯、杰斐逊和罗伯斯庇尔，通常是部分地并且以各不相同的方式，用他们的行动表达了马基雅维利与霍布斯、狄德罗与孔多塞、休谟与亚当·斯密以及康德等人在哲学理论的层面上所表达的完全相同的概念变化。不应当有两种历史——一种是政治与道德行为的历史，另一种是政治与道德理论的历史，因为并不存在两种过去——一种仅由行为来充斥，另一种仅由理论去堆积。每一个行为都是那些或多或少带有理论内容的信念与概念的载体与表达；而每一种理论、每一种信念的表达也就是政治与道德的行为。

因此，向现代性的过渡既是理论上的又是实践上的，而且无非是一种过渡而已。正是因为由现代学院课程所塑成的心灵，惯于将社会政治变化的历史（由历史系的一帮学者按一套成规进行研究）与哲学的历史（由另一帮完全不同的学者按另一套完全不同的成规进行研究）相分离，一方面，各种观念被赋予了一种虚假的自在的独立生命；另一方面，社会政治行为被表现为奇怪的、没有头脑的东西。当然，这种学术的二元化本身就是一种在现代世界几乎无所不在的概念之表现；不可否认，作为现代文化之最有影响力的敌对理论的马克思主义对经济基础与意识形态的上层建筑的区分，无非是这同一种二元论的又一翻版。

不过，我们还应该记住，如果自我彻底将自身与从一种单一的、统一的历史进程中承继下来的思想和实践模式相分离，那么这种分离的方式多种多样、纷繁复杂以至于容易被忽视。在这种独特的现代自我被创造之时，其创造不仅要求一种全新的社会背景，而且要求一种由并不总是融贯的多种多样的信念与概念所界定的社会背景。被创造的就是个体，那么这种创造究竟意味着什么呢？它在造就我们自身的情感主义文化中起了什么样的作用？这些就是我们下面必须探讨的问题。

选自［美］麦金太尔：《追寻美德》，
南京，译林出版社，1981。　宋继杰译。

# 《谁之正义？ 何种合理性？》（1988）（节选）

## 一、诸种对立的正义和互竞的合理性

让我们从考察关于正义要求什么和允许什么这一问题的非常广阔的范围开始。在当代各社会内部，相互争论的各个个体和群体对此都提出了种种选择性的、互不相容的回答。正义允许收入和所有制的严重不平等吗？正义要求对那些作为过去不正义之结果的不平等性做出补偿——即使那些为这种补偿付出代价的人并没有在造成这种不平等［状况］中起任何作用——吗？正义允许或要求实行死刑强制吗？倘若如此，又是因为什么样的犯罪呢？允许合法堕胎是正义的吗？什么时候进行战争才是正义的呢？这类问题还可以列一长串。

请注意这些被人们引来对这类问题提出各种不同的和相互对立的答案之理由，注意这一点可使下面的问题变得很清楚，即，在这种有关特殊类型问题的判断之广泛多样性的背后，乃是一组相互冲突着的正义概念，这些正义概念相互间在许多方面都处于鲜明的对峙之中。有些正义概念把应得概念作为中心概念，而另一些正义概念则根本否认应得概念与正义概念有任何相关性；有些正义概念求助于不可转让的人权，而另一些正义概念却求助于某种社会契约概念，还有一些正义概念则求助于功利标准。而且，具体体现这些对立概念的各种对立的正义理论，在对正义与人类其他善的关系、正义所要求的平等类型、执行正义的范围和正义考虑所与之相关的个人在没有一种上帝法则知识的情况下正义的知识是否可能等问题上，也各执千秋。

所以，那些曾经希望找到正当理由以对某些特殊类型的问题做出这样而非那样的判断的人们——他们想通过离开这些争议场所，即：离开社会日常生活中各群体和个体对于在特殊情形下而不是在理论探究领域中(在这一领域，人们对系统的正义概念进行了精心的论证和争论)什么是正义的问题争论不休的场所——将会发现，他们又一次涉入了一个激烈冲突的场所。这一点可能给他们揭示出的不仅仅是告诉他们，我们的社会不是一个一致认同的社会，而是一个分化与冲突的社会——至少在关注正义的本性这一范围内是如此；而且也告诉他们，在某种程度上，这种分化与冲突乃是它们自身内部的。因为，我们中的许多人所受到的教育并不是一种连贯的思维方式和判断方式，而是一种由社会与文化的碎片混合物建立起来的教育，这些社会与文化的碎片是我们从不同的传统——我们的文化最初源出于这些传统(清教、天主教、基督教)——并在现代性发展的不同阶段和各个方面(法国启蒙运动、苏格兰启蒙运动、19 世纪的经济自由主义、20 世纪的政治自由主义)承袭而来的。在我们自身内以及在那些属于我们自己与他人之间的冲突问题上，这些分歧是如此的经常，以至于我们不得不面对这样一个问题：在这林林总总的互相对立、互不相容且对于我们的道德忠诚、社会忠诚和政治忠诚来说又是互竞不一的正义解释中，我们应当怎样决定？

试图通过探询假如借以引导我们行为的标准是合理性的标准的话，我们会接受哪一种系统的正义解释来回答这一问题，可能是十分自然的。所以，情况可能是这样的，即，要了解什么是正义，我们必须首先了解实践合理性对我们的要求是什么。然而，某位试图学会这一点的人马上就会遇到这样一种事实：关于一般实践合理性之本性和特殊实践合理性的种种争论，显然和有关正义的争论一样是多方面的和错综复杂的。故而，争论的一方认为，在实践上是合理的，就是要在计算每一种可能的选择性行为方针及其结果对人自身的损益之基础上行动。对立的一方则认定，在实践上是合理的行为，就是要在任何有理性的个人——能够有不带任何自我利益特权的公平个人——都会一致同意去服从的那些约束下来行动。第三方也会争辩，认为在实践上是合理的，就是以一种能够达到人类终极善和真正善的方式去行动。这样，第三个差异与冲突的层面便出现了。

关于现代政治秩序的最令人瞩目的事实之一，是它们都缺乏在其内部能系统探讨和引导那些基本分歧的制度化的论坛，更不用说做出任何试图解决这些分歧的尝试了。分歧事实本身时常不被人承认，时常被一种一致认同的花言巧语伪装起来。但一旦触及某一个问题时，如果该问题是一个复杂的问题，就像围绕越南战争发生的种种斗争，或者像围绕堕胎所产生的各种争论那样，这种关于正义和实践合理性问题的一致认同的幻想便立刻破灭了，这种根本分歧的表现在此方面被制度化到如此地步，以至于把这种单个的问题从这些分歧所由产生的各种不同的和不相容的信仰背景中抽象出来。在可能的情形下，这一点妨碍了人们把争论延伸到指示着各种背景信仰的基本原则的讨论上来，而这些基本原则指示着各种背景信仰。

私人公民因此便在绝大多数情况下对这些问题各随其愿。不难理解，他们中的那些不想放弃系统穷究这类问题的人，一般都只能发现两种主要类型的资源：即那些由现代学院哲学的种种探究和讨论所提供的资源和由那些诸如教会或宗派——宗教的或非宗教的宗派——或某种类型的政治联合体这样的、或多或少组织化了的共享信仰之共同体所提供的资源。这些资源实际上提供了什么呢？总体说来，现代学院哲学只是为一种更确切而充分的分歧定义提供了手段，而没有给趋向解决分歧的进步提供手段。那些关注正义问题和实践合理性问题的哲学家们，相互之间的分歧原本也和其他人一样尖锐繁多，因之，对如何回答这些问题似乎也无良方。他们的确成功地用比其他人更清晰更流畅的语言并在更广泛的论证范围里明确表述了各种对立的立场，但显然也不过如此而已。而且，反思一下，我们也许不应该对此感到惊奇。

比如，我们可以考虑一下一种乍看起来非常可信的关于我们应当如何着手解决这些问题——如果我们是有理性的——的哲学理论观点。诚如许多学院派哲学家们所一直认为的那样，合理性要求我

们首先抛弃我们自己忠诚于相互竞争的理论中的任何一种理论，并
使我们自己从那些我们一直习惯于借以理解我们的责任和我们的利
益之社会关系的特殊性中抽离出来。他们一直在提示我们，只有这
样做，我们才能达到一种真正的中立和公平，并以此一方式，达到
普遍的观点，摆脱可能会影响我们的那种派性、偏颇和片面性。而
且，唯有如此，我们才能合理地估价各种相互竞争的正义解释。

　　一个难题是，那些一致认可这种程序的人，然后又开始对精确
的正义概念是什么和哪一种合理解释的结果是可以被人们接受的问
题产生争执。甚至在**这一**难题产生之前，人们不得不问：通过采用
这种程序，关键性问题是否就得到了解决呢？因为，人们可以争辩
且一直都在争辩，这种合理性解释本身在两个相互联系的方面是有
争议的：它的无偏私性要求（requirement of disinterestedness），事
实上是偷偷摸摸地以一种特殊的党派性正义解释为前提假设的，即
以稍后用来证明的自由主义的个体主义为前提假设的，它的明显中
立性不过是一种表象，而它的存在于一种社会意义上的非现实存在
才会合法达到的那些原则中的理想合理性概念，忽略了无法逃避的
历史性和社会性情景关联特点（context-bound character），而这是任
何实质性的合理性原则——无论是理论合理性原则，还是实践合理
性原则——都必定具有的。

　　关于合理性特征的根本分歧必定是特别难以解决的。因为在最
初开始时，人们已经在用此一方式而非彼一方式去探究这些有争议
的问题，那些这样开始探究问题的人们将不得不假定，这些特殊的
程序乃是合理遵循的程序。某种程度的循环迂回是不可排除的。而
且当争论观点之间的分歧是如此基本——就像在有关实践合理性的
争论情形中那样——时，这些争论甚至会延伸到对如何开始讨论以
解决这些相同分歧这一问题的回答之中。

　　亚里士多德在《形而上学》第 3 部中谈到，任何一个否认基本逻
辑律、非矛盾律并准备通过进入论辩来为他或她的见解辩护的人，
实际上，都不可避免地依赖于他或她想反对的那种逻辑律本身。而
且对于其他的逻辑律来说，也许可以建立起与之相平行的辩护。但
是，即便亚里士多德成功地——我相信他是成功的——表明了，任
何一个明白逻辑律的人若否认它们，都不可能还是合乎理性的，对

逻辑律的遵守也只是合理性——无论是理论的合理性还是实践的合理性——的一个必要条件而非充分条件。必须给遵守逻辑加上一点，以证明把合理性归于某人自己或归于他人、归于探询的方式或归于信念的证明，抑或是归于行动的方针或归于行动的证明是正当合理的。这就是，弄清楚在什么地方产生了有关合理性之基本本性的分歧，且延伸到了有关如何在这些分歧的表面开始才是合理恰当的问题之分歧。所以，现代学院哲学给我们提供的资源使我们能够获得重新的规定，但这些资源本身似乎并不解决相互遭遇到的、基于各自忠诚的对立主张之疑难问题，这些主张是由相互冲突的正义和合理性之解释的对立者们提出的。

在我们的社会中，唯一普遍适合于这些个人的另一种不同资源，是通过对这样一些群体中的某一群体的参与所提供的资源，而这些群体的思想和行动是受某种与众不同的、对正义和实践合理性已经具有牢固确信地职业者指示的。那些曾经求助于或依然求助于学院派哲学家的人，曾经希望或依然希望因此而获得一套充分的论据。凭借这套论据，他们便可以保证他们自己和别人都能确保自身观点的正当合理。相反，那些求助于一套具体体现在群体生活之中的信念的人，则信任某些个人而不信任什么论据。这样一来，他们就无法逃避对他们的承诺有某种任意武断的指责，然而，一种指责往往会轻视它所指责的那些人。为什么这种指责会这样无足轻重呢？

这部分地是由于在我们的文化中存在着一种对权力采取普遍犬儒主义的态度，甚至是对非常基本的问题所具有的相关性采取普遍犬儒主义态度的问题。信仰主义不仅在那些新教教会的成员中间，而且在各种公开赞成信仰主义的运动中，都有着大量的信奉者。这一点并不是总能说清楚的，所以有大量的世俗信仰主义者。这部分地是由于那些受到指责的人有一种强烈的、有时也是有道理的怀疑。这些人认为，那些这样指责他们的人在很大程度上不是因为他们真正为合理的论据所驱使，而是通过诉诸某种论据，便可以履行一种有利于他们自己的利益和特权的权力；他们一直都在僭称某一阶层的利益和特权，出于他们自己的目的，花言巧语地利用论据为其利益和特权辩护。

这就是说，论据在某些圈内已经逐渐地不被理解为合理性的表达，而是被理解为武器，即被理解为用以调度那些可以提供律师、学究、经济学家和记者的职业技巧之关键部分的技术，而这些职业者们却因此使人们无法流畅而清楚地进行辩证对话。因此，在下述方面便存在一种值得注意的协调一致，在此方面，各个迥然不同的社会群体和文化群体显然都要正视相互的承诺。对《纽约时代周刊》的读者来说，或者至少是对其部分读者来说，都会分享那些作者们的预先假设：即教区的居民将从这本杂志中获得丰富而堪以自贺的自由主义启蒙，而那些福音派原教旨主义的教徒们似乎不合时宜，没有得到这种启蒙。但是，对于这些教徒们来说，那些读者正像他们自己仅仅是一些没有认识到他们究竟是谁的人一样，他们不过是一个处于前理性信仰状态中的共同体，因而这些读者没有任何资格来指责他们或任何他人是非理性的。

　　因此，我们寄居于一种文化之中，在该文化中，一种无法达到对正义和实践合理性本性的一致合理正当结论的无能性，与那种把相互竞争的社会归于相互对立和冲突的、得不到合理证明支持的确信上的求助是共同存在的。无论是学院派哲学的声音，还是别的学院派学说的声音，抑或是那些党派性准文化的声音，都没有能够给普通公民提供一种有关这些问题的具有合理证明的统一确信。因此，涉及正义和实践合理性的争论性问题都要在公共领域里处理，但不是作为一个合理探询的问题来处理，而毋宁是作为选择性和不相容的前提之申言(assertion)与反申言(counterassertion)的问题来处理。

　　这一情况是怎么造成的呢？答案有两个部分，而每一个部分都与启蒙运动及其随后的历史有关。为公共领域的争论提高合理证明的标准和方法——通过这些标准和方法，每一生活领域里的行动之选择性方针都可以评定为正义的或非正义的、合理的或不合理的、开明的或不开明的——乃是启蒙运动的一个主要志向，这一志向的系统贯彻本身曾是一个伟大的成就。所以，人们希望理性能够取代权威和传统。合理证明只求助于这样一些原则，它们是任何有理性的个人都不可否认的，因而也是独立于所有社会与文化特殊性之外的，而启蒙运动的思想家们把这些社会和文化的特殊性当成特殊时空中纯粹偶然的理性的外饰。而且，这种合理证明可能不外乎是启蒙运动的思想家们所说的那种东西，即它是在后启蒙运动的文化与社会秩序中，逐渐为人们所接受的那种东西，至少是为广大的文化人所接受的那种东西。

然而，无论是启蒙运动的思想家，还是他们的继承者们，对于那些所有有理性的个人都不会否认的原则究竟是什么都无法达到一致。"百科全书"派的作者们提出了一种答案；卢梭提出了第二种答案；边沁提出了第三种答案；康德提出了第四种答案；苏格兰常识派哲学家和他们的法国信徒与美国信徒们却提出了第五种答案。在随后的历史中，也没有能减少这种分歧的程度，而毋宁扩大了这种分歧。结果，启蒙运动的遗产便成了一种被证明是不可能实现的一个合理证明之理想的临时规定。而且，关键是因此推导出在我们的文化内使确信与合理证明达于统一的无能性。在那种学院派哲学内部，继承启蒙运动哲学对合理证明本性之探讨的后裔们的研究，虽日益精致，却依然是众说纷纭。在文化生活、政治生活、道德生活和宗教生活中，后启蒙运动的确信却在合理性探究之外有效地获得了她自身的生命。

因此，值得探询的是，启蒙运动是否能以第二种方式对我们现存的状况有所贡献——不是通过她在宣传其与众不同的学说所导致的成就，而是通过她成功地排除了某种观点来如此做。有没有某种我们在启蒙运动的世界观中找不到的理解样式——凭借这种方式，可以为重新统一有关正义和合理探究与合理证明这类问题提供概念资源和理论资源——呢？努力解答这一问题，以使我们自己不再由于继续接受启蒙运动的标准而陷入困境（也许并不是漫不经心地），将是重要的。我们已经有最充分的理由设想，那些标准是无法达到的。因此，我们也预先知道了从启蒙运动及其追随者的立场出发，任何对选择性理解样式的说明都将不可避免地被作为一种更具争议性的观点，无法证明它自身最终比启蒙运动的对手们的观点正确。任何想要提供一种截然不同的选择性立场的企图都将发现，从启蒙运动本身的立场出发，在合理性问题上，许多方面都是不能令人满意的。因而不可避免的情况便是：对那些忠诚于占支配性地位的现存秩序之理智样式和文化样式的人来说，这样一种企图应该是不可接受的、应予拒斥的。同时，由于我们将要介绍的是一套关于合理证明及其要求的主张，所以同样也容易开罪那些以非合理的确信来蔑视这种要求的人。

那么，有没有这样一种选择性的理解样式呢？启蒙运动剥夺了我们的什么东西？所以，我将论证：启蒙运动使我们在绝大多数情况下盲目无知的、需要我们现在重新发现的，是一种传统，或一种概念。按照这种传统或概念，合理证明的标准本身是从一种历史中凸显出来的，也是该历史的一部分。在这一历史中，它们是通过这样一种方式而被证明是正确的：即在同一传统的历史中，它们以此方式而超越了他们前辈的局限，弥补了他们前辈的缺陷。当然，并非所有传统都能使它们的合理探究具体化为它们自身的一个构成性部分，而且，那些因为把传统当作是合理探究的对头而抛弃传统的启蒙运动思想家们在某些情形下也是对的。但是，他们这样做却使他们自己和别人模糊了对至少是他们如此强烈反对的某些思想体系之本性的认识。这当然不全是他们的过错。

对于那些生活在一种运作良好的社会与理智传统之中的人们来说，传统的事实——即他们活动和探究的前提预制（presupposition）——很可能还是正义的，亦是那种没有清楚表达的前提预制，这些前提预制本身永远都不是关注和探究的对象。的确，一般说来，只有当传统业已失败并已分崩离析时，或者是当它们受到挑战时，它们的信奉者才会意识到它们是传统并开始把它们理论化。所以，那种宣称只有把古代、中世纪乃至近代早期的绝大多数主要的道德思想家和形上思想家置于传统——在这些传统中，合理性的探究是其中心的和构成性的部分——的情境（context）中才能充分地了解他们的主张，无论如何都包含这样的主张，即认为，这些思想家本身并不关注这些传统的本性，更不用说去充分说明这些传统的本性了。那些明确地把传统作为其研究课题的思想家，一般说来是较晚时期的思想家，诸如艾德蒙德·布尔克和约翰·亨利·纽曼，他们已经在某些方面或其他方面与他们将之理论化的那些传统疏远开来了，或者说他们一直都是这样与那些传统疏远着。布尔克的理论化工作不大成功；纽曼的理论化工作则甚有灼见；但两人都意识到了传统与其他东西之间存在着一种尖锐的对峙，这种对峙不适合于解释我所关注的较早时期的那种传统的居民生活。

只有牢记以下四点考虑，一种与理智传统和社会传统不可分离的合理性探究概念——该合理性概念具体体现在这种理智和社会的传统之中——才能不被误解。第一点考虑我们已经触及了：人们所熟悉的以这种探究形式进行的合理证明的概念在本质上是历史的。证明即是叙述（narrate）迄今为止的论证是如何进行的。那些在这种探究和证明的传统内建构理论的人，常常以一种结构来提供各种理论，按照这种结构，某些论点便具有第一原理的特性；而在这样一种理论内部，另一些主张将由于是从这些原理中推导出来的而被证明是正当合理的。但是，证明这些第一原理正当合理的东西，或者反过来说，这些第一原理作为其一部分的理论之整体结构，却具有相对于所有先行的在这种特殊传统内努力系统阐述这些理论和原理之尝试的合理优先性。无论如何，这不是一个哪些第一原理可以为所有有理性的个人接受的问题——除非我们把对这样一种历史的领悟和认同包括在成为一个有理性的个人的条件之中，而该历史的发展顶峰便是这种特殊理论结构的建构，也许正如亚里士多德部分所做的那样。

第二点考虑是，在这些传统内，与启蒙运动之样式殊为不同的，不仅仅是合理证明的样式。而且，人们把必须给予证明的东西也设想成极为不同的。根据启蒙运动的理论，发生争执的是各种对立的学说，这些学说事实上可能一直都是在特殊的时空内加以精心论证的。但是，它们的内容、它们的真假以及它们是否拥有合理的证明，都与它们的历史起源无关。按照这种观点来看，一般思想史和特殊哲学史乃是一种与那些探究关于被当作永恒真理问题和合理证明问题的学科完全不同的学科。这种历史关注于：谁说了什么或谁写了什么（这些所言书中的论证实际上被引来支持或反对某些观点）？谁影响了谁？等等。

与之相对，从被构成性传统（tradition-constituted）和构成性传统（tradition-constitutive）的立场来看，一种特殊的学说所主张的，恰恰总是它实际上如何发展的问题；是其系统阐述的语言学特殊性的问题；是在该时空中必须否定什么的问题；以及假如它曾想要得到申言（be asserted）的话，它的申言曾在该时空里预先设定了什么的问题；等等。学说、论点和论证都要按照历史情境来加以理解。当然，这并不必然推出下述结论：即相同的学说或相同的论证不会重新出现在不同的情境之中；也不能由此推出，不能提出永恒真理的主张。相反，正是为各种学说所提出的这些主张，表明了这些学说的系统阐述是有时间限定的，而永恒性(timelessness)概念本身乃是一个带有历史性的概念，在某些类型的情境中，它根本不是它在另一些类型的情境中所是的同一个概念。

所以，合理性——无论是理论合理性，还是实践合理性——本身是带有一种历史的概念；的确，由于有着探究传统的多样性，由于它们都带有历史性，因而事实将证明，存在着多种合理性而不是一种合理性，正如事实也将证明，存在着多种正义而不是一种正义一样。而且，正是在这一点上，我们必须牢记第三种考虑，因为正是根据这一考虑，我们将能理解地把握住启蒙运动的信奉者们。这样，那些信奉者们将会说，你们责备我们无能解决关于任何有理性的个人都必须赞成的原则之各种对立主张之间的分歧，但是，你们相反地正在使我们面临一种传统的多样性，而每一种传统都有其自身特殊的合理证明的样式。所以，可以肯定，结果必定也是一种相同的无力解决根本分歧的无能性。

对此，多种传统合理性的支持者可有两方面的回答：一旦传统的多样性得到了恰当的描述，一种更好地对各种立场之多样性的解释就会比启蒙运动或者它的后继者们所能提供的解释更为合适；承认探究传统的多样性，并承认每一种探究传统都带有它自身特殊的合理证明样式，并不蕴涵各种相互对立、互不相容的传统之间的差异无法得到合理的解决。他们怎样才能得到合理的解决，在什么样的条件下才能得到合理的解决，是一个只有在预先理解了这些传统业已获得的本性之后才能理解的问题。从合理探究传统的立场来看，多样性的问题是不会取消的，但可以用一种使其成为合理解决的方式将之转化。

最后，关键的一点考虑是，被构成性传统和构成性传统的合理探究概念不能在撇开其例证的情况下加以解释。我认为，例证对于所有的概念来说都适用；但在某些情况下不忽视这些例证要比在另一些情况下更为重要。在本书中，我将用例证来说明这一概念的四种传统都是重要的，个中理由，并非唯一。每一种传统都是我们自己文化的背景历史的一部分。每一种传统在其自身内部都有一种与众不同的正义和实践合理性的解释。每一种传统都进入了（至少是与其他传统中的某一种传统的）各种对抗性的关系或联盟关系，甚至达到某种综合；或者是相继进入这两类关系。然则，它们都展示了迥然不同的发展模式。

所以，亚里士多德式的正义和实践合理性的解释是从古代城邦的冲突中凸显出来的，但随后却是由阿奎那以一种逃避城邦限制的方式加以发展了。所以，奥古斯丁式的基督教见解在中世纪时期便进入了复杂的对抗性关系之中；稍后又进入了一种综合；再后又进入与亚里士多德主义的持续对抗。所以，在后来一种殊为不同的文化情境中，奥古斯丁式的基督教（现在是一种加尔文主义的形式）与亚里士多德主义（现为一种文艺复兴的翻版）在17世纪的苏格兰进入了一种新的共生关系之中。所以，随之便产生了这样一种传统，该传统却又在它达到其辉煌顶峰的时候遭到了来自内部由休谟掀起的颠覆。最后是现代自由主义，它在与所有传统的对抗中产生，但也已经逐步使它自身转化成了现在即使是它的一些信奉者们也可以清楚认识到的更为传统的传统。

还有一些其他的被构成性传统探究的实例，它们不仅理应得到重视，而且省略它们将使我的论证很不完善，这一切是不可否认的。有三种传统不得不特别提示一下。首先，奥古斯丁式的基督教从其《圣经》来源中衍生出来的是一个故事，这个故事的副本是犹太教的历史。在犹太教的历史里，那种把犹太教全部经文①的研究贡献于哲学的奉献性研究的关系产生了多种探究传统。但是，在所有传统的历史中，这是一种必须由它的信奉者们来书写的传统，也许在这一点上它比别的传统更为突出；尤其是对于一个奥古斯丁式的基督教徒来说，例如我本人，就想用一种我觉得能够书写我自己传统的历史之方式来书写它，这种做法可能是很粗陋离题的。基督教徒迫切需要倾听犹太教徒的声音。试图代他们说话，甚至是代表那种不幸的虚构即所谓的犹太基督教传统来代他们说话的企图，这永远都是可悲可叹的。

---

① 指《圣经·旧约全书》的开头五篇。

其次，我试图就休谟对正义和理性在行为发生中的地位的解释来给予他应得的评价。由于我也试图这样来评价康德，所以本书可能会显得很长。但是，整个普鲁士传统——在该传统中，公共法律与路德的神学被混淆在一起；康德、费希特和黑格尔都曾力图使这一传统普遍化，但他们都失败了——显然与我**已经**给予说明的苏格兰传统具有同等的重要性，所以本书尚需做更多的事情。

最后，至少也是重要的一点，伊斯兰教思潮也需要注意，这不仅仅是因为它本身的缘故，而且也由于它对亚里士多德传统做出了很大的贡献。但这一部分我也不得不省略。而且最后，我将试图告诉大家的这个故事也需要加以充实，不仅需要犹太教的、伊斯兰教的和其他后《圣经》的叙述来加以补充；而且也需要与其形成鲜明对照的那些传统的叙述，如在印度和中国产生的那些传统的叙述来加以补充。对这种不完善的承认虽然并没有改正这种不完善，但至少澄清了我的撰作事业所具有的种种局限。

就其本性来说，这种撰作必须采取叙述的形式，至少开始时应当如此。一种探究传统面对该传统内部的人们和它外部的人们所必须说的东西，是无法用任何其他方式来揭示的。做一个传统的信奉者，总要在其传统的发展中表演新的角色；理解另一种传统，则是以最好的方式尽量去提供在想象性和概念性意义上适合于自己传统的——稍后我们将看到这会产生的问题——一个信奉者能够给出的那种解释。而且由于在一种得到良好发展的探究传统内部，它应当书写的、迄今为止的历史是如何发展的问题，在本质上乃是一个在该传统内部可以给出各种不同和相互冲突之答案的诸问题中的一种。一般说来，叙述工作本身包含着参与冲突。因此，我要强调那种我不得不开始参与的、传统内部的冲突的必要地位。

## 二、传统的合理性

本书已提出了三种探究实践合理性和正义的传统叙述史纲，另外，承认了写第四传统(即自由主义传统)之叙述史的需要。所有这四大传统现在和过去都不只是(也不可能只是)四种理智探究的传统。在每种传统之中，理智探究过去是现在仍是社会和道德生活方式之周详阐述的一部分，即理智探究本身也是该生活整体的一部分。每一种传统中的那种生活形式，程度不同地体现了社会和政治制度的不完善性，而这些制度还从其他资源中汲取其生命力。因此，亚里士多德传统出现于城邦修辞学和反思性生活以及学园和亚里士多德学派的辩证教导之中；奥古斯丁传统在宗教界社区和世俗共同体中得到繁荣。这些世俗共同体为这类宗教社区的早期转变样式以及大学里的托马斯主义样式提供了环境；因此加尔文式的奥古斯丁主义和文艺复兴时的亚里士多德主义的苏格兰混合物便指导着教徒集会和教会执行理事会、法庭和大学的生活；因此，自由主义——它以抽象、普遍的推理原则之名义来摒弃传统作为其开始，结果以它自身变成具体的政治权力而告终——其无能把关于那些普遍原则的本性及语境的讨论进行到底的失败，产生了为它所始料不及的效果，即把自由主义也变成了一种传统。

当然，这些传统之间的差异远远不只是它们的实践合理性与正义解释上的相互争执；它们所开列的美德目录互不相同、在自我的概念上不同，在形而上学的宇宙论方面不同。它们也在解释实践合理性和正义的方式上不能达成一致：在亚里士多德传统中，是通过苏格拉底、柏拉图、亚里士多德和阿奎那相继的辩证法事业精神而做出解释的；在奥古斯丁传统内，是通过服从《圣经》启示的神的权威——经过新柏拉图主义思想的中间传递——来解释的；在苏格兰传统内，是通过反驳前辈的方式，通过从他们已经接受的前提开始争论的，休谟提出了他的解释；而在自由主义之内，关于正义的一连串热闹的解释却在没有任何结论的论战中继续着，与之相随的实践合理性观点部分也是如此。

更有甚者，这些传统在其相互关系方面有着非常不同的历史。亚里士多德传统的信奉者们在他们自己中间争吵不休，看是否必定要对奥古斯丁派采取敌视态度。而奥古斯丁派在同一问题上意见也相互分歧。亚里士多德派和奥古斯丁派都发现他们自己必然要与休谟不和；而且在某种不同的基础上也与自由主义不和。自由主义则不得不否定所有其他主要传统的某些主张。所以这些传统的每一种传统和叙述历史，都涉及那一传统内部的论战与探究的叙述和传统之间以及对手之间的论战与分歧，这些论战和分歧逐渐也规定了这些各种各样敌对关系在细节上的论战和分歧。然而，正是在这里，对论证的进一步追究提出了关键性的问题。

这种论证迄今所导致的结论是：不仅因为社会上体现的、历史上偶然的论战、冲突和探究，使得关于实践合理性与正义的竞争得到推进、修正、抛弃或取代，而且除了从某一种特殊传统内部与那些寓于同一传统之中的人对话、合作和冲突之外，没有其他办法使人们对实践合理性与正义的解释进行系统阐述、详论和合理的论证、批评。除开由这种或那种特殊传统所提供的东西之外，便不存在任何坚实的根据、余地和方式去进行推进、评价、接受和否定性推理论证的实践。

这并不一定是说，一种传统内部的声音，不能让另一传统中的那些人听到或偷听到。对某些主题问题存在着最基本分歧方式的传统，也可能在其他方面有着共同的信仰、偶像和文本。在一种传统内强烈要求考虑的事，可能会被在另一种传统内进行探究和讨论的那些人所忽略，其代价只能是排除相关的正当理由，即排除相信或不信这个或那个，或以此种而不是彼种方式行动的正当理由。然而，在其他领域，在前面的却可能没有任何与之对应的副本。而且，在那些存在为多种传统共同面对的主题问题或争论问题之领域里，一种传统可能凭借这些概念来构造其论题，而在另一种或多种传统内部，这些论题却可能被认为是虚假论题；而与此同时它们又没有任何合适的或没有充足的共同标准，使它们据之在相互对立的立场之间作出判断。逻辑上的不相容性和无公度性都有可能出现。

当然，逻辑的不相容性确实要求在刻画的某个层次上，每一传统认同它是在以此种方式坚持其论题：它的信奉者与对立传统的信奉者都能够认识到他们所主张的乃是同一主题。但即使是这样，每一种传统肯定都有其自身特异的标准，它据此来判断哪些应该视为在相关方面的相同之处。因此，两种传统可能在用来决定实际情形范围的标准上存在区别。在这些情形中，正义的概念得以运用。然而，每一种传统都按照它自己的标准认识到，至少在这些情形中的某些情形中，其他传统的信奉者们也在运用一种**正义**的概念，而如果这一正义概念得到应用的话，就会排除他们自己的正义概念的应用。

　　因此，休谟与罗尔斯在构成正义的规则时，在排除应用亚里士多德的应得概念方面意见一致，而在正义是否要求某种平等性方面则各执己见。所以亚里士多德对某人应该负责的行为等级之理解，不包括对奥古斯丁意志概念的应用。每种传统在其发展的每一阶段，可按照自己的方式为其中心论题提供合理性证明，运用那些给自身下定义的标准和概念，但不存在任何不依赖合理性证明的标准，通过诉诸该标准，可以决定相互竞争的传统之间的问题争议。

　　这时候并非相互竞争的传统没有共享某些标准。我们所关注的一切传统，在其理论和实践两方面都可以按照逻辑的某些权威达成一致。如果不是这样，其信奉者便不能够以他们不一致的方式发生分歧。但是，他们所达成的一致并不足以解决这些分歧。因此，似乎有可能出现这样的情况：我们面临着在理解实践合理性和正义的方面，要忠诚于许多相互对立和竞争传统的主张，而在这种情况中，我们没有正当理由来决定赞成其中任何一种主张而不是其他主张。每种传统都有自身的推理标准；每种传统都提供自己的背景信仰。要提供一种推理，要求助一套背景信仰，就已经假定了一种特殊传统的立场。但如果我们不作这样的假设，那么我们就没有充足的理由把某一特殊传统提出的论点看得比其对立传统提出的那些论点更有价值。

　　沿着这些线索所提出来的论证支持下述结论——认为，如果唯一有效的标准只在传统内部行之有效，那么相互竞争的传统之间的问题便不能合理地决定。申言这样或那样的主张或做出这样或那样的结论，相对某种特殊传统的标准而言可能是合理的，但这并不是那种合理性。不可能存在这样的合理性。每套标准，即每一传统体现的一套标准，要求我们忠诚的多少都与其他的标准所要求的一样。让我们把这称之为相对主义的挑战（relativist challenge），它与我们可以称之为透视主义（perspectivist）的第二种挑战形成对照。

　　相对主义者的挑战基于否认在对立传统之间的论战中以及在对立传统中间存在任何合理性选择的可能；透视主义的挑战，则对从任何一种传统内部做出真理断言的可能性提出质疑。因为如果存在对立传统的多样性，每种传统都有其内在的、有自己特色的合理性证明模式，那么，这一事实本身便蕴涵着，没有哪一个传统在其外部可以提供正当理由来排除其对手的论题。然而如果这是真的，就没有一种传统有权冒称自己具有排除一切的权利；也没有哪一种传统可以否认其对手的合法性。使得各种对立传统如此排除和如此否认对方的，就是坚信各对立传统内部申言和否认的论题有着逻辑的不相容性这一信念。这种信念意味着，如果承认一种这类传统的论题是真实的，那么至少其对手申言的某些命题是虚假的。

因此，透视主义者争辩说，解决办法是撤出真理和谬误的归结，即至少在迄今这些传统的实践中所理解的"真"和"假"的意义上，从个别论题以及这些论题为其组成部分的系统信念之主要部分中不再做这种归结。我们不把对立的传统解释为相互排斥以及互不相容的、理解同一世界、同一主题问题的不同理解。相反，让我们将它们理解为提供了非常不同的、从互补的视角来展望它们对我们所讲述的现实之透视好了。

相对主义挑战和透视主义挑战共享某些前提，而且往往作为单个论证的部分而一起出现。其中每一种挑战都以多种样式存在，没有哪一种样式按照原来对真理与**传统**的合理性要求对之评论而得到详细阐述。但是，这样说，它们也并未失去任何力量。然而，我将要论证：它们从根本上被人们误解和误导了。因此我将指出，其明显的力量来自它们对关于真理与合理性的启蒙运动的某些中心立场的倒转。启蒙运动的思想家们坚持一种真理与合理性的特殊观点（在这种观点里，真理由理性方法所保障，而理性方法则求助于任何充分理性反思的人不可否认的原则），而后启蒙运动的相对主义和透视主义的倡导者们则宣称，如果启蒙运动的真理与合理性概念不能够维持，他们的主张才是唯一可能的选择。

后启蒙运动的相对主义与透视主义就这样成了启蒙运动的反面对应物，成了它颠倒了的镜中映像。在启蒙运动祈求于康德和边沁的理论时，这种后启蒙运动的理论家们则祈求于尼采对康德和边沁的攻击。因此，毫不奇怪，启蒙运动的思想家看不见的东西，对那些后现代主义的相对主义者和透视主义者来说应该同样看不见，因为他们自称是启蒙运动的敌人，而实际上在很大程度上和在他们没有承认的程度上却是启蒙运动的继承人。以前不能或现在仍不能意识到的东西，是传统所拥有的那种合理性。这部分地是由于过去和现在根深蒂固的蒙昧主义者对传统的敌意，一方面现在和过去都可同样在康德派和边沁派、新康德派和晚期功利主义者中发现；另一方面在尼采派和后尼采派中也可发现。但是，传统合理性的不可见性部分是由于缺乏对那种合理性的疏义，更不用说为之辩护了。

布尔克在这一问题上，就像在如此之多的其他问题上一样，是位积极却又有害的代理人。因为布尔克把传统归于好的秩序，如他假定要效法的自然之秩序：即"没有反思的智慧"①。因此，他没有给反思留下地盘（合理性理论化作为传统的和传统以内的工作）。而传统的一位重要得多的理论家一般被启蒙运动和后启蒙运动的理论家们所忽略，因为他在其中工作的特殊传统，以及从其观点来看，他表述的理论化是神学的。当然，我指的是约翰·亨利·纽曼，他对传统的解释本身是在《4世纪的雅利安人》和《论基督教学说的发展》两部著作中接连形成的。但是，如果有人要把纽曼的解释从特殊的天主教基督教义传统延展到一般的合理性传统，而且在与纽曼展望的非常不同的哲学语境中这样做，就得在首先承认莫大的歉疚之后，还需如此多的限定与附加条件，以至于我们说，最好还是单独地理解他的观点。

那么，我不得不做的是去提供那些有关探究传统的实践中所隐含和预设的合理性解释。我一直关注着这些传统的历史，而这种历史足以迎接相对主义与透视主义所提出的挑战。没有这种解释，怎样评估不同传统所提出的关于实践合理性与正义的主张这一问题就得不到回答；而缺少来自那些传统自身立场的答案，相对主义、透视主义很可能十分盛行。注意，回答相对主义和透视主义的基础，不应该在我们一直关注的一个或几个传统之内所清楚提出和表达的任何合理性理论内寻找，而运用其探究实践所预设、所包含但尚未完全表述（虽然为其暗示或部分暗示）的理论，肯定可在各类作者身上，尤其是在纽曼身上找到。

被构成传统与构成性传统探究的合理性，在关键和本质部分，是它通过多种明确规定的阶段所取得的进展问题。这种形式的每一

---

① C.C. 奥布任编：《法国革命反思》，129页，哈尔蒙兹沃思，1982。

探究始于某些纯粹的历史偶然性情形，始于某些构成一定习惯的特殊共同体之信仰、制度和实践。在这种共同体中，将会给特定的文本和特定的意见授予权威。行吟诗人、牧师、预言家、国王，以及偶尔傻瓜和小丑的意见都会得到表达和采纳。所有这些共同体总是在大小不同的程度上处于变化状态之中。当那些在帝国主义现代社会文化中受到教育的人报道他们发现了某些所谓原始社会或原始文化没有变化的时候（其中重复而不是变化支配一切），他们部分是由于受到自己对这种社会里的成员有时声称他们服从远古习惯的支配之误解的蒙蔽，部分是受骗于他们关于社会和文化变迁为何物的过分简单与具有时代性错误的概念。

使一既定共同体步入第一阶段——在这一阶段中，视作权威的信仰、话语、文本和人物毫无疑问地受到人们遵从，或至少不会受到系统地质疑——的，可能是好几种偶发事件中的一种或几种。权威文本或话语可以通过人们的实际接受，表现出容易受到选择性的和不相容的阐释的影响，也许还诫示着选择性的和不相容的行为过程。在确立的信仰体系中，不连贯性可能变得十分明显。新形势下的对抗产生新的问题，可能暴露确立的信仰和实践内部缺乏力量提供或论证对这些新问题的答案。两个以前分开的共同体来到一起，每个共同体都带有自身早已确立的制度、习俗和信仰，通过迁徙或征服，可以开创新的选择可能性，并要求比现存的评价方式所能提供的更多东西。

特殊共同体的公民面临着对其信仰的重组或其制度的再造或两者的这类刺激所做的反应，将不仅取决于他们已经拥有的推理、质疑和推理能力的材料，而且也取决于他们的发明创造能力。而这些东西反过来将决定对信仰的摒弃、校订和重构，对权威的重评、对文本的重绎、以新的形式突现的权威和新文本的产生等结果的可能范围。因为信仰在（并通过）仪式和仪式表演、面具和服饰以及房子的建造方式和村镇的布局中获得表达，当然，总的说来通过行动表达，信仰的重构就不应该仅按理智去考虑；更准确地说，理智早就不应该认作是一种笛卡儿式的心灵或唯物主义式的脑智，而应视作通过思维的个人使自己相互关联，并使他们与社会和自然客体相联系，就像这些客体将自身呈现给他们一样。

我们现在到了对传统开初形成中三个阶段进行比照的时候了：在第一个阶段中，还没有对相关的信仰、文本和权威提出质疑；在第二个阶段中，识别出各种各样的不充分性，但尚未对此予以补救；而在第三个阶段中，对这些不足的反应体现在一套重构、重新评价以及新的系统阐述和新的评价方面，以设计出这些东西来补救不足和克服局限。在一个人或一段文本被赋予权威之后（这种权威被认为是来自其与神明的关系），那种神圣的权威因此会在这一过程的进展中免遭否定，但其话语当然可能得到重新地阐述。这实际上是那些被视为神圣的东西被豁免的标志之一。

传统的发展应有别于信仰的渐变（每套信仰都受这些信仰的影响：通过其系统和周密的鉴定）。在任何值得称之为探究传统的东西的最早形成阶段，就这样已给打上了理论化的标记。一种探究传统的发展，还应区别于那些信仰方面突发的普遍变化。这种变化，比如说，在一共同体经历广大民众变更信仰的时候发生，虽然这种变更可能是这一传统的起点。一种合理传统的延续方式不同于前面那些传统的延续方式，而其决裂则有别于后面的那些传统的决裂。某种共享信仰的核心，即对该传统的忠诚之构成性因素必须在每一次决裂后幸存下来。

当一种传统达到发展的第三阶段时，共同体的那些成员接受了新形式的传统信仰——那些信仰可能仅仅告知整个社会生活的有限部分或诸如关注其全盘结构以及实际上对宇宙的关系——已经能够将其新旧信仰进行对照了。在较老的信仰与他们所理解的现实世界之间，存在着有待发觉的根本差异。当那些早期的判断和信仰被称为**谬误**时，便归咎于当时大脑所判断和相信的与现在作为现实所发现、分类和理解的东西之间所存在的那种分歧了。真理理论一致的原先和最初级的形式，是以谬误理论一致的形式回顾实施的。

对此，我们要提的第一个问题便是：确切地说，它到底与什么一致或与什么不一致？当然，这是口头或书面的申言，但这些是作为明智思想的第二手表达。这种思想在处理其客体，即社会和理性世界的现实时，是充分的，也可能是不充分的。此处，重要的是要记住：这里所预设的心灵概念并非笛卡儿式的。而是作为一种活动的心灵，作为通过社会界和自然界而介入这些活动的心灵，诸如认同、重新认同、收集、分离、分类和命名以及所有这些通过触动、掌握、强调、分解、集结、召唤、回答等方式进行的活动。心灵对其客体来说是足够的，条件是它在这些活动的基础上构成的期望不大可能导致失望，以及它所进行的记忆能保障它回到和恢复到它以前曾经遇到过的东西，不管客体本身还存在与否。由于心灵介入各种客体（对象）而获得了信息，它是通过这样一些映像——就其目的而言，这些映像或是这些特殊客体或特殊种类的客体之充分再现，或是这些对象（客体）之不充分的再现——和这样一些概念而获得信息的，而这些概念抑或是人们借以把握和划分对象的那些形式的充分再现，或是这些形式不充分的再现。表现（representation）不是那种图像化（picturing），而是再现（re-presentation）。图像只是再现的一种样式，而它们在发挥这种功能时的充分与不充分总是相对于心灵的某种具体目的而言的。

被构成的传统探究之伟大的原创性洞见之一是：认为虚假的信念和虚假的判断，代表着一种心灵的失败，而不是其客体（对象）的失败。需要矫正的正是心灵。心灵所遭遇到的那些现实显露了它们本身所是的本相，即它们自身的表现、显现和无蔽本相。因此，最原始的真理概念便是客体的显现性，这些客体是它们自己呈现给心灵；而当心灵未能再现那种显现时，虚假即心灵对其客体再现的不充分性便出现了。

当一种探究传统早期阶段的各种信仰之间的差异与某个后期所理解的人物和事物的世界形成对照的时候，这一虚假便作为过去的不充分性而为人们回顾性地认识到。因此，一致或缺少一致便成为形成真理的复杂概念的一个特点。处在心灵与客体之间的一致或缺乏一致的关系，在判断中得到了表达，但并非判断本身与客体或实际上任何东西相吻合。我们的确可以说虚假的判断，即事情并不是判断所宣布的那样；而真实的判断，即是他或她所说的是即是其所是，非即非其所是。但不存在两个可以区别开来的条件，判断是一方面，判断中所描绘的为另一方面，两者之间可以保持或不能保持一致的对应关系。

最常见的候选者，即以这种方式与判断达成一致的那方面的候选者乃是事实（在现代版本中往往被视为真理的**此种**一致性理论）。而事实，就像绅士们的望远镜和假发一样，是一种 17 世纪的发明。在 16 世纪或更早，英语中的"事实"通常是拉丁文"factum"一词的译文，意为行动、行为，在经院拉丁文中为事件或场面。只是到了 17 世纪，"事实"才首次以后来的哲学家，诸如罗素、维特根斯坦和拉姆色所运用的方式被人们应用。使用"事实"一词指称判断所陈述之物，无论在哲学上或其他方面，当然永远没有害处。现在无害而过去并非无害但高度误导的东西，便是想象出这样一个事实王国，它不依赖判断或其他语言表达形式，却可以让判断或陈述或语句与事实成对出现，让真理或谬误成为这些成对术语之间被指称的对应关系。比较而言，这种真理一致的理论登上哲学舞台还只是最近的事，如同任何其他理论所能遭到的反驳一样，它也一直受到结论性地反驳。将真理理论置于关于真理的老式系统阐述中去理解，是个很大的错误，诸如"adaequatio mentis ad rem"（即，真理是"心与物的吻合"）更不用说置于我正在把它归咎于传统发展的早期史中展开过的真理概念的那种一致性之中了。

　　在某一发展中达到了一定阶段的那些人，通过把他们现在对世界的判断，或至少是对世界一部分的判断，与当时判断的结果进行比较，便能够回顾并找出他们自己以前理智的不足或其前辈理智的不足。去宣称现时的心灵定向（mind-set）以及作为其表达的判断具有真理性，就等于宣称这种不充分性，这种差异绝不出现于未来任何可能的情形中，不管探究能多么洞察一切，不管人们提供了多少证据，不管在合理性探究中可能出现什么样的发展。因此，现在对真理的检验，总是尽量提出问题，尽量招来最有力的反对；可以当之无愧地宣称为真实的东西，是充分抵御了这种反对者的辩证质疑和攻讦的东西。这种充分性存在于何物之中？这也是一个不得不对之出示答案的问题，即对之很可能出现对立和竞争的答案的问题。只要对此问题进行辩证检验，那些答案便会合理地进行相互竞争，以便能发现哪一个答案是迄今提出的最佳答案。

　　达到这一发展阶段的传统，多多少少已成为探究的一种形式，将不得不在某种程度上至少使其探究方法制度化和条理化。它也必将认识到理智的美德，以及那些正等待它解释的美德与品格美德的关系问题。在这些问题上，正如在其他问题上一样，冲突将会形成，对立的答案将会为人们所提出、接受或摒弃。在某个阶段人们也可以在某种发展的传统内发现某些同样的难题和问题——按照这一特殊传统的内在标准认为是同样的——正在某些其他传统内部进行讨论，并确定与这类其他传统可能形成的一致或不一致的领域。更有甚者，被构成的传统探究之间和之内的冲突会与那些其他冲突维持某种关系（这些冲突出现在身为传统的肩负者的共同体内）。

在被构成的传统探究历史中有一段典型时期，在此期间，那些从事探究的人可以找到机会或有需要来构思他们自己探究活动的理论。那时所形成的理论是何种理论？当然会因传统不同而各有区别。面临着"真"的用途之多样性，一种传统的信奉者们可以通过建构那些用途及其统一性的类推描述来做出反应，就如阿奎那所做的那样，以他具体履行自己任务的方式，展示亚里士多德处理"善"的用途之多样性的影响。通过对照这相同的多样性，可以唤起人们区别某些单一（也许是复杂的）真理标志的尝试。笛卡儿（应将他理解为奥古斯丁传统的晚期追随者以及试图重建新哲学的人），实际上恰好这样做了：他通过借助明晰性和确定无误性来作为真理的标志。而休谟却下结论说，他不能找到这种可靠的标记（《人性论》，Ⅰ，4、7）。

如此提出的合理性探究理论的其他因素，也会因传统的不同而不同。这些差异的一部分，导致进一步的不同的和对立的结论差异，即关于实质性探究的主题问题的差异，包括正义和实践合理性的那些主题。然而，在某种程度上，只要合理性探究的传统依然如此，它便会倾向于承认它和其他传统所共享的某些东西，在这些传统的发展中，具有共同特点（如果不是普遍特点的话）的模式就会出现。

论证的标准形式将得以形成，对成功的辩证质疑之要求将会得到确立。论证的最弱形式（不过在没有任何其他形式的情况下它会行之有效），将是求助于已确立的信仰权威（仅仅作为确立的）。而在确立的信仰之内鉴别不连贯性，总会给人们提供进行进一步探究的理由，但因发现了较少的不连贯，它本身并不是人们结论性地摒弃确定信仰的理由，甚至也不是发现某些更充分信仰的理由。在每个阶段，信仰与判断都会通过参照前一阶段的信仰与判断而得到证明，只要传统自身已成功地构成一种探究形式，在该传统内部真理的主张总会在某种特定的方面比其前辈的证明更能经受辩证的质疑和反驳。

因此，体现在被构成的传统探究中的合理性和真理概念，当然与标准的笛卡儿式以及标准的黑格尔式合理性解释有着惊人的抵牾。因为每种这样的合理性传统都始于某套确立的信仰之偶然性和实证性，传统的合理性便不可避免地是反笛卡儿式的。在使真理系统化和条理化的过程中，他们认为自己已经发现，传统的信奉者们很可能给某些真理在理论化结构中指定了一个主要位置，并把它们当成形而上学或第一实践原理。但这些原理将不得不在辩证证明的历史过程中为其自身辩护。正是通过参照这些第一原理，辅助真理才会在理论的特殊系统之内得到证明。也正是通过参照这些第一原理（正如我们在柏拉图和亚里士多德的实践推理理论中所看到的那样），特殊的实践判断和行为本身才会得到证明。但这些第一原理本身（实际上它们作为其部分的整个理论体系本身），也会被理解为是需要证明的。它们所受到的那种合理性辩护既是辩证的，也是历史的。它们要在这一传统的整个历史范围里得到证明，通过经受种种辩证质疑而幸存下来的过程，来维护其自身并证明它自身优于其历史前辈。因此，这种第一原理并不是自足的、自我辩护的认识论第一原理。它们的确可以被视为是必然的和明证的，但其必然性和明证性只有在下述情况下才是可以作特征刻画的，即，只有对于并通过这样一些人，它们才是可以如此刻画的，这些人的思想是通过某种概念图式构造起来的，而在系统阐述和重新阐述这些由历史地发展着的概念图式所指导的种种理论时，这些第一原理是作为一种关键性的要素而突显在该概念图式中的。如果我们这样来读解笛卡儿本人，将是有启发性的。笛卡儿在其《指导心智的规则》和《沉思》两书中所提供的，正是一种对**其**第一原理之辩证证明过程的解释，而他的这种证明，以一种高度传统性的方式抛弃着传统，因而他把奥古斯丁的传统推进到这样一种境地，即他从奥古斯丁的传统中学到了他在随后不能承认的他从中学到的那些东西。而由于这一点，笛卡儿便成了第一位奥古斯丁主义者。

然而，如果要从被构成的传统的发展由来来看，被构成的传统探究是反笛卡儿的；而从其发展的未来趋向来看，被构成的传统探究则是反黑格尔的。在这种探究的合理性中，实际上隐含着一种最终真理的概念，即心灵对其客体的一种关系，在那种心灵的能力方面，此种关系是完全充分的。但那种状态的任何概念（其中心灵能够通过自身的力量依这样充分的指导来理解自身）都给排除了；黑格尔体系的绝对知识，从这种被构成传统的立场来看只是一种妄想。谁也不能在任何阶段排除以各种方式表明为不充分的现时信仰与判断的未来可能性。

也许是这种反笛卡儿与反黑格尔诸方面的结合，给相对主义和透视主义提供了貌似可能的可信性。传统未能通过从无懈可击的明显真理开始的笛卡儿式的检验；它们不仅确实是从偶然的实证性开始的，而且每种传统都是从一个互不相同的出发点开始的。传统也不符合那种表明其目标即某种最终合理性状态（它们与其他思想运动共有的状态）的黑格尔式的标准。传统总是在某种程度不可根除地带有其区域地方性色彩，它是由语言的特殊性以及社会和自然环境而表达的，即由希腊人或罗马非洲或中世纪波斯或由 18 世纪苏格兰人居住的环境而表达出来的——他们都顽固地拒绝作为或成为精神（Geist）自我实现的载体。那些被教育成或灌输成为接受笛卡儿或黑格尔标准的人，会认为传统的实证性是任意的标志。因为每一种传统都将（似乎有可能）追寻其自身特定的历史道路，我们最后将要面对的一切，是一组相互独立的对立的历史。

对这一提示的回答，实际上更一般地说，是对相对主义和透视主义的回答，不得不从被看作传统的历史中某一种特殊的事件开始，但在迄今归类过的那些传统中间还无法找到这种特殊的偶发事件。然而，正是以传统的信奉者对这种事件的反应方式，以及伴随其反应的失败或成功，传统才获得或未能获得理智上的成熟。我在其他地方将这种偶发事件取名为"认识论危机"。① 认识论危机可能出现在个体的历史上——出现在各式各样的思想家身上，如奥古斯丁、笛卡儿、休谟和卢卡奇已给我们留下了这种危机的记录——亦可发生在群体的历史上。但它们还可以是整个传统内部的或相对整个传

① 《认识论危机，戏剧性的叙述与科学的哲学》，载《一元论者》，第 69 卷，第 4 期，1977。

统而言的危机。

我们已经注意到，在其发展中的每个阶段，对被构成的传统探究极为重要的，将是其目前盖然性的、未解决的难题及未决的问题之安排日程。通过参考这一日程，在使得合理性进步朝着某些更高阶段发展的过程中的成功或失败，将会得到评价。在任何阶段，任何被构成的传统探究都可能发生这样的情况：通过以它自身进步的标准来衡量，它已经无法再获得进步了。迄今为止人们信得过的探究方法已变得无效了。对关键问题的各种对立答案的冲突，再也无法得到合理解决。更有甚者，实际上有可能发生这样的情况：即探究方法和争论形式的运用（通过这种方式，取得了迄今为止的合理性进步），开始产生越来越多地暴露新的不充分性，暴露至今尚未意识到的不连贯性以及新的问题的后果，而在业已确立的信仰结构内部，似乎没有足够的资源或者根本没有任何资源解决这些新问题。

这种历史地建立起来的确信的消解，便是认识论危机的标志。真正解决认识论危机的办法要求发明或发现新的概念和建构某种或几种新的理论来满足三个高度严格的要求。第一，这个在某种程度上全新的和概念上丰富了的图式，如果要结束认识论危机，必须以系统和连贯的方式，给那些以前证明是难以处理的问题提供解决办法。第二，它还必须解释在这种传统获得新的资源之前，是什么原因使得它成为瘫痪无能的或不连贯的，或两者兼而有之的。第三，必须用这样一种方式来完成前两项任务：即展示这种新的概念结构和理论结构与借此一直规定着该探究传统的那些共享信念之间的某种基本的连续性。

对新的理论和概念结构来说，极为重要的主题——正是由于它们比原来的那些主题丰富得多，并避免了原主题的局限，而这些主题以前对该传统非常重要，在其进入认识论危机的时期也极为重要——绝不会从那些早期的立场中派生出来。想象性的概念更新必将发生。对新主题的论证，恰好在于它能获得更新之前不可能获得的能力。人们不难找到这种成功的创造性结果（对多多少少严重的认识论危机来说）的例子，亦即影响着那种被构成的传统探究所关注的主题问题的大大小小领域里的例子——无论是在我所关注其历史的那些传统里，还是在别的地方。纽曼自己的核心例子来自这一方面：

在公元 4 世纪中，三位一体的天主教学说定义，通过运用哲学和神学的概念，解决了来自各种互竞式的阐释《圣经》的争论，而对这些概念的理解本身又引发了论战，到那时为止尚未得到合理解决。这样，这一学说为后来奥古斯丁传统提供了怎样才能满足解决认识论危机的三个要求的一种范式。阿奎那以非常不同的方式，提供了新的和更丰富的观念与理论框架，没有这一框架，任何效忠亚里士多德和奥古斯丁传统的人必然会陷入不连贯性，或通过摒弃二者之一，陷入贫瘠的片面性。还是以不同的方式（也许没那么成功），里德和斯图沃特试图从不连贯中拯救苏格兰传统。由于存在这种不连贯性，它受到了休谟认识论前提与反休谟的道德和形而上学结论的联合威胁。

在许多不同的其他探究领域，我们也可以发现同样的认识论危机模式。因此，波尔兹曼 1890 年从那种按照古典力学构建的热能解释中所做的悖论推导，在物理学内部产生了认识论危机，而只有通过玻尔的原子的内部结构理论，此危机才得以解决。这个例子表明，认识论危机可能只有在回顾中才能认识到。但情况远非如此：物理学家们一般说来知道在波尔兹曼和玻尔之间，其原理处于危机之中。然而，量子力学的力量不仅在于它从困难和不一致中获得的自由（它们已开始冲击古典力学），而且在于有能力提供解释；为什么古典力学的盖然性最终必定会产生恰好如同波尔兹曼所发现的这种无法解决的难题。

渡过了认识论危机，便成功地保障探究传统的信奉者们以更有洞见的方式重写其历史。特殊传统的这种历史，不但提供一种认同连续性的方式，凭借它，该探究传统作为同一传统才得以幸存和繁荣；而且提供更准确地认同那一证明结构的方式，这种结构支持在其内部所提出的对真理的任何主张，而这些主张超出且不是对有根据的可申言性的主张。有根据的可申言性这一概念永远只在某种特殊时间和地点才适用（在探究传统的某个特殊发展阶段当时流行的标准方面），因此，这样或那样的有根据的可申言性主张，总是不得不隐含地或明显地参照这样的时间和地点。然而，真理的概念则是永恒的。宣称某个命题为真，即不仅仅是在宣称它在一切可能的时间和地点都必定与实在一致（"一致"一词的含义早先已阐明过），而且也是在宣称，在那一命题中，表达其思想的心灵事实上对其客体的反映来说也是充分的。从传统内部所做的这一宣称的含义，恰好使我们能够表明相对主义挑战是如何被人们错误地设想的。

每一种传统，不管它是否意识到这一事实，都面临着这样一种可能性：在将来某个时候，它将会陷入认识论危机的状态，它通过其自身合理性证明的标准可以意识到这种情况。但这些标准本身却一直都被作做在该传统的发展史上所出现的最佳标准来加以维护。一切试图想调动想象性和发明的资源，即试图调动该传统的信奉者所能提供的资源的企图，都有可能失败，或者，对于补救该探究传统所陷入的无能与不连贯性无能为力；或者会揭露或造成新的疑难问题，显露出新的缺陷和新的局限。时逝如水，但人们依旧是束手无策，没有任何新的资源和解决办法。

一特殊传统的真理主张在这一过程的某个阶段不能够继续维持下去了。这一点本身就足以表明，如果相对主义者的命题之一部分为：每一种传统必须永远按照那些标准来得以维护（因为它提供自己的合理性证明标准），那么至少在这一点上相对主义者是错误的。但不管相对主义者是否这样主张，进一步的甚至是更重要的可能性现在变得明朗了。因为传统的信奉者（传统现在处于这一根本的和激烈的危急状态）可能会在此点上以新的方式遇到某一特殊对立传统的主张，也许是一种共处了好长一段时间的那种传统，也许是他们此时此刻相遇的传统。他们现在开始或早已开始了解这一不同的外来传统的信仰和生活方式，而且在这样做的过程中，他们不得不或曾经不得不学习（正如我们下面讨论传统的语言特色时将要看到的那样）外来传统的语言，当作一种新的、又一门语言。

当他们已经了解外来传统的信仰时，他们可以发现自己被迫认识到在这另一种传统内部，有可能从特异的概念和理论中建构他们不能够从自己的思想和理论资源中提供的东西，即有说服力和给人启迪的解释——有说服力和给人启迪，就是说，用他们自己的标准衡量也是如此——为什么他们自己的理智传统一直不能够解决问题或恢复其一致性。他们用以判断这一解释为有说服力和给人启迪的标准，完全是他们通过它们发现其传统面临认识论危机时所需要的同一标准。但在这一新解释满足两个要求的同时（要求对传统内部的认识论危机做出充分反应）——只要**既**解释为什么（如果探究结构在那一传统之内）危机不得不像它确实发生的那样发生，**又**解释它自身并不遭受这种不连贯性或没有任何资源的相同缺陷之苦（认识到这一点曾是其危机的初始阶段）——它却不能满足第三个要求。由于它脱胎于真正的外来传统，新的解释并不在任何种类的实质性延续方面与处于危机中的传统以前的历史连在一起。

在这种形势下，传统的合理性要求迄今仍生活于并忠诚于处在危机中的传统的那些人，承认外来传统在合理性和真理的主张方面比他们自己的传统要优越些。从外来的传统内部提供的解释将会揭示的，是他们自己占统治地位的传统信仰与通过最成功的解释所透露的现实性之间缺乏一致，而且那种解释很可能是唯一成功的解释，也可能是他们所能发现的唯一解释。因此，迄此为止，他们自己信仰的真理的主张被击败了。

从如此理解的合理性要求在真理方面承认失败这一事实来看，当然并不意味着他们将会实际认可外来的传统。当中世纪末期的自然物理学家们正是以这种方式被伽利略和他的后继者们击败的时候，继续否认已经冲击到动力理论的认识论危机这一事实并否认伽利略以及后来牛顿的成功的物理学家还大有人在。伽利略和牛顿成功地提供了一种理论，不仅不受动力理论的缺陷所困，而且能够提供材料，解释为什么自然竟是如此，致使动力理论刚好是这些缺陷出现在这些阶段的时候不可避免地发现自身已经山穷水尽，无法首尾一贯。伽利略和牛顿的物理学以这种方式识别了自然现象以致暴露了动力理论声称的运动现象与那些现象现在所具有的特性之间缺乏一致性，而且这样一来，便无情地剥夺了动力理论对真理主张的权利。

在这个阶段，并非所有的认识论危机都成功地得到了解决，记住这一点非常重要。有些危机实际没有得到解决。这种缺乏解决办法本身，挫败了处于这种危机中的传统，同时又没有维护任何其他的主张。这样，传统可以通过和依照其自身的合理性标准，在许多方面受到合理的怀疑。这些是相对主义挑战没能展望到的可能性，它的挑战依靠这样一种论证：如果每一种传统本身都具有其合理性证明标准，那么，只要探究的传统真正一清二楚且互不相同，就无法使每一种传统进入另一传统的讨论之中。因此，没有哪种传统能够维护它对其他任何传统的优越性。但如果此事当真，那就不存在正当理由让某人效忠这一传统的立场而不是任何其他传统的立场。这一论证现在看来并非圆满无缺。首先，它是不真实的，前面的论证表明它是不真实的。真实的情况并不是，由于每一种传统都拥有其自己的对合理性证明的解释和实践，所以某些传统就无法击败其他传统或被其他传统所击败。对传统的辩护或传统失去辩护，正是就它对认识论危机所做的反应是否充分而论的。当然，这必然推出，某些类似于相对主义挑战的东西，可能会保持各种自我包容的思想样式，而这种思想样式不会发展到使认识论危机成为一种真实可能性的地步。但是，这一点对于本书所讨论的那类探究传统来说并不适用。因此，就迄今为止我们对这些传统的研究来说，相对主义者的挑战失败了。

于此，相对主义者可能会回答：我起码已做出让步——在很长时期内，两种或更多的对立传统可以发展和繁荣，没有遇到哪怕是最轻微的认识论危机，或至少完全能够用自己的资源来自己对付此类危机。而在存在这种情况的地方，在这段延伸的时期内，没有哪一种传统能以如此方式同其对手冲突以致将其击败；亦不会出现这种情况：它们之中的任何一种传统都会怀疑自身没有能力去解决自己的危机。这一点显然是真实的。作为一种历史事实，在很长的时期内差异极大的传统似乎确实能够共存而没有任何能力合理解答其冲突与分歧：神学的、形而上学的、道德的、政治的和科学的例子都不难找到。但如果真的如此，那么似乎有可能将自身局限于这些例子，相对主义挑战仍然存在，至少以温和的形式得以维持。

然而，首先存在这样一个问题有待相对主义者回答：谁处在发出这种挑战的地位？因为要这样做的那个人必须在这一时期内**要么**是他或她本人是两种或更多的对立传统之一种传统的居民，具有对证明和探究标准的忠诚并将它们运用于他或她的推理之中；**要么**是置身所有传统之外的局外人，他或她本人毫无传统可言。前一种选择排除了相对主义的可能性。当这种人在他或她的传统之内没有严重的认识论危机时，他或她不可能有正当理由对他或她对传统的忠诚提出质疑，而有充分的理由对之效忠。那么后者的选择又是什么呢？相对主义者的挑战能发自所有传统之外的某种立场吗？

前一章的结论为：假设存在某种中立的立场，即假设存在某些这类合理性的场所，能为独立于所有传统之外的探究提供足够的合理性资源，只是一种幻想。那些另有不同主张的人，要么悄悄地采取了某种传统的立场而欺骗他自己，也许还有他人，去假想他们的立场正是这种中立立场；要么纯粹是弄错了。生活在所有传统之外的人，缺乏足够的合理性资源去进行探究，更毋庸置疑的是，去探究出应更合理地喜欢什么传统。他或她没有足够中肯的合理评价手段，因而得不出任何站得住脚的结论，包括得出任何传统能够维持自己来反对其他任何传统的结论。要处于所有传统之外，就意味着成为探究的陌生人；这就是处于理智与道德的贫困状态，而从这种状况出发，不可能发起相对主义挑战。

透视主义者的失败与相对主义者的失败是相互补充的。像相对主义者一样，透视主义者坚持以为，没有哪一种以竞争传统的名义对真理的主张能够击败以其对手的名义对真理的主张。而我们已发现这是个错误的观点，它通常是由下面的原因引起的错误：透视主义者强加给传统的捍卫者某些真理的概念，并非他们自己的概念，也许是笛卡儿或黑格尔的真理概念，或也许是使真理与保证过的可申言性相同化的概念。

更有甚者，透视主义者没有意识到真理的概念对被构成的传统之探究形式的整合性程度。正是这一点导致透视主义者假定人们可以临时采取一种传统的立场，然后用它与另一种传统的立场进行交换，就像人们先穿一套衣服然后再换一套那样，或如同人们可以在某出戏里扮演一个角色然后在另一出完全不同的戏里扮演完全不同的角色那样。但真正要采取某种传统的立场，便因此而承诺赞同其何为真理、何为谬误的观点，并在这样承诺的过程中，禁止某人采取任何对立的立场。因此，透视主义者可以**自称**接受某一特殊探究传统的立场；但他或她事实上却不可能那样做。传统的多样性并不提供透视的多样性，使我们可以随意而行；而是提供对立承诺的多样性，其间只有冲突，理性的或非理性的冲突，才成为可能。

透视主义在这点上也和相对主义一样，只可能成为一种把自己当成局外人的那些人的学说。他们是无所承诺的人，或更准确地说，是仅仅把自己当作扮演一连串临时角色的人。据其所见，任何真理的概念都只有最小部分看来值得怀疑。而根据被构成的传统探究的合理性所提供的立场，显然这种人因其态度而被排除拥有任何足够的真理概念来进行系统的合理性探究。因此，他们的观点与其说是关于真理的结论，不如说是被排除在真理之外的东西，因而也被排除在合理性讨论之外。

尼采非常明白这一点。透视主义者切莫介入与苏格拉底开展的辩证论证，因为那种方式从我们的观点看将会卷入合理性探究传统，从尼采的观点看是受制于推理的暴政。苏格拉底不是一个可与之争论的人；他是因其丑陋和糟糕的风度因而受到嘲弄的人。对辩证法的反应作这种嘲讽在《偶像的黄昏》一书中格言式的段落中得到告诫。而格言的运用本身就具有指导性。格言并非论证。吉尔斯·德劳茨称之为"力量之剧"（a play of forces）①，即通过这种方式传送能量而并非得出结论的某种东西。

当然，尼采并非现代透视主义唯一的理智先驱，也许他根本不是现代相对主义的先驱。然而，杜克海姆在19世纪后期描述社会关系的传统形式的坍塌如何增加了**社会**的反常状态事件（anomie）即不规范事件时，提供了透视主义和相对主义两者先驱的线索。正如杜克海姆所刻画的，社会反常状态，是一种剥夺的形式，是在那些社会制度和风尚中丧失成员资格的形式。在这些制度和风尚中，规范，包括被构成的传统合理性规范，都得以具体化。杜克海姆所没有预见的是这样的时代：在这样的时代里，同样的社会反常状态情形被归因于通过自我的成就以及对自我的报酬所取得的地位。这种自我，通过将自己分离出传统的社会关系，据说已成功地解放了自己。这种自我定义的成功以不同的形式免除了萨特式的个体式不诚。这种个体否认其确定的社会角色，德芬茨的流浪思想家之无家可归性，以及德里达保留的"内部"之间选择的预设性，虽然对已经建构好的社会和知识大厦来说为陌生人，但纯粹为了从内部摧毁之，或在决裂和终止的情形下蛮横地将某人自己置身于外。杜克海姆视为社会变态之物，现在却戴有哲学主张的面罩。

---

① 更具概括性的说法见《流浪沉思》，载《今日尼采》，巴黎，1973。

　　这种哲学最突出的特点是其临时性。在任何地方住得太久总会有授予这种哲学探究以延续性的危险，使之体现为又一合理性传统。结果便成了传统的形式，即表现出对透视主义的威胁，而不是相反的形式。

　　因此，我们仍然遭遇到我已叙述过其历史的那些对立传统要我们合理效忠的主张，而且的确我们也依赖着我们在什么地方，又怎样来通过许多其他这样的传统，提出关于正义与实践合理性的问题。我们已得知，我们不能从所有传统外部的立场提出和回答那些问题。充分合理性的资源，只有在传统内和通过传统才能对我们行之有效。那么，我们应该怎样面对这些问题？我们应该赞同什么样的实践合理性与正义的解释？我们现在就得注意，我们事实上如何回答后面这些问题，关键部分取决于那是一种什么语言（我们与我们对之提问的那些人共享的语言）以及我们自己的语言共同体的历史已把我们带到了哪个阶段。

节选自［美］麦金太尔：《谁之正义？　何种合理性？》，
北京，当代中国出版社，1996。　万俊人等译。

# 《三种对立的道德探究观》（1990）（节选）

## 导　论

　　所有系列性哲学讲座，无论是原初发表的，还是尔后出版面对更广大的，也常常是更混杂多样的听众而作的，都因特殊演讲者对两类问题的介入而不可避免地体现一种立场：这两类问题中一类，是演讲中明确谈到的问题；另一类则是由演讲者与他或她和第一批、第二批（有时还会有随后的第三批和第四批……）听众的关系所产生的新问题。当然，在作为一种学术风格的演讲史中，很长时期内都不一定有人明确留意这后一类问题。在这期间，演讲者与听众之间的关系被双方都当作是理所当然的，这种关系的社会预制、道德预制和智识预制均不必予以解释，或许从来也无法对之做出充分解释。无论是对人们习惯上设计作为其演讲风格的演讲主题，还是对作为一种学术活动的演讲之要义与目的，双方都有着广泛而基本的一致。

　　然而，也还有这样一些时期，在此期间，这种一致不得不在很大程度上受到挑战或否认；人们到目前为止所接受的主题界定也成了问题；听众已成为异质性的、相互分化的和零散的；演讲也不能以同一种方式来看待或进行，而是以某种新的，也许是人们尚未认识到或尚未充分认识到的争论与冲突形式，使自身转化而进入另一个时期。当我在撰写这些吉福德演讲稿时，我无法回避评论这类问题，因为正是这类问题给我提供了演讲的主题；在吉福德爵士生前时代，他给他的演讲者们所规定的义务是前一类问题，而在这次演讲中，我却把后一类问题作为我履行这些义务的工作。而且有关这种对立的信息在许多演讲中都出现过。但是，即使在这类撰写演讲稿的过程中，我也没有充分推断到听众可能慷慨地向我提出一些疑问和问题的方式或程度，而是常常搜寻我在爱丁堡和耶鲁演讲时我的听众们所作出的各种反应。

许多听众在大多数情况下都是把一次演讲作为对他们已在某种程度上熟悉的且他们有可能作为参与者或作为一个派别而介入其中某种更为广泛的探究，或者某种持续的论战或冲突的有益贡献来聆听或阅读的。当然，有时候某位听众也可能发现他或她自己已被某次特殊的演讲引入某种全新的探究形式之中，或是被引入某种不熟悉的争论之中，以至于这次演讲就成了他或她的一个新的起点，而不是某种他或她已经从事的探究或争论中的一个阶段。然而，在爱丁堡和耶鲁，我清楚地看到，听众们是把这些演讲中的绝大多数当作某种(探究或争论)的继续而非开始来听的。然则，在每一次演讲中，观众都各有不同并分化为两种听众类型，以至于不同的听众群体都出于各种极为不同的立场，将这些演讲理解为殊为不同的已制定的探究与争论之叙述的不同阶段，并由之对其做出解释和评价。在某种程度上，正是某些仿佛是由某个站在三个迥然不同群体的交叉点上并介入这三种不同对话的人所作出的评论，被这三个群体中的每一个群体之成员都理解为是对其谈话主题和论证的一种贡献和继续。然而，如果说这种相似沟通了人们对这些演讲的歧义性理解和评价(或是在小组讨论上出现的；或是在随后的许多私人谈话中出现的)的话，那么，由于它无法说明各种解释和评价样式之间在某一关键方面的相互冲突程度，以至于不同的人把这些演讲理解为一系列的干涉——不仅是在一组连续的会谈中，而且也在一组连续的争论中的系列干涉。

这些差异是什么？答曰：它们具有两个维度。在这些演讲中，我探讨了三种判断不同且相互颉颃的道德探究概念，每一种都源于19世纪晚期尚未充分展开的文本：它们是《大英百科全书》第九版；尼采的《论道德的谱系》和教皇利奥十三世颁定的《永恒通谕》。当我谈到道德探究时，我的意思是指某种比人们习惯理解——至少在美国各大学里——为的道德哲学更为宽泛的东西，因为道德探究扩展到了历史的、文学的、人类学的和社会学的问题。而且，在我所关注的三种道德探究对之产生分歧的那些问题中，最基本的是道德探究的本性和范围问题。所以，那些带着一种评价性立场——这立场是通过忠实于这三种探究中的某一种而形成的——来听这些演讲的人们，会在一些可以预知的方面围绕着如何按照每一种观点自身的历史来刻画其特征的问题产生他们相互间或他们与我之间的分歧——我把福柯作为尼采的忠实理解者是否正确？德勒兹是福柯的忠实解释者还是尼采的忠实理解者？我忽略加里戈-拉格朗的托马斯主义或耶佛斯·西蒙的托马斯主义有正当理由吗？——而且，这些分歧还会扩及如何理解这三种探究观点间的冲突问题。

　　唯一稍微难以预知的是各种传统的进一步发展范围；各种探究和争论的进一步延伸范围。在听众中间，其他一些人正是根据这些争论来理解和评价这些演讲的各种论证的。这些人中，有些人有着更为狭隘的哲学立场：黑格尔式的、现象学的或分析哲学的。有些人尽管在关键方面有其哲学的先人之见，但也表现出更为广泛的文化的先人之见。令人高兴的是，在爱丁堡仍有一些人对由他们的城市生活所创造的苏格兰智识史和社会史持有文化认同；以至于我的演讲也就处在了一种仍在继续着的争论之中，这场争论中较遥远的参与者包括但巴、休谟和斯图亚特。乔治·埃德勒·大卫在《民主的智识》《民主智识的危机》和《苏格兰启蒙》中已经为我们的时代重新界定了这场争论的术语，而在这场争论中，大部分争论都是针对苏格兰一般人文科学的，而不仅仅是针对哲学的。同样，在类似方面，我于耶鲁的演讲已无法避免让听众将之作为各种关于应当如何追求人文科学的探究和施教的继续讨论的贡献来听，在这些讨论中，国家人文科学基金会的历任主席都对耶鲁大学教职员中某些较为杰出的新教员的理论和实践提出了批评，而这些批评本身根本就不是对这些问题的直接研究。

　　对我的演讲所产生的探询和反应上的分歧程度与深度，本身就足以给我们提出这样一些尖锐的问题：当今在各学术共同体内部所存在的差异和分化难道就如此之大，以至于任何有关这类学术共同体本身以及更广泛的知识共同体本身的演讲的观念——一种不仅具体体现在亚当·吉福德的吉福德讲座概念中的观念，而且也是许多其他人捐资设立公共讲座的人们所共享的观念——已经成为洞空无物的虚设了吗？难道情况真的是相互沟通的事实上的失败——这一点现在有时候是明显的（尽管人们仍未充分意识到），只要我们注意到哲学探究的各种不同类型和传统就会感觉到这一事实——不仅是当代大学的社会结构之专业化的不幸的偶然性副产品，而且也是某种更为基本的东西的基础吗？然而，这些并不只是在我所描绘的有关差异范围的事件出现之后才被人们提出的问题。因为那些参与爱丁堡和耶鲁两大学讲座讨论的人，已经用他们各自不同的表述这些差异的方式和他们对这种表述所导致的各种分歧与冲突做出相应反应的方式，预先设想到或者明确论证了对这两个问题的各种对立答案，并且通过他们各自不同的和相互冲突的答案揭示了他们分歧的第二维度。刻画这种第二分歧维度所需要的关键性概念是不可公度性和不可译性。在这些演讲中，我对前一概念谈得很少（但我希望已足以应付我的论证所需），而我在别的地方（《谁之正义？何种合理性？》，第九章，圣玛丽，1988）对两个概念及它们之间的关系要谈得多一些。出于眼下的目的，我只想大致谈谈在这些概念所提出的问题上形成的两种对立观点。

　　一方面，有些人坚持认为，在某些情形下，两种范围广泛的思想和实践体系存在着根本的分歧——人们已经列举了各种各样的例子，如亚里士多德的物理学与伽利略或牛顿的物理学之间的分歧；某些非洲民族所信仰的巫术实践与现代科学宇宙论之间的分歧；以及荷马世界关于正当行为特征的概念与现代个人主义的道德之间的分歧；没有也不可能有任何人们可以诉求的用以判断这些对立主张的独立标准或尺度，因为每一种主张都有自身内在的基本判断标准。这些体系是不可公度的，每一种体系用以提出和借此提出其判断的术语都是具体而具有独特特质的，以至于它们相互之间无法在没有严重曲解的情况下相互翻译。一些哲学家、科学史家、社会人类学家和文化人类学家一直持有这种观点。

　　另一方面，有些人（主要的还不仅仅是哲学家）则认为，这种所谓的不可公度性和不可译性事实永远只是一种幻觉。要想能够像认识自己的信仰体系那样来认识某种陌生的信仰体系，永远需要有一种将其术语和习语翻译成自己的术语和习语的能力，并需要承认其论点、论证和程序，将这些看作是可以通过自己相同的标准来进行判断和评价的。每一种立场的信奉者在认识到存在各种与之对立的立场时，也都含蓄地（如果说不是明确地）认识到，这些立场是在共同的可理解性和评价之规范内并根据这些规范来系统阐述的。

我这样直接明了地概述以上两种观点的要旨，既未能充分公正地展示它们发展细节的复杂性，也未充分公正地展示人们对待这两种观点的态度之多样性。更为重要的是，这种简化的解释可能会使某些读者得出这样的结论：即认为，若两种对立的思想和实践体系在某种重要的程度上真的是不可公度的和不可译的，那么两种体系的信奉者之间的合理争论也就在相同程度上成为不可能的。而且某些哲学家当然会做出这样的结论。但是，这些演讲的目的之一是表明下述情况并非事实：即，承认两种对立的思想和实践体系之关系的高度不可公度性和不可译性，可能不仅是合理争论的序幕，而且也可能是这样一种争论的序幕，这就是，如果仅仅因为暴露这种争论可以揭示出两种论争立场中的某一种不能以其自身的术语和标准来取得争论的胜利，就认为某一方可以毫无疑问地成为这场争论中合理而优越的立场（见《谁之正义？何种合理性？》，第17、第18、第19章）。

然而，我所关注的并不是对这个问题上的各种相互争论的观点做出详细而公允的判决，而毋宁是想对下述问题做出评论：这就是，在这两种有着原则对立的观点之间以及在人们所提出的各种选择中，它们在实质性问题上所存在的首要差异是如何迟迟得不到解决的。因为在不可公度性和不可译性问题上所存在的各种对立观点，提供了有关人们如何系统阐述这些首要差异的对立解释，有关为何阐释对立双方关键性文本的对立解释；以及有关如何进一步推进争论的对立主张。所以，有关分歧的分歧是复杂多样的。

这种情况的一种影响——在爱丁堡和耶鲁的讨论中，这种影响在某些关键问题上表现得很明显——是在各种根本对立的观点围绕一些基本问题所进行的争论中，各种不成熟的尝试均毫无结果。细节问题倒可以或已经得到有益的探索。但用一种可以很快澄清基本问题的方式来利用在讨论中所学知识的能力却普遍不行，然而，这种无能性还不只是由于对待不可公度性和不可译性问题的姿态之多样性缘故。

使智识观点的结果不至于与制度安排的结果混为一谈，这一点总是很重要的。由于介入争论的那些人的理论承诺所导致的表面僵局，有时候可能是由制度安排和社会习惯所导致的僵局。而且，尤为重要的是要记住，后面这些因素什么时候会强化那些源于理论承诺和哲学承诺且由这些承诺所规定的态度，一如在今天的大学里所出现的情况这样。

无论这些态度的根源如何，情况肯定都十分复杂。在今天的大学里，再也没有什么比全部人文学科的探究内部所明显存在的不可消除的持久分化与冲突的程度更让人触目惊心了，而这些分化和冲突还不仅仅表现在我演讲中所提出的这些问题上。在心理学中，精神分析学家、斯金纳式的行为主义者和认知理论家们同从前一样，还远未克服他们的差异。在政治学探究中，斯特劳斯主义者、新马克思主义者和反意识形态的经验主义者至少还处于深刻的对峙之中。在文学理论和历史学中，解构主义者、历史主义者、I. A. 理查兹的后继者和哈罗德·布鲁姆的读者与误读者们同样还在唇枪舌剑。而在我的这些演讲中，我已经谈论了当代哲学所呈现的相应的冲突局面。

当然，我们也不时地听到各种力图综合或调和两种或多种对立立场的呼声，但从来就没有过为所有争执各派所接受的条件，有时候只有大家都不接受的条件。而且更一般地说来，人们对所有这些持续的分化感到惊讶的是，每一种观点的信奉者往往都只是在与那些他们已经与之达到根本一致的人进行漫无边际的讨论，无论是在发展他们自己的探究的过程中，还是在批判他们的对手时，都是如此。这样做的一种结果是，在每一派别阵营内部，人们对各种不同情境中的不同理由的重要性形成了大致而既定的一致，但在整个学科内部，对这一点却没有形成任何普遍的学术共识，更不用说在两种学科之间形成普遍的学术共识了。然而，与此同时，人们对于什么才应至少被算作确立或发展某一特殊结论的某种形式的相关理由这一点，在某一学科内部和各学科之间也同样能形成一种大致而既定的普遍学术共识。

因此，各种根本对立的立场之间的争论便在所难免，但不可避免地难以归宗。第一种参与论战的观点在其信奉者看来似乎都具有不可辩驳的特征；而且以其自身的术语和论证标准来看，它在实践中也的确是不可辩驳的。但在其对手看来，每一种参与论战的观点似乎都是没有得到充分合理论证的。具有讽刺意味的是，20世纪晚期的整个世俗人文学科也因此想再造那些曾导致它们的19世纪世俗化先驱们抛弃神学想要成为有价值的学院学科之要求的那些极为相同的条件。

我们可以把这种结果概述如此：我们一起创造了一种大学，在这种大学里，人文学科的教学和探究具有（在社会科学中也常常具有）四个特征。第一，把握各种限制性具体问题的技巧已达相当高的层次：确定这样或那样的文献之可能性解释的范围；评价这样或那样的论证预设之有效性或确认这些论证预设；总结那种与确定某一事件之发生时间相关的历史证据，或确立某件艺术作品的出处，等等。第二，我们有了一种方式——该方式有时可以为这些职业化技术的实践提供一种方向指导和背景，通过这一方式，大量普遍不相容的学说（它们常常是通过间接而隐含的方式传达出来的）得到了传播，而这些学说界定着每一门学科中主要的竞争性立场。第三，只要这些学说之间的论战成为公共争论和公共讨论的一部分，那么，它们共享的论证标准就只能是：一切争论都是永无结论的。然则，第四个也是最后一个特征是，我们在绝大多数情况下仍然期待着，仿佛大学过去仍然构成了一个单一而宽容的统一化的知识分子共同体，这种行为方式证明了百科全书学派的探究之统一性概念还在继续发挥着它的持续影响。

所以，对于是否允许我们的分化达到如此深刻的程度，以至于我们要面对各种真正对立的合理性概念的主张，人们尚存一丝犹豫，在爱丁堡和耶鲁两地的一些讨论中，这一点表现得很明显。然而，这些讨论所表明的是，在人文科学所关切的所有这些探究主题方面，我们的冲突现在所提出的恰恰是什么是合理的问题。在这些演讲中，我力图达到的目的，不仅是提出并论证这样一些冲突中的一种特殊观点，而且至少要对争论各派的整体看法和冲突区域提出某些见解。

在我最初撰写这些演讲稿时，我未能给予应有的充分估价的（而且也是我从爱丁堡和耶鲁两校对这些演讲的反应中学会更好地理解的），是我之所以无论如何也无法达到这一目的的原因所在和距离所在，就像我们无法确保普遍趋向一样。

因此，两次参与这些演讲讨论的经验大大强化了我的下述结论：我再也不能在预设一致的基础上或者是带着确保普遍一致的目的来做这些演讲了。人们能够寄予希望的最大可能，是使我们的分歧更富有建设性；正是抱着这一目的，我才作了这些吉福德演讲，也正是出于同样的目的，我才将它们付诸刊印。

节选自［美］麦金太尔：《三种对立的道德探究观》，
修订版，导论，北京，中国社会科学出版社，1999。 万俊人等译。

## ［美］德沃金（Ronald Dworkin，1931—2013）

# 《至上的美德》(2000)(节选)

# 《至上的美德》（2000）（节选）

## 平等与良善生活

### （一）自由主义者能过上良善生活吗

我在前几章捍卫了一种特殊的自由主义观点。这种观点——自由主义的平等观——坚持认为，自由、平等和共同体，不像自由主义左右两派的一些政治理论所说，是三种泾渭分明、经常发生冲突的政治美德，而是一种政治观点中相辅相成的三个方面。因此脱离这三个政治理想中的任何一个，我们都不能保障甚至理解其中的另一个。这是自由主义的感情中枢，它是对今天的东欧和亚洲一些地区看来很有感召力、对200年前欧洲和美洲的革命者十分自然的观念。但是，只有当我们按照我认为应当采取的方式来理解自由、平等和共同体时，它才能够得到实现。平等必须用资源和机会而不是用福利或幸福加以衡量。自由不是随心所欲做任何事情的自由，而是做尊重别人权利的事情的自由。共同体必须不是建立在模糊或混淆个人自由和责任的基础上，而是建立在对这种自由和责任的共同而真实的尊重基础上。这就是被理解为自由主义平等的自由主义。

在这一章里，我打算回答一种反对自由主义平等的、历史上十

分强大的特殊意见。自从启蒙运动以来，在许多自由主义政治理想
形成的同时，它的批评者也指责这些理想只适合于那些不知道怎样
生活的人。尼采和浪漫派的偶像破坏者说，自由主义的道德观是小
人用来禁锢伟人的牢笼。他们认为，只有小人才会迷惑于自由主义
的平等；致力于创造并驾驭新生活和新天地的诗人和英雄，对它嗤
之以鼻。后来这种抱怨又倒过来了。马克思主义者谴责自由主义者
对个人成功关心得太多而不是太少，保守主义者则说自由主义忽
视传统道德观所提供的社会稳定和根基的重要性。不过这三种批
评的传播者有一个共同的意见，它经常表现在一句咒语式的口号
上：自由主义太注重权利，这是指公正原则；太不注重良善，这
是指人们生活的平等与价值。浪漫派认为，自由主义对创造性的
个人打破小人道德的重要意义麻木不仁。马克思主义者认为，它
忽视了资本主义民主制度下生活的异化和贫困化的性质。保守主
义者声称，它没有认识到只有当生活扎根于共同体制定的规范和
传统之中时，它才是安全的。他们一致认为，自由主义的公正使
生活失去了诗意。

　　我们应当区分出隐含在这些说辞背后的三种谴责。第一种宣布，
在自由主义社会里不可能有真正良善的生活。这种反对意见如果成
立的话，当然是致命的。可是，自由主义社会的生活如果注定是卑
贱的——注定使每个人的生活变得畸形，导致令人沮丧的失败——
那么自由主义就是一种荒谬的政治观，只适合于受虐待狂和伦理盲
人。第二种反对意见没有指责自由主义彻底排除了良善生活的可能
性，而是坚持社会公正的优先性，即使这意味着有些人必须牺牲个
人生活的品质和全部成功，因此谴责自由主义把私人目标置于社会
公正之上。这是一种威胁性较小的意见，但是它仍然十分重要，因
为自由主义者如果接受这种意见，他们就必须为自己的政治观点找
出足以对抗另一种解释的正当理由，即人们有时候——大概是经
常——为何必须牺牲他们许多人都视为自己最不可推卸的责任，即
让他们能为自己和家人争取到最好的生活。第三种意见只针对自由
主义者在伦理上的彻底中立——完全不去支持有关生活良善的任何
说明，也能建立起一种政治公正的理论。这种反对意见似乎更为软
弱：自由主义者本人当然经常宣称，自由主义在伦理上是中立的，

这不是一种缺点而是优点。① 不过这种所谓的优点却有着实践上的代价。假如几乎所有关于良善生活的理论都能跟自由主义相容，自由主义就不能用任何这样的理论来为自己辩护——它不能把人们只有在自由主义国家里才能过上良善而公正的生活作为根据，为这个国家辩护。

自由主义真的犯有这些被指控的罪名吗？它确实排除任何良善生活或降低这一目标的地位或对它视而不见吗？并非如此。但是我们要想理解个中缘由，必须首先承认，一种良善生活论，就像任何重要的思想分支一样，既复杂又有着严密的结构。在伦理学的某些相对具体的层面上，自由主义能够并且应当中立。但是在某些更为抽象的层面上，它不能也不应当中立，我们在这些层面上的困惑不涉及如何生活这一问题的细节，而是涉及这一问题的性质、强度和地位。

我们至少可以区分出三个这样的抽象问题。第一，这个伦理学问题的根源何在？我们为什么要为怎样生活而担忧？在人们的良善生活与人们仅仅享受自己的生活之间有何不同？如果有所不同，那么人们过良善生活而不是享受生活重要吗？还是它只对过这种生活的人重要？或者，它的重要性有着更广泛更客观的含义，由于某种原因即使对他不重要，仍然自有其重要性？有些人的生活比另一些人更良善是否更重要？或者它对于每个人都同样重要？第二，使生活良善是谁的责任？假如有这种人的话，谁来负责观察人们确实过着良善的生活？这是一种社会的、集体的责任吗？确定良善生活并努力甚至强迫其成员过这种生活，是一个良善而公正的国家的责任之一部分，还是属于个人的责任？第三，良善生活的标准是什么？我们拿什么标准来检验一种生活的成败？这在多大程度上是一个这种生活为过这种生活的人提供的愉悦或幸福的问题？在多大程度上是此人给别人的生活或给世界的知识和艺术存量带来变化的问题？还应当从其他哪个方面或角度来判断一个人总体的成败？

在这三个问题——根源、责任和标准的问题——上聚讼纷纭，这不但出现在哲学家中间，而且出现在不同的文化和社会之间。但

---

① 包括我本人在内。参见 Ronald Dworkin：*A Matter of Principle*（德沃金：《一个原则问题》）(Cambridge，Mass.：Harvard University Press，1985)，chap.8，etc。

是，与我们谈论现代社会在伦理和道德领域的深刻多元化时所想到的具体问题相比，它们是一些更为抽象的问题。因为对这些抽象问题的任何合理回答，都会引起一些有关如何生活的更为具体的争论，比如那些使今天的美国人产生分裂的争论。例如，我们可能一致认为，人们过良善的生活，人们作为个人对自己生活的成败承担首要责任，良善的生活意味着使世界成为一个更美好、更有价值的地方，这些事情有着客观的重要性，不必非要站在如下两种人的哪一边：一方坚信良善生活必须是一种有宗教信仰的生活，另一方则认为宗教只是一种危险的迷信；或者，一方坚信有价值的生活是根植于传统的生活，另一方则认为唯一健康的生活是反抗传统的生活。

我不是说这些抽象问题的答案对更为具体的问题没有影响。相反，抽象的伦理学说要求人们采用一定的视角去看待和检验自己的具体观点。同意自己如何生活有着客观的重要性、良善生活意味着使世界变得更好的人，不可能同时相信最良善的生活就是最快乐的生活，除非他还认为快乐有着内在的客观价值，但他有可能认为这是不合理的。我也不认为，甚至同属于一个社会的人，对这些抽象的问题有一致的看法。甚至在西方民主国家里，人们在抽象伦理上——而且我们就会看到，尤其是在标准方面——也存在着分歧。但是这些分歧并不像许多更具体的分歧那样突出和激烈，所以通过辩论使人们在这些抽象问题上改变看法的希望，要比在更为情绪化的具体分歧上改变其看法的希望更现实一些。

明确找出自由主义对这些抽象伦理问题的回答，有助于自由主义回答我描述过的那三种纠缠不清的反对意见吗？这要看自由主义的回答在经过反思后还有多大说服力。我在导言中说过，自由主义的平等反映并贯彻在今天西方民主国家得到广泛接受的两条原则中，它们为根源和责任问题提供了令人信服的回答。第一条原则是，人的生命一旦开始，使其成功而不是虚度光阴，便有着很大的客观重要性，而且每个人的生活都有着平等的重要性。第二条原则认为，过某种生活的人，对于它的成功负有首要的、不可推卸的责任。我在这一章要探讨我指出的第三个抽象问题：标准问题。我区分出伦理价值的不同模式并捍卫其中一个模式——"挑战"模式，它假设一种生活的成功在于它对自己的特定环境做出了恰当的回应。我认为这种模式比起它的主要对手有更大的说服力，并希望揭示柏拉图的观点——公正不是对一个人过成功生活的能力有害的牺牲，而是一种成功生活的前提——中存在着什么样的真理。

不过我承认，我觉得我说服读者相信他们已经接受了这种伦理学挑战模式的机会，要小于说服他们相信他们已经接受了我刚才描述的平等客观性原则和个人责任原则的机会。因此我必须强调，虽然我找到了支持挑战模式的证据，而且发现它能够符合并解释我本人的伦理直觉，但是我并不想把这种支持自由主义平等的伦理学论证建立在那个模式上。我相信，我在导论中提到的那本就要问世的著作中的论证本身是具有说服力的，它不依靠任何一种有关标准的解答，而是依靠那些在我们中间不存在多少争议的原则。然而，我基于两个理由，强调这一有利于挑战模式对标准问题之解答的事例。首先，标准问题有着自身的重要性。正如我想证明的那样，我们有关怎样生活的日常直觉是混乱的，并且我相信这种混乱反映着在正确回答这个问题上的困境。其次，我希望揭示柏拉图关于公正与良善不可能冲突的观点包含着伦理学的说服力，以及这种观点为何不但给一般的自由主义，而且给自由主义平等是最好的自由主义观点提供了最强大的辩护。

在这一章里，我通篇接受一个对我所说的根源问题的一个方面的肯定性回答。我假设，这个伦理问题——在我看来什么样的生活算是成功的生活——是一个真实而重要的问题，虽然不但在它所要求的回答上，而且在内容上，它既不同于心理学问题——我会从什么样的生活中得到享受或感到满足？也不同于道德问题——我对别人负有什么义务或责任？我在这里不加评论地否定我在别处说过的那种"外在的"怀疑主义观点，即伦理问题是没有意义的。但我也不去严肃看待有关伦理学的"内在的"怀疑主义主张，它坚持其实根本不存在什么真正良善的或成功的生活。我不单独讨论一个人的生活是否有意义或在什么情况下有意义的问题。如果不把它作为与我讨论的问题——一种具体的生活在什么情况下以及为何是良善的或成功的——同样重要的问题看待，则我根本无法理解这个问题。

我将用另一种挑战来结束这段引言。如我所说，现在人们十分熟悉的自由主义平等的各种反对者——后现代的浪漫派、经济保守主义、共同体主义、完美主义，等等——都在伦理学上唱高调。他们以自由主义缺少伦理权威为由诋毁它。但令人不解的是，这些学派的文献对我所说的哲学伦理学问题，既缺少任何严肃的兴趣，也没有作过研究这种问题的努力。我认为，最合理的哲学伦理学是以一种自由主义信念为基础的，自由主义平等既不排斥也不威胁或忽视人们的生活的良善性，倒不如说它就是来自一种有关良善生活的有吸引力的观念。自由主义的对手应当接受这一挑战，努力对伦理学的深刻问题提出不同于自由主义的、符合他们自己的取向的回答。在他们做到这一点之前，他们指责自由主义者不太关注良善生活，便仍然只能是无聊的喧嚣。

(二)哲学伦理学

### 1. 意愿的利益和反省的利益

是什么东西组成了良善生活或成功生活呢？功利主义传统的哲学家认为，不同的生活成功与否，可从伦理价值的一个唯一的要素承载者的角度加以衡量和比较。他们抨击两种对立主张的优点：第一，伦理价值存在于一种可确认的感觉经验之中，例如愉快；第二，它存在于一个人的欲望得到满足的现象之中。现在似乎显而易见的是，虽然这些事情——愉快的经验和目标或欲望的满足——在任何有关幸福的可以接受的完备哲学解释中必须有一席之地，可是它们都不全面，甚至没有触及最有意义的部分。

我们必须超越这些哲学家的化约主义愿望，不但承认幸福概念的复杂性，还要承认它的内在结构。首先，我们必须承认我所说的意愿的幸福和反省的幸福之间的区别。如果一个人确实拥有或得到了他需要的东西，他的意愿的幸福便因此而得到改进。如果他拥有或得到了使他的生活更良善的东西，他的反省的幸福就得到改进。①

---

① 更全面的阐述还可以区分出第三种更为基本或更具生物学意义的福利形式，如健康、免除痛苦和性生活挫折的自由，等等。不过只要认识到这些生物学意义上的利益可以被归入我列出的两种类型，对于我这里的论证就足够了。避免痛苦是我所需要的，因此对我来说，它可以算是我的意愿的利益之一部分。避免痛苦也可以算作我的反省的利益之一部分，虽然这要从另一种一般来说更为狭义的角度来理解。

扬帆航行或不必看牙医，是我的意愿的幸福之一部分：我需要它们，当我得到它们时，我的意愿意义上的生活就变得更美好。我对自己所需要的另一些事情的看法就有所不同：例如，与子女关系亲密，工作上获得一定成功，以及——我极想得到的——对当代科学发展状况有最低限度的了解。我把这些事情视为反省的利益，因为我相信，假如我没有达到或完全无法达到这些目标，我的生活就不是成功的生活。

我的生活不会因为我不得不坐在牙医的椅子上而变得更差——我没有什么可遗憾的，更不会感到丢脸。虽然我确实想航海，并且因为不能这样做而感到失望，可是我不能认为，假如自己从来没有这种欲望，我的生活就是较差的生活。扬帆航行对于我来说是重要的，因为我需要扬帆航行，而不是相反。但是，当我考虑与子女关系亲密的重要性时，事情恰恰相反。我确实认为，假如我从来没有认识到这件事的重要性，假如我不因家人的疏远而痛苦，我就是过着一种较差的生活。我不认为，与子女关系亲密的重要性，仅仅是因为我恰好认为它重要。我认为它确实重要，即使我不需要它。

但是，意愿的幸福和反省的幸福之别，不是有时人们所说的客观幸福与主观幸福之别。不错，反省的利益有着意愿的利益所不具备的客观的一面：设想我在反省的利益上犯了错误是完全有意义的，虽然不能——至少从同样直接的意义上——设想我在意愿的利益上犯了错误。但这并不是说我的意愿的利益仅仅是我对何为自己的反省的利益做出的当前判断，我以后有可能认为它是错误的。这两种利益、两种幸福模式，是截然有别的。我能够合理要求某种东西，而不必认为拥有它会使我的生活更美好；其实，人们只要求他自己认为符合其反省的利益的东西的生活，是可悲的生活。

反省的利益在动机上也有所不同。许多人和我一样，认为同子女关系亲密对他们的生活是重要的。可是他们大多数人并不是因为开明的私利，才需要这种关系或在必要时竭力维护这种关系。他们要求与子女有良好的关系，是为了这种关系本身或是为了子女，而不是为了他们自己。他们的另一些关切也是如此，例如，当他们为了公正而在政治中和他们自己的生活中努力时，他们关心的是公正及其益处，而不是他们自己。当然，他们不是出于私利而努力，无疑是使这种利益成为反省的利益的因素之一。但是这些动机上的事实丝毫没有减少这种利益的伦理作用——它们的作用是让有这种利益并为自己或别人而追求它的人的生活变得在他自己看来更美好。它也不排除他理解这一点并为此而感到满足；它也不排除他在是否如此以及为何如此上会产生困惑。他把自己的生活奉献于帮助穷人的**真正**原因是什么？这个问题太笼统了，就像大多数以"真正"一词来修饰的问题一样。人们有不同的原因，这些原因在他们的道德和伦理理想的不同层面发挥着作用。

反省的利益和意愿的利益以不同的方式相互关联。反省的利益经常与意愿的利益携手同行。假如我赋予某种欲望——例如扬帆航行——极大的重要性，从规范的角度说，它的成功通常符合我的反省的利益，这不是因为扬帆航行在反省的意义上十分重要，而是因为衡量我恰好非常向往的事情的成功尺度有着反省意义上的重要性。意愿的利益通常与有关反省的利益的看法相一致：人们一般要求他们认为符合自己反省的利益的东西。假如他们认为与子女关系亲密符合他们的反省的利益，他们就会有这种要求，即使（就像我刚才所说的）他们不是为了那个原因而要求这样的关系。但是事情未必一定如此。在哲学家中间有个普遍的假设，即人们不可能在作了面面俱到的考虑后，认为某种事情是最好的却又不要求它。这一假设似乎忽略了两种幸福之间的区别。哲学家称为"阿克拉西亚"的复杂问题之所以出现，至少部分原因是人们实际上并不要求他们相信符合其反省的利益的东西。所以，我有可能相信，假如我少做点工作，多花些时间跟家人在一起，我就会有反省意义上更美好的生活，但是我发现自己实际上并不想这样做，或对此没有足够的要求。

意愿的幸福和反省的幸福这些范畴，是否只是我们作了通盘考虑后称为幸福的这个更大、更有包容性的范畴中的成分呢？我们可以认为，经过通盘考虑，幸福是由意愿的利益和反省的利益之间的正确结合或平衡构成的。这是个诱人的想法，因为它设定了解决两种幸福之间可能的冲突的一条标准。但是这种想法是没有意义的，无论它多么诱人。除了那两种幸福模式本身外，不可能存在对意愿的利益和反省的利益之间是否正确结合或平衡的判断标准。我们可以问，我们为了有正确的生活应当做些什么。由此得出的回答只能是从思考我们反省的利益而得出的回答。我们也可以问我们最想做些什么，这时的回答是通过咨询（假如这是个正确的字眼的话）我们意愿的利益而得出的回答。但是，假如两种利益有冲突，例如当我要求一些不符合我的反省的利益的东西时，我无法诉诸我的第三种更高的利益范畴。在这种情况下，我为了过良善生活而能够做的，就是听从我的反省的利益，这里不存在我的利益的另一种更高意识，它要求或允许我放弃自己的反省的利益。因此，我们必须接受这种二元论的观点，承认这两种观点之间的冲突既频繁又鲜明。道德观给行为提供了不同于反省的幸福标准的标准，就此而言，道德观提供了一个不同的视角。但是，道德观当然不是一个既包含意愿的利益也包含反省的利益的更完备的幸福范畴。

可见，我们只有意愿的利益和反省的利益，没有能够裁决两者冲突的更广义的范畴。我由此假设，为自由主义寻找伦理基础的任何尝试，都必须集中在独立于意愿的幸福和反省的幸福上。我们需要对人们反省的利益是什么做出解释，它将揭示为什么接受这种解释并关心自己以及他人的反省的利益的人，会自然而然地走向某种形式的自由主义政体和实践。当然，我不是说自由主义者只应当关心人们的与意愿（或生物学）意义上的生活截然不同的反省意义上的生活。战胜痛苦和疾病是重要的，不管它们属于其中哪个范畴。我在这里也没有犯下我警告过两次的错误，即假设人们只关心他们的反省的利益；我也没有犯下另一种错误，即假设大多数人经常自觉地思考他们的反省的利益。

自由主义的政治原则是否服务于民主制度中大多数人的意愿的利益，如果是，自由主义政治家如何让多数人相信这一点，这当然是个有意义的问题——而且是一个政治上至关重要的问题。我们的问题没有这么直接的政治性质，虽然它可能有着更深层的政治重要性。政治原则是规范性的，其含义与反省的利益是规范性的相同：前者规定我们应当拥有的政治共同体，后者规定我们应当如何生活于其中。因此，我们寻找伦理基础，就是在寻找一种规范的一体观。我们问，严肃看待自己反省的利益的人，是否会因此而采用自由主义的政治观点。从长远看，这个问题如我刚才所建议的，是个实践问题，因为从长远看，各种政治方案，除非在人们的自我形象而不仅是在他们偶然的需要中占有一席之地，它们必然失败。

**2. 对反省的利益的担忧和困惑**

大多数人相信他们有反省的利益。他们认为，使自己的生活成为某种样子是重要的，无论这种信念对他们的实际生活是否有很大影响。但是我们也清楚，反省的利益这个概念是多么成问题和含糊不清，而且有许多人担心它仅仅是个巨大的幻觉。当然，相信来世的人不为这种担心所动，因为天堂和地狱把伦理学变得很简单。但是我们大多数人都缺少这种安慰，虽然我们尽力摆脱我们的怀疑，恢复我们过去拥有的无论什么样的伦理信念，我们还是不能打消我们的忧虑，只是拖延它们而已。在下面几页，我提供了一份这些忧虑的清单。我没有把针对一种生活方式与另一种相比能提供更良善、更成功的生活这一观点的外在怀疑主义列入其中。我同意这种观点是有意义的，我只考虑它在应用方面的实质性困惑。我先列出一种十分常见的、极可怕的内在怀疑主义的担忧——人生是无意义的，其实没有一种生活是良善的，或比另一种生活更良善。然后我再补充上另一些伦理学的麻烦或困惑，它们虽不是那样可怕或为人熟知，却有着哲学的意义和个人的重要性。

**意义**。对良善生活有自我意识的人，认为意义至关重要。他们认为，重要的不仅是（或根本就不是）他们的生活是否舒服，而且是他们的生活是否良善。然而，从什么意义或什么角度看它是重要的？在一个人的一生这个极其渺小的空间和时间范围发生的事情，有何重要性可言呢？宇宙如此之大，它的历史如此悠久，甚至我们最杰出的科学努力，都无法赋予它到底多大或寿命多长的问题以意义。某一天——时间史中的某一刻——太阳会爆炸，一切都消失得无影无踪，使我们如何生活成为无稽之谈。我们如何调和这两种观点——生活什么都不是；我们如何生活意味着一切？

**先验的还是有背景的？** 反省的利益不仅是一个人们偶尔有什么要求的问题，而且是一个他应当要求什么、他在自己的反省的利益是什么上有可能犯下深刻错误的问题。这一事实似乎暗示着伦理价值是先验的，即一种良善生活的要素在任何时候和地方都是一样的。然而这种想法与我们许多人情不自禁视为合理的另一假设相矛盾：根本不存在适用于每个人的唯一一种良善生活，伦理标准以某种方式与一个人环境中的文化、能力、资源以及其他因素联系在一起，因此在某种环境中的某个人看来最好的生活，可能非常不同于另一种环境中一个人所认为的最好的生活。这两种都有强大的直觉作为后盾的观点，哪一个正确，必须放弃哪一个呢？我们能够拒绝伦理价值的先验观，同时又保留我们的伦理学不纯粹是主观的，不纯粹是一个发现我们真正需要什么的问题这种信念吗？

**伦理学与道德观**。现在来思考一下柏拉图的问题。自利与道德观有着怎样的关系？显然，道德观和意愿的利益经常发生冲突：我经常能够通过欺骗、盗窃或说谎，得到更多我所要求的东西。但是，当我们从反省的而非意愿的意义上理解自利时，事情就会变得更为复杂。这时似乎有可能出现三种观点。第一，我们可能认为，美好的生活，即使从反省的角度说，也完全独立于公正的生活。例如，那些认为真正美好的生活是对别人行使大权的生活的人，也会认为自己反省的利益不断与公正发生冲突，因为他能够通过做那些被公正所禁止的事情，来增加自己的权力。第二，我们可以认为公正是反省的幸福之要素，但不是它的全部。不公正（我们可以说）在整个平衡表中被计入成功生活的对立面，因此，不得不在扩大权力与公正行为之间进行选择的人，是在作伦理学之内的选择，而不是在作伦理学和道德观之间的选择。他必须经过充分权衡后作出判断，以某种公正为代价获得更多的权力是否会使自己的生活更美好，或者事情正好相反。第三，我们可以接受柏拉图的观点：在公正和自利之间根本不存在冲突，因为一个人不可能通过不公正的行为而有反省意义上的良善生活。如果为得到更多的权力必须不公正地行动，那么获得更多的权力就不能算是促进了成功的生活。这第三种观点有两个版本。一是认为公正只是良善生活的成分之一，第二种也如此认为，但坚持它比任何其他成分都更重要，因此其他成分上的任何收益都不能抵消公正的哪怕最微小的损失。这第二种版本认为，公正与良善生活的关系是一种更为密切的关系。不过只有在我对我所说的挑战模式做出阐述以后，我才能按照第二种观点所要求的方式去解释这种更为密切的关系。

大多数人的直觉似乎有利于前两种观点，不利于第三种观点。

保罗·塞尚①是个逃避服兵役者，但他不是出于良心的反对，而是出于一种绘画的欲望，许多人认为，尽管他的行为不对，但结果是他有了更伟大的一生。② 然而，我们如何解释这件事呢？假设有人以无情的、不讲道德的做生意手段积累了一大笔财富，然后用它来维持一种多彩多姿的人生，这包括美妙而奇异的体验，艺术的创造与赞助、探索与发现。很难否认这样的观点：他归根到底是从自己的错误中获益了——他既有不道德的生活，也有成功的生活。但是同样难以否认一个显而易见的相反判断。他无疑享受了自己的生活，从中得到了很大满足。可是，假如他的财富和成就全是来自他不应当做的事情，来自受到我们谴责的事情，我们怎能说他有良善的生活，他已经使自己的生活成为良善的生活了呢？我们的直觉再次陷入混乱。

**增益的还是结构性的**？我们可以带着两个问题思考人们的生活。首先我可以问，他的生活包含着多少我们算作良善或健康生活之成分的经历、关系、事件或成就？其次我们可以问，他在多大程度上承认自己的生活中包含着一些良善生活的成分，不管他是否追求它们，他都认为它们是有价值的，简言之，他同意它们有助于反省的而非意愿的利益。但是我们应当如何把这两个问题结合在一起呢？有两种可能的观点。**增益**观（*additive* view）认为，我们不必考虑他对自己的生活的看法，就能判断其良善与否。如果他的生活包含着良善生活的成分，那么它因此就是良善的。假如他同意这些成分，这就增加了其生活的良善性。它是加在蛋糕上的糖粉。但是即使他不同意，这些成分的伦理价值也依然不变。他可以因为他并不认可的经历和成就而有非常美好的生活，尽管它不如他同意时那样好。

**结构**观则认为，不得到一个人的认可，任何成分都不可能促进他的生活价值。因此，如果某个孤僻的人深受爱戴，但对别人的爱不屑一顾，则他的生活并不因那种爱戴而更有价值。这种结构观并不是一种怀疑主义观点，即只有当一个人认为自己的生活好或不好时，他的生活才是反省的意义上的好或不好的生活。人们

---

① 塞尚（Paul Cézanne，1839—1906）：法国著名印象派画家。

② 这个例子来自艾耶尔（A. J. Ayer），不过他特别反对第三种观点。

在认为自己的生活美好时有可能犯错误，犯这种错误是因为他把一些其实不是良善生活成分的东西当成了这种成分。他可能错误地认为和认可自己生活中的一些特征会使其更加良善。结构观所否认的仅仅是，有些事情或成就能够使一个人的生活更美好，无论他是否这样认为。

我们应当采用这两种观点中的哪一种呢？它们好像都有人所熟知的直觉和信念的支持。伦理价值是客观的，不是主观的。事实上，看上去支持先验伦理标准观点的东西，似乎也支持着增益观。如果决定哪一种生活良善的不是我本人，那么就我的生活的价值而言，我对它有何想法还有何意义？在某种极端的情况下，常识证明了这一论证。假如希特勒年轻时就被关起来，就算他终生都在梦想他能够造成的那些恐怖，他不是会过一种更像样的生活吗？但是另一些不那么极端的事例有利于相反的直觉。即使我们认为宗教信仰必须是良善生活的一部分，强迫一个人虔诚地服从他根本不重视的东西，能够使他的生活更美好吗？说一个厌世者的生活因为得到了他不需要的爱而改善，这样说真有意义吗？在这些情况下，我们并没有感到一些美好事物——宗教信仰或友情——的价值因不受赏识而贬值。我们觉得它们的价值被抹杀了，我们觉得价值除非得到某种方式的承认，不然根本就不存在任何价值。我们的直觉似乎与另一些直觉再次发生冲突，于是伦理学好像变得更加神秘莫测。

**伦理学与共同体。** 我们最后一组困惑与伦理价值的单位，即伦理学致力于使其良善的那个实体有关。一方面，我们觉得伦理学完全是个人的事。我们每个人都对确定什么样的生活是正确的负有最终责任；假如在一个人看来，没有多少舒适的生活可以选择，那么即使他是不假思索地在社会上随波逐流的人，也要为这种选择（或不选择）负责。我们每个人都对自己的生活承担着个人责任，不管这是不是他的选择。当我决定住在什么地方、干什么工作或是否为了得到好处而说谎时，我是在拿自己的生活下赌注。但是在某些时候和环境下，把伦理世界划分为我自己的生活和别人的生活却是无效的。我们感到，最基本的伦理单位是集体而不是个体，我的生活是否不错这个问题，对于我是其中一员的某个团体来说，取决于**我们的生**

活是否不错。

我们必须当心，不可把这种明显的冲突混同于个人与社会的另一种关系而使它消失；后者无论多么重要，都不对伦理学突出的个体性构成挑战。诚然，别人的生活对我是重要的；我知道一种良善的生活不可能是自私的或自我中心的。诚然，我知道我的伦理信念受着社会条件的限制，也就是说，我甚至无法思考在另一些文化中自然而然的生活。此外，假如我相信伦理观是有背景的而不是先验的，我就会认为信念与文化之间的关系不仅是心理的，也是伦理的，因为对于我而言，正确的生活部分地取决于我生活在什么时代、什么国家和文化之中。一方面相信我的生活取得了充分成功并且这仅仅是我个人的责任；另一方面又相信它以不同的方式与共同体联系在一起，这两者之间并不存在冲突。

在提出一种伦理学的困惑时，我心里想到的是另一种把我的伦理生活与共同体联系在一起的更为严格的方式。假设一个共同体有自身的伦理生活，任何个人生活的反省意义上的成功，都在一定程度上依靠其共同体生活的反省意义上的成功。对于许多人来说，这一假设是他们的共同政治意识的一部分。当他们自己的国家行为不公或作恶时，即使他们自己没有参与这种不公甚至努力制止它，他们也会感到个人的失败——当另一些国家如此行事时，他们则不会感到这种失败。我们这个时代最著名、最有力的事例，就是大屠杀时尚未出生或没有参与其中的德国人对其政治共同体的罪恶所感到的责任。大多数人以类似的方式把自己的生活融入非政治的共同体。合作项目中的合伙人——例如共同参与援救计划的人——不把个人成功与事业的成功区分开。如果项目失败，他们也随之失败，不管他们在其中发挥了多么杰出的作用。

真是令人费解。这种伦理整合，即个人反省的利益取决于并融入某个团体的反省的利益，是否也预设了一种本体论的优先性？是否像有些哲学家认为的那样，它假设宇宙中基本的人类单位是群体而不是组成该群体的个体？如果不是，又如何能够解释伦理整合？像我们大多数人似乎表现出的那样，相信伦理学既是个体的又是集体的，这说得通吗？如果说得通，那么在何时采用哪一种视角——个体的或共同体的——才是合适的？

### 3. 反省的价值模式

我相信，这些不同的困惑和忧虑的出现，是因为我们的本能和欲望反映着我们理解伦理标准的不同的、在某些方面相互对立的方式。我将描述我们在另一些领域里采用的或形成更有限的判断的两种截然不同的价值模式。我认为，它们在形成我们的伦理信念中都起着作用。这两种模式对我们都有一定的吸引力，在我们决定采用这个或那个或另一种更完备的模式之前，我们的伦理直觉将一直处在分歧或悬而未决的状态。第一种模式——作用模式——认为，良善生活的价值在于它的产品，也就是说，在于它给世界上的其他人造成的结果。第二种模式——挑战模式——则认为，良善生活的良善性在于它作为一种表现的内在价值。我打算证明，这两种有关伦理学基本性质的抽象观念，如何指导着我们对我开列出的困惑和担忧做出回答，以及伦理学的复杂性在多大程度上产生于两者之间不为人察觉的冲突，以及我们在解决它们上的失败或无能。

伦理价值的这两种哲学模式，都不想从根本上为伦理价值提供任何普适性的论证，也就是说，它不反对那些有着坚定不移的信念的人，他们认为只要能享受生活，他们做些什么无关紧要。这两种模式仅仅是对我们中间那些人——大多数人——的伦理经验的解释，他们的伦理信念或伦理暗示，是以在生活中做些什么意义重大为前提。这两种模式试图尽可能把我们的信念纳入一种严密的解释。我提到的那些困惑的产生，是因为我们拥有太多而不是太少的信念；其中一些似乎与另一些有矛盾。一方面，我们相信有些事情的意义取决于衡量的尺度，因此相对于宇宙而言也无限大的东西，不可能有任何重要性。另一方面，我们相信——我们大多数人也无法不相信——尽管我们微不足道，我们如何生活还是极其重要的。我所描述的这个以及另一些困惑所可能具有的任何怀疑主义的力量，是内在于而不是外在于伦理学——它用一种信念来对抗另一种信念，而不是从外部去攻击整个伦理学。这些哲学模式试图证明，假如我们从正确的角度来对待我们的大多数信念，它们就都可以得到保留，以此维护伦理学不受到内部的攻击。

**作用模式。**一个人的生活的作用，是指他的生活给世界的客观价值带来的变化。我们在判断谁的生活良善时，显然要考虑到这种作用。我们赞赏亚历山大·弗莱明、莫扎特和马丁·路德·金的人生，我们指出青霉素、《费加罗的婚礼》和金为其族群和国家做出的贡献，来解释我们为何赞赏。作用模式就是从这些事例中总结出来的，它认为一种生活的伦理价值——它在反省意义上的成功——附属于它给世界带来的结果的价值，并且是用后者来衡量的。这种模式试图把伦理价值与另一些显然不那么神秘的价值，即世界的客观状态所能具有的价值联系在一起，以此消除伦理价值的神秘性。这种模式主张，一种生活的价值之多寡，不是因为它对一个人的生活在某个方面有着更多的内在价值，而是因为以某种方式生活能够产生更美好的结果。

我们都持有一些关于世界在何种情况下较好或较差的看法，尽管我们的看法当然各不相同。我们大多数人认为，在治好了疾病或创作出了伟大的艺术作品或社会公正得到改进时，事情就变得更好了。有些人——他们几乎全是哲学家——认为，当人类的幸福或愉快的总量增加时，世界就变得更美好了。作用模式本身既不赞成也不反对这些有关哪一种状态客观上更有价值的不同看法。它仅仅把无论哪一种有关人们的生活之反省的利益的看法，与他们有关世界状态之客观价值的看法融合在一起。如果我认为一幅画增加了世界的价值，按照这种作用模式，我就必须认为其作者的生活因他创作了这幅画而是更美好的生活。比较有争议的是，假如我认为在商业繁荣时世界更加美好，那么我也会认为成功的企业家因此而有不同凡响的生活。这种模式不是把伦理价值的类型而是其数量，与一种生活的结果的价值联系在一起。如果我认为一个艺术家的作品从整体上说比另一个艺术家的艺术更伟大，那么我也必须认为前者的生活是更伟大的生活，至少就他们的艺术赋予他们每个人的生活之价值而言是如此。

如我所言，作用模式受到习惯性的伦理观念和习语的支持。可是它很难适用于或解释另一些常见的伦理观念习惯。被人们视为非常重要的许多目标，根本就不是一个结果问题。我前面说过，我认为在自己反省的利益中包括与子女关系亲密以及对当代科学至少有稍许了解。另一些人也有类似的信念：他们认为至少在某种事情上有良好表现是重要的——例如熟悉某个知识领域或某种技能，或学会演奏某种乐器，这不是因为他们这样做会使世界更美好——在一些人更为出色的领域里多一个水平一般的人，这有何意义呢？而是因为**他们**在做那件事。许多人为自己制定了完全附属性的目标（adverbial goals）：他们要怀着真诚会生活和发言，要在自己信念的鼓励下用自己的方式做事。这些各种各样的抱负在作用论的话语体系里是没有意义的。例如，我对天文学有多少了解，不会给任何人带来积极的变化；我无论如何也不会给宇宙知识做出任何贡献。作用模式把许多有关反省的利益的常见观点变成了无聊的自我陶醉。

**挑战模式**。作用模式没有否认伦理价值的如下现象：它没有否认人们有反省的利益，他们的生活的好坏取决于这些利益得到满足的程度。但是如我们所知，它描述这种反省的利益的方式是对伦理价值加以限制。它认为，生活变得更加美好，只能是因为它们对事物状态之客观价值的作用。我现在要阐述的另一种模式——挑战模式——否定这种限制。它采用亚里士多德的观点，即良善生活具有一种技能表现的内在价值。它因此认为，各种事件、成就和经验能够具有伦理价值，即使它们在它们出现于其中的生活之外没有作用。技能表现有着内在价值这一概念以生活有某种**内在**价值而为人们所熟知。例如，我们赞赏复杂优美的跳水动作，其价值在最后一波涟漪消失后依然存在；我们赞赏攀登喜马拉雅山的人，是因为正如他们所说，他们到过那儿。挑战模式认为，过某种生活这件事**本身**，是一种需要技能的表现，它是我们所面对的最全面最重要的挑战，我们反省的利益就存在于那些成就、事件和经验之中，它们意味着我们已经成功地应对了挑战。

由此可见，挑战模式为某些反省的利益的信念提供了空间，而这些利益是被作用模式斥为自我陶醉的。因此，虽然并非显而易见或没有争议，但了解一些当代科学知识是生活美好的内容之一这种想法是有意义的。挑战模式也不否认被作用模式所接受的直觉。因为它认为这样的观点——其实这看上去不言自明——也是有意义的：通过战胜疾病减少世界的痛苦，是应付挑战的杰出方式。挑战模式这种通融的性质，也许会让你觉得是它的一个弱点，它表明这种模式空洞无物或至少缺乏解释力。作用模式把伦理价值与客观世界的价值挂钩，因此至少为良善生活的实质提供了某种指南。比较而言，挑战模式允许伦理价值的观念漂浮在其他任何价值之间。假如我们能够随便把任何行为或事情都算作应对生活的挑战，那么这种模式（也许看起来就是如此）与其说是一种模式，不如说是一种老生常谈：生活美好就是去做任何可算作美好生活的事情。

此言差矣。两种模式都依靠它们假设我们已经拥有的某些信念。作用模式假设，我们都拥有一些有关什么样的世界状态有独立价值的信念；它没有从中做出裁决，而是仅仅通过揭示我们有关两种价值的看法之间的关系，对我们的伦理价值做出解释。挑战模式也假设我们拥有关于怎样生活的信念；它不对这些信念加以裁决，而是告诉我们，假如我们遵照它的建议，把这些信念视为有关重要的自我决定之技能表现的观点，而不是视为我们能够如何让世界变得更美好的观点，我们就能更好地理解我们的伦理生活。不错，正如我们所知，作用模式使一些人的伦理信念看起来很无聊；如果由衷接受这一模式，这些信念很可能将不复存在。但是正如我们看到的，挑战模式也使一些信念显得很古怪。在这个方面，两种模式的差别是，因挑战模式而变得很古怪的信念，毕竟只是极少数人实际坚持的信念。

### 4. 伦理学与意义

我们现在必须谈谈两种模式所建议的对各种伦理困境的不同回答，我先从我列出的第一种困境入手：意义问题。作用模式把一种特定的生活方式的价值定位于其结果的独立价值，它尤其容易受到这样的指责：即使是最强大的人，他能够给宇宙中的价值状态带来的变化也是微不足道的。作用模式只有采取某种支持无限夸大的客观价值的理论——使人们能给世界带来的变化大于反对者认为它能达到的程度的理论——才能够使伦理学得到拯救。这一事实大概解释了浪漫主义主张对一些人的吸引力，这种主张认为，宇宙间最伟大的价值是审美价值，因此一件伟大艺术品的价值，不可能因为前后数十亿光年里根本不存在审美价值而有所减损。这种与作用模式联系在一起的价值论，能够解释为何艺术天才有伟大的人生。可是，假如艺术是宇宙间唯一有意义的价值，大多数人如何生活就无关紧要了。伦理学将只为伟大的灵魂而存在。

　　不过，还有一些不是如此冷酷无情的精英主义价值论也能对付宇宙。神学的人类中心论。假设有个神，尽管他创造了万物，但对人类有一份特殊的关切，他按自己的形象造人，他们的生活能够大大地使他喜悦或不快。假如这是真实的，那么客观地判断，人们的生活可以给宇宙带来重要的变化。或者考虑一下一个最近十分流行的观点：享乐主义的人格论。按照这种观点，人类的快乐或幸福是唯一客观的价值，即使人类只存在于一个极微小的空间和一个极短的时间。这种与作用模式相关的价值观，产生了一种公认的功利主义伦理学：我们为我们自己和别人创造了多少快乐和幸福，我们的生活就在多大程度上从反省的意义上是良善的。神学的和功利主义的伦理学，就其大多数版本而言，在一定程度上都是精英主义的，但并没有达到审美精英主义那种显然不可接受的程度。有一些人，由于他们是神的选民或有神的赐福，或是有天赋或运气好，能够过一种在反省的意义上比别人更美好的生活，它符合神学的或功利主义的标准。但是没有人被排斥在伦理学之外，因为我们都能在让上帝满意方面，或对世界的幸福的一般水平，发挥一定作用。按照功利主义的版本，有些人只要能让生活给自己带来巨大的快乐，就可以过一种完美的良善生活。因此，只要我们接受某种客观价值论，它使人们所能做的事情对宇宙有着真正的重要性，比如说神学的人类中心论或人类的功利主义，则作用模式就能够解决伦理学的第一种困境。

　　挑战模式以非常不同的方式回答意义问题，因为一种表现作为面对挑战而发挥的技能，其价值完全存在于它本身，不依靠任何特殊的或独立的价值。我们不必认为，当出现了一个给人印象深刻的跳水动作或有人登上喜马拉雅山时，世界上有持久性的价值的总量便增加了。这种回答既不承认也不想迎合那种面对无限性人类能够做的任何事情都不重要的反对意见。挑战模式不理会这种意见，认为它是建立在对伦理价值性质的误解上的。

　　这种模式也不依靠某件事情的独立的重要性，尽管它承认给世界带来变化的重要性。创作出伟大的音乐、战胜肺炎或减少种族不公正是良善的生活方式，这显然是令人信服的，并且，假如挑战模

式不能像作用模式一样给这些判断一个适当的位置，我们也不可能
接受这种模式。说一个消除了世界上许多痛苦的人是在自己的生活
中做着有技能的工作，这并没有歪曲表现或挑战的概念。然而这不
单纯是一种把作用模式纳入挑战模式作为其一部分的方式，因为前
者不会把成就的独立价值作为其伦理价值的尺度，而后者必须如此。
按照挑战模式，一个人的创新、发现或创造对其生活的良善性做出
的贡献，有着他所创造的东西的独立价值之外的重要意义。例如，
可以认为一项发明的伦理价值取决于其难度和原创性、其作者充分
利用自己能力的程度、他的专注程度或他的工作源于他在某个共同
体或传统中的角色或献身意识。当然，挑战模式本身不规定应当用
这类成百上千的考虑中的哪一种来判断一项成就对某个人的生活技
能起着多大作用。我的观点未变：以这种方式去看待成就的伦理价
值，而不是仅仅考虑它们的作用，使我们可以对自己以及别人的生
活做出更细致的判断。

　　挑战模式也允许我们去赞美一些成就——例如创作伟大的艺术
品——而不必得出只有能够取得这类成功的生活才是真正有价值的
生活这种精英主义的结论；或认为假如两个艺术家的生活从他们创
作的艺术作品看都是良善的生活，那个创作出更杰出的艺术作品的
人就有着更伟大的人生。在这一点上，我承认"挑战模式"这个说法
可能引起误解。我并不是说根据这种模式，只有充满内在挑战，为
攀登难以征服的山峰这类英雄行为提供机会的生活，才能够成为成
功的生活。我的意思是，可以把生活本身看作一种挑战；应付这一
挑战的技能，可以被视为要求避免而不是接受艰难的探索，以便使
生活更适合于一个人的技能、处境、兴趣或文化愿望。这仍然是一
种形式主义的观点。把伦理价值视为一种表现的价值而不是把它与
结果的独立价值挂钩，这样就可以利用另外一些考虑和信念做出伦
理判断，虽然这种做法本身不选择任何特定的考虑或信念作为更恰
当的标准。

　　**5. 先验的还是有背景的**

　　作用模式把伦理价值与事物的独立价值联系在一起，所以根据
这种模式，伦理价值必然是先验的，因为说使生活良善的作用的独
立价值取决于这种作用的地点或时间是非常不合理的。我们也许可

以想象出某些古怪的价值论，它们从时间或地理的角度确认事物的价值。但是任何合理或常见的理论都会避免背景的考虑。如果我们认为唯一客观的良善是上帝的愉悦或人类的幸福，则我们就不能认为同等数量的上帝的愉悦或人类的幸福的价值，在世界史的这一时刻少于另一时刻。这也适用于有关客观价值的更为复杂的理论，例如那些赋予一种事物的不同成分以不同价值的理论。任何独立价值的复杂结构必须有相同的价值总量，无论它出现在何时何地。因此，作用模式，就它所假设的价值的任何合理解释而言，都意味着伦理价值是先验的。当然，按照任何特定的解释，什么创造了伦理价值要取决于环境。在发达的经济体中使人们幸福的东西，也许不同于那些在经济比较简单的社会中使人们幸福的东西。但是价值的尺度，即衡量一个人的生活在良善上取得成功的尺度，必须在任何地方都是一样的。根据这种独立价值的正确理论，他为世界增加了多少客观而永恒的价值？

挑战模式则让接受它的人倾向于认为，伦理价值是有背景的而不是先验的。不错，可以设想接受这种模式的人会在何为良善生活上采用一种先验观。例如，他可能认为生活的良善仅仅是指一种健全的生活，他也可能对健全的成分持一种超越时间的观点。但是，任何这类不考虑时间的解释注定是肤浅的，被判定为一种表现的生活，首先意味着对一个人的文化环境和其他环境做出适当反应的生活方式。有着骑士风度和谦恭礼让美德的生活，在 12 世纪的波西米亚可能非常良善，而在今天的布鲁克林则否。

在这里拿艺术作个类比可能是有益的，虽然也是危险的。我前面提到一些人持有这样的看法：伟大的艺术具有独立的、超越时间的价值，因此世界若是得到一件优秀的绘画，从客观上说它就变得更加美好了，无论这件绘画是如何出现的。但是我们现在应当指出，这种观点忽视了艺术的一个重要特征。一幅绘画确实有独立的价值，我们可以称为它的产品价值：即它激起审美体验和另一些可贵体验的能力。但是，一幅绘画的产品价值不同于它的**艺术**价值，后者是一种并非独立于而是取决于它被如何生产出来的过程的价值。我们需要区分产品价值和艺术价值，以便解释原作与完美无瑕的复制品之间的差别。我们赋予伟大的艺术品的价值，不仅反映着它作为产品的价值，还反映着我们对生产该艺术品的表现的尊敬，认为它是对判断准确的审美挑战做出的技能反应。

按照挑战模式，拿艺术来比喻生活，要优于我前面用过的比喻。因为艺术的挑战不同于跳水或攀登高山的挑战，它包含着既要定义成功又要保障成功的挑战，如果把过美好的生活视为一项挑战，那么对怎样才算生活美好加以定义，便也是这种挑战的内容之一。艺术家没有蓝图可用，甚至在学院派中间或沿袭成规的时候也是如此。当杜乔从拜占庭发展出了锡耶纳传统，或杜尚把自己的尿壶挂在画廊的墙上，或波洛克①往铺在地板上的画布倒油彩时，他们都是在宣示一种艺术成就的特点。对于艺术成就是什么，并不像（我估计）跳水成就那样有着很确定的观点。我们期待艺术家做出一些宣示，假如成功的话，它们能够扩展或至少改变被视为优秀的传统。这些宣示（我们可以说）是想无中生有，是想用过去不为人知的表现创造出艺术价值。如果我们把伦理价值视为一种表现的价值而不是一种产品的独立价值，则我们也可以对一种有技能的生活表现持相同的观点。不存在有关生活技能的固定标准，至少有些人的生活做出了伦理技能的宣示，假如它们被广泛接受的话，就会改变对这个问题的现有观点，甚至有可能形成一种美好生活的新模式，这也是凭空创造的伦理价值。我并不是说过美好的生活要求打破伦理习惯或传统，或是以某种特别原创的方式去发展它。挑战模式给这样的建议留出余地：它给人们应当让生活变成一件原创性的艺术品这种浪漫主义要求留出余地。然而它并不坚持这种浪漫主义理想，或预设缺少原创的生活就是不成功的生活这一前提。

我把伦理学和艺术加以类比，不是对浪漫主义理想表示赞成，而是要提出一种非常不同的观点。认为艺术价值是先验的，风格相同的绘画有着相同的价值，从原则上说存在着绝对最伟大的艺术创作方式，可以用它来判断一切，这显然是不合理的，也是与几乎每

---

①　杜乔：中世纪晚期的意大利画家，锡耶纳画派的创始人。杜尚（Marcel Duchamp，1887—1968）：法国现代派画家，1917 年曾把自己的尿壶命名为"泉"展出。波洛克（Jackson Pollock，1902—1956）：美国抽象表现主义画家，以在画布上滴洒颜料作画的手法而著名。

个人的审美愿望相左的。艺术家是在某个特定时刻走进艺术史的，必须据此判断他们的作品的艺术价值，这不是因为他们的环境限制着他们能够在多大程度上接近那个完美的艺术理想，而是因为相反的理由，即他们的环境有助于他们确定自己必须为之奋斗的理想。我们可以说，艺术家在艺术史中的地位，他那个时代的政治、技术和社会条件，都会成为他所面对的挑战的**参数**。杜乔的挑战非常不同于杜尚或波洛克的挑战。就算我们认为当代艺术必须探索和研究现代技术材料，我们也不把这算作对一位没有树脂或环氧材料可用的 14 世纪艺术家的限制。就算我们认为基督教神话如今是个贫乏的主题，我们也不会认为杜乔的作品陈腐落伍。

可见，这种艺术的比喻提醒我们，一种表现的价值可以是有背景的，但不必是主观的，因为这种背景可以由随着时代和环境而改变的参数来提供，但后者也提出了规范的要求。生活之美好，恰如绘画之卓越一样，意味着以恰当的方式对环境做出反应，尽管某个特定时代和地点的伦理挑战非常不同于它的艺术挑战。根据这种观点，艺术和伦理有着相同的背景含义。作为它们提出的挑战的内容之一，它们都要求人们做出抉择以正确应对必须做出抉择的复杂环境。这两种环境中都包含着另一个问题，即对于任何特定环境中的任何人来说正确的伦理回应是什么，或对于特定环境中特定的个人来说是否存在唯一正确的回应。挑战模式在我们探讨的抽象层面上不试图回答这些问题。它仅仅强调它们属于哪一类问题——它们要求个人对环境的全部特性做出回应，而不是针对这种环境采取一种无时间限制的理想生活。

### 6. 限制与参数

我们现在必须探讨我刚才提到的区分。在作用模式的任何合理的版本中，任何人的实际生活的整个环境对他能够拥有的生活的品质都构成限制。理想生活是一成不变的：它是在一个人可以预期的创造范围内尽可能创造更多独立价值的生活——极大地取悦于上帝或给人类带来许多幸福的生活。环境限制着这种理想的实现程度。例如寿命就是非常重要的限制：假如寿命更长的话，大多数人能够创造更多的愉快。技能、财富、个性、语言、技术和教养构成另一些限制，它们作为限制因素，对于某个时代或某个地方的一些人来说，比另一些因素构成更大的限制。但是，如果我们采用伦理学的挑战观，把生活美好作为对个人环境做出的正确回应，则我们必须把特定的个人以不同方式生活于其中的某些环境因素，作为有助于他定义自己的生活之美好表现的参数。

根据挑战模式，某人的生活美好，包括他在实现一种生活时感到自己面对什么样的真实挑战，这就像艺术家创作优秀绘画，包括他感到要对自己整个环境的哪个方面加以继承或挑衅一样。我们在这种决定中没有确定不变的样板，不管艺术或伦理都是如此，也没有哲学模式能够提供一个样板，因为我们每个人的生活环境都是非常复杂的。这些环境包括我们的健康，我们的生理能力，我们的寿命长短，我们的物质资源，我们的朋友圈和社交，我们的家庭、种族和民族的信仰与传统，我们生活于其中的宪政体制和法律制度，我们的语言文化所提供的思想、文学和哲学机会，以及我们的世界中的成千上万种其他因素。凡是严肃思考对自己来说哪种生活正确这一问题的人，都会自觉或不自觉地对这些因素加以区分，把其中一些视为限制，把另一些视为参数。例如，我可以把自己是个美国人这个事实，当作在某些情况下有助于、在另一些情况下有碍于我过我认为的最佳生活的事实。我也可以把自己的国籍作为一个参数，并假设——无论是否自觉——做个美国人是过一种正确生活的因素之一。

不存在裁决这种区分的哲学模式，它们肯定没有任何具体内容。大多数人会自然而然地把自己的环境分成两类，而深入思考这种划分的人，也不太可能用他们得出的结论归纳出任何完备的理论。但是，假如我不认为伦理学是先验的——假如我不认为一种生活对于所有活着的人来说是最伟大的生活，我就必须把一些使我的处境有别于他人的事实当作参数而不是限制。我的生物学的、社会的和民族的群体——我生于其中，它们不是出于我的选择——似乎是我明显要考虑的参数，尽管它们对于别人可能不是这样。我是美国政治共同体的一员这个事实，并不是对我过一种我可以脱离这种关系而加以描述的美好生活的能力的限制。倒不如说它表示我过一种美好生活的条件：它是处境中包含着这种关系的人适合过的生活。

不过，我当然不能把与自己处境有关的一切都当作参数，这样做我会彻底摧毁自己的伦理学。假设我把自己的性格、欲望、资源、机会和嗜好作为我的参数；我声称，在我看来美好的生活，对于在物质财富、教育、情趣和抱负上同我现在一样的人也是美好的生活。我就会把我对美好生活的解释完全以我当下的处境作为背景，使这种生活不可能再提供任何挑战。因此，美好生活需要对限制和参数做出比两种极端观点——它们或是把一切都当成限制，或是把一切都作为参数——更多的区分。

幸运的是，如我所说，我们需要的大多数区分大体上都是自发产生的，它们就像伦理学一样，大都蕴涵在我们的文化之中。不过我们还是能够分辨出一些我们隐然做出的决定，我们能够强迫自己思考做出这些决定的方式是否正确。例如，有人可能认为，与他的政治环境相比，他的职业或宗教信仰或其他方面对于限定他面对的挑战更为重要，因此他有可能追求另一个国家的公民身份。当我们以这种方式思考我们的伦理信念的结构时，我们看到了重要的复杂状况。例如我们看到，我们的许多参数是规范性的：它们限定着我们的伦理处境，但不是从我们的实际处境方面，而是从我们认为自己应当有的处境方面。换言之，我们的生活有可能变得更差，不是因为我们不愿意或没有能力对我们的环境做出恰当的反应，而是因为我们处在错误的环境之中。我们甚至不会遇到被我们确定为正确的挑战。就算我们在自己的环境中尽力而为，根据我们认为应当拥有的机会相比，我们还是谈不上成功，因为在我们看来是那种机会规定着美好的生活。

例如，考虑一下我们大多数人对待自己的道德观的方式。我们不把我们终有一死这个事实当作对我们能够拥有的生活价值的限制，虽然我们有可能惧怕或厌恶这个事实。我们不认为与那些能活数千年或长生不死的人相比，我们的生活再美好也微不足道。我们认为寿命只要符合人类的标准就可以了，因此它能够具有受到我们有关美好生活之文化标准制约的寿命和世代的各种关系类型以及另一些内在的复杂类型。[①] 但是我们并不单纯根据生命的实际年限来判断

---

① 参见 *Encyclopedia of Italian Renaissance*(《意大利文艺复兴百科全书》)(New York：Oxford University Press，1981)中的"age"(年代)条目。

一个人生活的良善性。我们做出有适当营养和医疗条件下人的合理预期寿命的假设，假如根据这一标准有人去世得很早，我们就把这算作一件可悲的事。他的生活与他有可能得到的生活相比只能说部分地美好。从这个角度说，我们的许多伦理参数都具有规范性：它们有助于确定人们将面对的挑战。基于这个原因，不允许出现这种挑战的生活就是不好的生活。

这个事实指出了通向另一个复杂问题的道路。我们必须区分我们所说的硬参数和软参数（hard and soft parameters）。有各种参数被用来描述挑战或安排：它们描述成功表现的条件。硬参数是指某种特殊表现的基本条件：如果这些条件受到破坏，那种表现就会彻底失败，无论它在其他方面多么成功。一首十四行诗的形式结构规定了硬参数：多增加一行，就会使一首十四行诗彻底失败，不管它写得多么精彩。软参数也限定一种安排，软参数受到破坏虽然也是严重而有害的缺陷——是金杯上的裂缝——不过这种损害不是致命的，也是可以克服的。我认为竞技性花样滑冰中的规定动作就是软参数。它是对滑冰者做出某种动作的要求的一部分，任何偏离不管多么漂亮，都会被算作失误而导致失分。但是，这种偏离并不意味着一无所获，包含着特别出色的偏离动作的表现，从整体上说也许比毫无特色的完美表现得分更多。

至少我们大多数人相信，对生活的成功加以限定的参数都是软参数。生活因过早的死亡而中断，这有损于一个人生活的美好性，因为对于人类来说，美好的生活至少要有正常的寿命可以利用。但是短暂的生命也可以取得辉煌的成功，比如莫扎特。有些软参数要求做出选择，这有可能引起冲突或困境。假如我认为自己的生活必须既是与一个美国人相称的生活，又是与一个犹太复国主义者相称的生活，这时我会认为——无论对错——完全接受这两种效忠意识会给我的生活造成分裂。这时我会认为，对我来说最好的生活需要某种妥协，或需要接受一个参数而放弃另一个参数。我也可以认为，在这种情况下任何选择都不能被认为真正优于另一种选择，我所能做出的选择是，承认我的生活无论如何都受到了损害。挑战模式比作用模式赋予了所有这些情况和困境更多的意义。

### 7. 公正作为参数

我谈到的第四种困惑，是由于伦理学和道德观之间的相互作用而产生的。行为不公正能够让人过上良善生活吗？我现在要区分出这个问题的两种形式。第一，一个人的不公正行为对其生活之反省意义上的价值有何影响？第二，他的社会不公正——尽管与他本人的行为无关——这一事实对此有何影响？对于涉及一个人自身的不公正行为之伦理结果的第一个问题，抽象形式的作用模式没有立场，因为我们能够发现它的解释和两种回答都能相容。例如，按照一种解释，只有我们减少了世界的不公正时，我们才能使它变得更美好。那么按照这个解释，没有人可以因为给世界造成更多的不公正而拥有更美好的生活。按照另一种解释，最伟大的生活是创造伟大艺术的生活；按照这种解释，塞尚逃避服兵役确实使他的生活变得更伟大，尽管这种生活的不公正是不容置疑的。

但是，作用模式，甚至就其抽象形式而言，对第二个问题确实有确定的立场。它认为，有人生活在一个不公正的社会里这个事实，不会给他本人的生活的成败带来任何变化。美国现在有些人——我要把他们称为富人——拥有的财富超过了公正所能允许的范围，而另一些人——即穷人——的财富甚少，这似乎是不可否认的。但是，富人可以用他的财富对世界产生积极作用。他可以用财富创造或赞助伟大的艺术，或拿钱让自己或别人研究抗生素，或致力于争取平等的政治，或更直接地帮助穷人，送钱给他们。我们无论怎样解释客观价值，他的生活的作用与他只有平均财富的情况相比都有着更大的价值；并且不公正的状况既然（我们假设）不是由他造成的，所以在他本人的生活中不存在抵消收益的负面作用价值。再来考虑一下穷人。与他有更多财富的情况相比，用作用来衡量的话他几乎无疑有着较差的生活。然而这并非他的财富较少是不公正的这个事实的结果：不是他的资源份额的不公正，而是这一份额的绝对量，对他能够发挥的作用构成了限制。即使我们改变对公正的看法，认为他的份额是公正的，我们也不能断定他的生活更美好。

挑战模式建议对这两个问题采取一种非常不同的态度。接受这种模式、从而同意我们环境的某些方面必须被当作生活幸福的规范性参数的人，会觉得很难把公正当作那些参数之一。资源当然要算作参数。不能只把它们视为限制，因为我们不能认为理想中最美好的生活，就是拥有能够想象的一切资源的人的生活。这就是说，不对美好生活应当拥有的资源做出某些假设，我们根本无法描述美好生活的挑战。所以我们必须找到某种恰当的解释途径，让资源作为美好生活的参数进入伦理学，而且我认为，我们别无选择，只能规定美好生活就是符合公正所要求的环境的生活，以此把公正引入这种解释。

假如生活美好包括我们在生活中能够面对公正的挑战，这反过来又意味着要求作为参数的公正的资源，那么我们的任何有关资源公正分配的规范性信念，似乎不可避免地与此具有相关性。正如我讨论过的道德判断所示，宣布每个人拥有按某种方式规定的一份公平资源是恰当的，但是在做出有关我们在决定什么生活在我们看来是美好生活时我们应把什么样的环境作为恰当环境的伦理判断时，却不认为这样规定的公平环境是恰当的，这种做法未免荒唐。我们不能用道德上恰当的事情未必在伦理上也恰当这种说法回避那个结论。因为假如我们坚持这种区分，会使规范性参数的概念变得毫无意义。我们必须尽可能确定一种美好生活的资源参数，以便使它们符合我们的公正意识。

假如生活美好意味着以公正的方式对公正的挑战做出反应，那么当有人为了自己不公平的利益而骗人时，他的生活就会变得更糟。如果他生活在一个不公正的社会里，即使不是因为他本人的错误，他的生活也会变得更糟，因为这时他无法面对公正的挑战，不论他是富人——他的拥有超出了公正允许的范围——还是穷人——他的拥有少于公正允许的范围。这解释了为什么根据挑战模式，不公正本身对人们是有害的。被剥夺了公正允许他拥有的东西的人过着较差的生活，原因即在于此；比如说他拥有的资源的绝对数量不变，但他生活在一个较贫穷的时代，别人的资源都比他少，他的生活还是较差。我当然不是说，只要一个人拥有公正的资源份额，那么他所支配的无论什么东西的绝对价值或质量不会给他的生活带来任何变化。生活在较为富裕的共同体或时代里并拥有一份公正财富的人，可以面对更有意义或更有价值的挑战，能过上更令人兴奋、更丰富多彩、更复杂和更有创造性的生活，这非常类似于下国际象棋的人比玩连城游戏（tic-tao-toe）的人有更多有价值的机会。生活良善可以有许多不同的方式，面对更有价值的挑战即是其中之一。但是，承认公正是一个伦理学参数，这给人们在任何既定的经济环境中生活的良善性做出了限制。我假设，如果环境发生变化，公正允许我拥有更多的资源，我就能过上更美好的生活。但这并不是说，如果我现在不公正地拥有更多的资源，我也能过上更良善的生活。

但是，拥有的资源超过公正允许的范围，不管在什么情况下，肯定不能使人过上更良善的生活吗？如果我们把柏拉图的观点理解为公正是生活良善的硬参数，凡是可利用的资源超过了他有资格得到的数量，他便不可能使自己反省意义上的生活得到改进，就像不能通过增加一行而为一首十四行诗增色一样，那么他的观点就有一定的合理性。只要我们同意，最美好的生活是指对正确的环境做出出色反应的生活，而正确的环境就是公正的环境，我们就会明白，当环境非常不公正时，过正确的生活是多么不易。我们当然也会明白，甚至设想一种完全良善的生活也是非常不容易的事情。

我们的社会是不公正的。所以我们的文化也没有提供在应当存在的环境中繁盛的或被视为成功的生活范例。我们中间的那些富人，无法与另一些人，尤其是那些因我们的富裕而贫穷的人建立关系，而这种关系在一个公正的社会里对于美好生活是重要的。我们可以尝试只用我们认为在一个公正社会里我们能够拥有的资源去生活，通过个人的慈善行为用剩余去尽力纠正不公正。可是，既然不能以违反事实的方式，而是只能通过动态的公正制度，来建立公正的分配，所以我们无法判断我们的财富中的哪一份是公正的。另外，干脆忽视不公正的事实，用我们的所有去满足受到我们文化鼓励的人们的意愿的利益，也很难说是一种恰当的反应。我们可以从事政治活动。但是我们不太可能做得很出色，我们在使共同体变得更公正上的失败，会使我们的生活变得更糟，因为共同体的失败也是我们的失败。因此，一旦我们以清醒的头脑确定了真正良善的生活的条件，我们也许会在很大程度上赞成柏拉图的观点：公正是伦理学的一个硬参数，受到不公正的国家中的不幸状况玷污的生活，不可能得到救赎。

然而，这种强硬的观点也许过于严厉了。另一种立场，即公正是软参数而非硬参数的立场，也会把公正作为伦理学的构成要素，但对于对立的伦理直觉具有较小的破坏性。根据这种观点，利用不公正财富的人，虽然不可能在回应恰当地挑战上完全成功，这是只有公正社会里的人才能有的生活，但是他的生活不会因此而毫无价值，而是也可以成为非常良善的生活。其实，就像偏离规定动作的滑冰表演一样，虽然十分罕见，这种生活甚至能够优于他在完全公正的社会里所能拥有的生活。然而，对于财富多于应当拥有的数量的大多数人来说，这是不可能的。他们不可能用剩余做一些公正让他们做的事，以弥补他们无法在公正社会里过良善生活的损失。当然了，他们有些人的享受可能多于他们在一个公正的共同体里得到的。然而这并不意味着他们有着反省意义上更好的生活。不过我们必须承认，一些得到不公正财富资助的天才——梅第奇家族资助的米开朗琪罗——可以实现一种比公正的国家里任何人都更伟大的生活。（就像哈里·李默在《第三者》[Harry Lime, The Third Man]中告诉我们的，15世纪的意大利开创了专制制度和文艺复兴。而同一时期的瑞士创造了民主和自鸣钟。）可以通过费用极昂贵的手术——在公正的社会里没有人买得起的手术——拯救其生命的儿童，他只能利用自己父母不公正的财富，但结果是他很可能过上非常美好的生活。我们的伦理可能性的意识似乎要求做出这样的让步。但是，它们虽然构成了对柏拉图的观点的限制，却没有使它失效。按照挑战模式，柏拉图的观点接近于正确。

### 8. 增益的还是结构性的

我们的下一组困惑涉及对我们的信念与我们的生活之良善性之间的关系的担忧。我得到良善生活在多大程度上以及在哪个方面取决于我们对良善的看法呢？我们本能地假定伦理标准是客观的：我们认为，一种生活不可能仅仅因为某人认为它良善便是良善的。他认为它良善，但他有可能搞错。不过我们也知道，这些信念在伦理学中发挥的作用，要大于那种肤浅的说法所暗示的。一个人过着他所厌恶的、他认为毫无价值的生活，这怎么会符合他的即或是反省意义上的利益呢？于是我们不禁还要说，细想起来，伦理价值一定是主观的——过良善的生活必须是一种伦理上的满足，这说到底意味着它必须是一个个人认为自己生活良善的问题。可是绳子兜了一圈又转回来了：除非我认为我的生活的良善性不依靠我对它的看法，不然我不能认为它是良善的。

作用模式能消除这种缺陷，因为它认为伦理价值是完全客观的，即使人们认为自己的生活较差，他也能过一种较之他选择的其他生活更为良善的生活。按照作用模式，伦理价值是增益性的而非结构性的，因为伦理价值是指一种生活为人间增加的独立价值，这不可能依靠一个人对于它增加了多少价值有何看法。创作伟大的艺术，并不需要艺术家认为自己正在创作伟大艺术品的信念。有人改善了别人的生活，也不需要他认为自己正在这样做，更不需要他认为自己正在通过这样做而获得更良善的生活。在某些情况下，行为主体的伦理信念有可能扩大他的行为的作用。如果别人知道我认为自己的行为良善，我大概能够创造更多的快乐。但是这种额外的作用是附加的。因此作用模式不会费心解释我前面说过的那种普遍感觉：假如希特勒在出生后不久就被关起来甚或被杀掉，他也许会使自己得到一种更良善的生活。这样的话，希特勒的一生的作用也许更值得赞扬，即使他没有起过任何作用，从反省的意义上说，他的生活对他本人也是一种更良善的生活。

挑战观对这些困境的解决方式有所不同。按照这种模式的任何合理解释，信念与价值的关系都是结构性的：我的生活不可能因为一些我认为没有价值的特征或成分而更良善。甚至这种模式的抽象形式也倾向于强调结构观。因为意图是表现的一部分：我们不会因为某人在表现中想竭力避免的某种特点而信任这个表现者。当艺术专业学生的老师对画布做个不屑的手势，或把自己已经画出的东西全都涂掉时，学生们的表现不会变得更好。厌世者的生活不会因为他不屑一顾的友情而变得更好。当然，如果希特勒死在摇篮里，这对大家都是好事。可是根据挑战观，说假如发生了这事他就会拥有与最差的生活相比较好的一生，是没有意义的。按照那种模式，不存在任何事情可以与他对世界的消极作用相比。

在这一点上，思考一下这个问题也许是有益的：这两种模式的差别反映着政治哲学中的一个典型问题——强制性的反省式家长主义（coercive critical paternalism）的正当性。国家通过强迫人民采取他们认为会使自己的生活变得更差的方式，来让他们的生活变得更良善，这样做正确吗？大量的强制性家长主义并没有反省的性质。国家让人们系上汽车安全带以免他们受到伤害，它认为人们总会认为这种伤害是不好的，这就足以证明这类限制的正当性，即使人们在没有强制的情况下实际上不会系上自己的安全带。但是有些国家认为，有权甚至有义务从反省意义上使人们的生活变得更良善，这不但违背他们的意愿，而且违背他们的信念。这种强制的动机在我们的时代已经变得不是十分重要。相信神权的殖民者是要努力使自己得到拯救，而不是想让他们强迫其皈依的人得到幸福；有偏执的性观念的人，其行为是出于仇恨，而不是出于对那些他认为行为不道德的人的关切。不过有些哲学家确实表现出家长主义动机：例如，一些所谓的共同体主义者或完美主义者要强迫人们去投票，其理由是只有具备公民觉悟的人才能过上更良善的生活。

作用模式是接受反省式家长主义的理论基础。我不是说凡是接受这种模式的人肯定也赞成家长主义。他也有可能认为，官员有可能滥用权力，或在伦理价值上做出比普通人更糟的判断。但是他会理解伦理家长主义的核心。例如，在他看来，强迫人们祈祷可使他们拥有更良善的生活，因为在这种情况下他们可以更多地取悦于上帝，所以发挥了更好的作用，即使他们仍然是无神论者。

挑战观否定反省式家长主义的根本假设：强迫一个人接受他认为没有价值的行动或节制，可以使其生活得到改进。接受挑战模式的人也许同样认为，信仰的虔诚是人类应当对自己的现世处境做出的回应的重要内容。但是他并不认为非自愿的服从——在痛苦的阴影笼罩下的祈祷——有任何伦理价值。他也许会认为，活跃的同性恋者因为没有理解性爱的本质而玷污了自己的生活。但是他不会认为，同性恋者违背自己的意愿，仅仅由于恐惧而自我节制，就能克服其生活中的缺陷。这就是说，根据挑战模式，重要的不仅是外在的结果，正确的动机或感觉对于正确的表现也是重要的。

若是说挑战模式排除任何形式的家长主义，就言过其实了。因为它在家长主义中看到的缺陷可以因得到赞同而被克服，假如这种家长主义相当短暂而有限，那么即使赞同根本没有出现，它也可以对选择做出有意义的限制。我们知道，被迫学习音乐的孩子，以后很有可能同意这种强制，认为它事实上使他的生活变得更美好；假如他不认为这样，他在那种知识没有用处的生活中也未失去多少基础。不过，同意无论如何必须是真正的同意，当一个人被施了催眠术、洗了脑或因为恐惧才改变时，就不可能有真正的同意。只有当同意本身是行动者的表现，而不是灌输到他脑子里的别人的想法，这时才有真正的同意。①

我所采用的反省式家长主义的事例，是**外科手术式的**家长主义：强制的正当性的基础是，被植入的行为对于人们来说是良善的，而被切除的是恶劣行为。现在来思考一个更为复杂的家长主义形式。**替代的**家长主义为一种禁令辩解时，不是说它所禁止的事情是恶劣的，而是指出它所提供的替代的生活有正面价值。假设掌权者认为虔诚的信仰是浪费生活，因此禁止宗教组织。在这种组织中生活的公民，这时就会过另一种生活，获得另一些他们认为有价值的体验和成就，尽管(除非他们改变自己的信念并同意家长主义)他们认为这种生活不如他们被剥夺的生活。例如，有些本来要过僧侣生活的人，可以按他认为使自己生活更良善的方式接受一种政治生活，取得突出的成就并且对别人是有价值的。我们前面提到的困境在这里又出现了。假设我们同意有虔诚信仰的生活是浪费，这位政治家的生活显然没有被浪费。不错，他不能把为政治而放弃信仰的决定视为荣幸，因为这不是他所做的或同意的事情。但是他可以为使他的政治生活取得成功的各种行动和决定而感到荣幸；他选择那种生活，做出那些决定，他意识到了它们的价值。我们为什么不可以认为，不管他本人怎么想，他事实上拥有的健康生活优于我们认为没有价值的生活呢？但是难题依然存在：如果他在弥留之际认为自己的一生较差，他的生活怎么会是更美好的生活呢？让人最后感到痛苦，认为自己的一生是一种错误的、被扭曲的、与自己的伦理信念相对立的生活，从什么意义上能够说是更美好的生活呢？

挑战模式具有(虽然作用模式没有)解决这种难题的资源。假如我们接受挑战模式，我们在判断一个人的生活之良善性时，就可以坚持伦理真诚的优先性。我们可以说，当一个人的生活是出于他的

① 我在第五章对这个问题的讨论稍多一些。

信念，即他相信就其核心特征而言这是一种恰当的生活，那么他可以得到的其他生活，按照正确的判断，不可能是对他的伦理环境参数的明显更佳的反应，这时他便是做到了伦理真诚。这种真诚的优先性提出了一种更有力的主张，而不仅仅是说失望或遗憾伤害了生活，生活中的这些特点预先就使它成为一种较差的生活。假如是这样的话，这些消极的成分就很容易被另一种生活中积极的成分所抵消。我们可以放心地说，即使那个政治家极想过一种虔诚的宗教生活，但是平衡地看，甚至把他本人的感情也考虑在内，他的政治生涯也是一种比他有可能浪费掉的生活更美好的生活。假如我们赋予伦理真诚以优先性，我们就把生活和信念合并为一个伦理成功的参数，我们规定，从来没有做到这种真诚的生活，不能被算作比在反省意义上做到这一点的生活更美好的生活。

当然，伦理真诚可能因为许多原因而失败。当人们过着机械的生活，意识不到拥有伦理信念或对它做出反应时，它就是失败的。当人们把自己的信念弃之一旁，怀有一种自己没有按应当做到的那样生活的模糊而持久的感觉，追求自己的意愿的利益时，它就是失败的生活。当人们无论错对，认为正确的规范性参数没有得到满足，例如他们的资源少于公正所要求的数量时，它就是失败的。当人们因为别人的错误而过着一种令他们感到遗憾或根本不赞成的生活时，它显而易见也是失败的。

可见，承认伦理真诚的优先性，不会使伦理学在当事人，即那些考虑自己应当如何生活的人眼里变成主观的。甚至在当事人中间，伦理真诚有时也会获得一种独立的力量。我不能一生为伦理学而痛苦；我至少必须暂时与那些经受住了有分寸而又可靠的检验的信念达成妥协。此后我不会再把这些信念仅仅当作有关伦理价值的假设，而是——无论正确与否——当作规定了伦理真诚对**我**的要求。我以此表明接受它们是一种显而易见的美德。但是，我在何时以及多大程度上能够以这种方式坚持早先的决定，是有一定限度的。因为基于信念的生活要求自觉的反省，即使不必一直如此，至少要严肃地对待可能出现的任何怀疑或痛苦，以及教师或朋友的劝说。

伦理真诚的作用在第三者那儿有所不同。当我考虑什么样的生活对人们最好时，我必须在有关他应当过哪一类生活的判断中，把他的明确的信念作为事实加以考量。如果我的朋友在自我评价之后，在以开放的头脑面对另一些观点之后，决定过一种宗教生活，那么我可以想象他的生活会有三条道路。他有可能改变自己的想法（大概是对进一步的论点深思熟虑之后），为了国家的利益而成功地参与政治，并且对自己行为的价值和选择的明智既满足又信心十足。他也有可能继续自己的事业，过一种信仰虔诚的生活，对自己的选择也是既满足又自信。他还可以由于某种原因听从朋友的劝告，违背自己的本能和信念而参与政治；他也会取得成功，但不会有真正的满足或自我认可，因此绝对不会停止为自己的选择而遗憾。我不怀疑，第一种生活对于他来说要优于另外两种。可是我同样不怀疑，第二种要优于第三种，这反映着我有关第三人的真诚之优先性的信念。在我的排序中不存在怀疑主义。我没有说因为他认为有虔诚信仰的生活是最好的生活，它对于他来说便是最好的生活。我没有改变自己的观点，即他的生活与本来可以拥有的生活相比不是太成功，如果我认为能够改变他在这事上的想法，我会继续同他辩论。我的意思是，在他有坚定信念的情况下，这是唯一能够做到与他自己和谐相处的生活，因此也是他在应付自己的环境——现在被理解为也包括那个事实在内——的挑战时他能拥有的最佳生活。当然，有些伦理信念极为可怕或恶劣，使我们不可能鼓励那些无法抛弃它们的人去过一种与它们和谐相处的生活。然而这是因为邪恶的生活对别人不利，而不是因为我们认为违反天性的生活对于他来说更美好。

假如我们接受伦理真诚的优先性，那么只要人们对自己的生活感到满足，我们为何还要在乎别人的生活多么良善呢？我们为何应当努力说服那些只认为财富和权力有价值的人重新思考一下，他的物欲至上的信念是否健康呢？答案可能存在于似乎非常抽象的仁爱之中：我们相信人应当过更良善的生活，在一个更高的层次上做到真诚，即使他们在新生活中得到的满足小于他们从过去的生活中所得到的。这一优先原则没有提供理由说明我们为何不应当以那种方式，例如用说服和典范去改进人们的生活。不过在大多数情况下，这一原则提供了更积极的理由，说明仁爱为何应当采取那种形式。因为我们怀疑物欲至上的人和厌世者终究不会认为他们过的是充实而令人满意的生活；我们怀疑他们的伦理意识总有一天会揭示出他们的生活是贫乏而无益的，尽管这一天可能来得太迟。我们还知道，真诚在一定范围内是个程度问题：就算他们现在认为自己的生活很成功，所以要继续这样生活下去，我们还是认为他们可以把生活和信念更为成功地统一起来，即使存在着不同的信念。

但是，真诚的优先性是否因此而建议一种较之我们前面讨论过的更为深层的家长主义形式呢？我这里想到的是文化家长主义：应当保护人们不去选择那些浪费人生的或恶劣的生活，但不是通过刑法中直截了当的禁令，而是通过教育中的限制和机制，从人们的观点和想法中剔除那些坏的选择。人们在文化真空中无法做出有关如何生活的决定。他们要利用现有的文化资源，根据各种可能性、典范或建议，以不同的方式做出回应。那么，我们为何不应尽力使这种文化环境更加健康，使其符合在决定如何生活时受其影响的人的利益呢？

当然，我们的环境，包括我们文化中的伦理语言和典范，影响着我们的伦理反应。但是这种环境在一定程度上是整体性地影响着我们，既然如此，我们就必须问一下这种环境应当是什么样子。也就是说，我们必须问，什么样的环境适合于通过在生活中展示技能而赋予自己的生活以价值的人。在前一节里我们看到，公正是如何以这种方式既变成一个政治问题又变成一个伦理问题的。我们需要规范的参数来定义生活的挑战，当我们问自己应当如何计算资源在人们对这种挑战的理解的作用时，公正便进入了伦理学。按照挑战模式，与反省式家长主义有关的问题以同样的方式出现在伦理学之中。事实上，维护文化家长主义的人主张，适合伦理思考的环境是完全杜绝了恶劣或无益的生活的环境，这样每个人可以根据一份精心制定的菜单做出决定。假如这是一个有关应当如何进行伦理反思的合理观点，则我的论证，即家长主义动摇了伦理价值，因为它破坏了伦理真诚，就是错误的。生活良善意味着从经过挑选的菜单中做出选择，家长主义对于伦理成功将是不可缺少的，而不是对它的威胁。然而这种观点是不合理的：如果有人事先把挑战狭隘化、简单化或加以删减，那么这种挑战不可能更有意义或更有价值，无论我们是不知道他们所做的事情还是对此非常清楚，情况都是如此。

　　假设有人回答说，在选择真正良善的生活的机会得到改进时，例如由集体的统治者对各种可能性进行了过滤，挑战就更有价值。这种回答深刻误解了挑战模式，因为它把参数和限制混为一谈了。它假设我们有一些关于良善生活的标准，它们处在什么环境适合于正在决定怎样生活的人之上，所以可以用来回答后一个问题，因为它规定了最佳环境就是最有可能导致真正正确的回应的环境。根据挑战观，生活良善是对经过正确判断的环境做出的恰当反应，这意味着必须从另一个角度加以论证。我们必须有一些独立的根据才能认为，人们最好在选择时不去考虑那些别人不赞成的生活；我们不可能在不引起问题的情况下主张，假如人们的选择受到限制他们就会有更好的生活。

　　一旦理解了这一点，文化家长主义的诱惑就彻底消失了。这并不是说政府对人们据以决定如何生活的文化背景没有责任。打算为选择如何生活的公民提供正确环境的政府，可以努力让其共同体的文化提供过去的人认为良善、现在也是合理或恰当的机会和生活典范，假如大众文化没有提供多少这种典范的话。我在《一个原则问题》中赞成政府支持艺术的论证中不包括这种论点，因为我在那里试图回答的反对意见是，当资金可以用来减少疾病和不公正的贫困时，这种支持是不公正的。然而一个满足了公正要求的国家可以正确地运用公共资金支持市场将导致其灭亡的艺术，其基本的依据是艺术促进了共同体内的生活价值。

　　因此，家长主义问题为作用模式和挑战模式的差别增加了一个新的维度。作用模式允许外科手术式的家长主义，因为这种模式把伦理价值与伦理选择加以分离。挑战模式则融合价值与选择。它坚持改进除非被过着一种生活的人自己视为改进，不然不可能有任何人生的反省价值的改进，这使外科手术式的家长主义不攻自破。如果一种替代的家长主义缺少伦理真诚，它也会使这种家长主义不攻自破。最后，挑战模式也动摇了文化家长主义，因为这种形式的家长主义假设存在着一幅独立的、先验的伦理价值图表，而挑战模式不接受任何这类图表。这种模式不排除这样的可能性：共同体应当以集体手段赞成并鼓励没有得到文化充分支持的伦理理想。它也不排除经验表明很可能得到赞成而不会沦为操纵的强制性教育和其他形式的管制，只要它们是相当短暂的和非侵犯性的，并且不会被另一些独立的反对意见驳倒。所有这些都是来自挑战模式赋予反思或本能信念的关键性结构作用。伦理价值是客观的，但是我们现在已经知道，它具有的特点使我们倾向于也把它称为主观的。不过我们最好抵制这种危险的倾向，多关心一下揭示伦理判断的复杂现象，特别是为自己判断和为他人判断之间的差别。

### 9. 伦理学与共同体

我所描述的最后一组问题，涉及伦理学是否以及在多大程度上能够具有社会的而不是个人的性质。伦理整合——人们反省的利益不但涉及他本人的经验和成就，而且涉及他所属群体的经验和成就的观点——有意义吗？作用模式认为，每个人的反省的良善存在于他对世界的作用之中。它要想为伦理整合辩护，就必须证明当个人不是考虑自己的作用而是他所属的群体的作用时，他有时可以发挥更有价值的作用。博弈论以及随之出现的道德和政治哲学设定的一种情景——所谓的囚徒困境——能够使这一观点成立。在这种情况下，每一个理性地促进其利益的个人，会一起做出对每个人都有害的事情，不但当人们致力于符合他们各自的狭隘的、意愿的利益的事情时如此，而且当他们致力于发挥对世界有客观价值的作用时也是如此。① 在这种情况下，每个人最好不是去问他如何能够发挥最大作用，而是去问一个群体如何能够发挥这种作用，然后在这个群体的计划中做好自己的事情。

但是作用模式无法以囚徒困境的架构来解释我们的实际信念，因为对伦理整合的最普遍的信念或直觉并不符合那种架构。只有我们已经以某种方式属于其中的群体，我们才会感到与它有着伦理整合的关系，因此我们只会赞成已经在该群体的集体实践中养成的群体行为——我们只会与我们是其公民的政治共同体建立伦理整合的关系，只会赞成这种共同体的行为，例如它的制度化的集体政治决

---

① 参见 Derek Parfit，*Reasons and Persons*（帕菲特：《理性与个人》），Oxford：Oxford University Press，1984。

策。① 因此，在许多情况下，至少只有当看来不存在比我们所赞成的设想更好的选择时，我们才会承认伦理整合。我没有博弈论的根据认为，假如我的共同体做了我不让它做的事情，我的生活会变得更糟。囚徒困境之解决方案的合理性，无法解释越南战争使我感到的个人耻辱。此外，当合作显然十分充分时，我们却时常没有伦理整合的感觉。我的囚徒伙伴和我本人有充分的理由签署一份不坦白的协议，而且即使不存在这种协议，我们每个人也有道德上的理由不去坦白。但是，除非我们是伙伴、朋友、亲戚或参与共同项目的人，不然我们双方都不太可能意识到伦理整合的理由：除非我们这个两人的群体和睦兴旺，不然他自己的生活会变坏。可见，对有关作用模式可以提供伦理整合的任何论证的解释都会误入歧途。伦理整合有时提供了集体理性所需要的动机。但反过来说就不对了。

挑战模式以完全不同的方式看待伦理整合。为了使这种整合有意义，现在需要证明，个人通过共同体的集体行动与只依靠个人的行动相比，能够发挥更大的作用。只需证明，伦理整合可以怎样合理地成为对个人环境中的重要参数——他的生活与形形色色的共同体中的另一些人纠结在一起这个事实——做出的反应。事实上这是一种有关生活良善的十分广泛的观点，因此挑战模式能够用一种自然而非牵强的方式使伦理整合具有意义。我也许应当再说一遍，挑战模式不是一个支持那一类信念的机制。我不必提到这种模式的抽象形式，即生活的良善性是一个表现而非作用的问题，把它作为有利于伦理整合的证据。在篇幅甚长的这一节里，我最后只想指出，把我已有的信念解释成对复杂挑战的有技能的回应的信念，赋予了它们较之其他一般解释——它们是有关发挥最佳作用的信念——能够给予它们的更多的意义和完备性。

（三）从伦理到政治

我说过，我在这一章里有两个目标：研究伦理学中的标准问题，它有其自身的重要性；揭示对这个问题的一种回答——挑战模

① 参见第五章。

式——为我一开始描述的反自由主义论点提供了一种重要答复。我现在就来谈谈第二个目标。在下文中我将假设，我们已经自觉地接受了伦理学的挑战模式，也接受了我所说的无可辩驳的结论——公正至少是我们良善生活的一个软参数。（我假设我们已经成为政治和伦理上的自由主义者。）我将根据这些假设努力证明，我们有着特殊的理由把自由主义平等作为我们的政治道德观，放弃与它对立的各种观点。

### 1. 公正与资源

经济分配的公正性取决于资源的分配而非福利的分配，这是本书前面几章的论题。伦理自由主义不能接受从后一种角度定义的任何公正目标，因为政府无法实现任何这样的目标，除非它采用人们认为无法容忍的两种方式之一。我们是生活在伦理多元化的社会里：人们在怎样过良善生活上存在着分歧。政府可以克服这种困难，选择一种良善生活观——比如利他主义观点——并以这种观点来判断大家的成功。但这是伦理自由主义者无法接受的，因为这样一来政府就会侵犯人们在生活中面对的挑战中最重要的内容，即为自己找到生活的价值。

政府也许有望避开这种困难，通过某种分两步走的办法，把伦理与公正严格区分开。在第一步，每个公民先根据他个人在所建议的不同制度安排下的生活幸福的标准，表明他要达到什么样的福利水平。第二步，官员选择一种安排，他们判断（我不考虑他们做出这种判断的可能性有多大）在这种安排下人们的福利按他们自己的标准与官员打算进行的正确分配相符——例如这样来衡量的福利是平等的，或是总体上达到最大化的。这种分两步走的办法使伦理与公正相互分离。公民在第一步时为自己决定能使他们的生活获得成功的是什么，第二步由官员根据他们认为公平的方式分配这种成功。但是伦理自由主义者无法参与这种过程，因为他们无法以它所要求的方式把伦理与公正分开。他们为了决定哪一种生活方式是良善的，必须依靠公正的假设或本能——有关我们所拥有的或我们所做的事情对我们的邻居和同胞的生活的作用是否公平的假设或本能。（这一点在第二和第七章有更详尽的阐述。）

### 2. 平等

因此，只要我们接受挑战模式，我们就必须坚持分配公正是一个人们有多少资源的问题，而不是一个他们利用这些资源获得了什么样的幸福的问题。可是，什么样的资源份额是公正的份额呢？按照挑战模式，我们有理由认为唯一公正的份额就是平等的份额吗？伦理学的挑战模式骨子里是一种平等主义模式吗？

在我们能够回答这个根本问题之前，我们要应付一个具有三重性的难题。伦理自由主义在思考公正时采取什么战略呢？当代的大多数自由主义政治哲学，都是建立在一种自然的甚至是强制性的假设上——对于组成政治共同体的不同公民的利益，能够在做出他们在中间怎样分配资源才算公正的决定之前加以确定。这是契约主义公正理论的前提，它认为公正的原则可以从思想检验中得出，即问一下人们根据自己的利益，或是根据他们希望在不同的人的利益之间达成合理妥协的动机，他们会同意什么样的原则。例如，罗尔斯对"差别"原则的论证就假设，在做出任何有关公正要求什么的决定之前，至少可以用一种"大约的"方式来定义人们的利益；他说，甚至对那些不知道自己较为具体的利益的人，也可以合理地假设，他们拥有的资源越多越好——因此他们可能致力于不让自己在如此理解的"大约的"利益上蒙受太大的牺牲。

伦理自由主义者则认为，人们的反省的利益之性质至少要取决于公正：他们只有在至少大体上知道他们之间的资源分配公正时，才能较为充分而细致地得知他们的反省的利益是什么。每个伦理自由主义者都可以希望，他的公正的份额是很大的一份，但是他知道很大的一份对于他可能不是好事，除非它同时也是公正的一份。因此他甚至不能接受认为他拥有的资源越多越好的"大约的"良善理论，或对他提出如下问题的任何理论：在他看来，出于对别人利益的尊重而放弃自己的利益是合理的吗？

因此，伦理学的挑战模式对政治哲学的影响是深刻的。假如我们是伦理自由主义者，我们就会发现当代自由主义政治理论中的大多数基本假设或战略都是不自然的或无效的，因为我们的挑战模式把公正与伦理融为一体的方式，使那些战略和假设无立足之地。我们必须以更具统一性的方式思考公正和良善生活：我们必须通过没有预设我们能够对那些问题分别做出圆满解答的论证，得出一种有关公正要求什么和我们的利益是什么的认识。因此我们只能再退回去（我们可以这样说），从更为一般的价值理论重新开始。伦理自由主义假设，人们怎样生活是重要的——他们有成功或良善的生活而不是恶劣或无益的生活是重要的。可以合理地认为，这对于一些人来说比另一些人更重要——不是对于他们更重要，而是作为一种客观价值更重要吗？

确实，数百年来，一直有人认为自己的生活有着特殊的重要性，例如，他们指出自己属于一个得到神宠的民族，或他们有着特殊的血脉、才华、美貌甚至财富。幸运的是，这些主张如今在我们中间已经过时，我们不必费很大力气去反驳它们。但是值得指出的是，伦理自由主义者有一种特殊的理由坚持这样一种主张。挑战模式有一种深层要求——良善生活的价值确实不依靠这种生活开始之前的任何环境，而是依靠生活本身的表现——它没有为这样的想法提供余地：任何先前的环境能够增加或减少那种价值。接受挑战模式的犹太人也许会认为，决定是否应当使自己的信仰成为其生活的核心内容，对于他来说至关重要。但是他不能认为，他正确地做出这种决定之所以至关重要，仅仅因为他是犹太人。只有当我们把挑战理解为出现在所有人、所有需要过某种生活的人面前时，才能使挑战模式所规定的挑战之包容性具有意义。因此，伦理自由主义者首先有着强烈的理由坚持平等主义的资源分配。假如每个人如何生活有着平等的重要性，那么我们的生活就应当反映这一重要假设，而只有当资源分配的方式与之相符时，它们才能够做到这一点。

把我们引向这种论证的要点具有某种对称性。它始于这样的观点：公正制约着伦理，当同样一份资源无论是多是少不公正时，拥有这份资源的人的生活就不够良善。这里我们看到了公正如何制约着伦理。公正的方案必须符合我们对伦理挑战的性质和深度的意识。我并不是说不同的伦理观——如作用观——不能支持平等，虽然按照这种观点，任何严格的平等都有可能变成一种极端的教条主义立场。我仅仅想说，挑战观直截了当地支持平等，它来自人们对自己反省意义上的最佳利益的意识。生活幸福有着社会的维度，假如我与另一些人生活在一个共同体内，他们认为我追求良善生活的努力不如他们的努力重要，则我的生活就不是十分美好。其实，造成不平等的政治和经济系统伤害了每一个人，甚至那些从不公正中获得资源利益的人。按照挑战模式，反省的自我利益和政治平等是同盟军。黑格尔说主人和奴隶都是囚徒；平等为两者打开了枷锁。

### 3. 伦理学和偏好

但是我们又遇到了一个麻烦。伦理自由主义者否弃个人前景的平等。他们认为对自己的命运、对家人和朋友的命运的关心少于对陌生人的关心的人，是伦理学上的白痴。既在政治中坚持平等，又在日常生活中谴责它，这是否有不一致之处呢？伦理自由主义者必然因为他们在平等上明显的自相矛盾而陷入窘境吗？

假如平等意味着福利或幸福的平等，政治平等和个人偏好当然不会一致。如果我们共同在政治上奋斗十年，使共同体中每一个人的福利在某一天达到平等，然后便回到各自的私生活中，用自己拥有的资源来改进本人、家人和朋友的福利。如果这样的话，我们中间的福利平等只能存在于极短的一瞬间。我们会以个人的方式，破坏我们集体取得的成果，我们只好重新开始。然而至少从原则上说，假如平等对于我们意味着资源，事情就不会这样。根据这种公正理论，当我没有挪用他们正当拥有的资源时——当我没有以他们为代价超过我的公平份额时，我便是对别人表示了平等的尊重。假设我在第二章描述的拍卖是以平等出价的资源开始，以共同承认无须再进行新的拍卖结束。那么一旦拍卖完成，我做出的通过自己的设想和投资去追求自己的幸福、为家人和朋友的幸福而工作的决定，便不可能损害拍卖所取得的平等。① 资源平等在这一点上认可偏好。

对此我们可以换一种说法：在资源平等的条件下，存在着政治

① 我没有考虑一个更为复杂的问题，我认为对它的解决要求构想某种我或其他人都没有构想过的资源平等的虚拟保险特点。假设我用光了自己的全部资源，而你节俭度日，把大部分资源留给自己的子女。或你投资有方，因此保留了更多的资源。或我的子女比你的多，所以只能把资源分成更小的份额。在这种情况下，即使我们都没有侵犯别人的正当资源，我们的子女还是不会有平等资源：有些人会嫉妒别人的所有。资源平等必须找出某种方式以确定并至少减少由此产生的不平等，譬如像我建议过的那样，把受益人的处境作为原则上不能投保的风险。我在正文里只讨论了核心问题：在政治中为平等而努力，但在日常生活中只努力改进与我们关系密切的人的处境。

生活和私人生活之间的劳动分工。假如政治为公开和平等的分配提供了保障，并且也正因如此，人们可以在自己的私生活中怀着充分的信念自由地选择个人目标。当然，切莫认为这种劳动分工意味着作为私人的个人与分配公正无关，他们仅仅致力于花费由统治体系分配给他们的资源，对资源较少者的要求不闻不问，仿佛分配公正总是别人的事情。例如，一种公正理论对不公正社会里生活非常富裕的人不应提出任何要求，这是说不过去的。不过正如我们在讨论公正与伦理的关系时所说，在我们这种不公平的社会里，资源平等对作为个人的我们有何要求，是个复杂甚至无法回答的问题。这就是用挑战模式来衡量的话，假如我们生活在不公正之中我们的生活就会较差的原因。因此我们应当说，难以消除的私人角度的偏好与真正平等的政治并无冲突，而是与任何其他类型的政治有冲突。

## 4. 诉求的中立性

我们终于触及了在许多人看来自由主义平等中最成问题的特点，即它对中立性和宽容的特殊观点。我们应当区分政治理论对不同的伦理信念保持中立或宽容的两种方式。首先，它可以在自己的诉求中保持中立，也就是说，保持一视同仁。它可以提出一些能够被来自非常不同的伦理传统的人所接受的政治道德原则。其次，它可以在落实自身时保持中立，即宽容。它可以根据一项政治道德原则，规定政府不可以因为它不赞成一些人的伦理信念而惩罚或歧视他们。显然，中立性的这两个方面关系密切。在许多（虽然不是所有）情况下，从不同的群体中争取广泛支持，最有希望的办法就是反对任何迫害的某种一般性保证。但是这两个方面是有所不同的。

伦理学的挑战模式是普适性的吗？作为一种形式，它在具体的伦理信念中不偏不倚。认为美好生活取决于信仰虔诚的人，和那些认为这种生活需要不合常规性的表现的人，都把他们自己的信念看作有关最有技能的生活表现的意见。但是我首先得承认，挑战模式只接受和包容人们的某些伦理学直觉，这种模式有着一些至今仍很少有人想到的含义。例如，大多数人至少就其第一印象而言，会对公正是良善生活的参数，所以他们的资源如果超过公正允许的数量他们就会生活较差这一立场感到迷惑。我们必须提出较为宽松的要求，以便使挑战模式能被普遍接受，又不必让许多人放弃他们自己认为十分重要的信念。接受这种模式不会迫使他们改变自己的一些想法，例如有关其环境中的哪些方面——他们的宗教信仰、民族或职业——为自己的良善生活提供了最基本参数的看法。

### 5. 自由主义的宽容

自由主义的平等在下述意义上是宽容的：它对政治共同体可以用来为否定自由进行辩护的两种理由作了区分。第一种是公正的理由：当最好的公正理论要求共同体禁止某些行为时，它就必须这样做。第二种是伦理学的理由：共同体可以认为，它所禁止的行为即使不违反公正，但对行为人的生活可能是有害的、恶劣的或不好的。譬如说它可以认为，同性恋者的生活是堕落的生活，它可以据此禁止同性恋关系。自由主义平等否认第二种禁止某些行为的伦理学理由的正当性。

这当然不是说，自由主义平等在伦理上的最终立场是中立的或它致力于这样做。任何政治或经济方案，都会使某些生活类型变得比在另一些方案下更为困难或昂贵。在自由主义平等的条件下，与不受限制的资本主义相比，人们不太可能处在能够大量收藏文艺复兴时期艺术品的位置上。但是自由主义平等不利于这种生活，仅仅是因为公正的资源分配有此结果，而不是因为它认为艺术收藏没有内在价值或是堕落行为。因此自由主义平等否定最高法院说过的话就是宪法之一部分的观点：某个多数可以因为大多数人认为同性恋者生活恶劣而把同性恋定为犯罪。①

有着强烈的伦理信念的人，能够成为伦理自由主义者吗？有人认为同性恋者过着恶劣的生活。另一些人认为生意人是卑鄙的，无神论者浪费了自己的生命，美国已经变成了一个可怜的懒汉国家，福利腐蚀着人们的灵魂，人们需要回归自然，必须维护种族或宗教认同，爱国主义是最基本的美德，等等。有人热情地坚持这一类观点，将它视同生命并大加宣扬，他们的子女的拒绝会令他们感到绝望。他们怎么会同意自由主义平等的宽容呢？有着如此强烈信念的人，为何不应当努力说服别人相信他们视为良善的事情呢？

---

① Bowers v. Hardwick（巴威尔诉哈德威克案），106 S. Ct. 2841（1986）。

他们应当这样。问题不在于他们是否应当为他们眼里的良善而努力，而在于如何这样做。自由主义的宽容只禁止他们使用一种武器：即使当他们属于多数时，他们也不可以仅仅以他们认为某个人的伦理信念有严重错误，便利用法律去禁止任何人过他自己需要的生活或惩罚那些这样做的人。假如人们接受伦理自由主义——甚至有着非常强烈的个人伦理信念的人——他们就没有理由反对对他们宣扬自己信念的权力做出的这种唯一的限制。伦理自由主义者清楚，他们不能用自由主义宽容所禁止的强制性手段使别人的生活变得更良善，因为他们知道，人们的生活不可能得到改进，如果他们坚信不是这样的话。就算他们认为如果那人改变自己的信念，他的生活会变得更良善，他们也知道他们不能使其生活更良善，除非他本人确实通过正确的方式改变了信念。他们同意，与他在外部压力下过一种与自己的坚定信念相矛盾的生活相比，与自己的信念和谐相处的生活更为美好。这是对我将在第七章予以强调的一种观点的重要补充。正像没有人应当因为自己的伦理信念的（根据我们的判断）错误而得到补偿一样，根据同样的理由，也不应当剥夺任何人的自由。在这两种情况下，家长主义都是错误的，因为它把信念错误地当作限制或障碍。

在评价这种自由主义宽容的论证时切不可忘记，这种宽容缺少所谓的绝对中立性。如我所说，自由主义平等不能对结果保持中立：它必须让一些生活变得比另一些更难以获得。在恰当的环境中，自由主义平等为短暂的教育式家长主义留下了一定空间，它充满信心地期待着人们将来会自愿对它表示真正的认可。自由主义平等也不能对直接向它发起挑战的伦理理想保持中立。它对第三人伦理不保持中立，例如它坚持我刚才提到的立场：没有人能够用强迫别人违背自己的意志和信念去改变行为来改进他的生活。并非人人都接受这种立场，但自由主义平等必须坚持它。

（四）结束语

我非常清楚，这一章的论证缺少历史的考虑。我没有作出努力（我也没有这样的能力）把我的核心论证建立在思想史上。我相信挑战模式支配着古希腊的伦理学，尤其是亚里士多德的伦理学，它在现代人道主义伦理学的发展中也起着举足轻重的作用(在与伦理怀疑主义的不懈斗争中)。相反，作用模式在我看来似乎是神学伦理学和各种形式的功利主义伦理学的特点。不论这些能言善辩的历史评说有何意义或多么恰当，我都不认为它们暗示着我前面所否定的观点：宗教伦理或功利主义伦理在挑战模式中无立足之地。技能出色的生活意味着承认神并与它形成恰当的关系，或它意味着承认并对付人类的苦难，这不是对挑战模式唯一可能的解释，在许多人看来，它只是一种有竞争力的解释。但是，一些学者从神学或功利主义伦理学中归纳出许多政治意义，依靠的是作用模式，但是，如果本着挑战模式的精神对这些伦理学重新加以表述的话，那么就必须为了更坚定的自由主义立场而放弃这种模式。

节选自［美］罗纳德·德沃金：《至上的美德》，

南京，江苏人民出版社，2003。　冯克利译。

［美］诺齐克（Robert Nozick，1938—2002）

《无政府、国家与乌托邦》（1974）（节选）

# 《无政府、 国家与乌托邦》（1974）（节选）

## 一、自然状态

在洛克描述的自然状态中的个人，是处在"一种完善的自由状态中的，他们在自然法的界限内，按照他们认为合适的办法，决定他们的行动和处理他们的财产和人身，而无须得到任何人的许可或听命于任何人的意志"（第 4 节）。① 自然法的约束要求"任何人都不应侵犯另一个人的生命、健康、自由或财产"（第 6 节）。有些人侵越了这些界限，"侵犯了他人的权利……对他人造成了伤害"，于是作为回应，人们就可以起而捍卫自己和别人以反对这种对权利的侵犯（第 3章）。受害者及其代理人就可以从侵犯者那里得到"与他遭受的损害相称的赔偿"（第 10 节）；"每个人都有权惩罚违反自然法的人，这种惩罚以制止违反自然法为度"（第 7 节）；每个人都可以，也仅可以"根据冷静的理性和良心的指示，比照（一个罪犯）所犯的罪行，对他施以惩处，尽量起到纠正和禁止的作用"（第 8 节）。

洛克说，在这方面，"自然状态有种种不便"，由于这些不便，"我也可以承认，公民政府是恰当的医治办法"（第 13 节）。为准确理

---

① 约翰·洛克：《政府论》上、下篇，拉斯莱特编，纽约，剑桥大学出版社，1967。除非专门指出，所有引语都来自《政府论》下篇。

解公民政府要医治些什么，我们必须比重复洛克开列的自然状态的种种不便的表格走得更远。我们也必须考虑在一个自然状态中可能做出什么样的安排来处理这些不便——目的是避免这些不便，或使它们较少出现，出现时也不致造成太严重的后果。只有在自然状态中的所有潜力都发挥殆尽之后——亦即所有人可能达到的自愿安排和协议都被他们试过之后，只有当这些手段的效果都被评价过之后，我们才能看清这种不便是否仍然严重到需要由国家来医治的程度，才能评价这种医治是否比疾病更坏。①

在一个自然状态中，人们理解的自然法不可能为每种偶然情况都提供恰当的处理办法（见第 159 和第 160 节，洛克在说到法制时涉及这一点，并对照第 124 节）。判断涉及自己的案件的人们将总是给予自己以怀疑之便，并假定自己是正确的一方。他们将过高估计他们所遭受的伤害程度，而激情将导致他们试图去过分地惩罚他人，或者索要过分的赔偿（第 13、第 124、第 125 节）。这样，对一个人权利的私自强行（包括对那些当一个人被过分惩罚时而被侵犯的权利的强行），就将导致世仇和宿怨，导致无休止的报复行为和索取赔偿。没有一种稳定可靠的办法来解决这种争端，来结束这种争端并使双方都知道它已结束。即使一方说他将停止他的报复行动，另一方也只有在下面这种情况下才会感到放心，即只有在知道对方真的觉得他并无权利得到赔偿或进行报复，因此当机会合适时也不会这样做时才会感到放心。单独一方可能采取的任何一种试图永远摆脱世仇宿怨的办法，对另一方只提供了一种不充分的保证。心照不宣

---

① 蒲鲁东描述过国家的内在的"不便"。他说："被政府统治就是被那些既无权利，又无智慧和德性如此做的人观察、监视、调查、指导、立法、计数、调整、注册、教训、劝诫、控制、阻止、估量、评价、检查和命令。被政府统治就是在一切工作和交易中都被注意、登记、计算、抽税、按印、衡量、统计、估价、批准、授权、监督、防范、禁止、改造、纠正和惩罚；就是以公共利益和一般幸福之名，被迫做出捐献，并被训练、诈取、剥削、垄断、强夺、压榨、勒索、抢劫；然后，如有最轻微的反抗或刚开始抱怨，就要被压制、处罚、辱骂、侵扰、追逐、虐待、挨打、缴械、拘留、窒息、监禁、审判、定罪、枪击、押送、牺牲、出卖、陷害；就要被示众、嘲笑、讥讽、愚弄、施暴和丧失名誉。这就是政府，这就是它的正义，这就是它的道德。"见其《19 世纪革命的普遍观念》，293～294 页，伦敦，自由出版社，1923。J. B. 罗宾森译。

的停战协议也是不稳固的。<sup>①</sup> 这种相互都感到自己被伤害了的感情，甚至在权利很分明和对每个人行为的事实都无异议的情况下也会出现。而当事实或权利在某种程度上都不分明的情况下，这样一种复仇之争产生的机会就更多了。还有，在一种自然状态中，一个人也可能缺少强行他的权利的力量，他可能无力惩罚一个侵犯了他的权利的较强敌手，或者无力从他那里索取赔偿。

## 二、道德约束与国家

### 最弱意义的国家与超弱意义的国家

古典自由主义理论的守夜人式的国家，其功能仅限于保护它所有的公民免遭暴力、偷窃、欺骗之害，并强制实行契约等，这种国家看来是再分配的。<sup>②</sup> 我们至少能设想一种介于私人保护社团体制与守夜人式国家之间的社会安排。由于守夜人式国家常被称之为是一种最弱意义上的国家，我们将称上述社会安排为超弱意义上的国家。除了直接的自卫所必需的之外，一个超弱意义上的国家坚持一种对所有强力使用的独占权，这样就排除了个人（或机构）的报复侵害和索取赔偿，但它只对那些出钱购买了它的保护和强行保险的人们提供保护和强制实行契约的服务。没有出钱购买来自这种独占权的保护的人们，就得不到它的保护。最弱意义上的（守夜人式的）国家，等于是在超弱意义上的国家之外，再加上一种（明显是再分配的）弗雷德曼式的（Fried manesque）由税收在财政上支持的担保计划。在这一计划下，所有人或有些人（例如那些需要保护者）得到一种以税收为基础的担保，而这种担保，他们在一个超弱意义的国家中只能通过自己的购买保险获得。

由于守夜人式的国家在它迫使一些人为另一些人的受保护而出钱这方面看来是再分配的，它的提倡者就必须解释国家的这一再分

---

① 有关把自己约束在一个地位上的困难，以及心照不宣的协议，见托马斯·谢林：《冲突的战略》，坎布里奇，哈佛大学出版社，1960。

② 在此节和下节中，我概述和丰富了我在《论兰德的论证》一文的脚注 4 中对这些问题的讨论，见《人格主义者》，1971 年春季号。

配功能为何是仅有的。如果保护所有人的某种再分配是合法的，为什么用于其他有吸引力和可欲望的目标的再分配就不是合法的呢？有什么理由专门选择保护性服务作为唯一合法的再分配活动呢？有可能找到一种理由说明保护性服务这一项并不是再分配的。更确切地说，"再分配的"这个概念是用于指一种社会安排的理由类型，而非指这一安排本身。当然，我们也许可以简称一种安排为"再分配的"，如果它的主要的(唯一可能的)支持理由本身是再分配的。("家长制的"称谓也是如此。)发现有说服力的非再分配的理由将使我们抛弃这一标签。我们是否称一种把一些人的钱转交给另一些人的制度为再分配的，有赖于我们所考虑的它这样做的原因。交还被偷的钱或因侵犯权利而付的赔款并不是再分配的理由。我迄今一直说守夜人式的国家外表看来是再分配的，而尚未涉及这种可能性——即有可能发现非再分配的理由类型来证明由一些人为另一些人的保护出钱这一项是正当的。(我在第4和第5章中探讨了一些这样的理由。)

一个超弱意义上的国家的倡导者可能持一种前后矛盾的观点，即便他避免了为什么唯独保护可以采取再分配政策的问题。由于强烈关注保护权利不被侵犯，他使这一保护成为国家的唯一合法功能，他坚决主张所有别的功能都是不合法的，因为它们本身涉及对权利的侵犯。由于他把保护权利和勿侵犯权利置于最高的地位，他怎么能支持超弱意义上的国家呢(这种国家使一些人的权利得不到保护，或者只有很差的保护)？他怎么能以不侵犯权利之名去支持这一国家呢？

国　家

我们在第3章中为自己提出了这样的任务：说明支配性保护社团在一个地区内满足了国家的两个关键性的必要条件：一是它拥有一种必要的在这个地区对使用强力的独占权；二是它保护这个地区内的所有人的权利，即使这种普遍的保护只能通过一种"再分配"的方式来提供。国家的这两个要点是个人主义的无政府主义者把国家谴责为不道德的主要根据。我们也为自己提出了这样的任务：说明这种独占和再分配因素本身在道德上是合法的；说明从一种自然状态过渡到一个超弱意义的国家(出现独占因素)在道德上是合法的，不会侵犯任何人的权利，从一个超弱意义的国家过渡到一个最弱意义的国家（出现再分配因素）在道德上也是合法的，也不会侵犯任何人的权利。

在一个地区内的一个支配性保护机构满足了作为国家的这两个关键的必要条件。它是禁止其他人使用（它所认为的）不可靠的强行程序的唯一普遍有效的强行者，对这些程序实行监督。它保护它的地域内那些被它禁止对其委托人采用自助强行程序的非委托人，即使这种保护必须由其委托人来资助（以明显再分配的方式）。它做这件事是出于赔偿原则的道德要求，这一原则要求那些采取自我保护以增强自身安全的人们，去赔偿那些被他们禁止做出冒险行为——虽然这些行为结果可能事实上是无害的。① ——因而遭受损失的人们。

我们在第3章开始时注意到：由一些人向另一些人提供保护性服务的规定是否是"再分配的"，将依赖于这样做的理由是什么。我们现在看到，这种规定不必是再分配的，因为它能用并非再分配的理由来证明，这就是用赔偿原则提供的理由来证明。（可回忆一下前述"再分配"用于一种实践或制度的理由，它只是在省略和派生的意义上用于制度本身。）为使这一点更鲜明，我们可以设想保护性机构提供两种类型的保护性保险：一种是保护其委托人免受那种冒险的对正义的私人强行的威胁；另一种是不这样做，而只保护他们免受偷窃、谋杀等行为的侵害（假设这些行为在私人强行正义的过程中并不发生）。既然第一种保险只涉及那些需要禁止别人私自强行正义的人们，也就只要求他们来赔偿那些被禁止私人强行正义而遭受损失的人。仅仅购买第二种保险的人将不必为对他人的保护付款，没有任何他们必须赔偿这些人的理由。而由于想得到针对个人强行正义的保护的理由是强有力的，所以几乎所有购买保护的人就都将购买第一种保护而不计较多出的价格，因此就将都加入对保护独立者的经费提供。

我们已经完成了我们的以下任务：解释一个国家是怎样通过并

———————————

① 在此正像在本书其他所有地方一样，"损害"只是指越界。

不侵犯任何人权利的方式从一种自然状态中产生的。个人主义的无政府主义者对最弱意义的国家的道德反对意见被克服。这种国家并不是一种独占权的不公正的强加。一种事实上的独占权，是通过一种看不见的手的过程和道德上可允许的手段产生的，并没有侵犯任何人的权利，也没有提出对一种其他人不具有的特殊权利的要求。需要这种事实上的独占权的委托人，为那些被禁止对他们的自助强行的人的保护付款，这并不是不道德的，而是出自在第 4 章中简述的赔偿原则的道德要求。

在第 4 章中，我们仔细探究了这样的可能性：如果某些人缺少为某些行为可能造成的损害给予赔偿的手段，或者如果他们没有赔偿这些损害的责任保险，是否要禁止他们实行这些行为。这样的禁令如果是合法的，根据赔偿的原则，被禁止者将必须因加与他们的损失而得到补偿。他们能够用这些赔款来购买责任保险！只有那些被这一禁令损害的人们将得到赔偿，即那些缺少别的他们能挪过来购买这种责任保险的资金的人得到赔偿（这种挪用不带来任何不利）。当这些人把他们的赔款都用于责任保险时，我们就有了某种相当于特殊责任保险的公共储备一类的东西，它是提供给那些不能供给它的人的，只包括那些属于赔偿原则范围内的冒险行动——即那些若不补偿是可以被合法禁止的行为（假设损失被赔偿），那些对他的禁止将给他带来严重损失的行为。提供这种保险，几乎肯定是因禁止带来的损失而赔偿那些对他人只造成通常的危险的人们的最省钱方式。由于他们随后将对他们对别人的冒险行为的某些后果做出保险，所以这些行为就不会对他们禁止了。这样我们就看到，如果对那些没有责任保险保护的人禁止某些行为是合法的，如果现在把这种保护扩大到他们了，国家的另一种明显的再分配方式就将由坚定的自由主义道德原则引申出来！（这个惊叹号表示我的惊奇。）

在这一特定地域内的支配性保护机构成了这个地域内的国家吗？我们在第 2 章看到：要准确叙述使用强力的独占权是很困难的，以致在明显的反证面前也有话可说。按通常意义解释的独占权概念，很难确有把握地用来回答我们的问题。我们应当接受教科书中的一种精确定义，只要这种定义被设计得是用于像我们的实例一样的复杂情况的，并经受住了一系列同类实例的考验。没有任何随便和偶然的分类能以一种有益的方式回答我们的问题。

试考虑一个人类学家的下列散乱描述:

把所有物质力量集中到中心权威的手中是国家的主要功能和关键特征。为了清楚这一点,考虑在国家中涉及不可以做的事情的规范:在由国家支配的社会里,除了根据国家的许可,无人可以夺走另一个人的生命,损害他的身体,侵犯他的财产,破坏他的名声。国家的官员则有权力夺走生命、施行肉刑、通过罚款或没收来剥夺财产,影响一个社会成员的地位和名声。

这并不是说在没有国家的社会中,一个人可以不受惩罚地夺走别人的生命,但在这样的社会中(例如在布须曼人、爱斯基摩人和澳洲中部的部落中),保护家族免受侵害的集中权威是不存在的、较弱的或零散的。在美国西部大草原的克诺人和其他印第安人中,应用集中权威只是在紧张局面出现的时候。在这种没有国家的社会里,家族或个人是由不明确的手段保卫的,像由整个群体加入对侵害者的压制,由偶尔或零散使用的强力(当其应用的原因消失时,就不再有需要,也就不再被使用了)。国家拥有压制社会认为是错误或罪行的行为的手段,像警察、法庭、监狱这些在这一活动领域内有着明确和专门功能的制度。再者,这些制度在社会的参照结构内是稳定和持久的。

当国家在古代俄罗斯形成时,统治君主维护其施加罚款、报复伤害和处以死刑的权力,而不允许任何别人这样做。他通过不把其权力让与任何别人或机关而再一次表明了国家权力的独占性质。如果一个臣民未经君主的明确许可而伤害了另一个臣民,他就要受到惩罚。而且,君主的权力只能被明确地代理。如此被保护的臣民阶层就因此被仔细地确定了。当然,绝不是所有在他的势力版图的人都如此被保护。

没有任何人或群体能阻挡国家,国家的行为只能被直接地实行或被明确地代理。权力被代理的国家使其代理人成为国家的一个器官。根据这一社会的法规,警察、法官和监狱看守直接从这一集中权威那里获得强制的权力，征税者、军队和前线士兵等也是如此。国家的权威功能立足于它对这些作为其代理人的力量的命令。[①]

作者并不坚持说他列举的特征都是国家的必要特征。一种特征上的差异将不会导致说明一个地区的支配性保护机构不是一个国家。显然，支配性机构有几乎所有规定的国家的特征。它的持久的管理机构和专职人员使它相当不同于（在指向国家的方面）人类学家们所称的无国家的社会。根据许多像上述作品一样的著作，我们可以将其称之为国家。

以下结论看来是有道理的：一个地区内的支配性保护社团只是相对于一个幅员较辽阔、人口较多的地区才是一个国家。我们并不主张：每个处在无政府状态下的人，只要他对在他的四分之一英亩土地上的强力使用握有一种独占权，这就形成一个国家；同样，一个面积不大的海岛上的仅仅三个居民也不会构成一个国家。试图规定一个国家要存在所必需的人口数量和版图大小的条件将是徒劳的，并不会有助于任何有用的目的。我们也谈到过这样的情况：在那里，几乎所有这一地区的人都是这个支配性机构的委托人。独立者在与这个机构及其委托人的冲突中处在一种较次要的实力地位。（我们曾论证这种情况会出现。）委托人必须占多大的比例，独立者实力地位必须是多低，这是一些较有趣的问题，但是对于这些问题，我没有任何特别有意义的话要说。

国家的另一个必要条件是通过我们在第 2 章中的讨论，从韦伯的理论传统中抽演出来的，即国家声称是暴力的唯一授权者。支配性保护社团没有做出这种声称。在描述过支配性保护社团的地位之后，在明白它是如何接近于人类学家的概念之后，我们不是应当削弱韦伯式的必要条件吗？我们应当使这一条件仅意指一种事实上的独占权，即它是这个地区内对是否允许实行暴力的唯一有效的裁决者，它拥有一种对这个事态作出判断和按照正确判断

---

① 劳伦斯·克拉德：《国家的形成》，21～22 页，英格伍德·克利夫斯，普任提斯—霍尔公司，1968。

行动的权利(确实,这是一种被所有人拥有的权利)。这样说的论据是很强有力的,是完全可取和恰当的。因此,我们的结论是,上述的在一个地区内的这个支配性保护社团正是一个国家。然而,为了提醒读者记住我们对韦伯式条件的稍微削弱,我们有时也称这一支配性的保护机构为一个"似国家的实体",而不径直称之为"一个国家"。

### 三、分配的正义

最弱意义国家是能够证明的功能最多的国家。任何比这功能更多的国家都要侵犯人们的权利。但还是有许多人提出各种旨在证明一个功能较多国家的理由。本书不可能考察所有这些理由。因此,我将集中注意那些被普遍认为是最有分量和最有影响的理由,弄清它们是在什么地方失足的。在本章中,我们将考虑那种认为一个功能更多的国家能由于它是达到分配正义所必需或最好的手段而得到证明的观点,在下一章我们将转向一些分散的其他观点。

"分配的正义"这个词并不是一个中性的词。一听到"分配"这个词,大多数人都会想到由某个体系或机制使用某个原则或标准来提供某些东西。一些错误可能已经顺势溜进了这种分配份额的过程。所以,我们是否应当进行再分配,是否应当把做过了的事情再做一遍,即使做得同样拙劣,这至少是一个可质疑的问题。然而,我们并不是一些由某人来划分馅饼的孩子,这个人最后做一些细微的调整来修正前面粗心的切割。没有任何集中的分配,没有任何人或团体有权控制所有的资源,并总地决定怎样施舍它们。每个人得到的东西,是他从另一个人那里得到的,那个人给他这个东西是为了交换某个东西,或作为礼物的赠予。在一个自由社会里,广泛不同的人们控制着各种资源,新的持有来自人们的自愿交换和馈赠。正像在一个人们选择他们的配偶的社会中,并没有一种对配偶的分配一样,也没有一种对财产或份额的分配。总的结果是众多个人分别决定的产物,这些决定是各个当事人有权做出的。确实,"分配"这个词的某些用法并不暗示着一种由某一标准恰当裁定的预先分配(例如,"按概率的分配"),然而,尽管本章的标题也用了"分配"一词,我们最好还是用一个显然是中性的术语。我们将谈论人们的持有，一种持有的正义原则描述了正义所告诉我们的有关持有的要求（或其平分要求）。我将首先叙述我认为是正确的有关持有的正义观，然后转向其他一些观点。①

（一）权利理论

持有正义的主题由三个主要论点组成：第一点是持有的最初获得，或对无主物的获取。这包括下列问题：无主物如何可能变成被持有的；它们通过哪个或哪些过程可以变成被持有的；那些可以由这些过程变成被持有的事物，它们是在什么范围内由一个特殊过程变成被持有的，等等。我们将把围绕这一论点的复杂真理称作获取的正义原则（其内容我们暂不在此细述）。第二点涉及从一个人到另一个人的持有的转让。一个人可以通过什么过程把自己的持有转让给别人呢？一个人怎么能从一个持有者那里获得一种持有呢？在这一论题下引出了关于自愿交换、馈赠以及另一方面的欺诈的一般描述；并且谈到在一既定社会中固定化的特殊惯例。有关这一论点的复杂真理，我们将称为转让的正义原则。（我们将假设它也包括有关一个人怎样可以放弃一个持有，使它转入一种无人持有的状态的原则。）

如果世界是完全公正的，下列的归纳定义就将完全包括持有正义的领域：

1. 一个符合获取的正义原则获得一个持有的人，对那个持有是有权利的。

2. 一个符合转让的正义原则，从别的对持有拥有权利的人那里获得一个持有的人，对这个持有是有权利的。

3. 除非是通过上述 1 与 2 的（重复）应用，无人对一个持有拥有权利。

分配正义的整个原则只是说：如果所有人对分配在其份下的持

――――――――――――

① 读过第 2 编及本章讨论罗尔斯《正义论》第 2 节的读者，可能把第 1 节中反对其他正义理论的批评和论证，都误认为是针对罗尔斯的，然而情况不是这样，也有别的理论需要批评。

有都是有权利的，那么这个分配就是公正的。

如果一种分配是通过合法手段来自另一个公正的分配，那么它也就是公正的。从一种分配转到另一种分配的合法手段是由转让的正义原则规定的。合法的最初"运动"则是由获取的正义原则规定的。① 无论什么，只要它是从一公正的状态中以公正的步骤产生的，它本身就是公正的。由转让的正义原则规定的改变手段保持着正义。正像推理的正确规则保持着真理，任何通过这种规则的重复应用从唯一真实的前提中演绎出来的结论本身都是真的一样，由转让的正义原则规定的从一种状态到另一种状态的转让手段也保持着正义。任何事实上从一公正状况通过符合这一原则的重复转让产生出来的状况，本身都是公正的。但这种保持正义的转换和保持真理的转换之间的对照，既有有效之处也有无效之处。一个结论本来能够通过保持真理的手段从真实前提中推演出来，这一点足以表明该结论的真理性，而一种状态本来能够从一个公正状态中通过保持正义的手段产生出来，这一点却不足以表明该状态的正义性。被盗者本来能够把其持有作为礼物送给窃贼的事实，并不授予窃贼对他非法所得的权利。持有中的正义是历史的，它依赖于实际发生的事实，我们后面将谈到这一点。

并非所有的实际持有状态都符合两个持有的正义原则，即符合获取的正义原则和转让的正义原则。有些人偷窃别人的东西或欺骗他们、奴役他们、强夺他们的产品，不准他们按自己的意愿生活，或者强行禁止他们参加交换的竞争。所有这些都不是从一种状态到另一种状态的可允许的转让形式。有些人并没有接获取的正义原则核准的手段获得其持有。过去的不正义的存在（对前两个持有正义原则的先前侵犯），提出了持有正义的第三个主要论点：对持有中的不正义的矫正。如果过去的不正义以各种方式塑造着今天的持有，有些可以辨明，有些不能辨明，那么，如果可以，现在应当采取一些什么措施来矫正这些不正义呢？对于那些因不正义的发生其状况变

---

① 获取正义原则的应用也可以在从一种分配转到另一种分配时出现。你现在可以发现一个无主物并占有它。有时为了简化，我只谈到转让者的转换，但获取也可被理解为包含在其中。

得比本来可以有的状况或立即给予赔偿的状况要坏的人们，不正义的实行者有什么义务呢？如果得益者和受损者并不是不正义行为中的直接一方，而比方说是他们的后裔，整个事情又会怎样改变呢？可以对其持有本身是基于一种未矫正的不正义的人施以不正义吗？人们必须回溯多远才能扫清这一历史上的不正义的遗迹？不正义的受害者可以被允许做些什么以矫正对他们做出的不正义（包括别人通过政府对他们做出的大量不正义）？我不知道对这些问题的一种彻底的或理论上精致的回答是什么。① 让我们非常理想化地假设理论的探讨将产生一个矫正的原则。这一原则应用有关先前的状况及其间做出的不正义（由前两个正义原则和反对干涉的权利所确认的不正义）的信息，应用从这些不正义演变到今天的实际事态之过程的信息，给出这个社会的持有的一种或一些描述。假如这种不正义未曾发生，矫正原则大概要应用它对本来要发生什么的虚拟信息的最好估计（或用期待值，对可能发生的事情的一种盖然的分配）。如果持有的实际描述其实并不是这一原则给出的描述中的一种，那么这些给出的描述中的一个就必须付诸实现。②

持有正义的理论的一般纲要是：如果一个人按获取和转让的正义原则，或者按矫正不正义的原则（这种不正义是由前两个原则确认的）对其持有是有权利的，那么，他的持有就是正义的。如果每个人的持有都是正义的，那么持有的总体（分配）就是正义的。为了把这些纲要转变成一个具体理论，我们必须规定这三个持有的正义原则，即持有的获取原则、持有的转让原则和矫正对前两个原则的侵犯的原则的细节。我不欲在此做这一工作。

### （二）合作条件与差别原则

在社会合作与分配份额的联系问题中，还有一点吸引我们去注意罗尔斯的实际讨论。罗尔斯设想有理性的、相互冷淡的个人是在

---

① 然而，可参见鲍里斯·比特克的有关著作《对黑人赔偿的论证》，纽约，兰登书屋，1973。

② 如果矫正对前两个原则的违反的原则，产生的是不止一种占有系列描述，那就必须对实现哪种描述作一选择。也许在这种次级的选择中，我所反对的这种有关分配正义和平等的考虑将起一种合法的作用。

某种状况中集合在一起,在此他们脱离于他们的其他特征,这些特征是这一状态没有提供的。在这种假设的、罗尔斯称之为"原初状态"的选择状态中,人们选择一种正义观的首批原则,这些原则要调节随后所有的对他们的制度的批评和改造。当作出这种选择时,无人知道他在社会中的位置,他的阶级或社会地位,他的自然资质和能力,以及力量、理智等。

正义的原则是在一种无知之幕(veil of ignorance)后被选择的。这可以保护任何人在原则的选择中都不会因自然的机遇或社会环境中的偶然因素得益或受害。由于所有人的处境都是相似的,无人能够设计有利于他的特殊情况的原则,正义的原则是一种公平的协议或契约的结果。①

在原初状态中的人们将一致选择什么样的原则呢?

处在原初状态中的人们将选择两个相当不同的原则:第一个原则要求平等地分配基本的权利和义务;第二个原则则认为社会和经济的不平等(例如,财富和权力的不平等)只要其结果能给每一个人,尤其是那些最少受惠的社会成员带来补偿利益,它们就是正义的。这些原则拒绝为那些通过较大的利益总额来补偿一些人的困苦的制度辩护。减少一些人的所有以便其他人可以发展——这可能是策略的,但不是正义的。但是,假如另一些并不如此走运的人们由此也得到改善的话,在这样一些人赚来的较大利益中就没有什么不正义了。在此直觉的观念是:由于每个人的幸福都依赖于一个合作体系,没有这种合作,所有人都不会有一种满意的生活,因此利益的划分就应当能够导致每个人自愿地加入到合作体系中来,包括那些处境较差的人们。只要提出的条件合理,这还是可以期望的。上述两个原则看来是一种公平的契约,以它为基础,那些才智较高、社会地

---

①　罗尔斯:《正义论》,12页。

位较好（对这两者我们都不能说是他们应得的）的人们，能期望当某个可行的体系是所有人幸福的必要条件时，其他人也会自愿加入这个体系。①

被罗尔斯称之为"差别原则"的第二个原则主张：制度结构要如此安排，至少要使在它之下的状况最差群体，和任一其他制度下状况最差的群体（不必是同一个群体）生活得一样好。罗尔斯论证说，如果原初状态中的人们在进行正义原则的这一重要选择时遵循最大极小值策略，他们就将选择差别原则。我们在此所关心的，并不是罗尔斯描述的原初状态中的人是否将采用最大极小值策略，以及实际上选中罗尔斯所规定的特殊原则的问题。但我们还是要问：为什么原初状态中的个人会选择一个与其说是关注个人，不如说是关注群体的原则呢？最大极小值准则的采用，不是要使原初状态中的每个人都赞成最大限度地提高状况最差的个人的地位吗？确实，这一原则将把评价社会制度的问题还原为最不幸的受压迫者如何发展的问题。但通过关注群体（或代表性个人）而避开个人看来却是很特别的，按个人观点看这种动机是不恰当的。[13]②究竟哪些群体要得到恰当的考虑也是不清楚的；为什么不考虑抑郁病患者、酒鬼或瘫痪病人的群体呢？

如果差别原则没有被某一制度结构 J 满足，那么在 J 之下生活的某一群体 G 的状况就比假如它在另一种满足了差别原则的制度结构 I 之下生活的状况要差。如果另一群体 F 在 J 之下生活，比假如它在由差别原则赞成的 I 之下状况要好，这足以使人说在 J 之下"某些人……所得较少是为了别人可以发展"吗？（在此应记住 G 所得较少以便 F 发展的情况。我们也能对 I 说同样的话吗？F 在 I 之下所得较少是为了 G 可以发展吗？）假设在一个社会中存在下列状况：

（1）设群体 G 有量 A，群体 F 有量 B，B 比 A 大。同时也能通过另一种安排，使 G 的所得多于 A，F 的所得少于 B。（这种不同的安排可能涉及一种从 F 转让某些持有给 G 的机制。）

---

① 罗尔斯：《正义论》，14～15 页。

② 罗尔斯：《正义论》，第 16 节，特别是 98 页。

这是否就足以说：

(2)因为 F 状况好所以 G 才状况差；G 状况差是为了 F 状况好；F 的状况好使 G 的状况差；G 的状况差是由于 F 的状况好；G 的状况不好是因为 F 的状况好。

如果可以这么说，陈述(1)是否真是有赖于 G 处在比 F 差的状况中吗？还有另一个可能的制度结构 K，它从状况最差群体 G 那里把其持有转让给 F，使 G 的状况甚至更差。K 的这种可能性使下述说法成为真实的吗——在 J 之下，F 的状况因为 G 的状况好一些而变得(甚至)不那么好了？

我们通常并不认为一个虚拟语句(如(1))的真实性，就足以证明某种直陈因果语句(如(2))的真实性。如果你自愿成为我忠顺的奴隶，这将在各方面改善我的生活(假设我能克服最初的良心不安)，那么我现在状况不那么好的原因，是因为你没有变成我的奴隶吗？假如你使自己成为一个穷人的奴隶将改善其命运和使你的状况变坏，我们就将说这个穷人现在的状况不好，是因为你的状况如你现在这么好吗？他所得较少是为了你可以发展吗？从 F 一条件句：

(3)假如 P 要做行为 A，那么 Q 将不会处在状态 S 中。

我们将得出结论：

(4)P 不做 A，故而要对 Q 处在状态 S 中负责；P 不做 A，从而使 Q 处在状态 S 中。

只要我们也相信：

(5)P 应当做行为 A，或 P 有义务做行为 A；或 P 有一种责任做行为 A 等。①

这样，从(3)到(4)的推论在这种情况下就预先假定了前提(5)。一个人就不能为了达到(5)而一步就从(3)论证到(4)。这种在某种状态中有些人所得较少是为了别人可以发展的陈述，常常正是根据被引来作为支持理由的对一种状态或制度结构的评价。由于这一评价并不只是来自虚拟语句，对它就必须有一种独立的论证。

---

① 在此我们简化了(5)的内容，但并不损害我们现在的讨论。

正如我们前面所见，罗尔斯认为：

> 由于每个人的幸福都依赖于一种合作体系，没有这种合作，所有人都不会有一种满意的生活，因此利益的划分就应当能够导致每个人自愿地加入到合作体系中来，包括那些处境较差的人们。只要提出的条件合理，这还是可以期望的。上述两个原则看来是一种公平的契约，以它为基础，那些才智较高、社会地位较好（对这两者我们都不能说是他们应得的）的人们，能期望当某个可行的体系是所有人幸福的必要条件时，其他人也会自愿加入这个体系。[①]

无疑，差别原则提出了那些才智较低的人们愿意合作的条件。（他们是否能为自己提出更好的条件？）但是，这是一个那些才智较低的人们能期望得到别人的自愿合作的公平协议吗？在产生社会合作的收益方面，各方的状态是对称的。才智较高者是通过与才智较低者的合作得益的，同时，才智较低者也是通过与才智较高者的合作得益的，但差别原则在这两者之间却不是保持中立的，这种不对称是来自何处呢？

也许当一个人问每一方从社会合作中得到多少时，这种对称就被打乱了。这个问题可以在两种意义上理解。一种是比之于人们在非合作体制中的个人持有来问他们从社会合作中得益多少，亦即对每一个人 i 来说，在 Ti—Si 之后还有多少？另一种不是比之于不合作状态，而是比之于较有限的合作来问每个人从普遍的社会合作中得益多少。在涉及普遍的社会合作时，后者是较恰当的提法。因为当对有关普遍社会合作的利益将如何分配的原则达不成普遍协议时，如果有某种别的涉及某些人（而非所有人）的、其成员都能够同意的有利合作安排，那么就不会出现所有人都留在一种不合作的状态中的情况。这些人将加入这种范围较狭的合作安排。为了集中考虑才智较高者与才智较低者一起合作的利益，我们必须试着去设想一些

---

[①] 罗尔斯：《正义论》，15 页。

范围较狭的部分的社会合作体系，在那里，才智较高者仅仅在他们本人之间合作，才智较低者也仅仅在他们本人之间合作，并没有任何交叉的合作。两个群体的成员都从他们各自群体的内部合作中得益，比他们若是完全没有社会合作有较大的份额。说一个人从范围更宽广的、天赋较高者与较低者之间的社会合作体系中得益是在下述意义上说的——他从这一更宽广的合作中增加了收益，亦即他在一个普遍合作体系中得到的份额大于他在一个较有限的群体内的(非交叉的)合作中所得的份额。用一个简单的标准，如果某个群体从普遍合作中(比之于较有限的群体内合作)增加的收益要比另一个群体增加的收益大，那么可以说，普遍的合作对才智较高者或较低者有更大的利益。

我们可以思考是否各群体增加的收益存在着不等，以及若存在不等，应当取哪种方式。如果才智较高者的群体包括那些致力于完成某些对别人有巨大经济利益的事情的人，这些事情如新的发明、有关生产或制造的新观念和新工艺、经济工作方面的娴熟技艺等①，那么，就很难避免这样的结论，即才智较低者将从普遍合作体系中得到比才智较高者更大的利益。从这一结论将引出什么推论呢？我的意思并不是要说才智较高者应当得到甚至比他们在权利体系的普遍社会合作中所得利益更大的利益②，而是说从这一结论中确实会引出一种对下列情况的深深怀疑——以公平的名义给自愿的社会合作(及从它产生的持有系列)施加某些限制条件，以使那些已经从这一普遍合作中得益最多的人甚至还要更得益！

罗尔斯要我们想象才智较低者会这样说："喏，才智较高者，你们会从与我们的合作中得益，如果你们想要我们的合作，就必须接受合理的条件。我们建议的条件是：只要我们能尽可能地得的多，我们就将同你们合作。也就是说，我们合作的条件应带给我们这样一种最大份额——如果试图再多给我们，结果我们反会得到较少。"

---

①　他们不必是生来就才智较高的。按罗尔斯的用法，"才智较高"仅意味着在经济价值、做事能力和边际产品等方面成就较大。

②　假如他们能辨认他们自己并相互辨认，他们有可能通过结为一个团体，一起与其他人订约而努力争取更大的份额。

这一建议的条件到底有多慷慨，我们也许从想象才智较高者做出几乎对称的反建议中可以看出："喏，才智较低者，你们也会从与我们的合作中得益。如果你们想要我们的合作，就必须接受合理的条件。我们建议的条件是：只要我们尽可能地得的多，我们将同你们合作，也就是说，我们的合作条件应给我们这样一种最大份额——如果试图再多给我们，结果我们反会得到较少。"如果这一条件看来是专横的（它确实是如此），为什么那些天赋较低者提出的条件就不是专横的呢？假设某人有勇气直言不讳地陈述第一个建议，为什么才智较高者就不应把第二个建议放在考虑之列呢？

罗尔斯花了许多精力来解释为什么那些条件较差者不应当为得益较少而抱怨。他的解释简单说来是这样的：由于这种不平等会促进其利益，条件较差者就不应当为此抱怨；他在这种不平等的体系中会比他在一个平等体系中得益更多。（虽然他在另一个把某些别人放在他之下的不平等体系中得益可能还要多。）而罗尔斯仅仅在下列段落中讨论了那些条件较优者是否也将，或者应当觉得这一条件是令他满意的（在此 A 与 B 是任何两个代表人，其中 A 是条件较优者）：

> 现在的困难是说明 A 也没有理由抱怨。也许由于他要让渡一部分利益给 B，他得到的就比本来可能得到的要少。现在我们可以对这个条件较优者说什么呢？首先清楚的是，每个人的福利都依靠着一个社会合作体系，没有它，任何人都不可能有一个满意的生活；其次，我们只可能在这一体系的条件是合理的情况下要求每一个人的自愿合作。这样，差别原则看来就提供了一个公平的基础，在这一基础上，那些才智较高者，或社会条件较幸运者能够期待别人在所有人的利益都要求某种可行安排的条件下与他们一起合作。①

罗尔斯想象的对条件较优者所说的话，并不说明这些人就没有理由抱怨，也全然没有减轻他们可能产生的抱怨的分量。每个人的

---

① 罗尔斯：《正义论》，103 页。

幸福都依赖于社会合作，没有这种合作，任何人都不可能有一种令其满意的生活——这些话也可以由提出任何别的原则，包括提出最大限度地提高才智最高者状况的原则的人们来对那些才智较低的人们说。同样，说只要条件合理，我们就能要求别人的自愿合作也是如此。问题是，什么样的条件将是合理的？罗尔斯想象的这些话迄今只显示了他的问题；这些话并不能把他提出的差别原则与几乎是对称的反建议区别开来——比方我们前面设想的才智较优者的建议，或任何别的建议。所以，当罗尔斯继续说，"这样，差别原则看来就提供了一个公平的基础，在这一基础上，那些才智较高者，或社会条件较幸运者能够期待别人在所有人的利益都要求某种可行安排的条件下与他们一起合作"时，这一推论就是令人迷惑不解的，因为，在这一推论之前的句子是在他的建议与任何别的建议之间保持中立的，差别原则提供了一个合作的公平基础的结论，并不能够从它前面的句子中推演出来。罗尔斯仅仅是重复地说它看来是合理的，而对那些并不觉得它合理的人们，他并没有提出令人信服的回答。罗尔斯并没有说明，条件较优者 A 为什么没有理由因自己被要求为了使另一个人 B 比他本来要有的状况更好而减少自己的收益抱怨。他不可能说明这一点，因为 A 确有理由抱怨。难道不是这样吗？

## 四、一种用于乌托邦的结构

没有什么比最弱意义国家功能更多的国家能够得到证明。但最弱意义国家这一观念或理想不是缺少吸引力吗？它能激动心灵或鼓舞人们为之奋斗和做出牺牲吗？人们愿意聚集在它的旗帜之下吗？①

---

①　"一个道德上中立，对所有价值冷淡，只坚持法律和秩序的国家，不可能充分得到维持自身所必要的忠诚。一个士兵可以为女王和祖国牺牲其生命，但很难为最弱意义国家如此牺牲。一个相信自然法和永恒善恶的警察，可能与一伙武装暴徒作殊死搏斗，但如果他仅把自己看作是一个由小心谨慎的人们缔约建立的相互保护协会的雇员，他就不会这样做，要鼓舞那些若无他们的自由合作国家就不能生存的人们，有些理想是必不可少的。"见 J. R. 卢卡斯的《政治学原理》，292 页，牛津，克莱伦顿出版社，1966。卢卡斯为何认定最弱意义国家的雇员不会为它保障的权利献身呢？

它与另一极端、与乌托邦理论家的希望和梦想比较起来不是显得苍白无力和黯淡无光吗？无论最弱意义国家有什么优点，下一点看来是清楚的：它绝不是乌托邦。那么，我们期望：对乌托邦理论的一种深入探讨，将不只是显示作为政治哲学目标的最弱意义国家的缺陷。这样一种探讨本身也将有一种意义。现在就让我们来探究乌托邦理论，直到到达我们愿意停止的地方为止。

乌托邦的手段与目的

对"乌托邦思想"提出的众所周知的反对意见，是否也适用于反对我们在此提出的观念呢？很多批评意见强调乌托邦思想家没有讨论达到其梦想的手段，或者他们对手段的思考达不到他们的目的。批评者们尤其指出：乌托邦思想家常常相信，他们能通过现存社会结构中的自愿行为而创造新的条件，培养他们的特殊共同体。他们的信念基于三个理由：首先，他们相信，对于那些从一种远非理想类型的制度获利的人或团体（由于他们在其中占据了有特权的地位，故而能从将被理想类型排除的现实类型的不公和缺陷中获利），如果为实现理想类型，通过自愿行为而获得他们的合作是有必要的，就能够说服他们自愿实行那些（违背他们利益的）推动产生理想类型的行为。乌托邦思想家希望通过论证和别的诉诸理智的手段，使人们信服理想类型的可欲性和正义性，相信他们的特权的不义和不公，从而改变他们的行为。其次，乌托邦思想家相信：即使现存社会结构允许某些联合的自愿行动，这些行动足以造成由那些不从这一社会的不公和缺陷中获利的人们推动的重大社会变化，那些其特权受到威胁的人们也不会积极干预，不会以暴力和强制来粉碎这一试验和改革。最后，批评家们指出乌托邦思想家太天真——他们竟然以为即使在并不要求特权者的合作，这些人也不会用暴力干预改革过程的时候，通过自愿合作在很不同的外部环境中——常常是敌对于某一试验目标的环境中——进行这种特定试验也是有可能的。然而，一些小团体怎么能战胜这一社会的整个倾向呢？一些孤立的试验不是注定要失败的吗？对这最后一点，我们在第8章中看到了一个工人自治的工厂在一个自由社会中建立的情况。总之，我们的观点认为：有一种通过人们的自愿行为，在一个自由社会中实现各种局部状况的手段。人们是否将愿意选择实行这些行为是一个另外的问题。但在一个自由社会体系中，任何浩大、广泛和革命性的运动，还是能通过这样一种自愿过程达到其目标的。当越来越多的人看到它如何活动时，就将有越来越多的人希望加入或支持它。所以，无须强迫所有人或多数人或任何人进入这一模式，它也能够发展壮大。

即使这些反对意见对我们的结构都无效，一些人还将反对依赖人们的自愿行为，坚持说人们现在非常腐化堕落，以致他们不会愿意为建立正义、德性和好的生活的试验而自觉合作。（即使是这样——他们若愿意这样，这一试验就将在一个完全自愿的环境中，或在某种现行环境中成功。）而且，如果他们过去或今后不腐败，他们就将加入合作。所以，他们继续论证说，必须迫使人们按照好的模式行动，必须禁止那些试图把他们往坏的老路上引的人说话。①这一观点值得展开讨论，但不可能在此进行。由于这一观点的倡导者们本身显然也会犯错误，大概很少有人会愿意给他们或允许他们拥有一种清除他们认为腐败的观点所必需的专制权力。可取的是一种这样的社会组织：它对那些远非理想人格的人们来说是最佳的，对那些优秀得多的人们来说也是最佳的，生活在这样的组织中本身就倾向于使人们变得更好和更接近理想。我们与托克维尔一样相信：人们只有通过自由才能发展和训练德性、能力和责任感，以及就自由人而言的健全判断；自由鼓励这种发展；现实生活中的人并不是如此腐败，以致有可能构成一种极端的例外而不配享有自由，因此自愿的结构是一个恰当的基础。

不管对乌托邦传统作家的手段观的批评是多么正确，我们并没有做出任何这样的假定：能够使人们自愿放弃某些特权，这些特权是建立在不合法地直接干涉或通过政府去干涉别人生活的基础上的；我们也没有假定：面对那些拒绝再让自己的权利被侵犯的人们的可允许的自愿行为，那些自身不合法的特权受到威胁的人们会平心静气地作壁上观。确实，我在此并没有讨论在这种情况中可以合法做的事情，和什么策略最好的问题。读者只有在接受了这一自由主义

---

① 参见赫伯特·马尔库塞的《制止的宽容》，见 R. P. 沃尔夫等编的《对纯粹宽容的批评》，波士顿，贝肯公司，1969。

的结构之后，才会对这种讨论感兴趣。

许多批评是针对乌托邦传统作家的特殊目的和他们所描述的特殊社会的。而有两个批评意见看来是适用于所有乌托邦思想家的。

首先，乌托邦思想家想根据一个详细的计划来设计整个社会，这一计划是预先概括的，以前从未接触过的。他们把一个完善的社会作为他们的目标，因此，他们描述的是一个静止和严格的社会，没有任何改革的机会或发展的希望，这一社会的居民亦无任何机会自己选择新的社会类型。（因为如果变化是一个向好的方向的变化，那么由于先前的社会状态可以被超越，这一社会状态就不是完善的；而如果变化是一个向坏的方向的变化，允许退步的先前社会状态就也不是完善的。至于中性的变化，它有何必要呢？）

其次，乌托邦思想家认定他们所描述的特定社会在运转中不会有什么问题产生，社会机制和制度将如他们所预言的那样活动，人们不会按照某些动机或利益行动。他们轻易地回避了某些明显的问题，这些问题是任何有社会经验的人都清楚的，或者，他们对怎样避免和解决这些问题有一最乐观的估计。（乌托邦传统的定向是最大美好值的。）

但我们并没有仔细阐述在这一社会内每一特殊共同体的特征，我们并设想这些共同体的性质和构成会定期发生变化。任何乌托邦作家实际上都没有确定他们的共同体的全部细节。由于我们的结构的细节将必须确定，我们的程序是否和那些乌托邦作家不同呢？他们希望预先确定所有重要的社会细节而撇开那些琐屑的细节，这些细枝末节或者是他们不关心的，或者是不涉及任何有意义的原则问题的。然而，在我们看来，各种共同体的性质是很重要的。这些问题如此重要，以致它们不应由任何别人代为解决。然而，我们想特别详细地描述这一结构的性质，描述那些要固定下来不再改变的性质吗？我们假定这一结构将毫无问题的运转吗？我希望描述结构的以下这一性质——它容有各种各样的试验自由。但我们并不预先确定这一结构的所有细节。（做这件事将比预先设计一个完善社会的细节要容易。）

我也不认为有关这一结构的所有问题都已解决。让我们在此提出一些。在某种集中权威（或保护性社团）扮演的角色方面将存在问题：怎样选择这一权威呢？怎样保障它所做的事情呢？它要做些什么事情呢？在我看来，它的主要作用将是强制实行这一结构的运转——例如，防止某些共同体侵犯和抢掠别的共同体的成员或资产。再者，它将以某种合理方式裁判那些不能和平解决的共同体间的冲突。我不希望在此探讨这样一种集中权威的最好形式是什么，在此，不一劳永逸地把形式固定下来，而是留下改善的余地看来是可取的。我在此也不谈如何控制一种集中权威这个困难和重要的问题，这样控制必须足够有力，以使集中权威履行它的恰当功能而不越权，但我对有关联邦、联合、权力的分散和制衡等方面的经典文献，并没有特别的补充。①

正如我们所说的，乌托邦思想的一个固有特征是以下这种感觉：觉得存在着某些原则——这些原则非常明晰，能为所有有善良意愿的人接受；这些原则非常准确，能在特殊情况中给出毫不含糊的指导；这些原则非常清楚，能使所有人都认识它的指令；这些原则非常全面，能包括所有实际发生的问题。由于我并不认为存在着这种原则，我也就不认为对政治的研究将会变得无用。一个人期望一种运转良好、简单明了的乌托邦体系，却不清楚政治机器的细节，不清楚具体如何控制它，这是不太适合的。

除了裁决共同体之间的冲突，一个集中权威或机构还有别的工作要做，例如强行一个人离开一个共同体的权利，但如果能合理地认为，一个人对他希望离开的共同体的其他成员，欠下了某些东西，例如，他一直在用他们的钱受教育，这种教育是以他将在这一团体运用他获得的技艺或知识的明确协议为条件的。或者，他负有某些若转换团体就将放弃的家庭义务，或者没有这些关系，他希望的只

———————————

① "对这个问题实际上没有满意的理论解决办法。如果一个联邦政府拥有一种宪法权威，能强行干预一个州政府以保证它实行其作为联邦成员的义务，就没有充分的宪法手段来防止联邦通过有力和坚决的集中管理而变为一个集中制国家。而如果联邦没有这种权威，就没有充分的保证，使联邦政府能在有力和坚决的州政府将其对宪法自由的充分利用变为各行其是时，维持这一联邦的存在。"见 A. W. 麦克马洪编的《联邦制：成熟与危机》，139 页，纽约，双日公司，1955。当然亦见《联邦主义者文选》。马丁·戴尔蒙德在其《论联邦制》中，令人感兴趣地讨论了"联邦主义者的联邦观"，联邦制研究会，1961。

是离开。他可以拿出一些什么呢？或者，他希望在他冒犯了别人而共同体将惩罚他时离开。显然，处理这些问题的原则将是复杂的，而涉及孩子时问题就更要复杂，在某种意义上，是必须保证孩子们得到这个社会的其他选择对象的消息的，但是，某个团体却可能把不告诉他们的孩子在百里外有一个性开放的共同体看成是重要的。我提出这些问题，是为了指出对一种结构的细节需要做出的一些思考，也是为了使人们清楚，我并不认为这种结构的性质现在就能最终地确定。①

即使这种结构的细节没有确定，对它不存在某些严格的限制，就没有某些不可改变的特征吗？它有可能演变为一种允许强行排除某些生活方式的非自愿结构吗？如果一种结构能设计得不可能转变为这样一个非自愿结构，我们愿意设计它吗？如果我们设立了这样一种永远是自愿的一般结构，我们不是在某种程度上排除了某种可能的选择吗？我们不是在预先说人们不可能选择以某种方式生活吗？我们不是确立了一个人们能够活动的严格范围，从而犯了静止型乌托邦思想家常犯的错误吗？涉及一个人的可与此对照的问题是：一个自由体系是否将允许这个人把自己卖为奴隶？我相信它将允许（别的一些人不同意我的观点）。一个自由体系也将总是允许他不去进行这种交易，但是，对于有些个人可以自己选择的事情，却无人可以代为别人选择。只要人们认识到：结构的这种严格不变的特征是处在多么一般的水平上，它允许的特殊生活和共同体是多么的歧义，答案就是："是的，这一结构应当固定在自愿原则的基础上。"但是我们要记住，任何个人都可以缔约建立对自己的任何特殊约束，所以就可以用这一自愿结构缔约使自己摆脱它（如果所有的个人都这样做，这一自愿的结构就只有等到下一代的人们成年后才能运转）。

### 乌托邦产生什么结果

"那么好，结果将会怎么样呢？人们将朝什么方向发展呢？共同

---

①　我们当然可以在一个国家的不同地区，试验稍稍不同的结构，允许每一地区在看到别的结构的运转情况时，稍微改变自己的结构。但还是会有某种共同的结构，虽然其特点不会永久地固定不变。

体将有多大呢？有没有大都市呢？尺度经济将怎样运转来确定各个共同体的大小呢？所有的共同体都是按地理位置分布的吗？将有许多重要的亚团体吗？等等。大多数共同体将追求特殊(虽然歧异)的乌托邦的梦想呢？或者有很多共同体本身是开放的，是不由任何这种特殊的梦想推动吗？"

我不知道；对这一结构中近期将出现些什么事情我只能猜测，而你不应该对我的猜测感兴趣，至于长远的事情，我甚至不想去猜。

"那么，这就是所有要说的话吗：说乌托邦是一个自由社会？"乌托邦并不是一个实现了这一结构的社会，因为谁会相信在这一结构建立后十分钟，我们就有乌托邦呢？事情将与现在没有什么两样。值得人们热烈谈论的是那些自发地从许多个人在一个长时期里的选择中产生的事物(这一过程的任何特殊阶段，都不是我们所有欲望指向的目的状态，这一乌托邦过程取代了其他乌托邦的静止的目的状态)，许多共同体将达到许多不同的目的，只有一个傻瓜和一个预言家，才会在这一结构运行比方说150年之后，试图去预测共同体的范围、限制和特征。

我不想充当上面的两种角色，让我在结束时强调在此提出的乌托邦观念的双重性质，即有一种乌托邦的结构，在这一结构内有各种特殊的共同体，在我们看来，几乎所有的乌托邦文献都只是关心这一结构之内的特殊共同体的特征。我没有提出某种共同体的特殊描述的事实，并不意味着我认为这样做是不重要的、次要的或无意义的。情况不可能是这样。我们就生活在特殊的共同体中，正是在这些共同体中，一个人的非帝王式的理想或好的社会的观念要被提出和实现。让我们这样做正是这一结构的目的，没有这些推动和促使我们创造具有各种特殊可欲性质的特殊共同体的理想，这一结构就将缺少生气和活力，这一结构和许多人的特殊理想结合起来，使我们能得到所有可能世界中的最好世界。

我们在此论述的观点，是完全拒绝预先详细地计划一个所有人都生活在其中的共同体的，但却同意自愿的乌托邦试验，并为这种试验提供一种能使其发展的背景。这一观点是属于乌托邦还是属于反乌托邦的营垒呢？我很难回答这个问题，但它却促使我倾向于认为这一结构包括了这两种观点的价值和优点(它是否反而盲目地把这两种观点的错误和缺陷结合在一起呢？通过自由和公开的讨论，将使人们明辨这一点）。

乌托邦与最弱意义上的国家

我们描述的这一乌托邦结构，就等于是最弱意义上的国家。这一章的论证是独立于第二编和第三编的论证的，它是从另一个方面注意这些论证的结果——即最弱意义上的国家。在我们这一章的讨论中，我们并没有把这一结构看作是比一种最弱意义上的国家更多的东西，但也没有明显地依赖于我们前面对保护性机构的讨论（因为我们想使两个系列的独立论证汇合）。我们不必使我们在此的讨论，与前面有关支配性保护机构的讨论混合起来，除了在有一个地方应注意到：不管人们对一个集中权威的作用（对他的控制等）达成什么结论，都将形成他们愿意作为其委托人的保护性机构的内在形式和结构。

我们在第一编中论证了最弱意义上的国家在道德上是合法的，在第二编中论证了没有任何功能更多的国家能在道德上得到证明，以及任何功能更多的国家都将侵犯到个人的权利。我们现在看到：道德上可取的国家、道德上唯一合法的国家、道德上唯一可以忍受的国家，正是能最好地实现无数梦想家和幻想者的乌托邦渴望的国家。它保存了我们从乌托邦传统中所能保留下来的全部东西，而把这一传统的其余成分分别留给我们个人的渴望。现在回到本章开始时提出的问题：最弱意义上的国家，亦即这种乌托邦的结构，难道不是一种令人振奋和鼓舞的理想吗？

最弱意义上的国家把我们看作是不可侵犯的个人——不可被别人以某种方式用作手段、工具、器械或资源的个人；它把我们看作是拥有个人权利及尊严的人，通过尊重我们的权利来尊重我们；它允许我们个别地，或者与我们愿意与之联合的人一起地——就我们力所能及地，并在与其他拥有同样尊严的人的自愿合作的援助下——来选择我们的生活，实现我们的目标，以及我们对于自己的观念。有什么国家或个人联合体敢比这做得更多呢？它们不是比这做得更少吗？

节选自［美］罗伯特·诺齐克：《无政府、国家与乌托邦》，

北京，中国社会科学出版社，1991。何怀宏等译。

# ［美］内格尔（**Thomas Nagel，1937—** ）

《利他主义的可能性》（1970）（节选）

《必朽的问题》（1979）（节选）

《无从之见》（1986）（节选）

《平等与偏袒》（1991）（节选）

# 《利他主义的可能性》（1970）（节选）

## 利他主义：直觉的问题

若利他主义如何可能的问题果真存在，则与相应的谨慎问题多有共同之处。我所谓的利他主义，并非意指不幸的自我牺牲，而仅仅是指一种无须外部动机的驱使便考虑他人利益的行动意愿。[①] 这些对他人利益的考虑究竟是如何可能成为我们的行动动机的呢？为了证明并解释以有利于他人为目标的行为，需要何种制度和何种更深的干预因素呢？（正如在谨慎的情形中一样，我们可以在无须努力提供有关利与害、幸福与不快、快乐与痛苦或者无论何种主要的决定性因素——积极的和消极的——过于精致的分析之情况下，来处理这个问题。问题不是为什么这些特殊的因素会成为我们的动机，而是它们如何成为我们的动机的——假定它们以某一种方式驱动我们行动，那么，它们也可以以另一种方式驱动我们行动，在任何时间，或以任何方式驱使我们跨越个人之间的鸿沟。）

此一阶段的问题不是他人利益如何驱使我们采取某种具体的利他主义的行为政策，而是它们究竟怎样才能成为我们的动机。显然，

---

[①] 我将把可以确定为利他主义的理由系统中所有有关自我利益与他人利益之轻重权衡的问题搁置一边，暂不讨论。

绝大多数伦理学理论都需要对这种行为给予**某种**说明，因为极少伦理学理论不包括一些注重他人的行动要求。即令所要求的社会行为并不包括严肃的自我牺牲，也几乎肯定包括没有任何明显自利动机出现的情形，而且在这些情形中，当事人可能会感到某些不方便，或者至少是无利可图。因此，用自利来为利他主义辩护不可能成功。但是，人们可能会诉诸其他的利益，包括无差别的同情或仁慈之普遍情操。

　　人们有可能基于下述理由来反驳这种假设，该理由是：他们所诉诸的这些心理学原则和社会性原则既不是普遍的，也明显不足以说明利他主义动机的强度，并且这些原则明显与现象不符。① 然而我却反其道而行之，只想尽力提供一种更好的解释，以表明诉诸我们的利益或情操来说明利他主义乃是多余的。我对这类建议的一般回答是：毫无疑问，在人们追求他人利益的某些情况下，他们可能受到仁慈、同情、爱、变相自利和各种各样的其他影响因素的动机驱使，但也存在其他的情况，在没有这些动机因素的时候，也会出现利他的动机；而在这些动机因素出现的时候，利他的动机也会发挥作用，此种情况也确实具有人类行为之合理要求的特性。换句话说，的确存在纯粹的利他主义（尽管它从来就没有脱离所有其他动机而单独出现过）。某一个人的利益之所以对另一个人行动产生直接的影响，仅仅是因为前者的利益本身给后者提供了一个行动的理由。在此情形下，如果人们还可以讲出更深刻的与外在环境相互作用的内在因素，该内在因素肯定不是一种欲望或者一种性向，而是这种理性系统所代表的结构。

---

　　① 有一种常见的解释也许可以在此提及一下：它认为，关注他人的行为是由一种避免罪感的欲望所驱动的，此罪感是自私行为所导致的结果。罪感无法提供基本的理由（理性），因为确切地说，罪感是一种痛苦的认识，即：某人正在做或已经做了与一种他人的要求、权利或利益所提供的理由（理性）——一种必须预先给予承认的理由（理性）——相对立的事情。

　　让我补充一下：我们也可以提出类似的论证，来反驳那种将普遍化的同情一般化为道德动机之基础的理论诉求。一般说来，同情不只是一种由认识到他人苦难所产生的不快感情，并依次激发人去解除他们的苦难。相反，它是对他们的苦难的一种痛苦意识，即把他们的苦难看作是**某种**有待解除的**东西**。

这类建议必定涉及一种相反的建议，该建议类似于有关谨慎动机之相应论点所诉求的那种建议。关于谨慎，我们不得不讨论一下这样一种直觉：即使我现在的行动正在为将来做准备，驱动我行动的动机也必定是现在的理由（理性），是我**现在**想要的某种东西。关于利他主义，相应的直觉是，由于正是我在行动，即使我是在为他人的利益而行动，也必定是我自己的利益给我提供了动机驱动力。若果真如此，则对明显利他主义行为的任何令人信服的证成都必须诉诸**我**想要什么。

同样的偏见也在此发挥作用，人们一直都观察到这类偏见影响到对谨慎的讨论，这些偏见是：确信每一种动机都必须符合一种内在力量模式；认为在每一种动机驱动的行动背后都存在一种欲望，该欲望提供了行动的能动能量；假设我们可以提供一种也能**解释**行动的证明，一种适当的动机（通常是一种欲望）必定是诸种证明条件中的一种。如果我们按照个人的内在因素与外在因素之间的相互作用，来解释它们对个人的影响（这似乎不可避免），那么我们就会很自然地假定：一种欲望——它可以把他人的善直接地或间接地作为其目标——必须提供一种利他主义行为背后的动机力量。直截了当地说：我的行动将有利于某个他人这一信念之所以能够驱动我行动，仅仅是因为我想要他好，或者，想要某种对他好的东西。①

我在本书第五章已经详细批评了这种观点背后的一般假设，在此我不想再予赘述，因为这些假设并无重大的改变，对人们现在运用这些假设具有同样的有效性。简要地说，如果我被激发为他人的利益而行动，必须出现一种欲望，就此而言，该欲望不必是一种可以形成动机之**基础**的欲望。相反，它可能是这样一种欲望：即它本身就是由其他个人的利益提供的理由（理性）所驱动的。而且，如果情况真的如此，它就不能是这些理由（理性）出现的条件之一种。欲

---

①  然而，这种观点的直接性可以通过下述观察而得到修正，即，它允许将自私行为与无私行为区分开来。如果我想要的真的是另一个人的幸福，那么，我的行动目标就只可能**是**他的幸福，而不是满足我自己幸福的欲望。这是约瑟夫·巴特勒(Joseph Butler)很久以前就提出过的观点，而与之相对的主张则宣称：所有的行动都是由自爱所激发的。见《教堂巡回讲道十五讲》(伦敦，1726)，尤其见第十一讲"论爱我们的邻人"。

望不是唯一可能的动机之源。因此我们可以在利他主义情形中寻求其他将信念与行动联系起来的内在因素。我们不是想终结这种单纯假定的利他主义欲望解释，相反，我们可以通过探究这些欲望如何可能，以及探究在我们的本性中是什么使得我们能够要求他人的幸福或福利，来对之做出更好的解释。

我将提出的解释取决于实践推理的一种形式特点，是一种形上解释。

非此即彼的假设不能成为利他主义行动的一种真实可信的充分解释，因为所有这些假设都没有提供那种必要的简明而绝对的普遍性。有一种对他人的眷顾超出了关于社会有利条件的复杂反思范畴，也不需要任何特殊情操发挥作用。我们的任务是找到对这种普遍的、非情感动机的解释，该解释将使得这种动机的存在变得真实可信。由于此种动机的作用常常部分地或完全地被各种恶劣因素——如压抑、合理化、盲目性、脆弱性——的干扰所遮蔽，所以，在这一领域内，内省的和经验的研究都不是很管用。然而，理论论证与理论考量能够揭示实践理性中利他主义复合因素的形式，这将是诸多解释行动发生理论中的一种解释。

我将为之辩护的合理利他主义，可以在直觉的意义上通过人们所熟悉的论证来加以表述："假如某人为你做了某事，你是否喜欢？"这是一种我们大家在某种程度上都会感受到的论证；但是它如何进行？怎样才有说服力？却是一个存有争议的问题。我们可以假定这样一种情境，在此情境中，它所提供的乃是一种你不会喜欢这种事的论证——假如另一个人对你做了你现在正在对某人做的事（这一论证公式可以依个案情形之不同而发生改变；若该论证果真能够进行，则或可用来说服人们去帮助他人，同时也避免伤害他们）。但是，由此会导致什么结论呢？如果没有人**正**对你做此事，你的行为又怎么会受到下述假设性的承认——即，假如某人真的在对你做某事，你难道不喜欢吗——的影响呢？

各种各样的假设都有自我暗示。它可能暗示：你害怕你现在的行为会导致某人**将**以你之道还治你自身的结果；你的行为可能会直接地或通过某种普遍实践的激励而带来这种结果。它也可能暗示：处在同你的牺牲者相似的位置上，你自己的思想是如此逼真而不快，以至于你发现继续加害这位可怜的人让你难受。但是，如果你既没有这种信念，又没有这般仁爱的情感反应，情况会怎么样？或者换句话说，为什么这类考量无法促使你去增加你免于报复的安全感？或者，促使你服下一副镇静剂，以平息你的怜悯，而不是停止你的迫害？

这一论证还有某些其他因素，它不是单纯诉诸激情，而且也是一种以［价值］**判断**作为结论的真实论证。根本的事实是：如果别人用这种方式对待你，你可能不只是**不喜欢**，还会有憎恨。这就是说，你会认为，你的困境给他人以终止或修正其做法的理由，而且，他反其道而行之的理由在他看来显然是合适的。易言之，这种论证诉诸你在假设情况下所作出的［价值］**判断**，此一判断运用一般原则，也与当下的情形相关。所以它不是一个同情问题，而仅仅是相互联系的问题，目的是为了弄清楚人之间相互承诺的态度究竟如何。

承认他人的实在以及设身处地的可能性，都是根本性的。你可以把当下的境况看作是更一般图式的一个标本，其中各种品格都是可以改变的。注入这一图式的关键因素是一种你对待自身的态度，或者毋宁说，是你看待你自身需求、行动和欲望的观点之一方面。事实上，你赋予这些需求、行动和欲望以某种客观利益的性质，并且承认他人同你自己一样，也可以延伸到人的一般需求和欲望，赋予它们以客观利益的性质；或者，凡属其境况已纳入考量的特殊个体之需求和欲望都可以赋予客观利益的性质。这一点正是通过此种图式化的论证来完成的。但是你自身情形中的原初境况却是必须给予考究的。

重要的是，你相信别人必定考量你的利益的那些理由，不会同**你的理由**一样。这就是说，你必须准备认可这样一种情况：如果处在那个位置上，别人也会有他们的理由来帮助你，而你恰好就是那个需要帮助的**某人**。若非如此，当某个他人正处在不幸的境况之中而你处在帮助他的位置上时，就根本无法从你需要帮助这件事的这类现存理由中得出当下情形下存在类似理由的结论。所以，为了说明这一论证如何有效进行，我们必须了解你的态度的另一面，即：你是如何对待你自己的需求、欲望和利益的？你的这一态度使你能够把你自己的需求、欲望和利益看作是同某人的需求、欲望和利益一样值得考量，而不是仅仅把它们看作是你自己的需求、欲望和利益。

假如实际存在这样一种态度，那么，我们一直在考量的直觉论证形式实际上就不是根本性的——因为它可能直接使[你的]态度与另一个人的需求、欲望和利益相关。他的利益就是**某人**的利益，一如你的利益也是**某人**的利益一样。然而，这一论证至少揭示了对待你自己的态度与对待他人的态度之间的联系，并使我们能够集中分析前一种类型的态度，这类态度较为生动可感，无须更多的想象。如果人们对他人真实存在的感觉已经足够生动真切，这一论证就是多余的了；但由于我们中的绝大多数人都不同程度地忽视他人的存在，所以，要求我们自己去设身处地地想象一下他人的处境，因之在我们对自身的关切中吁求一种客观因素，并由此推导出对人的普遍关切，仍然是有益的。

因此，我将集中考察每一个个人的实践和他（她）对其需求等的价值判断，尤其是下面两类理由之间的关系：一类理由即是**他的**需求，它们给他以行动的理由；另一类理由他认为就是**某人**的需求，它们给某人以行动的理由。我们的首要任务就是找到后一种信念的基础。

对我的这一观点的反驳首先来自利己主义，它是一种普遍的见解，认为关于偏好的过时争论与关于谨慎之争中的那些无时间限制的理由是相对应的。利己主义主张，每一个个体的行动理由和促使他行动的可能的动机，必定出自他自己的利益和欲望，无论人们怎样界定这些利益和欲望。按照这一观点来看，一个人的利益可以驱动另一个人行动或给他提供一种[行动的]理由，当且仅当这些理由与他的利益相联系，或者，这些理由是他的某种情感目标，比如同情、怜悯或仁慈。

那些持这种哲学观点的人可能以为，他们是利己主义者（作为一个心理事实问题），但我怀疑他们真的是这种类型的标本。应该注意的是，特殊利己主义在实践中如何可能；它不得不表现出，它本身不仅缺乏对他人的直接关切，而且也无力把他自己的关切视之为对任何他人的关切，除非是在工具性的意义上，或者是基于某种情感的偶然发作。一个需要帮助的利己主义者，在得出任何其他人都有理由来帮助他的结论之前，必须能够回答这样一个问题："帮助我干吗?"他不会有感情憎恨，这种感情憎恨具体化为这样一种判断，即另一个人也没有按照他自己的需求提供给他的理由来行动。不管利己主义者的自我关切如何极端，他都不会觉得这种关切本身还需要顾及任何其他人。别人的脚痛是其截断脚趾的理由，但这痛之本身并不给痛者以任何其他做截脚手术的人以截脚理由，因为这不是他的痛。

任何一个认为自己是利己主义者的人，都应该想象一下自己在这种境况中的角色。他真的能够肯定，这只痛脚的拥有者就没有任何理由去截断痛脚趾吗? 特别是，假如一个人脚趾痛，且成功地截断手术使手术之痛并非坏事，那么任何人都有理由这样做。换言之，抵制那种将消极价值客观化的倾向是很困难的，某人赋予痛苦以消极价值，或者，如果某人经历过痛苦，便会赋予痛苦以消极价值，其他人则可能会把痛苦者的痛苦看作是与己无关的。

由于不同的理由，人们的论证程序可能各不相同，但理念却是一样的：在接受各种目标或理由的过程中，我自己之所以给某些环境附加一种客观的价值，并不只是因为[这些环境]对我自己有价值；当我承认他人有理由出于他们自己的理由而行动时，情况也同样如此，这些利益最终必定不仅仅是他们[行动]的理由，而且也是他们确立那些他们为之追求或行动之目标的理由。

过去，人们已经提出了反驳伦理利己主义缺乏连贯性的种种论证，在此可能需要将这些论证与我所提出的论证区别开来。我所熟悉的那些论证都把利己主义看作是一种普遍的观点，而且在利己主义的一些判断中发现了它的不连贯性，利己主义要求一个人要顾及其他的人，且要促进或支持这一要求的普遍化。与之相反，我希望提出的观点是，伦理利己主义已经难以应用于个人**自己的**情况，即使作为他自己的行动理由也是成问题的。让我们简要地回顾一下某些早先的论证。

一种是 G. E. 摩尔的见解。他宣称，利己主义包含着一种直接的矛盾，因为它主张："**每个人**的幸福才是唯一的善——[却又主张]存在着许多不同的东西，它们中的**每一种**都是唯一的善——这是一个绝对的矛盾!"一个利己主义者对这种观点可能做出的反驳只能是：

每个人的幸福或利益**对于他**来说是唯一的善。但摩尔已经否认了这种推理：

> 当我们把一事物说成是"我自己的善"时，我所能够表达的全部意思是，专属于我的某物（不管"占有"所表示的这种关系有着多少如何不同的意义）也是**绝对善的**；或者毋宁说，我对该物的占有是**绝对善的**。它的善在任何意义上都不可能是"私人的"或者属于我；更不是一件能够私下**存在**的东西，或者仅仅是**为**一个个人**的**。我为追求"我自己的善"所能够提出的唯一理由是：它是我所谓的、应该属于我的**绝对善的**——所谓**绝对善的**意思是说，我拥有某种一旦我拥有别人就无法拥有的东西。但是，如果我拥有它是**绝对善的**，那么，其他任何一个人都有同样充分的理由，像我自己拥有它一样追求我的所有。①

他继续谈到了同样的结果，但没有为这些主张提供任何类似的论证。② 准确地说，我希望解释的是他的假定，即为了把某物作为自己的目的来加以接受，人们必须能够将成就该物自视为一种**客观的善**。

其他一些论证——诸如麦德林（Medlin）③和拜尔（Baier）④的论证——则指出，作为一种伦理学说，假如利己主义不仅支配人们自

---

① 参见《伦理学原理》（剑桥，1903），99 页。尽管摩尔把利己主义当做一种关于善的理论来处理，但当我把它当作一种关于理由（理性）的理论来处理时，两种做法显然是相互联系的，因为摩尔相信，善是人们有理由追求的。我本人倒是不想提出任何关于善与恶或者关于善恶与行动理由之关系的主张。

② 在他看来，这些主张似乎是不证自明的，因为他把"善"看作是一种单一位置的、指称着一种简单且非自然之属性的谓词。但是，利己主义可能不会同意这一点，它的根本评价性概念可能是一种**关系**："X 对 Y 是善的。"C. D. 布劳德（C. D. Braod）对此提出了类似的批评："在摩尔的伦理学说中，某种东西是特征化了的。"见 P. A. 席尔普（P. A. Schilpp）编：《G. E. 摩尔的哲学》（艾凡斯顿芝加哥，1942）。

③ B. 麦德林："终极原理与伦理利己主义"，载《澳大利亚哲学杂志》（1957）。

④ K. 拜尔：《道德观点》（伊达卡，康奈尔大学出版社，1958）；节略本（纽约，兰登书屋，1965），95 页。

己的行动，而且支配人们的需求并鼓励其他人也这么做，或者说，人们有义务允许他们这么做，那么，利己主义就会导致一种前后不一的态度和行为。但是，如果这些反驳是正确的，它们就提出了一个更为根本而又未予以解答的问题：人们为什么应该接受一种普遍的行为原则，使自己欲望与他人对该原则的承诺相一致呢？为什么该判断应该是：假如你有任何理由要求另一个人这样做，他就在某些方面有理由这样行动呢？

还有一个更深的问题：为什么需要人们采用**一般的**行动原则——比如，除了我自己之外还适用于别人的那些原则？为什么人们不能把自己限制在接受个人行动原则的范围内？人们可能会把这种接受解释成为一种意向、某种比其他原则更为长远或更为一般的原则，但尽管如此，为什么所有的原则都只适合于人们自己的行为？关于这个问题，我们稍后将会谈到。

在此，所要为之辩护的是对实践原则的普遍性要求，此要求以一种具体的方式排除了绝大部分利己主义类型。而且，对下述问题——当我们按照自己的利益行动时，将会发生什么情况——的反思也将支持这一要求。这一情形本身就包含着挑战利己主义的基础。

应该强调的是，我所说的"利己主义"是指一种相对狭窄和具体的观点：即认为，行动的唯一理由之**根源**在于当事人的利益。这一术语也可以应用于各种其他的观点，而我却不想去逐一反驳这些观点。在这些观点中，一些观点诉诸我下面将要提到的那种一般论证，而另一些则不然。就后一类观点而言，其中的一些观点（比如说，利己主义作为一种工具性政策若得以普遍运用的话，很可能导向大家的幸福）可以用经验的根据来给予反驳①，而另外的一些也许无法反驳（譬如，一种观点认为，生活就像一场竞争游戏，每个人争胜求赢客观上都是善的）。对这一主题，我们在论证的过程中还会更多涉及。

———————————

① 另一方面，如果一种工具性的利己主义能得到**真实**的经验前提的支持，它就无须与利他主义相冲突了。如果一种利己主义的行为事实上真是获得普遍幸福的最佳手段，那么，利他主义或许真的需要它。但这不是我所谈论的利己主义。

我将尝试着来解释利他主义，把它解释为一种行动的理性要求，就像谨慎一样。正如我们在前面的讨论中已经清楚表明的那样，谨慎虽然不是根本性的，但却源于这样一种要求：各种理由（理性）永远都是程式化的，这表明，尽管利他主义不是根本性的，但却是从某种更普遍的东西中推导出来的：那就是一种程式化的原则，该原则可以在根本不涉及他人利益的情况下给予具体明确的解释。而且，该原则还可以与无时间限定的程式化原则相类比，在后一类原则中，某一行动理由的衍生性影响不可能只限于一个**个人**，正如作为谨慎之基础的程式化原则的衍生性影响不可能只限于某一**时刻**一样。换言之，作为利他主义之基础的原则要求，所有理由都可以解释为表达客观价值的理由，而不是表达主观价值的理由。在上述两种情形中，对理由（理性）的相关条件限制乃是一种纯粹的形式条件，它与各种各样满足这一原则要求的那些理由的内容是相容的。因此，对谨慎或者利他主义的接受并不是替代价值和人类利益的一般理论。谨慎和利他主义都给原初理由的衍生性影响施加了种种条件，而这些原初理由的根源却不在自身，而在其他地方。

试图发现对我所描述的行为提出的这种一般要求，并且为之提供一种真实可信的解释，得益于前面为谨慎所做的辩护。所以，不仅是这种一般化的努力，而且还有现在所说的原则形式和解释方法，都是与前面那些辩护形式和方法相平行的。具体地说，我将论证，**客观性**的条件（我将这样称之）乃是任何一位有理性的行动主体所拥有的概念之实践表达，尽管在这种情况下，他关于他自己的概念并不是临时扩展的概念。正如我在本书第四章第一节中所指出的那样，作为利他主义之基础的概念是：每个人都仅仅把自己看作是他人中间的一员，同时把他人看作是一种充分意义上的个人。这与上述自我概念的临时扩展之核心要素是相平行的：此一个人此刻就是他人中间的一员，而他人在任何时刻也都同样是真实的。我们将会明白，这两种观点有着相似的分析和相互平行的结果。

我的论证是想证明，利他主义（或者它的显见原则）依赖于对其他个人之实在性的充分认识。尽管如此，我所提出的解释中的核心概念仍将是一种**人自己**的概念（a conception of oneself），而我的论证将依赖于对下述问题的分析：即这一概念是怎样影响人们的自利行动的。这种方法之所以可行，是因为对他人之实在性的认识依赖于人自己的概念，正如我们对将来之实在性的认识依赖于现在之［实在性］的概念一样。①

从这一论证中所推导出来的简明的利他主义形式，还取决于一种更深刻的因素，即取决于个体所拥有的原初的行动理由之本性。如果这些原初的行动理由与他们的利益追求绞在一起，那么，在利他主义这一术语的某种通常意义上，利他主义的正常要求就是必然的结果。但是，如果我们开始所提出的一般理由与个体的行动目标毫无瓜葛，作为结论的客观［原则］体系就可能会要求人们共同追求某些目标而根本就不包含这种通常意义上的利他主义，即对其他个体之需求和利益的关切。

究竟什么是我们的利益根本就不是显而易见的，它们在决定我们的行动理由时究竟发挥着什么样的作用也就更不清楚了。因为一件事，我怀疑，基本欲望的满足与穷尽利益概念的含义有任何密切的瓜葛。而且，有些价值可能与利益根本就没有什么关系。事实上，我并没有在原初理由的目录开列中具体提出一种一般价值论，但我确实敢肯定，这些原初理由非常复杂，足以使我确信，即便此处所辩护的形式化结论是正确的，由这一结论所能推出的既非功利主义，亦非任何其他简单的利他主义道德体系。欲闻其详，且听下回分解。

选译自［美］托马斯·内格尔：《利他主义的可能性》，
普林斯顿，普林斯顿大学出版社，1970。 万俊人译。

---

① 事实上，由于利他主义在某种意义上乃是一种假设性的原则，它陈述的是，**如果**一个人的行为将会影响到他人的利益，他就有理由去做利他的事，即使某人相信不存在任何他人，他也可能会接受这一原则。如果他真的不相信他人的真实存在，他也会相信下述意义上其他个人的实在性，即他会把他自己看做是一种类型的个体，而在这一个体类型中，可能还会有其他物种的个体，同他一样真实地存在着。这种趋向那些可能的其他存在者的假设性利他主义的根源，就是使他相信他人之可能性的他自己的概念与他自己的自利关切之间的联系。

# 《必朽的问题》（1979）（节选）

## 道德运气

康德认为好运和厄运既不应该影响我们对于一个人以及他的行为的道德判断，也不应该影响他对自身的道德评价。

> 善良意志，并不因它所产生的或达到的事物而为善，也不因它获得某种既定结果的适当性而为善，它之所以为善仅仅是因为它的意愿，即它就是善本身。并且，就它自身而言，它尊贵无比，高于为了满足一种爱好而产生的任何事物，甚至一切爱好的总和。即便是由于一种特别不幸的命运或是由于继母般无情的自然界的吝啬给予而发生这样的事，这种善良意志应该完全缺乏力量去达到它的意图；如果甚至连最大的努力也不能获得任何结果，如果这里剩下的仅仅是善良意志(不是作为一个纯粹愿望，而是作为用尽了我们力量的所有手段)，它仍将像一颗宝石，闪闪发光，正如某些东西自身就具有全部价值一样。有用性或无用性既不能减少也不能增加这种价值。①

---

① 《道德形而上学基础》，第一章，第三段。

　　由此推测，他应该对恶邪意志作过同样的陈述：恶邪意志与它是否达到邪恶的目的在道德上是没有关联的。如果某一系列行为是因为有一个坏结果而受到谴责的话，那么靠运气得到的好结果也将不能证明它们是好的。这里不能有道德风险。这种观点看似错误，但它的提出是对道德责任这一基本问题的回应，而对道德责任，我们并没有满意的解答。

　　问题从道德判断的日常条件中发展而来。在反思之前，人们凭直觉认为如下观点合乎情理：即人们不能在道德上被评价，因为不是他们的过失，或由于超出他们控制的因素。这种判断与评价某物是好是坏或评价事物的状态不同。除了道德判断，后者是可以出现的，但是，当我们责备某人的行为时，我们不仅仅说他们所做的事是恶的，或是说他的存在是恶的：我们判断**他**，说他是恶的，这与说他正在做一件恶的事是不同的。这种判断仅仅接受某种类型的对象。由于不能确切解释为什么，我们感到道德评价的适当性很容易被如下发现所削弱：即被评价的行为或特征，无论其好坏，都不在个人的控制之下。在其他一些评价不变的同时，上述评价显得站不住脚。因此，由非自愿的行为、自然的力量、对环境的无知所产生的明显失控使其所作所为不受道德判断。但是我们的行动所依赖的东西在更多的情况下，超出了那些不受我们控制的因素——用康德的话说，不由善良意志或恶邪意志所产生。而在这一更宽的范围，外在影响通常不被认为可以使某种行为不受道德判断，无论这种判断是肯定的还是否定的。

　　让我举几个例子，那就从康德头脑中那种类型的例子开始吧。在我们试图所做的事上，我们成功或失败与否，几乎总是在某种程度上取决于超出我们控制的因素。这一点用在诸如谋杀、利他主义、革命、为他人而做出某种利益的牺牲——几乎任何一个重要的道德行为上都是正确的。已做的事和在道德上被判断的事，部分地由外在因素所决定。然而像珍宝一样的善良意志，自身就具有价值，从燃烧的楼房里救人和在试图救人时将其从十二层高的窗户抛下，两者在道德上存在着重大差别。与此相似，鲁莽驾驶和杀人在道德上是极其不同的。但是，是否是鲁莽的司机撞倒了行人，这取决于司机是否在行人刚好出现时鲁莽地闯了红灯。我们所做的事情也会受到我们所面临的机遇和选择的限制，而且这些大部分由超出我们控制的因素决定。如果纳粹在德国从来没有掌权，那么在集中营的军官可能就会过一种平静的和对人无伤害的生活。而在阿根廷过着平静的和没有伤害的生活的人，如果因为商业原因没能在1930年离开德国的话，他可能成为一名集中营的军官。

随后，我将会更多地提到一些其他例子。我在这里介绍它们以期阐明一个一般观点，即某人行事的一个重要方面依赖于超出他控制的因素，然而，我们仍然把他当做一个道德判断的对象来对待，这可以被称做道德运气。这种运气能好能坏。由这种现象所提出的问题，导致康德否定它的可能性，它意味着经过仔细审视之后，广义的外在影响对道德评价的削弱似乎确实不亚于人们熟知的狭义的借口条件。如果控制条件始终被应用，它就会有侵蚀大多数我们认为合情合理的道德评价的危险。人们因之而在道德上受到判断的事情，远远不只是由我们起先所意识到的那些超出他们控制的因素所决定。当那种有关错误或责任的自然需求被应用到这些事实上的时候，它使一些前反思道德判断完好无损。到头来，几乎一个人所做的一切都不在其控制之下。

那么，为什么不能断定控制条件是虚假的——它是一个被明显的反例所反驳而起初被认为是合乎情理的假设呢？在这种情形下，我们可能去寻找一个更准确的条件。这个条件可以列出那些真正削弱一定道德判断的有关缺乏控制的诸"类型"，并且不屈服于从更宽的条件下得出的有关大多数或所有日常道德判断不具合法性的令人不可接受的结论。

之所以不能逃避这个问题，是因为我们不是在处理一个理论猜想，而是在处理一个哲学问题。控制条件并不意味着它自身仅仅是来自一定明显例子的概括，而把它放到超出最初例证群的更进一步的例子中则显得更正确。当我们因考虑失控的新方式而削弱道德评价时，我们不仅发现在一般假设条件下随之而来的将会是什么，而且实际上已经相信，失控自身在那些例子中也是切题的。当将其作为一种更完全和更精确的事实被应用时，这种有关道德判断的侵蚀就不是作为一种过于简单的理论的荒谬结果，而是作为道德评价一般思想的自然产物而出现。因此，一种从结论的不可接受性到需要对道德责任条件进行不同描述的论证是个错误。道德运气自相矛盾的观点并不是一种伦理或逻辑的**错误**，而是对其中一种方式的感知，在这种方式里，直觉上可接受的道德判断条件将有削弱整个道德判断的危险。

它类似于哲学中另一领域即知识论的处境。在这里，如果那些看起来完全自然的，并产生于对知识权利挑战和辩护的一般程序中的诸条件一直被应用，它们也将有对削弱所有这些权利的危险。大多数怀疑论有这种特质：他们不诉求于因误解而产生的有关知识的武断而严格的标准的强行规定，而是不可避免地从对日常标准的始终应用中得出。① 与此基本平行，认识论怀疑主义产生于人们对如下方面的考虑：即我们的信仰以及信仰与现实的关系依赖于那些不以我们的意志为转移的因素。外在的和内在的原因产生了我们的信仰。为了避免错误，我们可以尽力对这些过程进行审查，但是，我们在下一层次所得出的结论也部分源自我们不能直接控制的影响。无论我们的探讨深入到何种程度，上述结论同样正确。最终，我们的信仰总是归于超出我们控制之外的因素，而且那种涉及这些因素而不受他人摆布的不可能性导致我们怀疑自己是否知道任何东西。如果我们的任何信仰是正确的，那么它看起来更像是纯生物学意义上的运气，而不是知识。

道德运气类似如此，因为在许多不同领域道德评价的自然对象不受我们的控制或受我们的控制之外的东西的影响，因此我们无法在思考这些因素的同时而又不失去对诸判断的把握。

道德评价的自然对象令人不安地受运气影响大致有四种方式。一种是构成性运气现象——你是什么样的人，此问题不在于你意图做什么，而在于你的爱好、能力和性情。另一种是环境运气——你所面临的问题和处境。其余两种与行为的原因和结果有关：一个人如何被以前的环境所决定的运气，和一个人的行为和目标得以实现的方式的运气。所有这些提出一个共同的问题。它们都遭到了这一思想的反对，即在他所能控制的微小区域之外，一个人不能被认为

---

① 参见汤姆森·克拉克：《怀疑主义的遗产》，载《哲学杂志》，754~769页，第69卷，第20期，1972。

更有罪或更值得褒奖。剥夺或分配荣誉，或责备一个对事态没有控制的人，或责备他对其只有局部控制的事态结果的影响，似乎都是非理性的。这类东西可以为行为创造条件，但是行为只能在它超出这些条件，而且不仅仅是由这些条件引起这种意义上被判断。

首先，让我们用事情所实现的方式来考虑好运气和坏运气。在上面的引文中，康德头脑中有一个关于运气的例子，但这个范畴覆盖了一个广泛的领域。它包括意外撞倒小孩的卡车司机，抛弃妻子和五个孩子而致力于绘画的艺术家①，以及其他在其中一些成功和失败的可能性甚至更大的例子。如果司机完全没有错误，那么他将会对事件中他的角色而感到难过，但不会必须为此而自责。因此，当事人遗憾②的例子还不是一个**道德**坏运气的例子。然而，如果司机有罪，即使是很小程度的疏忽——如最近没能检查自己的刹车——那么如果这种疏忽导致小孩的死，他将不仅仅是感到难过。他将认为小孩之死是自己的过错。这之所以成为道德运气的例子，就在于如果没有要求他紧急刹车以免撞倒小孩的情况出现，卡车司机只需为疏忽而轻微地自责。在以上两个例子中，**疏忽**是一样的，司机都无法控制是否小孩会闯入他的行车道。

其次，在更高层次的疏忽中，这同样是正确的。如果某人喝酒太多，他开的车忽然转向人行道，如果路上没有行人，他就能把自己归于道德幸运一类。如果路上有人，他会为行人的死而受到责备，并有可能以杀人罪被起诉。但如果他没有伤到人，虽然他的鲁莽确实是一样的，但他远没有犯严重触犯法律的罪，当然，自责或被他

---

① 以高更的生活为模型的这个例子，被伯纳德·威廉姆斯在"道德运气"中讨论。"道德运气"，见《亚里士多德学会年刊》，增补本，第50卷，1976，115～135页（对这篇文章初版的回应）。他指出，虽然成功或失败不能预见，高更的大多数基本的怀旧感情被他的才能的发展所决定。我不同意威廉姆斯，他的说法不能解释为什么这种怀旧的态度能被称为道德的。如果成功不允许高更向别人为他自己辩护，但是仍然决定他大多数基本的情感，那就只表明，他大多数基本情感不需要是道德的。这不表明道德受运气支配。如果怀旧的判断是道德的，那么就暗示预先作出了假设判断的事实，其形式为"如果我离开我的家庭，并成为一个伟大的画家，那么我将被成功所证明是正确的；如果我没有成为一个伟大的画家，那么我的行为将是不可原谅的"。

② 威廉姆斯的语气，同上。

人责备的程度也远没有那么严重。来看另一个法律方面的例子，试图谋杀比已经实施谋杀的惩罚要轻——尽管在这两个例子里，犯罪的意图和动机是相同的。似乎有罪的程度依赖于受害者是否碰巧穿了防弹衣，或是否有一只鸟正好闯入子弹的轨迹——这些超出他控制的诸因素。

最后，这里有些在不肯定条件下作出决定的例子，这在公共和私人生活中都很常见。安娜·卡列尼娜和沃伦斯基私奔，高更离开他的家庭，张伯伦签署了慕尼黑协议，蒂森布雷斯特家族劝说军队归于他们的统治来反对俄国沙皇，美国殖民地宣布从大不列颠独立，你试图说媒而介绍两人相识。在这所有的例子中，很自然地就认为某些决定必定是可能的，按照当时所了解的，无论事情如何发生，责备都是不合适的。当某人能把他的生命或道德立场掌握在自己手中时，上述观点就不正确了，因为在这里事情如何进展决定事情结果。从当时所了解的观点来评价所作的决定也是可能的，但这不是故事的结尾。如果蒂森布雷斯特家族在1825年成功推翻了尼古拉一世，并建立了一个立宪政体，那么他们将是英雄。正如它所发生的那样，不仅他们失败了，并为之而受到惩罚，而且他们对那些被劝说跟随他们的士兵所遭受的严重惩罚负有一定的责任。如果美国独立战争是一场流血失败并导致更大的镇压，那么杰斐逊、富兰克林和华盛顿可能仍然是作了一次伟大的尝试，他们甚至不可能在通往断头台的路上感到遗憾，但他们也会为他们给同胞所带来的灾难而自责。(也许和平改良将最终取得胜利。)如果希特勒没有入侵欧洲和屠杀千百万人，而是在占领苏迪腾兰德后就死于心脏病，张伯伦在慕尼黑的行为也绝对会背叛捷克人，但这不会是一场使他的名字家喻户晓的道德灾难。①

在许多面临艰难选择的例子中，结果并不能被明确预见。有一种关于选择的评价是预先可能的，但另外一种有关选择的评价则必须等结果发生后才能作出，因为结果决定所做之事。意图、动机或

----

① 由历史证明其合理性的主题，是一个吸引人的但在道德上遭排斥的讨论，见 M. 梅洛-庞蒂：《人道主义与恐怖》，巴黎，伽利玛出版公司，1947；英译本：《人道主义与恐怖》，波士顿，毕肯出版社，1969。

担忧中可奖或可责的相同程度与在各种各样积极或消极的判断中是一致的，而这些判断依赖于决定之外所发生的事。不具有任何后果的有罪心态的可能存在并不能消减道德判断的基础。在从疏忽到政治选择的一系列大量公认的伦理事例中，是现时的结果影响应受的谴责或尊敬。

从一个人可以**预先**得出道德裁决依赖于结果的事实来看，它们是真实的道德判断而不是表达当前态度的这种看法是不言而喻的。如果一个人疏忽大意把一个小孩留在正在灌水的浴盆中，当这个人跑向楼上的浴室时将会意识到：如果小孩淹死了，那么自己确实做了件糟糕的事情，然而如果没有淹死，那么他仅仅是粗心而已。一个发起暴力革命、反对独裁统治的人知道，如果他失败了，他将对白白遭受苦难的人负有责任，但是如果他成功了，他将为结果所肯定。我并不是说**任何**行为都能被历史追溯所证明是好的。某些事情自身是如此的坏，如此危险，以至于没有任何结果能够使它们变好。然而，当道德判断确实依赖于结果，它便是客观的、不受时间限制的，并且不依赖于由成功或失败所引起的立场改变。事后判断从预先作出的假设判断而来，这种判断对另一个人或当事人来说都容易被得出。

从使责任依赖于控制的观点来看，所有这些都显得很荒谬。从一个小孩是否进入他的车道上或一只鸟是否飞进子弹运行的轨道的事实来决定一个人应受多大谴责的可能性何在呢？也许认为所做的更多取决于当事人的心理状态和意图的看法是正确的。那么，问题在于，在这种广义上，为什么基于一个人所做的来进行道德判断不是非理性的呢？如果他们一开始就起了某些作用，这就等于让他们对命运的因素和他们自己的因素负责。如果我们来看疏忽或意图的例子，那么其模式似乎是，应受的全部谴责与精神的或意图错误的产物和结果的严重性是一致的。用这种方式去解释那些在不确定条件下作出决定的例子并不容易，因为似乎所有的判断甚至能依据结果从肯定向否定转变。但在这里，剔除几乎不可能的选择之后事件的结果，并按照可能性把道德评价集中在实际决定上的做法显得更合乎理性。如果道德判断的对象是人，那么，在更宽泛意义上，坚持让他为他所做的事情负责，类似于强制义务，强制义务可以有它的合法使用，但作为一种道德立场似乎是非理性的。

　　这样一系列思考的结果在于将每一个行为缩减为它的道德基本内核，即由动机和意图评价的纯意志的内在行为。亚当·斯密在《道德情操论》中提出这样的见解，但却指出它与我们的实际判断相反。

　　但是，无论我们按这种方式抽象地思考这一公正的准则时，对其真理性是多么信服，然而，当面临具体情况时，任何一个行为所偶然造成的实际结果对我们判断这一行为的功劳或过失的情操有非常重大的影响，它几乎总是或增强或削弱我们的功劳感或罪过感。细加审查之后，也许我们将发现，在任一实例中，我们的情感几乎不受这一准则的控制，而我们都承认完全应当以这一准则来调节我们的情感。①

　　乔尔·费因博格进一步指出，把道德责任的领域限制在内部世界，并不会使它不受运气的影响。不受当事人控制的诸因素，像一阵咳嗽的发作，确实可能影响他的决定以及从枪里射出的子弹的轨迹。② 然而，削减道德评价的范围的倾向到处可见，并不仅仅把自身局限于结果的影响。可以说，这种倾向试图通过分离构成性运气而从另一个方向孤立意志。让我们来考虑下面的情况。

　　康德特别坚持道德与不在意志控制之下的气质和个性的特征无关。诸如同情和冷淡的特征可以提供对道德要求的遵守多少有些困难的背景，但它们自身不能是道德评价的对象，而很可能影响对其对象的确切评价——由义务驱使而对意志所作的决定。这排除了对许多美德和邪恶的道德判断，美德和邪恶是影响选择的特征状态，但不一定为以某种方式蓄意行为的性情所消竭。一个人可能贪婪、嫉妒、胆小、冷漠、不慷慨、不友善、自负，但通过意志的巨大力量可使**行为**完美。拥有这些邪恶就意味着一个人在一定环境下不得不具有一定感觉而且有一种自发地去做坏事的强烈冲动。即使一个人能够控制这种冲动，他仍然具有邪恶。一个嫉妒的人厌恶其他人的更大成功，即使他对他们表示热情地祝贺，也没有诽谤和破坏他们的成功，但由于嫉妒从道德的角度看他还是会遭致谴责。同样，自负也不必炫耀，它全部体现在这样一个人身上，他忍不住老是暗自为自以为超出别人的成就、才

---

　　① 参见亚当·斯密：《道德情操论》，第二卷，第三章，引言，第五段。

　　② 《论法律和道德中的问题责任》，见乔尔·费因博格：《所做与所得》，普林斯顿，普林斯顿大学出版社，1970。

能、美丽、知识和美德而得意。在一定程度上，此类特征可以是早期
选择的产物，而在一定程度上，它可以因当前行为而轻易被改变。但
是，它大体上是一种构成性坏运气的东西。然而，人们因为有这样的
特征而遭受道德谴责，同样因为超出意志控制之外的其他因素而受到
尊重：即根据他们**是**什么来评价他们。

对康德而言，这似乎不一致，因为每一个人都享有美德，因此
对每一个人，美德必须在原则上可能。这对有些人更容易，但是通
过在任何性情背景下作出正确决定而获得美德必须是可能的。① 一
个人可能想拥有慷慨的精神，或者遗憾没能拥有它，但是因为一个
不在意志控制之内的特征而谴责自己或任何一个人都没有任何意义。
谴责意味着你不应该如此，而不是如此你是不幸的。

然而，在直觉上康德的结论仍是不被接受的。我们可能信服这
些道德判断是非理性的，但是一旦论证结束，它们又会不自觉地重
新出现。这就是贯穿整个主题的模式。

我将简要提一下，要考虑的第三类是存在于一个人环境之中的
运气。我们要做的事，我们所面对的道德考验，它们均主要由超出
我们控制之外的因素决定。诚然，在危险的情况下，一个人可能表
现得胆小，也可能表现得很英雄，但如果这种危险的情况从未发生，
那他永远都不会有机会用这种方式使自己表现突出或蒙羞，那么他
的道德记录也将会不同。②

---

① 如果，自然没有赋予某人以太多同情心，这个人虽然诚实，但由性格所致，他对
他人的遭遇漠不关心，也许是由于他具有特殊的耐力和坚忍性，于是他希望甚至要求别人
也如此。这样的人绝不能说是自然最坏的产物，比起那些被自然赋予好脾气的人来，他不
是在自身之内就更能找到使自身具有更高价值的源泉吗？（《道德形而上学基础》，第一章，
第十一段。）

② 参见托马斯·格雷："写在乡村教堂院中的挽歌"：

安息吧，保持可耻缄默的密尔顿人，

克姆维尔人，您的国家在流血，但那不是您的罪。

这类道德困境提供了环境道德运气的一个特例，一个人所面临的道德困境在于虽然不
是他自己的错误，但是他却无能为力，这也不能说错。见第五章，伯纳德·威廉姆斯：
"道德上的一致"见《亚里士多德学会年刊》，增补本，第39卷，1965，重印于《自我问题》
（剑桥，剑桥大学出版社，1973），166～186页。

　　关于这方面的一个显著的例子与政治有关。纳粹德国的普通公民有机会通过反对当局而实现了英雄行为。他们也有机会做坏事，他们中的大多数未能受住考验而应受谴责。但是这是一种其他国家的市民并没有面临的考验，结果是，他们或他们中的某些人在类似的环境下，也可能会像德国人一样做坏事，他们仅仅是没有做，才没有受到相似的谴责。同样的，我们在道德上是受命运摆布的，仔细想一想会觉得这是非理性的，但是没有它，我们的日常道德态度将不能被识别。我们根据人们做了什么或没有做什么来判断他们，而不仅仅是根据如果环境不同他们将会怎么做。①

　　这一由所发生的事决定道德的形式也是自相矛盾的，但是我们能开始看到植根于责任概念的悖论有多深。一个人仅仅是对他所做的在道德上负有责任，但是他所做的大多由他没有做的引起，因此，在道德上不必为他是什么而负责，他没有责任。（这并不矛盾，但是一个悖论。）

　　显而易见，关于责任、控制的问题，甚至意志自由这个更令人熟知的问题，彼此都有关联。这是我想研究的道德运气的最后一种类型，因为文章篇幅的限制，我只能局限于说明它与其他类型之间的联系。

　　如果一个人不能为超出他控制的因素造成的行为的后果负责，或不能为发生在行为之前的、不受意志控制的性情负责，或不能为导致人们进行道德选择的环境负责，如果**它们**是超出意志控制之外的先前环境的产物，那么一个人要怎样才能为即使是意志自身所进行的行为负责呢？

　　经过细查这一主题直至无广延的地步，真正能动作用领域也即

---

　　①　环境运气能延伸到个体行为之外的其他情境。如在越战时期，甚至美国公民一开始就强烈反对他们国家的行动，但却感到被自己国家的犯罪行为所牵连。在这里他们甚至不需要负什么责任；无论他们做什么都不能阻止正在发生的事，因此被牵连的感觉似乎是难以理解的。但是，无论个人在无力阻止事态的发展方面多么相同，但却不能以同样的眼光来看待自己国家所犯的罪过和另一个国家所犯的罪。作为一国的公民，他与国家的行动是联系在一起的（甚至仅仅通过不可避免的税收）——这是他和另一个国家不可能有的联系。这些就有可能使人们为自己的国家而感到羞耻，并认为自己作为20世纪60年代的美国人，是道德坏运气的受害者。

是合法道德判断领域似乎因此萎缩。一切事似乎都是由行为之前的和行为之后的因素的联合影响而产生，而这些因素并不受当事人的控制。既然他不用为它们负责，那么他也不必为这些事导致的结果而负责——但仍然可以对因此而被置换的道德态度进行审美的或其他类似的评价。

　　当然，不顾麻烦和指责厚着脸皮做以及拒绝接受结果也是可能的，不过一旦我们停止关于论证的思考，这肯定显得让人难以接受。此外，如果当时周围的环境不同，即使出于邪恶的意图，不幸的结果也可能没有发生，而遭受严厉谴责的行为也将可能没有付诸行动；但既然环境没有不同，当事人**实际上**在进行残忍的谋杀已经得手，**那**就是他所做的，那就是他所必须为之负责的事。同样，我们可以承认，如果既定的环境不同，当事人就绝不会发展成为做这种事的人，但是既然他**确实**发展成（作为那些既定环境不可避免的产物）那种坏坯子，成为一个会从事这种谋杀的人，那就是他应受责备的事。在这两个例子中，一个人必须为他实际所做的负责——即使一个人实际上做了什么在很大程度上取决于不在他控制范围之内的因素。我们这种道德判断调和主义者的论述为责任的日常条件留有余地——缺乏控制、无知、非自愿的行动——作为决定一个人所做的事情的一部分——但并不被理解为排除了大量他没有做的事的影响。①

　　这个解决方案唯一错误之处，在于它不能解释怀疑的问题是怎样产生的。因为这些问题不是产生于外在需求的武断压制，而是产生于道德判断自身的本质。日常思想中有关一个人做什么的某种看法，必须能解释剔除几乎不可能发生的一些事外，它怎样才能看起来必要——即使这种剔除的最终的结果是什么也没有留下。有关日常思想中的知识的某种观点，必须解释为什么它好像被不在主体控制之内的作用于信念的影响所削弱——结果是，如果没有一个根植

————————

　　① 　在认识论中的相应立场就是，知识由以一定方式形成的真正的信念所组成，它不要求过程的所有方面都在认知者的实际控制或潜在控制之下。因此，这些信念的正确性和形成这些信念的进程都将受到运气的重大影响。诺贝尔奖不是授予最终证明是错误的人，无论他们的推理如何出色。

于自律理性的不可能基础，知识也就显得不可能。但是，让我们把认识论放在一边，把注意力集中在行为、品质和道德评价上吧。

我相信，问题出现是因为，作为行为和道德判断对象的自我受到消解的威胁，而这种威胁来自于把行为和冲动融化为事件。对一个人的道德判断不是对发生在他身上的事情的判断，而是对他这个人的判断。这并不仅仅是说，一定事件或事态是幸运的或不幸的甚至是可怕的。这不是对整个世界状态的评价，也不是对作为世界一部分的个体的评价。我们并不认为，如果他是不同的，或他不存在，或他没有做他曾经做过的一些事，事情就会更好些。我们判断他，而不是他的存在或特征。专注于不在他的控制之下的因素的影响的后果，就是使得这种自我责任感似乎在消失，消失在纯事件的秩序中了。

然而，我们如何认为一个人必须**是**这些道德态度的对象呢？因为有关能动作用的概念很容易被削弱，我们很难给它一个积极的特征描写。这在有关自由意志的著述里为人所熟知。

在某种意义上，我认为，这个问题没有答案，因为能动作用这一概念中的某些东西与行为即事件、人即是事的观点是不相容的。但是，作为某人做过什么事情的外在决定者，在它们对结果、特征和自我选择的影响中逐渐显现出来，行为即事件、人即是事的观点开始逐渐变得清楚。最后，没有什么能够归于自我责任感，除了一部分较大事件的结果，什么也没有留给我们，于是我们或为之悲叹或为之庆贺，但是不能被责备或赞扬。

虽然我不能限定因此而被削弱的积极自我的概念，但我可以谈谈自我的来源。我们关于自身的感觉和我们关于他人的感觉紧密相关。内疚和愤慨，羞愧和蔑视，骄傲和钦佩都是同一道德态度的内外两个方面。我们不能把自己仅仅作为世界的一部分来看待，关于我们是什么和我们不是什么，我们做了什么和什么发生在我们身上，我们的个性是什么和什么是一场意外障碍，对它们之间的界限我们内在地拥有一个大致的看法。我们把同样基本的关于自身的内在观念应用于其他人的身上。关于自身，我们感到自豪，羞耻，内疚和悔恨——甚至令当事人遗憾。我们不认为我们的行为和品质只不过是作为幸运或不幸的插曲——尽管它们也可能如此。我们对自身不能仅仅采取外在评价观——关于我们最基本的是什么和我们做什么。即使当我们已经看到，我们不用对我们自身的存在、我们的本性、我们不得不做的选择、使我们的行为导致那种结果的环境而负责任，上述观点仍然正确。那些行为仍然是我们的，我们仍然是我们自己，尽管理性的说服力似乎在说服我们改变我们的存在。

在道德判断中，当我们判断**它们**，而不是它们的可取性或有用性时，我们把这种内在的观点延伸到他人身上。我们把拒绝将自己局限于外在评价也延伸到他人身上，我们与他们一致，就像与我们自己一致一样。但是，在这两个例子中，它是在这种前提下出现的，即人类和在这个世界上有关人类的一切都被无情地包括在内，他们不能从这个世界分离出去，他们只不过是世界的内容。外在观把它自身强加于我们，与此同时遭到了我们的抵制。这种情况发生的一种方式就是，通过剔除发生的事情逐渐侵蚀我们所做的事情。[①]

把结果包括在我们已经做过的事情的观念中，就是承认我们是世界的一部分，但是从这种承认中显露出来的道德运气自相矛盾的特征表明我们不能按这样的观点行事，因为它将让我们处于无人之境。同样的情形也在决定论对责任消减的外表下被揭示出来。一旦我们看到这个方面，即我们或其他一些人所做的被当作发生的事情，我们就失去了对这种观点的控制，即事情已经被做了，我们可以判断实施者，而不只是事情的发生本身。这解释了为什么决定论的不在场并不比它的在场更热衷于能动作用这一概念，这一点已经常常被人注意到。无论哪一种方式，行为都被外在地看作一系列事件的一个部分。

若不描述能动作用的内在观念以及它与不同于其他价值类型的道德态度的特殊关联，就不能理解有关道德运气的问题。我没有作这样的描述。解决问题的办法所达到的程度只能这样被决定，那就是要看这种观念与那些我们对自己所无法控制的各种方式之间的不

---

① 参见斯特劳森在"自由和不满"一文中关于客观态度和个人回应态度之间冲突的讨论，见《英国科学院讨论汇编》，1962；在《思想和行为哲学研究》上重印，斯特劳森编（伦敦，牛津大学出版社，1968）；又见斯特劳森：《自由、不满和其他论文》（伦敦，梅塞因，1974）。

兼容性是否一目了然。对此话题，我也提供不了更多的解释。但是，仅仅说我们对待自身和他人的基本道德态度由现时的东西所决定是不够的；因为它们受到来自这种现时性的威胁，而且当我们看到我们所做的一切如何属于一个不是我们所创造的世界时，我们的道德态度又会受到那种将自己强加于我们头上的行为外在观的威胁。

选译自［美］托马斯·内格尔：《必朽的问题》，第三章，剑桥，剑桥大学出版社，1979。涂文娟译。

# 《无从之见》（1986）（节选）

## 伦理学

### 1. 道义论

现在让我们转向"道义论的限制"这一费解的话题。道义论的限制是指与当事人相关的诸种因素，这些因素并不依赖于当事人本人的目的或计划，而是依赖于他人的要求。与那些自律因素不同，它们不是可选择的。如与当事人相关的诸因素存在，那么它们就会限制我们服务于相关或中立目标的行为。

这就使本已十分复杂的局面变得更加迷离。如果自律的与当事人相关的诸种因素并不牵涉那些非个人的要求，那么，在决定一个人该做什么的时候，他人的要求必须与个人因素较量。道义论的限制将更多与当事人相关的因素纳入其体系——不以某些方式对待他人的因素。这些因素不是从他人利益的角度而得出的非个人要求，而是支配一个人与他人关系的个人要求。

不管怎样解释这些道义论的限制，首先值得肯定的一点是，它们在各种道德外表里是十分显著的。举一个例子来使你的道德直觉清晰化。

一个冬天的夜晚，你在一条偏僻的路上发生了车祸。其他人都严重受伤，汽车也发动不起来了，周围荒无人烟，你沿着路一直跑，直到找到一所孤零零的房子。这里住着一位老妇人和她的小孙子，这所房子中没有电话，但车库中有一辆汽车。你向老妇人解释了你们遭遇的车祸，并恳求她把那辆汽车借给你。可是，她不相信你说的话。由于被你绝望的样子吓坏了，她跑上楼并把自己反锁在浴室里，只剩下你和那个小孩。无论你怎样敲门都徒劳无益，找了半天也没有找到汽车钥匙。于是你想到，如果你在浴室的门外威胁要拧孩子的胳膊，她可能迫于无奈告诉你汽车钥匙在哪儿。你应该这样做吗？

　　即使相较于你的朋友无法及时送至医院这样的严重后果而言，拧孩子的胳膊算是一种程度较轻的恶行，但很难说这不是一个两难的抉择。这种两难局面必定缘于一个反对你采取如此行动的特殊原因。否则你显然应该选择程度较轻的恶，那就是拧孩子的胳膊。

　　通常的道德直觉认可如下几种类型的道义论因素（即对一个人可以对别人做什么或怎样做的种种限制）：由于承诺或协议所产生的特殊义务；对撒谎和背叛的限制；对各种侵权行为（例如谋杀、人身伤害、监禁、恐吓、虐待、强迫和抢劫）的禁止；对以牺牲他人作为达到目的的手段所应受到的制约；可能还有刻不容缓的特殊要求（这使得在同一个房间里发生的危难区别于在远处发生的危难）。另外，对待别人还应该符合公正、公平或平等的道义论要求（这区别于依靠利益分配之平等性的非个人价值，这种非个人价值被看成是对事态进行评估的一个方面）。

　　通过上面列举的各种情形，我们可以看出，如果这些特殊的道义论因素存在，那么，由于行动者与事件结果之间存在着必不可少的特殊关系，因而这些因素绝不能简单地按照中立价值来解释。也许道义论的限制有可能被足够强大的中立因素所压制，但是其自身绝不能被理解为对任何一种中立价值的表达。根据道义论限制因素产生作用的方式来看，如果想要通过假定对某个道义论限制的违背具有很高的否定性中立价值来解释，显然是行不通的。道义论的因素有充分的约束力量阻止你去做某事，而并不只是阻止行为的发生。

　　举例来说，如果道义论的限制确实存在，那么下述情况似乎就是真实的：好像你不应该为了得到某些利益而违反自己的承诺或撒谎，即使你不必为了阻止他人违反承诺或撒谎而放弃相应的利益。而且，好像你也不应该拧一个孩子的胳膊以逼迫其祖母做什么事，即使其事相当重要，以至于你不必为了阻止别人拧孩子的胳膊而放弃自己的利益。你可能不应该以不公正的或带有偏见的方式处理某些事情（例如，站在官方的立场上），即使你的举措造成了好的结果，而且你不必为了阻止别人采取类似的不公正的方式而放弃这种好的结果。

有些人可能干脆否认这些道德直觉的表面真实性，另一些人可能会这样认为，即这些道德直觉的表面真实性可能从非个人价值的角度微妙地起着作用，除非诸道德直觉没有被周全分析，否则它们很可能会将一个决定行动的完全不同类型的因素包含进来。正如我曾经说过的，我并不想采纳这里所摆出的两种解释中的任何一个。它们可能为理性地证明某些事情具备一套道义论限制的粗略形式提供了最大的希望，但却不是一种完整的说明——从本质上来看，上述解释只能算是修正主义的说明。即使从这种角度来看，这些解释包含一定的真实性，但也未能使它们想要取而代之的独立道义观变得更清楚。即便这些道义观最终会被抛弃，它们仍然应该被理解。

在某些时候，尤其当个例中涉及规章制度或一般的惯例时，就会有一个对初看像一种关于行动的当事人相关限制的东西的中立证明。并且，从长远来看，对道义论限制的普遍坚持不会造成严重的错误，这一点当然有助于人们对道义论限制的认同。禁止直接人身伤害的法律和禁止侵犯普遍认可的权利的法律都具有相当大的社会效用；如果没有这种社会效用，那么这些法律将大大丧失其道德吸引力。

但是我确信，一种比较直接的、非统计学的评价形式也在支持道义论的限制中发挥作用；我也确信它是道德领域中核心的、最令人困惑的各种道德直觉的依据。如果这种评价形式使得对道义论限制的坚持总是与非个人的效用相反，那么它可能在人们心中造成两难的感觉。无论正确与否，我想要探究和理解的正是这种类型的观点。那种企图预先证明此类两难不会产生的做法是毫无意义的。

一种拒绝道义论限制的理由在于道义论限制形式上令人困惑，从某种意义上讲，我们讨论过的其他因素却不是如此。我们能够理解自律当事人相关因素是如何从当事人的特殊计划及其本人的具体情况中得出的；也能理解中立因素怎样能从对他人利益的考虑中得出。也就是说，我们很清楚为什么要在行为中考虑到上述两种因素。但是，那些尊重他人要求的相关因素怎么能存在呢？如果不去拧某个人的胳膊的因素与防止这个人的胳膊被别人拧的因素并不相同，那么前一种因素又是如何存在的呢？

这一因素的相关特征无法单纯地从所尊重的利益的特征中得出，因为该因素本身将只能证明保护这些利益的中立因素的正当性。而且，这种相关因素并不依赖于个别当事人的目的或计划，因为它不是由当事人的意愿决定的。道义论的限制一旦存在，就会适用于每一个人，也就是说，它们是强制性的，是不能像个人的野心或承诺那样可以随意放弃的。

要想理解这种限制是如何存在的，并非易事。人们希望来源于他人利益的因素应该是中立的而不是相关的。一种基于他人利益的要求怎么会适用于那些有可能直接地或故意地侵犯这种要求的人，而不适用于那些其行为仅仅是有可能间接地对他人利益造成损害的人呢？毕竟，对于受害者来说，被故意杀害或受伤并不比意外或者风险很大的抢救行动所造成的不可避免的负面结果更糟糕。实际上，实施这些因素的行为的特殊属性并不会增加事件的严重程度。例如，一个人将要被谋杀，而另一个人将要死于相同情形的意外事故。鉴于你与这两个人都没有任何特殊关系，那么，你的选择只取决于你救出哪一个人的成功率更大。诚然，谋杀的恶行从某种意义上来说是一件坏事；不过，这一点却不能在我们考虑应该救哪一个人的生命的时候为我们提供更多的理由，这是因为，从非个人的角度来看，谋杀似乎并不比意外或偶然死亡具有更显著的严重程度。即使是为了阻止许多意外死亡的发生，我们也不能去杀哪怕一个人；并不是人人都有理由阻止谋杀这种恶行的发生，但是人人都有理由避免谋杀行为。当我们解释这一观点时，一些完全不同的价值必须被考虑进来。

无论在什么情况下，即使我们认为从非个人的角度看谋杀是比意外死亡更加恶劣的事件，也不能以此作为道义论反对谋杀的原因。这是因为，即便某个谋杀行为是防止其他谋杀行为(不只是其他死亡事件)发生所必要的，道义论还是禁止这一谋杀行为。

毫无疑问，此种形式的种种观点构成了一般道德现象学中一个重要的部分。然而这些观点的两难特征很容易诱使人们将整个事件看成是一种道德幻象，要么是由内在的心理意向产生的，要么是由粗略的但很有用的道德教化产生的。不过，在揭穿上述道德直觉之前，我们应该对它到底是什么加以把握。即使有非常强的理由，人们也坚决禁止虐待儿童，这无疑是件好事，对于其他道义论的限制来说也同样如此。但是，上述说法并未解释为什么我们几乎不可能将其看成是仅是有用的禁忌。一种幻象包含着判断或者判断的意向，但并不包含采取行动的冲动。而我想要说明的现象学事实是，人们似乎从每一个个例中体会到一种不要伤害无辜者的极其强有力的当事人相关因素。现象学事实把自己当作是对规范真理的领会，而不只是对心理学禁忌的理解。现象学事实需要被分析和说明，并且依据能否通过说明予以充分证明而被接受或否决。

我相信，尽管应用过程中有诸多问题，但是有关双重结果的传统原则提供了对认识道义论限制的外延和特征的大致指南。尽管近年来出了大量关于这个问题的书，但这个问题仍然是各种为抓住我们的道德直觉的努力的真正交汇点。① 有关双重结果的传统原则认为，要违反道义论的限制，那么这个人必须有意识地粗暴对待另一个人。无论是作为结果还是手段，这种粗暴必须是指这个人主动去做或选择去做，而不是指仅仅由个人行为引起或者未能避免的而且他本人也没有以之为目的的某种东西。

当然，应该预见到这样一种情况：某个人的行为将会造成或者未能阻止对别人的伤害，而他本人并没有制造或允许这种伤害发生的意图。在这个个例中，尽管造成伤害的因素相对于中立因素来说仍然会引起反对，但是也不能将其包括在道义论因素之中。区分它们之间的差异的最准确的方式一直是广泛讨论的话题，有些时候涉及一些精心设计的案例。例如，一辆失控的电车将要杀死五个人，除非你……来填补这些虚线点的即救这五个人的各种办法，而且所

---

① 关于这种类型的观点，弗里德有很好的论述。

有的办法都牵涉另一个人的死亡。我在这里并不试图划出准确的原则界限。尽管我这样说时也很犹豫，但是我相信这些界限并不影响我讨论的目的。而且我怀疑，它们也只能被粗略地划出——至少我的道德直觉在某种复杂程度之上开始不起作用。但是，有一点值得提的是：道义论的限制对故意允许伤害行为以及故意实施伤害都同样适用。因此，当你允许别人拧孩子的胳膊以期达到相同的目的时，依然会遭到反对。你是故意让别人拧孩子的胳膊的，这与你由于忙于其他更重要的事情而未能阻止别人拧孩子胳膊的情形完全不同。

### 2. 当事人和受害者

行文至此，上面的说法仍然没有超出道德现象学的范畴，也没有排除其中相互矛盾的观点。相对于我们预见到并且决定接受的行为后果(它并不是我们的目的，不管是间接的还是最终的)而言，为什么我们应该认为自己应当对我们故意去做或故意允许去做的事承担更大的责任呢？结果和手段之间的关系与预见和可避免性之间的关系相比较，前者是如何比后者更加有效地实施责任的呢？

每一种行为都好像拥有一种由意图决定的关于世界的独特的规范看法。当我故意拧孩子的胳膊时，我把这种行为所造成的恶也并入到了我所做的事情当中。也就是说，这种恶是我故意制造的，而且我的观点和立场使得造成这种恶的因素看起来更重要、更显著。从这种角度来看，上述因素使造成其他更大的恶的因素显得微不足道，因为它们并没有进入到我的意识的密切监视中，即使这些更大的恶确实是我的行为所造成的后果。

这里所描述的情形到底有没有可能是正确的？它难道没有在规范的名义下被歪曲吗？

这个问题表明了主观立场与客观立场之间的冲突。问题的关键在于：当事人个人的特殊立场在决定什么是人们有理由去做的事时是否具有合法性——由于这种看法，我是否有充分的理由不去做某件事，而且从一种外在的角度来看，我如果做了这件事或许更好。这即是说，事情将会更好，正在发生的事情将会更好，我拧孩子的胳膊就比不这么做更好。但是，我将做了更坏的事。如果对我可能做的事以及我的受害者的相关要求的考虑胜过将发生的事情所具有的非个人的重要价值，这只能是因为当事人的立场在实际推断过程中具有重要性，并且该推断过程拒绝受一种认为世界是一件好事和坏事在那里发生而且其价值与任何立场无关的地方的观念的支配。

我已经说过，中立价值观的统治地位并非绝对。它没有完全吞没或压倒那些由个人的野心、承诺以及情感所引起的相关因素。但是，我对我所称的自律因素的承认并不暗示道义论因素的可能性。[①]这两者非常不同。道义论因素的独特性是，尽管它们与当事人有关，但是它们并不表达当事人的主观自律。它们是要求，而不是选择。矛盾在于：这种对他人利益的主观片面尊重不应该屈从于不带任何立场的当事人中立的尊重。相比之下，道义论的立场显得原始，乃至迷信：它仅仅是通往完全客观性的一个阶段。从这种狭义角度来看，为什么我们的所作所为会是如此重要呢？

让我来试着告诉大家道义论观点的力量在什么地方。我们可以通过考虑我尚未论及的有关道义论因素的一个奇特特征来开始我们的讨论。相对于好的副作用而言，人的意图并不夸大善的目的的重要性；但是，相对于坏的副作用而言，人的意图却显得夸大恶的目的的重要性。即使我们可以以中立手段得到善并产生相应的坏的副作用，我们也应该避免使用恶的手段来达到善的目的。另外，如果给出两种达到合法目的的途径，一种涉及善的手段和中立的副作用，另一种牵涉中立的手段和善的副作用，我们没有理由去选择前一种途径。道义论的因素只是告诉我们不要行恶，但是并没有告诉我们要以善的手段去达到善的结果。为什么会是这样呢？恶与意图或目标之间存在着什么样的关系，使得它们之间产生如此大的冲突？

只要我们自问：什么是以某种东西为目标？又是什么将它与有意产生某种结果的行为区分开来？答案就会显现出来。

其差别在于，有意地朝向某个目标的行为会受到目标的指引。无论目标是结果本身，或仅是一种手段，朝向目标的行为必须跟随

---

① 谢弗勒尔强调过这一点，他在题为"以当事人为中心的约束"的文章中，以谨慎怀疑的态度讨论了道义论的限制。

该目标；如果环境条件的变化有可能使行为的指向发生偏斜，就必须准备做出调整以保证对该目标的追随。然而，一种只是造成了一定后果的行为并不朝向某个目标，即使它造成的后果是可预见的，它也不受目标的指引。

这意味着什么呢？这就是说，追求恶（即使将恶作为一种手段）必定使一个人的行为受到恶的指引。人们必须随时调整自己以保证恶的最终产生：即所追求的恶的水平的下降成为调整人的行为以恢复或维持恶的理由。但是，恶的本质在于它应该使我们对它反感或抵制。如果某件事是恶的，我们的行为应该被指引到对恶的消灭，而不是对恶的维持。这才是恶的真正意谓。因此，当我们追求恶时，我们实际上是与规范趋势逆行。在恶的目标的指引下，我们的行为在每一个点上都与这个目标所指出的价值相反。换句话说，我们若是以恶为目标，在最初的时候，我们使我们的行为成为恶的积极作用，而非消极作用。但在接下来的每一个点上，意图所起的作用恰恰是道德规范所起作用的反面，从当事人的角度来看，这在他心里就会产生强烈的道德错位感。

你拧孩子的胳膊是为了造成疼痛。因此，当孩子喊"不要拧，很痛"时，他的反抗与你的意图恰好完全相反。他央求你停下来的原因正好是你想要继续的原因。因为如果不痛的话你可能会更加使劲，或者拧他的另一条胳膊。在有些情况下（例如，合理的惩罚或者斥责），疼痛并不是本质意义上的恶，但它不包含受害者是无辜的情况。你是在直接而根本地抵制你的目标所固有的规范力量，因为你的行为正是被制造疼痛所指引。在我看来，这是道义论限制的现象学之大胆。我们之所以特别感到故意行恶是不正当的，哪怕它有好的结果伴随，那是因为它是对人们的目标的内在价值的轻率对抗。

我讨论了一个简单个例，但是自然会有各种难题。其中一个难题就是可能有某个人自愿承受痛苦或损失，这或许是为他自己的利益，或许是为了别的一些对他很重要的目的。在这种情况下，你所追求的特殊恶被道义论的更大的目的所取消了。因此，我们受道义论的限制而不去追求的恶是受害者眼里的恶，而不只是一件特别的坏事情，并且出于对道义论限制的考虑，每个个体都有较大权力决定什么将被看成是对他人的伤害。①

　　但是，这仍然没有解决公正的问题。比方说，某个人的行为牵涉到好几个人的利益，他仅仅是把恶当作手段，而真正指引其行为的不是恶而是整体的善（这种整体的善是各种善与恶的权衡），即使是这样，他的行为也还是会遭到反对。因此，当你去拧孩子的胳膊时，你受到了拯救你受伤的朋友这一目的的指引；而这一目的所具有的善支配了使孩子遭受疼痛所体现的恶。你必须造成这种作为辅助手段的恶，这一事实直接具有现象学意义上的重要性。但是，它为什么应该具有道德的重要性呢？为什么即便你为此付出了个人的代价，它最终还是应该被禁止？

　　我不相信这里会有一个决定性的答案。问题在于，能否为了追求我的行为结果所具有的全局价值而漠视那种对眼下正在追求的恶（相对于受害者而言的恶）的抵制。当我站在旁观者的立场上去审视自己的行为，并认为它出于一种对客观形势的选择时，它看上去是合理的。当以上面的方式思考问题时，我实际上是对我的意愿、我个人的选择（乃至我的行为）的抽象，而且是直接根据当时的形势来作决定，这就像是我在通过一个选答题式的考试。进一步说，如果将一切因素考虑在内来决定什么样的选择是非个人角度最好的，那么我是在善（而不是恶）的引导下作出这个选择的。

　　但是，一个被如此引导的自我实际上是客观自我，它以非个人的方式把世界看作是一个包括某个托马斯·内格尔、他的行为以及其他事物的地方。客观自我与托马斯·内格尔的立场分开，它置身于这个世界之外来看待这个世界。它在这个世界中不存在任何立场。现在我们应该说，"它"选择，托马斯·内格尔和"它"的工具以及"它"的当事人尽全力来执行相关指示。或许这个人为了客观上最好的选择必须追求恶，因为非个人角度的最佳选择也可能涉及采取恶的手段来产生善的结果。不过，他只是依照命令行事罢了。

------

　　①　即使我们知道不可能得到满意的答复（即祖母不答应给钥匙），上面的说法仍然适用。这是因为，当我们为了更高的善的目的而折磨或伤害孩子时（这里还有一个限制没有说明：我们假定孩子的安危直接依赖于能否得到车钥匙），并没有全然排除心理上对拧孩子的胳膊这种行为的厌恶。

通过上面解析问题的方式，我们既看到了建立在当事人中立上的结果论伦理学的吸引力，又看到了与之相反的建立在当事人相关上的道义论伦理学的魅力。不带个人立场的客观看法吸收所有因素，并且提供了一个使所有选择者对什么应该发生持一致意见的选择立场。但是，我们每一个人不只是一个客观自我，而是一个有着特殊立场的特殊个体，我们在其中行动的世界也打上了我们立场的烙印，也就是说，我们的行动不只是根据一个与己无关的意志来选择和拒绝世界状态。因此我们的选择也就不纯粹是对世界状态的选择，而更是对行为的选择。也就是说，每个选择包含两种选择，从内在立场来看，对拧孩子的胳膊这种恶的追求显得更突出。引起疼痛是直接目的，而且从外在角度来看，你对善与恶作出权衡的事实无法掩盖引起疼痛是你行为的内在特征这一事实。

我已经对当事人的立场作了集中讨论，这适合对与当事人相关的各种限制的研究。接下来，我想讨论一下受害者的立场。在这里，我们仍会遇到一些从整体上与两种立场有关的问题，以及更深一层的分析论证。道德原则并不只是告诉当事人什么该做什么不该做，这些原则也会告诉受害者，他们应该反对、反抗或要求什么样的对待。

如果我通过杀死一个无辜的人来救另外五个人的行为被证明是正当的，那么受害者将没有权利反对，或者从纯粹结果论的角度来看，他甚至没有权利反抗。与之相对照，另外五个人将有权利反对，如果我没有杀死这个人来救他们。而完全非个人的道德却要求：在判断别人如何对待他们时，受害者与当事人的判断都应该由当事人中立的非个人价值来支配。

但是，对于每个个体而言，这似乎是一个过分的要求，因为每一个人对待世界的看法在本质上是十分复杂的，并且包含着十分主观的部分。当然，在上面描述过的两难局面里，六个人中没有一个人想死，但是只有其中一个人面临着被我杀死的局面。从纯粹的当事人中立的结果论的角度来看，这个人无权要求不被我杀死，他作为我的受害者的特殊地位不给他任何特殊的身份向我提出这种要求。

当然，道义论的地位有着类似的特征。从道义论的角度来看，我可以杀死一个人来救的另外五个人既不能央求我救他们，也不能反对我不去救他们（他们应该向杀他们的人而不是我央求——如果这是死亡威胁的本质的话）。但是，这两种处境并非等同，因为二者有一点不同。道义论的限制总是允许受害者反对企图伤害他的人；并且，无论是从受害者个人的立场来看，还是从行动者个人的立场来看，他们的关系具有规范性扩大所特有的特点。这样一种道义论的限制表达受害者的立场对当事人的立场的直接要求，并且通过这种关系进行运作。即便是为了他人的更大的善，受害者也会因受到故意伤害而感到愤慨，这不仅是由于受到伤害的程度，而更是由于他的关于使我的行为受他的恶的指引的那种价值被侵犯了。我所做的事直接与他的善相反，而不只是事实上对他的伤害。

但是，上述情况不适用于我可以通过杀死一个人而去救的另外五个人，他们不能说我的不作为侵犯了他们的价值，而只能寄希望于我对他们生命的非个人价值的客观认识。当然，我并不是认为他们的生命价值微不足道，而是说，相比较而言，我的受害者的抗议显得更加紧迫——他的抗议不是冲着那五个人，而是直接冲着我来的，因为这个我企图毁掉的生命就在我的掌心里。

这仅仅是在描述道义论直觉的内容时确证了内在立场的重要性，并没有证明道义论直觉的正确性。但是有一点是肯定的，一种纯粹非个人的道德对道德行动方式中的个人的立场进行全面压制——不仅表现在对有关的自律的相关因素的排斥，而且表现在拒绝接受与当事人相关的道义论的限制。这种道义论的限制不必是绝对的，它们可以被看成是具有一定分量的相关因素，它们属于道德源泉，但不是所有道德源泉。当我们客观地思考人类的关系时，在基本层次上将这些因素纳入当事人和受害者的共同立场并非不理智。

## 3. 道德进步

上述对道义论因素的强制力量的说明特别清楚地适用于那种对以伤害别人作为手段来达到目的的约束。更全面更详尽的道义论理论必须对不同类型的规范性细节加以解释（例如，违反承诺、撒谎、不公正的歧视，以及拒绝刻不容缓的紧急救援，等等）。不仅如此，这种理论还必须解释下面的问题：当我们可以从不同角度对某个行为进行描述时，如何确切地说出这个行为的目的？但是，我相信，理解任何一种道德直觉的关键在于，区分清楚两种立场：一是当事人或受害者的内在立场，二是同时考虑那种当事人和受害者都能采取的外在的客观立场。它们对行为的理由有着完全不同的看法。

我们面临着一个选择。为了伦理学的目的，我们是不是应该认同无关联的、非个人的意愿(它选择整体的结果)，并依照这个意愿来决定行动的理由？或者说，这种认同是不是一种对我们真正做的事情的否认？它是否是对适用于我们每一个人的意愿的全盘理由的回避？这确实是一个哲学困境，这种困境的产生是由于我们的天性中包含着对世界的各种不同看法。当我们思忖如何生活时，我们自身的复杂性使得我们很难找到一个统一的答案。我相信，人类立场的二元性太深了，想克服它是不太现实的。因此，一种彻底的当事人中立的道德并不是一个合理的人类目标。

另外，不难想象，如今被广泛接受的道义论的限制可能会因与非个人的立场冲突而被改变。在明白了我们一开始的道德信仰的重要性，社会对我们的影响以及我们思想的混乱之后，对我们现在的道德直觉的一定程度的怀疑并非不合理。如果我们坚持客观真理(也就是独立于我们的信仰的真理)，那么我们就可能会更加小心谨慎地(甚至是犹豫不决地)对待我们自己的观点，而不是自然地倾向于坚持自己的观点。在伦理学中，尽管没很多一目了然的例子，我们仍然应该相信道德进步是可能的(其结果可能会降低对我们现阶段理解的终极性的信心)。①

显而易见，我们正处在道德发展的原始阶段。即使是一些文明程度很高的人，他们对如何生活、如何对待他人以及如何组织社会等问题的理解依然带有偶然性或任意性。那种认为"大家都知道有哪些基本的道德原则，问题只是出在对这些原则的阐释和应用上"的观点是误导自高自大的人类的荒谬臆断，那种认为"我们不能轻易知道的东西就不是真理"的观点同样狂妄。并非我们这些领域中所有无知都是伦理的，但是其中很多与伦理学有关。承认道德进步的可能性的思想是道德进步的必要条件。不过，没有什么是不可避免的。

---

①　参见德雷克·帕菲特：《自由与个人》，第一部分，该处的论述表明了，为了更接近结果论，常识的道德可能会以某种方式被修改。

对客观性的追求只是一种使我们更接近真理的方法。这种方法并不保证能够成功，这里仍有对这种方法在伦理学及其他领域里的特殊结果进行怀疑的余地。能使我们离开表面现象多远尚不清楚。这里的真理并不像物理世界的真理那样完全难以接近。相对于物理世界的真理，它与人类的立场以及人类与动机有关的能力的联系更紧密，因为它的作用在于调节人的行为。它必须适合于指导我们每日的生活，而物理世界的理论理解却做不到这一点。并且，为了能很好地发挥作用，它必须被人们广泛接受，并进入人的内心深处，而不像在另一些领域里公众愿意听取专家的意见。

也许存在着某些与我们的道德不可公度的火星人的道德形式，但我们却无法得知，因为我们不了解他们的思想。除非我们能够理解他们的生活、经历和内在动机，否则我们将不能用一种使其准确地客观化的方式来重视他们所遵从的价值。客观性作用于主观材料，因为人类道德存在于人类生活中。

我们能在自身之外走多远而不脱离与这些基本材料的联系（即保持一种价值体系和评判体系根植于其中的生活形式），这一点并不确定。但是我相信，伦理学——不像美学——需要比净化与强化人的内在立场更多的东西。它需要离开特殊立场和超越人自身的时间和地点。如果我们不具备这种能力，就会不可避免地陷入伦理相对主义当中。但我相信我们有这样的能力，而且它不是一种虚幻的意识。

即使是道德发展的最原始的阶段，我们也经过了漫长而艰苦的跋涉后才达到的。如果我们能够继续生存下去，将会有更加漫长的征程摆在我们眼前。试图预先规定所谓的道德进步的正确方法的做法将是十分愚蠢的，而继续这种对我们所描述的客观性的艰难追求却不失为一个合理的做法。这并不是说，越是脱离自己的立场就越能使我们接近真理。确切地说，客观性有时会引导我们将原初的倾向看成是错误的，我们因此尝试着取代这些倾向，或者把它们当作无法消除的但却是不可靠的东西接受下来。不过，想要把立场从我们的伦理学观念中完全消除却是不对的——想要把立场从整个宇宙中消除也同样是错误的。这种错误本身必须客观地被承认。也许它对我们确实具有一定的诱惑力，但是，消除那些不等同于纯粹外在的、非个人的价值体系的所有行为理由是不合理的,它与那种想消除所有不能被纳入物理学的事实做法没有什么两样。

然而,为了保护与当事人相关原则的合法性,我们必须反对自我欺骗以及那种以强调个人要求的方式来抵抗道德要求重负的升级。例如,很难说一种给个人生活中追求个人利益提供十分广泛的自由空间的道德是否正是最简单的坏的形式的伪装,即面对他人合法要求时的自私。众所周知,懿言善行并非易事。

我猜想,如果我们发展出一个协调个人要求与非个人要求的体系,然后,即便这个体系确认我们每一个人必须部分地按照自己的立场生活,那里也将有一种使个人成分被改变的趋势。因为客观性要求被认同,所以这些要求在个人对自己的观念中所占的比重越来越大,这将会影响到整个个人目标和野心,也会影响到个人对他人的特殊关系的看法,以及对他们的要求的辩护。我认为,追求有关道德尊重的更大普遍性的逐步发展并非乌托邦;这种类似于有关科学进步逐渐内心化的道德客观性内心化似乎是现代文明的一个特征。

另外,我们没有理由希望进步是还原式的,尽管这里就像其他领域一样,进步极易被看成是还原和简单化。每一个独特的个人仍然是伦理学的服务对象,他们的多样性保证了多元化成为道德必不可少的一个方面,无论它多么先进。

还应该存在一些针对实际因素的原则,这些原则使我们不仅重视那些我们并不同意的价值,而且还必须承认这些价值对他人的力量。一般而言,一个有关如何通过一个能使我们行动和选择的方法来将实际客观性所产生的大量完全不同的因素与一直在那里的主观因素结合起来的问题实在是一个令人畏缩的艰巨问题。

这就引出一个最终结论:没有脱离政治的伦理学。有关每一个个体如何行动的理论需要是一种伦理理论,而不只是一种有关人生活其间的各种制度的经验理论。这些制度在相当大的程度上决定人们的出发点、所能做出的选择、行为的后果,以及与他人的关系。由于政治理论的立足点必须是客观的,并且不带有个人立场,这就极容易诱人凡事简单化,这是我们必须反对的。虽然人是各种各样的,但一个社会必须遵循唯一一套原则。

这里有一个困难:政治理论似乎必须建立在普遍人性的基础上,

如果找不到这样的人性，我们就必须发明一个，因为政治理论必须存在。为了避免这种愚蠢的做法，我们不得不承担一项更艰巨的任务：为禀性不统一，又具有价值的合理多样性的人们设计一套公正的、统一的社会原则。如果人与人的差别足够大，这一任务就不可能完成了——不可能存在星际间的政治理论；但是，在人类这一种群的范围内，其多样性还是落在不排除至少部分完成该任务的可能性的限度之内。不仅如此，这一任务在非个人的立场上也是可接受的，同时它也必须承认出自所有立场的价值和理由的多样性。政治的道德比私人生活的道德更远离个人立场，对个人的价值和自律的承认是必不可少的，即使在需要最大限度的非个人性的层次上也必须承认它们。

很难说，在道德和政治的进步或倒退的综合影响下，什么样的有关人类个性的超越能够在历史长河中沉淀下来。从宇宙的立场，甚或是从人类的立场来看，大谈对人类生活的普遍控制似乎为时过早——即使某些圣人或神秘主义者能够做到这一点。行为的理由必须是相对于个人的理由，而且只要人类个体的多样性继续存在，个人立场将会保留其道德重要性。

选译自［美］托马斯·内格尔：《无从之见》，
牛津，牛津大学出版社，1986。 牛冬梅译，杨兆锭、 万俊人校。

# 《平等与偏袒》（1991）（节选）

## 一、乌托邦主义难题

在政治理论中，立场的二元性尤其突现为一个古老而持久的难题——乌托邦主义难题——的根源。

政治理论既具有典型的理想功能，又具有典型的劝说功能。它提出一种集体生活的理想，并设法向每一个人展示这种理想，使人们相信，他们应该愿意在这种理想下生活。这些抱负可能是普遍性的，也可能是较具地方性的，但无论何种情况，都存在着这样两个严肃的问题：这些抱负是如何共同实现的？它们是否必然相互干扰？如果一种理想无法促动个体按其生活的动机，那么，无论它多么吸引人，也只是一种乌托邦。不过，如果政治体系完全屈就于个人动机，也就根本无法具体体现任何理想。

有人会说，政治理论本身应该只关注何为正确的问题，使其劝说功能屈从于理想功能，因为，若某一特定的社会组织形式可以被证明是正确的，人们也就有了想实现这一理想的全部理由。但是，这种心气似乎过高了，它忽略了动机上合理的东西与正确的东西之间的相关性。如果现实中人们发现从心理上很难甚至不可能依照这种政治理论的要求生活，或者适应其相关的政治制度，就会给这种理想造成压力。

　　另外，这种适应也有其自身的问题：人们必须小心不要将这种适应当作过于轻易地放弃理想的借口；人们还会形成一种危险的思维习惯，认为任何对日常模式的激进式叛离在心理上都是不切实际的。总之，政治理论的理想功能与劝说功能的相互适应并非轻而易举，它们之间的相互干扰甚至会使人们怀疑政治理论的目标究竟能否实现。也许任何真正有价值的理想都无法发挥劝说的功能，而任何能够说服人们遵循的东西都将是一种无望的妥协。

　　我们可以想象一下人们对这种两难所产生多少"客观的"反应，也就是说，这种反应多少与那些被政治理论说服了的人的特殊观点无关。一种具有强烈客观倾向的探究路径可能会赋予确立关于安排政治制度之真理以至上地位。证明这些制度的正当合理性可能仅仅是表明这种证成即是真理，而向个体证明制度的正当合理性可能只是给这些个体提供一些论证证据。任何有关这些观点的特殊意图或者这些个体的心理学观点都无须成为这种证明工作的一部分。这也就假设了，存在某种单一的证明立场，每个人都能拥有该立场，并且针对它提出相应的论证证据。

　　当然，无论提出哪些证据，个体必须能够理解它们。但是，出于听众心理的考虑都不适合纳入这些证明本身——任何超过听众心理的证明都会在决定究竟需要什么来确立科学真理、数学真理或历史真理的过程中发挥作用。心理可能会影响人们的表达方式，但是在这些情形下的论证都有自己的标准（至少我以为如此），听众必须遵循这种论证才有望达到真理。如果不能说服听众，那就是他们的不幸，而不是理论的不幸；我们之所以不能批评一种科学理论是乌托邦的或在心理上不切实际，是因为它对绝大多数人的心智能力要求太高。同样，一种完全客观的政治理论路径宣称，人们必须遵循这些论证过程，除此以外别无他途。

　　对于那些在某种程度上较少客观性的路径，可能会允许对一种政治安排之正当合理性的充分证明标准更适宜于那些被有意说服相信这些论证的个人的视角，而且，由于政治理论中的证明不仅仅是想让人们对某一主张达成一致，而是使个体接受并支持一套制度和一种生活方式。所以，对于个体来讲最重要的就是有关动机的心理状态，以及有理由做什么和想要什么。问题在于，这些对个人来讲最重要的事实是否构成了政治理论为各种政治制度提供普遍有说服力的证明这一抱负的致命障碍？因为这些制度是强加到个体安排之上的，作为个体，他们别无选择。

如果政治理论的抱负较为狭小一些，那么这些难题在某种程度上是可以避免的。例如，我们可以寻求一种制度证明，只要这种证明被足够多的人而非所有的人所接受，就足以保证制度强制得以实施。再比方说，我们如果只是想满足**我们自己**，我们就有正当的理由以某些方式运用国家权力来使自己的要求正当化，同时不希望被那些不满意的阶层或其他准共同体以不合理的方式强行抵制。从某种意义上来讲，这可能会放弃建立有利于掌权者(君王、革命领导阶层甚或多数大众)的合法性之目标。

然而，这却不是一种寻常的理论抱负。我们想要求得更多：我们希望拥有理由向任何人提出，国家的强制权力应予实施，我们需要的不是打败敌人的理由，因为这种理由不能保证敌人不反抗我们。姑且承认，政治不仅表现为相互合作，而且更经常地表现为相互冲突，因此我们正在寻找能够在某个层面上被所有人认可的、处理冲突的命令。这些命令能够激发和赢得人们的尊敬，所以，依照它们所得出的结论具有权威性——即使这些结论本身并没有获得一致意见的支持。此种合法性正是思想家们的抱负所在，且广泛散布在他们(例如霍布斯和卢梭)关于人性的假设中。

在这里，"某种真理的存在"和"普遍证明真理的可能性"都以这样一种方式结合在一起，它促使我们考虑这样一个问题，即，人类——尽管他们冲突不断——是否有足够共同的基础使他们接受同一种政治论证。这又把我们带回立场的二元性问题上来了。乌托邦主义的危险来自这样一种政治倾向——在追求道德平等之理想的过程中，个体动机承受了过多的政治压力，甚至试图通过一种非个体的转变方式完全超越于个体之上。对这一问题的非乌托邦式解决办法是，在各个因素之间取得适当的平衡，并了解这些因素是什么，它们是怎样相互作用的。

关于这种非强制的解决办法，尤其重要的一个方面是，发现一种能够在两种立场之间形成和平的权威分割的诸种条件。这样一来，个体便能够同时被个人性的动机(与他自身特定的生活和利益有关)

和非个人的动机（这种动机对每一个人——当事人、他的朋友，以及所有其他陌生人——都是公平的）所激励。这两组动机是共存的，但在个体的一次选择或决定中，两组动机并不一定会直接发生作用。有时候也有一种动机权威的划分。

例如，如果你和我发现我们都想吃点心盘中的最后一块法式指形小蛋糕，我们当然不会你推我搡地争夺，而是以一种大家都能够接受的方式来决定最终的结果——即使是以一种任意的或偶然的方式来决定，比方说，谁先走到那块小蛋糕面前谁就可以"很自然地"得到它。在这样做的时候，我们两个人都没有放弃自己优先得到那块小蛋糕的权利。我们只是暂时抑制了自己的动机，转而以公平的态度平静地看待事件的解决。

不幸的是，上述做法不可能屡试不爽。例如，当船快要沉没时，你我都想把最后一件救生衣给自己的孩子，此时恐怕没有谁会赞成使个人动机让位于公平的选择过程，因为在这种情况下，个人动机压倒一切。在一些伦理学理论中，这些现象不能被算作道德的失败，而是道德内部公正与平等之主张的不可避免的局限。但是尽管有这些局限，人类的文明生活却呈现出个人的目的与非个人的实践活动相互交织的状态，一些非个人的要求约束或者抑制了我们对个体动机的追求，但并没有使我们放弃。社会化就是在各种不同的观点之间建立起某种内部和谐。

我以为，这样一些适应性调整本身就是个体行为道德的一部分，而不是自利与道德相互冲突的结果，或者是个体对道德要求的解脱。道德将个体的追求分门别类，同时也会以一般的标准为之设定界限。

对个体追求的分门别类及其限制对政治理论至关重要，其与伦理学理论的不同是，前者讨论的并不只是自愿行为的特定模式，而是接受制度权威性的问题。而个体难以控制制度，即使个体坚持自己的伦理原则，制度的实施还是会以个人的名义或者以个体未曾选择的方式针对个人。使自己服从外在的强制力所冒的风险与服从个人的行为原则所冒的风险差别甚大，政治制度为个体提供的保护比道德原则所提供的保护更多，但是，政治制度给个体提供的保护越多，它对个人产生的潜在威胁就越大。如果代价太高，人们就无法从政治制度中解脱出来。

政治制度有时为我们所有人的利益提供的服务多少是平等的。但是，它们也可能会为某些人提供更多的服务，或者实际上是牺牲其他人的利益来满足这些人的要求。为了向每个人证明这种抉择是正当合理的，需要使公正或道德平等的要求与个体的动机要求达于同一，并找到一种制度安排，借此用一种切实可行的方式将二者结合起来。

但是，"切实可行"的标准是什么呢？在这里，我们并不十分清楚的是，人们怎样依靠假定的心理事实——人类对公正的天生抵制——来决定道德证明的条件，而同时对屈服于人类的恶没有任何愧疚？在伦理学理论或政治理论中，动机与证明之间的恰当关系为何？答案是，政治理论必须考虑个体的行为，因为政治制度的产生和实施离不开人，而且动机的特征也只能通过人的行为才能表现出来，但是，对这些个体的潜在意义的评价不仅仅是政治的，也不纯粹是心理的，而是伦理学的。我们有必要思考，人们会由于什么原因——道德的原因或别的原因——赞成或反对以某些必要的方式采取行动？而在各种动机的综合影响下，会形成怎样的生活？

评价的过程是复杂的，因为动机无法独立于伦理学或政治理论而存在。伦理学的论证揭示出道德动机的诸种可能性，没有这种论证就不可能理解道德动机；而在政治理论中，这些可能性只有通过制度才能得到精当的阐述，人们之所以能够在一定程度上支持这些制度，是因为它们具有道德吸引力。我们甚至有可能通过各种习俗或制度来改变人们关于个人价值与非个人价值的界限概念，这些习俗或制度能够扩展公共领域的范围，改变个体自律的形式。但是，人的动机是复杂的，道德论证并不能使人们发生彻底的改变。一种革命性的新的政治安排也无法如此。即使通过对正确的东西的论证有可能使我们所理解的东西发生部分转变，正确的东西必须同时是可能的。

这并不意味着，我们采取相当多的人所无法接受的政治步骤就不能得到正当合理的证明。当我们废除某种根本不正义的东西（诸如，奴隶制、农奴制、世袭制，或者对妇女的压制）时，通常需要强行使那些受益于解除这种不正义行动的人们付出巨大的代价。只有在经过这种观念转变之后（也许经过一代或两代人），在正义观念和个体动机的综合影响下，政治安排的结果才能够最终为人们所接受。而且，接受新的政治安排的人的社会等级范围一定比旧的政治安排更加宽泛，这就向人们证实了一种可行的、更高形式的集体生活。

如果一种转变并没有导致稳定的、大家都支持的结果——通过对共同制度的坚持，达到相互尊重以及对道德平等的认识，那么这种转变经常会被指责为乌托邦理想。与政治的可行性论证一样，道德能否成立依赖于道德证明、个体动机，以及制度框架、规则或习俗三个方面的相互支持。罗尔斯的"良序社会"的概念为这种道德稳定的目标——即，通过正义制度和个体心理之间的相互强化来维持道德的生存——提供了最杰出的表述。因而乌托邦主义的问题可以被当作发现良序社会之约束因素的问题来思考。①

下面让我举一个负面的例子来给予说明。迄今为止，道德转变所遭受的最重大的失败就是创立无阶级社会的尝试，而相信这种尝试能够成功的想法已经被广泛认为是乌托邦的理想。这正是政治理论为人性所左右的显著例证。断言我们所有的人都应当锲而不舍地为共同善而奋斗，因而必须废除生产方式中的私有财产，是毫无用处的。如果绝大多数人的动机之个人因素无法适当地收敛，或者非个人的因素膨胀到一定程度，那么，一套完备的公共所有制度就必定会退化堕落，经济萧条，结党营私，黑市猖獗，更不用说为了维持统治所采取的政治压迫和迫害。也许存在更高平等的可能性，但到目前为止，各种激进的制度也没能获得更高的平等。比方说，无论是在社会主义社会中，还是在资本主义社会中，利他主义都同样罕见；而且，运用铁腕方法来弥补财政赤字也很少取得成功。

上述问题中的一些问题可能被归咎到20世纪共产主义的独特品质，从而很可能使情况变得比以前更加糟糕。而且我们无法预先排除这样一些可能性：将来设计的一些决策安排在没有暴政，也不要求使个人动机发生根本转变的情况下，仍可能会阻碍那些社会阶层和经济阶级的发展。不过，这里所提到的可能性完全是抽象的。在目前的情况下，一种体面的无阶级的社会似乎是无法实现的。

---

① 参见罗尔斯的《正义论》，453～462页。

　　然则，阶级分层显然是一种恶：如果一些人的社会地位生来就比别人的低劣，我们怎么能不把这种情况称之为一种恶？这与那些天生就身体残疾的人情况不同，因为面对这种情况我们至少是有希望改变的，比如说，如果给予残疾人以另一种不同的社会安排，给予他们一种与正常人不同的激励方式，那么残疾人与正常人之间的差距就可以得到弥补。即令市场需要有效供求的相互作用，我们仍不难想象，还存在一些与个人获利动机不同的激励机制，来促使整个市场追求成本最少化和利益最大化。然而，绝大多数人实际上并没有被充分调动起来促使这些安排发挥作用，即使这些安排是被强加到他们身上的，他们也往往设法回避之。因此，最初十分吸引人的道德理想却被桀骜不驯的人性所阻隔，这是否显露了人类的本性缺陷或共产主义乌托邦理想的不充分性呢？

　　我之所以详细阐述这个例子，不仅仅由于它是我们这个时代所面临的现实问题，而且也因为它体现了我们所讨论的问题的核心特征：

　　1. 从非个人的角度来考虑，消除天然的经济不平等的理想具有道德吸引力。

　　2. 实现这一理想所必需的自愿行为的制度与模式都是可以设想的，至少是可以大致设想的。我意识到，这种看法只是思辨性的。

　　3. 通过对多种多样的制度下人们的实际行为的观察，我们有充分的证据表明，每个人都具有很强的个人动机，不可能将它们根除，而正是这些动机导致人们的行为千差万别。

　　4. 要想维持面对这些个人动机的体系，似乎需要对个体生活进行广泛的政府控制，这样就会严重地拒斥自由，严格强化公众的无知，使民主消失。但是，即使真的这样做了，我们也不可能达到人人平等的结果，因为那些控制着整个体系的人会操纵体系向着有利于他们的方向发展。

　　5. 最后，如果人们能够有所改变，以使经济平等的体系得以自由地兴旺发达，那么这些改变对个人来讲肯定不是件更糟的事。但更确切地说，人们不必完全沉浸在个人动机的夙愿之中，也不必只关心共同善的诉求，而仅仅需要（记住，是"仅仅"）放弃他们获取的渴望，大大扩展他们的公共精神，并出自公共精神而奉献创造性的劳动。

对大多数人来讲，这种品格的改变难以想象，除非我们对很多代人的社会制度持续不断地施加影响，但是，到目前为止我们仍然没有发明这样的社会制度。非个人的理想与个体动机之间的冲突反映了每个个体心中对这两个方面的基本划分，我们已经讨论过这种划分。个体可能会站在非个人的立场上做出如下判断：某种形式的集体行为或者某些特定的人际关系可能不错——甚至比我们现在拥有的更好，因而很有必要使它们在这种安排中发挥作用，却并不需要人们具备足够的动机驱使。

在协调集体需要与个体的合理要求的过程中，存在着好些难题，而我并没有关注所有这些难题。其中大家最熟悉的是合作问题：我们每个人都想获得某个结果，但除非保证其他人也有同样的想法，否则没有人会产生足够的合作动机。另一个更加尖锐的难题即是所谓"囚徒困境"难题：每个囚徒都期望通过所有人的通力合作来获得某个结果，这就要求每个人都必须具备十分坚定的合作动机——**无论他人是否如此**。即便在我们处理某个单一动机（例如自利动机）时，这些难题也会产生，单一的动机也会使我们同时产生或者通过合作来解决问题的欲望，或者促使我们不参与其中。

这些难题及其解决对于政治理论非常重要。但我尤其关注这样一种情形：在这些情形中，各种**不同的**动机都会进入个体力图阻止非个人欲望实现的行为之中（当然，这些截然不同的动机之间的冲突也会同时出现）。当人们超脱非个人性评价，并沉思自己在社会制度中的作用时，个体的生活要求和个人谋划与承诺都会得到伸张。当然，这并不是说非个人的欲望被置于个人欲望之后，而是说，对我们每个人而言，还有更多的欲望并未实现，最后真正形成的那些只是很少的一部分，而什么是我们有理由去**做**的则取决于在我们生活中发生作用的那些理由的范围。

这是最核心的问题所在，政治理论必须向人们做出两次证明：第一次是证明它自身所坚持的是非个人的立场；第二次是证明它自身在接受非个人立场的体系中占有特殊地位。这并不是对人类之恶或人类弱点的妥协，而是对人类复杂性的必要承认。从坏的意义上来说，如果忽略了第二次证明，政治理论就有沦为乌托邦主义的危险。并且，第二次证明的尝试没有放弃道德证明在政治理论中的首要地位，而仅仅是将个人证明和非个人证明都看成是道德的一部分。因此双重证明的要求也就是道德的要求。

困难在于如何解释对个人观点的合法性考量与道德的吸纳性之间的差异。在一般的伦理学或政治理论中，检验个人证明的标准多少应该出自对个人动机之重要性的评价。这种评价具有一般有效性，因此也可以被非个人的动机所承认：个人动机的合理性本身就是一般伦理判断的目标。

当个体考量其个人动机的重要性时，通常不允许别人的个人动机具体表现出来并影响他的判断——尽管他对任何人的动机（包括他自己的）所具有的影响力和重要性都会有所认识并受到这种认识的影响。也许那些动机对他的行为的影响是合法的，但是只有这种影响对任何人来讲都是合法的，他才会承认。问题不只是什么样的行为在实践上是可行的，而在于什么是公正的。一个可接受的答案——尽管对个人动机之重要性的认可会对这个结果产生影响——必须是非个人的，并且必须广泛获得人们的认可，而不只是个体抵制伦理要求的结果。

根据这个标准，生活在同一政体下的每一个人都被要求以公正的仁慈对待共同体内所有其他成员，就像许多抱负较小的主张那样，但这很可能无法检验。不过，迄今为止还没有哪一个社会组织系统真正获得了这样的成功，甚至**压根儿**就不可能。问题在于，由于任何政治体系都必须向人们做出两次证明，因此不可能设计出这样一种政治体系，既能够满足非个人的欲望，同时又能满足个人的欲望。在康德的模式中，对这个问题的回答也只能采取普遍主义的态度。例如，从非个人的角度来看，阶层划分是不可接受的，但是如果将消除阶层分化的政治制度强加于个体，也同样不可接受。

但是，下面两种说法均无益处：一种说法认为，如果个体行为不能产生符合非个人欲望的结果，那么只能说是个人做得不对；另一种说法认为，如果非个人的欲望不合法，就应该放弃这种理想。实际上，我们应该将这两个造成道德两难的方面都看成在道德上是有效的，反之，我们所面临的情形就十分棘手，必须借助政治的、社会的和心理的想象化解之。使政治理论成为一个独特主题，乃是伦理学的需要，而不只是实践的需要，而且这也是伦理发明的需要，而非仅仅是把个体道德应用于群体行为的需要。问题的关键在于使个人价值和非个人价值的和谐满足不断增长，尽管它们之间存在着天然的对立。

在任何政治解决方式中，强制、保证服从，以及对个人利益的介入，都发挥着明显的作用，但只有这些还不够。要充分实现社会理想，必须在要求个人动机服从非个人动机的同时，在社会体系中给予个人动机以一定自由，从而使改造个体的各种因素——这些因素之间存在着潜在的冲突——能够共存和整合。不这样解决问题，就会产生文明社会中的坏的良知，对这种坏的良知我们并不陌生。

那种试图通过攻击个体主义而将私人领域缩小在一个狭窄范围内的企图将是十分愚蠢的，若此一企图获得某种成功，就会毁灭人类生活中绝大多数有价值的东西。然而，我们还是必须采取一些措施以减少个体动机与社会理想之间的抵牾，任何个体主义的维护者都必须承认这一点。仅仅靠社会设计的灵活性，或者仅仅靠改变人们的心灵，都无法达成这一目标。毕竟，要求个体的合理性在回应社会媒体的变化时朝着非乌托邦的方向发展，在某种程度上还是可能的。

## 二、平等主义

现代诸政治理论一致认为，社会必须在某些方面平等对待其社会成员，但它们对究竟在哪些方面且在诸方面中何者优先等问题上却意见不一。对于那些习惯于法律面前人人平等（这在自由民主中占有首要地位）的人们来说，一个很自然的问题就是，如果要将平等的规则扩展到社会和经济领域，究竟该做到什么程度才是令人满意的和可能的？

这一问题已经被人们广泛讨论过了，我想说的大部分内容都不过是老调重弹而已。我在这里仅举一例，希望能够进一步扩展合法的政治体系中的平等限度，以突破有关现代福利国家的通常看法，然后反思这么做在实践上和道德上的巨大困难。我被一种强大的平等主义社会理想所吸引，而立场的二元性似乎又使这种理想的实现遇到了巨大的障碍。所以我还不清楚在一个道德上和心理上都切实可行的政治体系中如何具体实现这种理想。

罗尔斯在《正义论》的最后一章里，对平等主义立场的动机可行性作了相当深入的讨论，但我发现自己无法赞同他的这种心理学期待。从本质上来讲，我的怀疑使我做出这样的猜测：康德的全体认同在这个问题上可能派不上用场。我们也许可以通过政治制度来使我们更加接近平等主义理想，但差距依然存在，要弥补这一差距，只有通过人类的转变，到目前为止，人类的转变似乎还只是一种乌托邦；或者，通过进行制度的创新来超越所有现在所能想象的制度。

正是公正的动机使我们有理由要求比以前更多的平等。如果不承认公正在决定是否接受一个社会体系——如果每个这样的体系只是谋求私利政党之间的一场交易——的时候是一个重要的动机，那么，除了需要某种程度的平等以保证社会体系的稳定之外，人们就不会吁求平等。但我相信，公正是人类观点中的一个本质方面，它很自然要通过我们所生活于其中的政治制度来表达自己。

我们还可以通过其他一些方式来考虑伦理学和政治理论。如果人们仅仅按照在不同的人中间寻求在应该如何行动的观点上的契合一致的可能性来确定他们的问题，那么，就会发现他们利益的契合和互利的契约等重要结果。但即便不是所有人都依靠这些因素，也并不有损于它们的重要性；并且，对他人的直接关注也会对社会理想产生潜在而最具有转变意义的影响。

我们已习惯于巨大的社会和经济方面的不平等，以至于很容易对这些不平等麻木不仁。但是，如果社会上的每一个人都很在意这些不平等，那么，将会出现如下令人震惊的情形：在一个最有效的社会体系下，很多人生来就受到严酷的剥削，他们想要过体面生活的理想已经完全破灭；而另一些人却生来就能享受锦衣玉食的生活，拥有充足的资源，并且拥有远远超出体面生活的优越条件。这些物质的不平等是更广泛的社会地位、个人自由以及自尊心的不平等的一部分。那些拥有高收入的、接受高等教育的、继承财产的、家庭具有背景的，或者在上流社会供职的人，都能获得优越的待遇，并且在一些文明中，一无所有的人们会向他们表示敬意和顺从。没有人能够忽视逃脱这种情形的困难，但我们也没有理由厌恶这种情形。

　　我认为，公正态度是对平等主义及其含义都持强烈的平等主义信念。正如我所说过的那样，我们需要具备一定的从"我们之所是"中抽象出自己观点的能力，这一观点必须充分提升和重视所有人的生活和福祉。我们应该设身处地为别人着想，也就是说，从他的立场来看，我们想要追求的价值将会对他造成什么样的影响。这就将每个人的幸福放在了最重要的地位；从非个人的立场来看待每个人原初的重要性——姑且排除他对别人福祉的影响——也是一样。

　　这样做的结果是，从个体生活中推导出十分庞大的一整套价值，当这些价值相互冲突时（这在现实生活中是不可避免的），没有任何方法对它们进行整合或权衡。公正是不是平等主义本身？这个问题实际上等同于：不同价值的整合是不是反映了我们在追求平等的过程中存在着内在的偏见？由于每个人的生活都有一套原初的价值（不受他人价值观的干扰），而且都是同等重要的，当我们对这些原初价值进行整合时，这种整合是不是已经超越或凌驾于每个人生活重要性的平等之上了？

　　即使从这个意义上来讲公正不是平等主义本身，我们也应该承认：因为公正能够消除边际效应，在其分配性的结果上看，公正还是平等主义。在五万美元的基础上增加一千美元与在五百美元的基础上增加一千美元相比，前者购买力的变化显得没有后者那么重要，因为我们总是会满足于更加重要的需要。在某些基本的需求和渴望方面，人们具有足够的相似性，因此在一个人和另一个人之间存在着一些大致相当的东西，一些可传递的资源（例如货币）通常会更加有益于较少拥有这种资源的人，而对于那些已经拥有了巨大资源的人来说，再多给他们一些，往往没有增加什么好处。因此，如果从非个人的角度来看，每个人的获益应该一样多；如果假定赞成人们有更大的获益，那么我们就有理由在给定数量的资源中进行比平均主义更加平等的分配。尽管在现实生活中提供给我们的通常不是数量固定不变的资源，但是边际效应的减少速度如此之快，以至于我们仍然能够得出平等主义的结果——甚至在许多情况下，这种平等主义的结果往往会体现为境况好的人所失去的要比境况差的人所得到的更多。

　　但是我相信，公正亦是平等主义本身，这是一个更加有争议的主张。这意味着，公正使境况差的人比境况好的人受益更多，也就是说，公正给予前者一种优先权。当然，公正也同时意味着关注每个人的善，因此，无论什么人，公正都会给予他恰当的好处。但是，当我们必须做出选择让什么人受益时，仍然存在着怎样将人们独特而又相互冲突的要求协调起来的问题，此时，纯粹的关注每个人的善的理想根本无法解决这样的现实问题。

对这个问题的解答取决于很多东西。我们可能会使更多的或更少的人受益，也可能会使他们获益更多或更少。所有这些有效因素毫无疑问都是相关的，如果其他条件相同，公正通常会选择前一种做法。但还有一点需要补充，有些时候适当的针对所有人的平等模式恰恰体现为使弱势群体受益——尽管优势群体掌握着更多资源。对不同的人给予不同程度的关注，这种分等级的关注方式内在于这样一种态度，即，若我们能正确地理解——给予弱势群体以优先权。①

这样做的原因是，关注每个人必须是特殊化的，也就是说，对每个人的善的关注必须既是个别的，又是平等的。当我们站在非个人的立场上时，我们对一个人的关注与对另一个人的关注具有同等重要的地位，不分高低贵贱，彼此也不可代替。因此，不应该将这些关注搅和在一起。即使在我们的想象中无法囊括所有这些相互分离的生活，它们的分离性也必须以某种方式保留在公正所建立的非个人的价值体系中。

这一观点突出地体现在罗尔斯著名的批评中，他认为，功利主义并没有认真对待人与人之间的差别。② 在罗尔斯的阐述中，不仅认为人的正义感的基础是其道德态度，它是在原初状态中形成的，包括了个性化了的公正关注，后者是一种本质性的要素。由于我们

---

① 德里克·帕菲特在《给弱势群体以优先权》一文中呼吁，这种形式的平等是一种纯粹的"优先性观点"，它有别于"纯粹的平等主义"——对不平等的简单化排斥（即使这种不平等指的是使弱势群体优先受益）。因此，他把它称之为"相对平等主义"。我将在后面讨论一个更深层的问题——公正的形式，它将会在一些条件下为"相对平等主义"这一更加有说服力的概念提供支持。

② 参见罗尔斯的《正义论》，27 页。

是在不知道我们是谁的条件下选择社会原则的，所以我们必须将自己完全放在社会中每个有代表性的人的立场上。尽管这种多重定义的结果不是很清晰，但它显然是罗尔斯理论的平等主义品格形成的来源之一。

这与其受康德思想的影响有联系，虽然康德本人并没有提出过这种对每个个体区别对待的平等主义的结论。如果我们设法同时从每个人的立场来看待问题，那么我们——正如康德所坚持认为的那样——就会走向平等主义。我认为，在纯粹的、不含个人偏见的善行中也会体现出这种平等主义的特征，不过，我们也应该注意到，康德的普遍平等主义能够获得广泛的接受，必须有一个前提条件，即平等的程度越高，人们就越难反对这种平等。

关于这种个体化的因人而异的公正，有一个根本的观点：相应于人们相互分离的生活，将会产生出众多相互分离的价值，而我们必须对这些价值之间不可避免的相互冲突做出进一步的判断。我们不能简单地假定，这些价值可以像力学中的向量一样进行整合——不同向量之间可以相互叠加，也可以相互抵消。那是功利主义的解决方式，实际上是错误的。正确的做法是，不同价值之间应该根据某种优先性标准进行——至少是部分地进行——相互比较。

不过，对每个人区别对待并不意味着要划分出所有人的优先等级次序，而且公正总是会倾向于使更多的人（而不是使更少的人）受益。但是，不管人们受何种选择或政策的影响，它并没有为人们之间非侵略性的、成对比较的方式提供任何有意义的要素，那么我们凭什么要把一个人的境况和可能的受益分别与其他每个人的境况和可能的受益进行比较？不过我相信，当我们经过深思熟虑之后确实这样进行比较时，划分等级的迫切性自然就会凸显出来。境况不好的人要求比境况好的人优先得到公正的关注和施与，换句话说，他们是排在队列前头的。这就意味着，他们有理由首先获得满足，尽管这会造成一定的效率损失，甚至凌驾于"消除资源的边际效应"所对应的优先权。（无论如何，那些境况很不好的人会遭受比贫穷更加严重的恶，而且更容易在资源分配中成为无能为力的被剥削者。）

在某种程度上讲，大量的、各种各样的要求（或者众多的利益）——尤其是那些新产生的要求总是与已有的要求相互关联——会把我们拖进一种矛盾重重的尴尬局面。我并不赞成公正给予弱势群体以绝对的优先权。但是，作为公正的重要因素之一，还是应该包括一些绝对优先权在内。这是因为，正是由于绝对优先权的存在使得人们倾向于将最不可能被接受的选择看成是最应该被接受的选择。①

这样做的一个直接后果就是，当我们站在非个人的立场上承认他人观点的重要性时，我们会理所当然地在想象中将这些观点看成是自己的观点。与"将人们所有的经验合并成一个无差别的整体"或者"我可以成为任何一个人，并且选择成为什么人的机会都是均等的"这些说法不同，我们必须设想自己分别是他们中的每一个——就好像他们中每个人的生活就是我们的生活。即使这是一个过分夸张的要求，并且在逻辑上是不可能的，但我还是相信，它在想象中和精神上意味着一种道德见解——全体一致性必须是合法性的一个条件。

纯粹的公正在本质上是平等主义的，从使弱势群体优先受益的意义上来讲也是这样。不过，那种不把有利条件给予那些境况好的人（他们并没有使境况差的人受到损失）的做法不能称之为平等主义，因为公正是指针对所有人的普遍公正。然而，出于不止一个原因，非个人的立场产生一种公正的态度，它强烈地吸引我们去追求这样一种社会理想，在这理想的社会里，巨大的资源分配的不平等有可能避免，其重要的目的就是增大消除各种不平等的可能性。而且，消除经济的不平等只是这一社会理想中的一部分。这有助于抑制社会分层、对公众的镇压、不平等的政治权利，等等。相对于公正的做法——关注社会下层人民的疾苦，并且支持那些改善他们社会地位的政策——而言，上面提到的各种不平等现象都是一种恶。所有这一切都源于每个人自己能站在他人的立场上考虑问题，而且即使我们不具体考虑平等主义因素的力量，只是用这些标准来衡量这个世界，也可以明显地看出，我们这个世界着实可怕。

如果人们不赞成我所提出的平等主义，也会不得不承认这个世

---

①　对这一观念的讨论请参见题为"平等"一章中"道德问题"一节，122～125页。我在那里揭示了平等主义与全体一致的要求之间的关联。

界的可怕。"给予那些不仅仅是经济状况不好而且是赤贫的人——他们连基本的物质条件（例如食物、住所、健康和最起码的自尊）都没有——优先的权利"的原则，将会使我们确信地所有道德直觉都得到说明，这种说法显然是成立的。也就是说，我们无法保证比最基本的优先权所对应的平等主义更加广泛的平等主义能够成立。然而，我想要维护的正是给予弱势群体以更高的优先权，原因有两点。

第一，直观地来看，我认为这种更高的优先权是正当的。也许大家还记得，在某些时候，平等主义原则的主旨并不是个人报酬的分配，而是对人们生活质量的总体（正如罗尔斯所强调的，从生到死）预期。通过对人们生活期望（从出生开始的）的不同进行思考，我认为，满足最基本的需要所对应的优先权并不能穷尽我们对优先权的认识。当然，它是首先应该满足的优先权。但是，不熟练的工人阶级与熟练的工人阶级、下层中产阶级与上层中产阶级，以及中产阶级与上流社会，这些概念之间的差别在直觉上为我们提供了一种关于重要程度的等级区分。

我认为，这种等级区分为我们提供了经济分配的上限。在我的道德直觉中，相较于富有的人和豪富的人，我并没有给予拥有小康生活的人以平等主义的优先权（是我缺乏想象力吗）。我猜想这可能是因为在那些等级之间，财富的边际效应减少得实在太快，以至于概念上的范畴无法与客观上的富有程度的区分（这种区分是指根据道德的重要性或者公平对待的标准所做的区分）相对应。先抛开政治权力的分离问题不谈，千万富翁的孩子与中产阶级家庭（经理或教授）的孩子相比，两者的生活预期在道德上的差别并不明显。相反，熟练工人与中产阶级经理相比较，他们在生活上的差别却是相当大的，尽管他们中的任何一个阶层都不缺乏最基本的物质条件。

第二，最好的公正理论解释有力地支持了普遍平等主义，因为它采取了因人而异的个体化处理方式。这种对应比较的方式，其最终结果都是将优先权赋予较弱的一方，而且这种通过比较来决定哪一方获得优先权的方式并不只限于满足人们基本的需要。因此，我的结论是，如果将消除绝对贫困这一狭隘的原则当成是普遍平等主义，实际上违反了公正原则，或者是对公正概念的曲解。①

使平等主义价值在政治理想中具体化，是一件十分棘手的任务。首要的一点是，将适当的条件(这其中不包含任何应负的责任)引入到善与恶的规范当中，以使它们获得同等的地位。普遍地来看，人们拥有不同的社会地位，有的人处于优势，有的人处于劣势，这种不平等的现实似乎不能称之为恶。到底什么样的不平等才为恶？需要具体分析。如果一个人的社会地位并不是由其本人造成的(即他不负任何责任，也不是他的主观选择)，那么由此形成的社会地位的差异就是一种不平等。在这种情况下，我们需要给予那些处于劣势地位的人以优先权。如果两个人生于相同的环境条件，也就是说，他们面对着同样的生活机遇，但他们自己做出的自由选择造成两个人过着完全不同的生活。这样的情形并不违反平等主义的原则。可我要说明的是，此种情形引发了很多有争议的问题。

首先，当一个人对其所处的社会地位负有责任时，人们往往会对一些问题争论不休。从争论"普遍自由意志之有无"，到争论"人们需要具备什么样的知识条件和时机，才有足够的能力对某个结果负责"，再到争论"一个人利用自己所拥有的天赋或继承的财产获得了更好的社会地位，而他对此并不负有责任(也就是说，他没有主动选择这些东西)，这时候，他是否必须对结果负责"。在这里，我不打算将自己卷入道德哲学的问题当中，当然，道德哲学的问题也并不回避对平等问题的思考。我只想简单地说，显而易见的是，不管人们是否承认应该对那些关系比较远的有利条件负责，生活中有很多重要的东西——尤其是当一个人生来就处于优势或劣势，或者由于

——————

① 这种狭隘的平等主义原则可能只是像斯坎伦(Thomas M. Scanlon)所支持的纯粹契约主义原则——尽管这种原则将自己标榜为平等主义原则。我个人认为，要想实现斯坎伦的纯粹契约主义原则所要求的全体一致性，必须有公正的平等主义——假定它是人类的合理动机之一——作为其补充，这是因为，对个人来讲，在他决定与别人达成契约之前，必须首先根据平等主义原则来判断什么是应该拒绝的，什么是应该接受的。斯坎伦自己也曾提出，如果想实现全体一致，必须为人们提供一种消除严重不平等的动机——这样一来，势力弱小的人就有拒绝的权力，势力强大的人也没有理由强行要求别人服从自己。但是，这仍然是一种十分有限的平等主义——只限于消除"严重的不平等"，并不是我所追求的普遍平等主义。

受到基本框架的限制，必须过某种形式的生活时——都不能被看成是人们必须对之负责的善或恶，这一点也属于平等主义原则。

其次，在原则的实施过程中，还必须保持始终一贯，前后一致。如果 A 获得了有利条件（他对有利条件的获得负有责任），从而过得比 B 好（B 并不对这种变化负责），那么，这样的不平等应该得到承认。原因是，平等主义原则并不反对双方当事人都不负有责任的不平等，而只反对当事人在获得善或恶的结果方面的不平等，即，他们没有理由获得这种善或恶的结果，但是却得到了。我想在这里声明的是，只是拥有的比别人少，并不能算作一种恶。因此，如果 A 与 B 分别对自己获得多少好处负有责任，那么我们必须将他们的责任考虑在内，而且这种情形将不可避免地造成不平等的结果。还有一种情形通常不会引起什么争议：A 拥有比 B 更多的利益，但是由于 B 对二者之间的差异不负任何责任，所以 A 拥有多少利益与 B 完全无关。

但是，假设 A 获得了某种利益（他对此负有责任），此种利益又进一步增加了他的收益，并且他的收益确实对 B 造成了伤害（B 对这种伤害的产生没有任何责任），例如，抢走了 B 的所有客户，或者让 B 变得一贫如洗。如果 B 所无端承受的损失总是多于 A 所刻意获得的收获，并且这种不平等的局面无法得到改善，那么 B 还能剩下什么呢？然而还有一些情况，比方说，孩子们从他们的父母那里获得有利条件（这些有利条件是由他们的父母创造的），不可否认，父母的损失成就了孩子们的收获，这样的不平等是可以接受的。

由此我们就会得到一种初步的认识：任何平等主义的社会理论都必须是复杂的——即使我们已经十分肯定"社会的非个人资源必须进行平等分配"是社会理想中不可缺少的一部分。我在后面还会继续讨论这些复杂性，因为正是由于这些复杂性的存在使得对平等的追求遇到了极大的障碍。但是，我在这里想先谈谈另一个问题。

除了非个人的立场之外，现实生活中的每个人都拥有自己的立场，那么我们肯定会提出这样的要求：任何具体的社会理想都必须首先描述清楚平等具有什么样的价值，这样人们才愿意接受这种平等，并在它的指导下生活。由平等主义衍生出来的非个人的立场和公正的态度只是整个社会构成中的一部分。因此，如果仅有公正的动机,整个社会体系就根本无法运作;如果假设人们的动机是个人态度和非个人态度的混合,其中公正的观念总是在人们的思想中占支配地位,这样的社会体系也同样无法运作。毕竟人类社会不是圣人的团体。不管人们在自己的生活之外还会做什么,他们首先要过"自己的"生活,而要想使每个人接受平等主义的理想,必须创造出一个比单个人更公正、更平等的,能够为所有人接受的社会体系。这样的社会体系将会维护所有人的公正,但是它的运作必须与其他同样真实的因素协调一致。

　　这一论题还可以分为两个部分。第一,人与人之间存在着复杂的差异性,但他们都会忠于公正的社会体系,他们这样做的根据是什么?第二,怎样促使人们承担起公正的社会体系分配给他们的社会角色?第二个问题涉及两个方面:政治方面和个人方面。

　　关于平等主义优先选择的确切效力,我暂不赘述。罗尔斯的差异原则——给予弱势群体以绝对的优先权——可以作为一种解释,并且,根据罗尔斯本人的建议以及斯坎伦的修正,这种差异原则可以被一般化为词典式的差异原则。① 不过,我还是倾向于给予弱势群体以较弱程度的优先权(不是绝对的优先权,而是相对的优先权),这种优先权使境况不好的人比境况好的人优先受益。② 另外,我还想改变个人动机的特征以及人与人之间相互作用的特征,这样做的

---

　　① 参见罗尔斯的《正义论》,83 页。以及斯坎伦的"罗尔斯的正义理论"一文,他的表述(而斯坎伦却认为这是布鲁斯·艾克曼(Bruce Ackerman)的说法)如下:

　　　　首先,选择弱势群体中具有代表性的一个人,增加他的收入、财富等等,从而使这个人脱离他所属的阶层;然后,通过这种激励人向上的方式,逐步使与这个人具有同样社会地位的人们提高他们的社会地位,从而减少这一社会阶层的人数。接下来,再找下一个社会地位高一些的典型人物,用同样的方法来减少这个社会阶层的人数。以此类推,直到社会的最顶层。当然,根据平等主义的原则,我们也同样要增加这些处在社会上层的人的利益,但前提是不能影响别人的利益。(参见丹尼尔·贝尔:《今日资本主义》,197 页。)

　　② 有些人甚至会被更加强硬的平等主义原则所吸引,该原则——也许是为团结一致的理想服务——硬性地规定要消除所有的不平等,这甚至会在某种程度上使弱势群体的境况变得更加糟糕。参见劳伦斯·克罗克的"平等、团结,以及罗尔斯的收益最大化理论"一文。我在后文也会谈到这个问题,即,到底有多大可能造成弱势群体境况的恶化。在我看来,这种硬性的平等主义原则并不属于公正的理想,而只是单纯地反对某种特殊的不公正。

原因是，为了使弱势群体受益，我们很有必要接受一些大的不平等。总之，为了实现我所描述的平等主义理想，需要建立起一个新的社会体系，它将会比大多数民主国家已有的那些体系要平等得多。

选译自［美］托马斯·内格尔：《平等与偏袒》，第三、 第七章，
牛津，牛津大学出版社，1991。 牛冬梅译，万俊人校。

# ［美］沃尔泽（Michael Walzer，1935—　　）

《正义诸领域》(1984)（节选）

《厚与薄——道德论证的内与外》(1994)（节选）

# 《正义诸领域》（1984）（节选）

## 复合平等

### （一）多元主义

分配的正义是一种丰富的思想，它在哲学反思所及范围内绘制了整个善的世界。每一个东西都不能被忽略，我们日常生活的每一个特点都需要仔细地审查。人类社会是一个分配的社会。这并不是它的全部内涵，但重要的一点是，我们聚到一起是为了分享、分割和交换。我们聚到一起还为了制造我们用来分享、分割和交换的东西，但这种制造——工作本身——又是以劳动分工形式在我们中间分配的。我在经济中的地位，我在政治序列中的级别，我在伙伴中的声誉，我拥有的物质财产，所有这些给我的东西都是从其他男人和女人那里得来的。可以这样说，我拥有的东西是我该有的或不该有的、正义的或不正义的，但是，只要涉及分配的范围和参与分配者的数量，这种判断就不容易做出了。

分配正义的观念与占有有关，也与是（being）和做（doing）有关；与消费有关，也与生产有关；与土地、资本以及个人财产有关，也与身份和地位有关。不同的分配需要不同的政治安排来实施，不同的意识形态来证明。分配的内容包括成员资格、权力、荣誉、宗教权威、神恩、亲属关系与爱、知识、财富、身体安全、工作与休闲、奖励与惩罚以及一些更狭义和更实际的物品——食物、住所、衣服、交通、医疗、各种商品，还有人们收集的所有稀奇古怪的东西（名画、珍本书、盖有印戳的邮票等）。并且，物品的这种多样性与多样化的分配程序、机构和标准相匹配。不可否认，也有简单的分配系统——奴隶船、寺院、精神病院、幼儿园（尽管仔细看的话，这其中的每一个都可能表现出意想不到的复杂性），但从来没有一个成熟的人类社会能够避开这种多样性。我们必须对这种多样性进行全面研究，即研究诸多不同时间、不同地点的物品及其分配。

但是，进入这个分配性的制度安排和意识形态世界并非只有一种途径。从来不曾有过一个普遍适用的交换媒介。易货经济衰落以来，金钱成了最为常见的交换媒介。但有一个古老的格言说得好，有一些东西是钱买不来的，这个古老的格言不仅在规范上为真，而且在现实生活中也为真。什么东西应该、什么东西不应该拿来出卖，这是男人们和女人们常常需要决定并且用各种不同的方式决定的事。纵观历史，市场是分配社会物品的最为重要的机制之一，但它从来不是，今天在任何地方也不是一个完善的分配系统。

类似地，也从来不存在单一的一种控制所有分配的决定点或一套做出决策的机构。没有一个国家政权曾拥有如此强大的渗透力，以至于能够规制社会得以形成的所有分享、分割和交换模式。事物总是从国家控制的缝隙中溜出来，产生出新的模式——家族网络、黑市、官僚同盟、秘密的政治和宗教组织。国家官员能够收税、征兵、配给、管制、任命、奖赏、惩罚，但他们却不能虏获全部的物品，也不能自己去代替其他任何一个分配代理人。其他任何人也做不到这一点：现实中确实有市场"政变"和垄断，但从来不曾有过一个完全成功的分配阴谋。

最后，从来不存在一个适用于所有分配的单一标准或一套相互联系的标准。功绩、资格、出身和血统、友谊、需求、自由交换、政治忠诚、民主决策等，每一个都有它的位置，都与许多别的标准不那么和谐地共存，并被竞争集团所利用，彼此之间混淆在一起。

至于分配正义，历史向我们展示了大量不同的制度安排和意识形态。但哲学家的最初冲动是抵制历史的展示和表象世界，并寻找某种内在一致性：一个基本物品的简短列表，由此迅速抽象出一种善；一套单一的分配标准或一套相互联系的分配标准；而哲学家自己则至少象征性地站在唯一的决定点上。我应当指出的是，寻求一致性误解了分配正义的主题。不过，在某种意义上，哲学上的冲动是不可避免的。即便我们选择了多元主义，正如我应该做的，这个选择也仍然要求前后一致的辩护。必须有证明该选择合理的原则并为该选择设限，因为多元主义并不要求我们支持每一个提议的分配标准或接受每一个所谓的代理人。可以想象得到的是，的确存在一种唯一的多元主义原则和唯一一种正当的多元主义。但这仍然是一种包含着广阔范围的分配的多元主义。比较而言，绝大多数就正义著书立说的哲学家，从柏拉图开始，就有着这样一个最深层的假设：哲学能够正确地成就一种，并且是唯一一种分配系统。

今天，这个系统通常被描述为：处于理想状态中的理性的男人们和女人们，如果他们被迫公正地进行选择，而又对他们自己的地位状况一无所知，并且被禁止发表一切排他性权利主张，那么面对一组抽象的善，他们将选择这种系统。① 如果对知识和权利主张的限制设计恰当，且这些善是恰当限定的，那么，能够得出一个唯一的结论就有可能为真。理性的男人们和女人们，被不同形式限制着，将会选择一种，并且是唯一一种分配系统。但这个唯一的结论的力量却是不容易测量的。值得怀疑的是，同样是这些男人们和女人们，如果他们变成了普通人，有着对自己身份的牢固观念，手里有自己的物品，陷入日常的烦心事中，那么，他们是否还会反复重申他们的假设选择，或甚至声称这一选择是他们自己做出的。最重要的是，问题并不在于利益的排他性，而哲学家们通常假定他们能够安全地——也就是不容置疑地——将其置之不理。而普通人，比如说，

---

① 参见 John Rawls：*A Theory of Justice* (Cambridge, Mass., 1971)；Jürgen Habermas：*Legitimation Crisis*，trans. Thomas Mc-Carthy(Boston, 1975)，esp. p. 113；Bruce Ackman：*Social Justice in the Liberal State*(New Haven, 1980)。

为了公共利益也会做到这一点。更大的问题在于历史、文化和成员资格的特殊性。即便他们心存公正，一个政治共同体中的成员脑海里最可能浮现的问题不是在如此这般普通化了的条件下理性的个人将选择什么，毋宁说是像我们这样的个人将选择什么，谁和我们所处的境地相同，谁分享一种文化并注定继续分享这一文化？并且，这个问题可以毫不困难地转换成这样的问题：我们在日常生活过程中已经做出了什么选择？我们所（真正）分享的是什么看法？

正义是一种人为建构和解释的东西，就此而言，说正义只能从唯一的途径达成是令人怀疑的。无论如何，我将从对这个标准哲学假设的质疑开始，并且不仅仅是质疑。分配正义理论所提出的问题有许多种答案，并且，在答案范围内，还为文化多样性和政治选择留有空间。这不仅仅是在不同历史背景下实施某个唯一的原则或一组原则的问题。没有人能够否认还存在着一些道德上许可的实施措施。我所要争论的不止这些：正义原则本身在形式上就是多元的；社会不同善应当基于不同的理由、依据不同的程序、通过不同的机构来分配；并且，所有这些不同都来自对社会诸善本身的不同理解——历史和文化特殊主义的必然产物。

(二)物品的理论

分配正义的各种理论的焦点都集中在通常被描述为一种仿佛采用这种形式的社会过程：人们向（别的）人们分配物品。

在这里，"分配"的意思是给予、配给、交换等，焦点既不集中在制造者的行为上，也不集中在消费者的行为上，而是集中在分配代理人和物品的领受者身上。我们像那些既给予又取得的人一样通常只关注我们自己的利益，但在这种情况下，只关注特殊的、受限制的意义上的"我们"的利益。我们的天性是什么？我们的权利是什么？我们需要、想要、应得的是什么？我们对什么拥有权利？我们在理想状态下将会接受什么？这些问题的答案就转化成被假定为控制着物品的运动的分配原则。物品，就抽象定义而言，是可以向任何方向运动的。

但这只是对现实中发生的事情的一种过于简单的理解，并且它使我们过快地对人的本质和道德的能动作用作出夸大的武断结论——绝不可能博得普遍同意的断言。我想要做的是对中心过程作一个更为严谨、复杂的描述：

人们构思和创造出物品，然后在他们自己当中进行分配。

在这里，构思和创造优先于并控制分配。物品并非只是出现在分配代理人手中，让他们随心所欲地处置或按某个一般原则来分发。① 相反，物品及其意义——正是因为它们的意义——是社会关系中决定性的中介；它们在处于人们手中之前就已经进入人们的脑海中了；分配是依据人们所共享的关于善是什么和它们的用途何在的观念摹制出来的。分配代理人受他们所掌握的物品制约。几乎可以这样说：物品在人们中间自行分配。

东西坐在马鞍上
驾驭着人类。②

但这些总是特殊的东西和特殊的男人、女人群体。而且，当然，我们制造出东西——甚至马鞍。我并不想否认人类能动性的重要性，我只是想把我们的注意力从分配本身转移到构想和创造上：为物品命名，赋予其意义以及集体制造它们。我们需要一种物品理论，来对分配可能性的多元论进行解释与限制。出于我们眼前的目的，这一理论可以总结为六个论点。

第一，分配的正义所关注的所有物品都是社会物品。它们不是也不能作为个人癖好来估价。我不能确定是否存在其他种类的物品；我的意思是将这个问题开放化。有些家用物品之所以备受珍爱，是

---

① 罗伯特·诺齐克在《无政府、国家与乌托邦》(*Anarchy*, *State*, *and Utopia*, pp. 149~150, New York, 1974)一书中提出了类似观点，但却得出了激进个人主义的结论，这在我看来，失去了生产的社会特征。

② Ralph Waldo Emerson：“Ode”, in *The Complete Essays and Other Writings*, ed. Brooks Atkinson(New York, 1940), p. 770.

出于个人的和情感的原因。但只有在文化中，情感才常常依恋于此类物品。一个美丽的黄昏，刚刈过的干草堆的味道，一幅城市街景带来的兴奋，这些可能都是个人珍视的物品，尽管它们同样是且更明显地是文化评估的目标。甚至新发明所受到的重视与它的发明者的思想也是不相符的；它们受制于一个更为宽广的构想和创造过程。再肯定点说，上帝之物是免于这个规则支配的——如《创世记》的第一章所说："上帝看着所创造的一切都甚好。"这一评价并不要求人类（他们可能会产生疑问）的同意，也不需要男人和女人中的大多数或在理想状态中相聚的任何男人和女人群体（尽管身处伊甸园中的亚当和夏娃有可能认可它）的同意。除此之外，我想不起来还有什么别的东西可免于这个规则的支配。世上的物品有着人们共享的含义，因为构想和创造都是社会过程。出于同一个原因，物品在不同的社会里有着不同的含义。同一个"东西"因不同的原因而被重视，或者在此地被珍爱而在别处则一文不值。约翰·斯图亚特·密尔曾抱怨说"人们喜欢聚群"，但我不知道还有没有别的方法去喜欢或不喜欢社会物品。① 一个离群索居的人几乎不能够理解物品的含义并想出物品可爱或令人厌恶的原因。一旦人们聚群而居，个人旨在得到别的价值——包括比如说臭名昭著和怪癖等价值——而带着潜伏或颠覆性企图离开群体就是可能的。一种温和的怪癖有时一直是贵族的特权之一：它和别的东西一样是一种社会物品。

　　第二，男人们和女人们因他们构想和创造的方式不同而呈现出具体的特征，然后他们占有并使用社会物品。"什么是我和什么是我的之间的界线"，威廉·詹姆斯写道，"是很难划分的"②。分配不能被理解为脑海中或手中尚没有特定物品的男人们和女人们的行为。

---

① John stuart Mill："On Liberty"，in *The Philosophy of John Stuart Mill*，ed. Marshall Cohen(New York，1961)，P. 255. 至于人类学对喜欢或不喜欢社会物品的行为的解释，见 Mary Douglas and Baron lsherwood：*The World of Gooda*（New York，1979）。

② William James，quoted in C. R. Snyder and Howard Fromkin，*Uniqueness：The Human Pursuit of Difference*(New York，1980)，p. 108.

事实上，人们已经在与一组物品产生了关系；他们不仅在相互之间，而且在他们所生活的精神和物质世界之间有着交易史。如果没有这样一个出生即始的历史，他们在任何可辨识的意义上都不会是男人和女人，而他们也不会有关于如何进行物品的给予、配给和交换的最初观念。

第三，不存在可想象的跨越全部精神和物质世界的唯一一组首要的或基本的物品。或者说，这样一组物品已被构想得如此抽象以至于它们对于思考特定的分配作用甚微。即便必需品，如果我们既考虑精神必需品，也考虑物质必需品，其范围是非常广的，等级管理也是非常不同的。唯一一种且通常是必需的物品——比如说，食物——在不同的地方就承载着不同的含义。面包就是生命的全部，基督的身体，安息日的象征，待客的方法，等等。可以想象，只能在一个有限的意义上说这些含义中的第一个是首要的含义，因此，如果世界上有二十个人和刚好足够的面包来满足二十个人的需要，那么，"面包即生命的全部"的首要性就会产生一个充分的分配原则。但那是该原则能够发挥作用的唯一环境；而且即便在那里，我们也不能确定该原则是否有效发挥作用。如果面包的宗教用途与作为食物的用途相冲突——如果诸神要求将面包烘烤并烤焦而非吃掉——那么，哪一种用途是首要的就毫不清楚了。但是，面包何以被列（编）入世界通用之物呢？这个问题甚至更难回答，传统的答案更缺乏合理性，因为我们已从必需品转向了机会、权力、名誉，等等。这些东西当且仅当从每种特定含义中抽象出来时才能被列入通用之物——因此，为所有实践之目的，这些就变得毫无意义。

第四，但正是物品的含义决定了物品的运动。分配的标准和制度安排不是善本身固有的，而是社会善内在所需的。如果我们理解一个物品是什么，它对那些将它看作一种善的人意味着什么，那么，我们就能理解它应当怎样、由谁、为何原因来分配了。所有分配公平与否是与利益攸关的物品的社会意义相关的。从各方面看，这显然是一个合法化原则，但它同样是一个决定性原则。①
比如说，中世纪的基督教徒谴责买卖圣职的罪恶时，他们是在主
张教会职务这种特定的社会物品的意义排除了出售和购买的可能。
基督教徒对职务的理解既定，那么，随之而来的——我倾向于说，
必然随之而来的——就是职务占有人应当根据其知识和虔诚而非财
富来选拔。可能有许多东西是钱可以买到的，但这个东西不行。
类似地，**卖淫、贿赂和买卖圣职**这些词，描述的是那样一类物品
的买卖，在对这些词的含义有确定共识的条件下，这些物品是绝
不应该出售或购买的。

　　第五，社会意义具有历史性；同理，分配以及公正的和不公正
的分配是随着时间的推移而变化的。确切地说，某些关键性的物品
有我们所认为的特有的规范结构，并穿越时空界限（但并非所有界
限）而反复重申。正因为这一重申，英国哲学家伯纳德·威廉姆斯
（Bernard Williams）能够论证说物品应当始终按"相关的理由"来分
配——而相关性似与本质而非社会意义相联系。② 例如，职务应当
给予合格的候选人，这个观念——尽管不是人们关于职务的唯一观
点——明显存在于不同的社会，而在这些社会，不同名目的买卖圣
职和任人唯亲基本上都被认为是罪孽深重的或不公正的。（但关于哪

---

　　① 社会意义不正如马克思所说，只不过是"统治阶级的思想""占统治地位的物质
关系在思想上也占统治地位"吗？ Karl Marx：*The German Ideology*（《德意志意识形态》），
ed. R. Pascal（New York，1947），p. 89. 我不认为它们永远只是这个含义或完全是这个含
义，尽管统治阶级的成员和他们所支持的知识分子还是处于剥削地位并将社会意义扭曲
为他们自己的利益为好。但是，当他们那样做时，他们可能会遇到（在知识上）来自同样
的含义的抵抗。一个民族的文化通常是一个连接点，即便它不是一个完全合作的产物，
但它往往是一个复杂的产物。人们通常所理解的特定物品与原则、程序、代理观念相联
系，如果统治者立刻选择的话，那么，他们将不作选择——由此产生了社会批判这个
词。反对有权势的男人们和女人们的篡位而诉诸我所说的"内部"原则，是批判说教的普
通形式。

　　② Bernard Williams：*Problems of the Self*：*Philosophical Papers*，1956—1972
（《自我问题》）（Cambridge，England，1973），pp. 230～249（"The Idea of Equality"）. 这篇
论文是我自己思考分配正义的起始点之一。也请参见 Amy Gutmann：Liberal Equality（《自
由手册》）（Cambridge，England，1980），Chap. 4 中对威廉姆斯的观点的批判（和我自己的
一篇早期论文）。

种职位和位置被恰当地叫作"职务"，人们有着相当大的分歧。)又如，惩罚被广泛理解为一种消极的善，应当给予基于判决而非政治决定而加于罪有应得者。(但什么构成一个判决？谁来做出判决？简言之，如何对被控的男人和女人行使正义？关于这些问题，人们有着重大争议。)这些例子需要引入经验调查。不存在纯粹的直观或推测性程序来获得相关理由。

第六，意义清楚明白后，分配必须是自主的。可以说，每一种社会善或每一组物品都构成一个分配领域，在其中只有某些特定标准和安排是合适的。金钱在教会职务领域是不恰当的；它是来自另一个领域的入侵。而虔诚在市场领域毫无优势，就人们对市场的一般理解而言。能够正当出售的任何东西都应该是既能卖给虔诚的男人和女人，也能卖给渎神的、信奉异教的有罪的男人们和女人们的(否则，没有人会做那么多生意了)。市场对所有人都是开放的；而教学则不是。当然，社会意义在任何社会都不是完全清楚明确的。一个分配领域中发生的事情会影响别的分配领域的事情，我们至多只能寻求相对的自主。但相对自主，如同社会意义一样，是一个决定性原则——正如我在本书中自始至终所要论证的，确实是一个根本原则。尽管它并非是一个检验所有分配的唯一标准，但它仍然是根本的。并不存在唯一标准，但对于每个特定社会的每个分配领域的每个社会物品来说，都有许多标准(即便这些标准是相冲突的，它们也都是大概可知的)，并且这些标准常常被有权势的男人们和女人们破坏，物品被篡夺，领域被侵犯。

## (三)支配与垄断

事实上，违背却是制度性的。自主事关社会意义和共享的价值，但它更易于导致不时的改革和反抗而非日常的实施。就其分配安排的复杂性而言，我们可以把大多数社会看作是在金本位原则上组织起来的：一种善或一组物品在所有分配领域都具有支配和决定性作用。而这种善或这组物品通常都是被垄断的，它的价值被它的拥有者们的力量和凝聚力所维护。如果拥有一种善的个人因为拥有这种善就能够支配大量别的物品的话，那么，我将称这种善是支配性的。

当一个男人或女人，或世界上一个重要的君主——或一群男人和女人、寡头——随时都能成功地用一种善来对抗所有敌手，那么这种善就是垄断性的。支配一词描述了一种社会物品的使用方式，这种方式并不局限于物品的固有含义，或者说，用自己的形象塑造着这些物品的含义。当物品稀缺而需求广泛时，如同沙漠中的水，垄断本身就会使该物品占据支配地位。但是通常地，支配是一个更为精巧的社会创造，是混合了现实与象征并经由许多工序制成的杰作。体力、家庭名誉、宗教或政治职务、不动产财富、资本、技术知识，这当中的每一种在不同的历史阶段都曾是支配性的；并且，它们当中的每一种都曾被某个群体所垄断。然后所有好的东西就都到了那些拥有最好的东西的人手中。拥有了那个东西，别的东西就源源不断地到手了。或者，让我们换一种隐喻的说法，一种支配性的善经过通常看起来是一个自然过程而实际上是不可思议的一种社会炼金术而转换成另一种善，转换成许多别的善。

　　从来没有一种社会善能够自始至终地支配所有领域的物品；从来没有一种垄断是完美无缺的。我只想描述趋势，那种决定性的趋势。因为我们能够根据建立于其内的转换模式，描绘全部社会的特征。某些特征是简单明了的，在资本主义社会，资本是支配性的，并容易转化成特权和权力；在专家治国社会，技术知识扮演着同样的角色。但去想象或者寻找更为复杂的社会安排并不困难。事实上，资本主义和专家治国比它们的名称所包含的意义复杂得多，即便这些名称确实传达了最重要的分享、分割和交换的真实信息。对一种支配性的善的垄断性控制造就了一个统治阶级，其成员高居分配体系之巅——正如声称拥有自己所热爱的智慧的哲学家们可能喜欢做的那样。但是，因为支配总是不完全的，垄断总是不完美的，所以每个统治阶级的统治都是不稳定的，他们总是不断遇到打着别的替代性转换模式旗号的群体的挑战。

　　分配是所有社会冲突产生的根源。马克思关于生产过程的着重强调不应当隐蔽我们对这一简单真理的认识：为控制生产方式而斗争就是为分配而斗争。土地和资本是至关重要的，并且，它们是可以被分享、分割、交换和无穷转换的商品。但土地和资本并非唯一的支配性物品，通过别的物品而获取它们是可能的（历史证明了这点)——军事或政治权利、宗教职务和个人的特殊魅力，等等。历史表明没有唯一的支配性的善，没有天然就有支配性的善，而只有不同种类的魔术和相互对抗竞争的魔术师班子。

垄断一种支配性的善的要求——当精心策划为了公共目的时——构成了一种意识形态。它的标准形式是通过一个哲学原则作为中介将合法占有与某些个人品质结合起来。因此，贵族政治，或最优秀者的统治是那些坚持血统和智力为原则的人的标准：他们通常是不动产财富和家族名誉的垄断者。神权至上是那些声称懂得上帝之语的人的原则：他们是神恩和宗教职务的垄断者。精英统治，或职业向有才能的人开放，是那些自诩为天才的人的原则：通常他们绝大多数是教育的垄断者。自由交换是那些愿意或明确表示愿意拿自己的钱去冒险的人的原则：他们是流动资产的垄断者。这些群体——还有别的群体，也类似地以他们的原则和拥有物划出自己的范围——相互竞争，争夺最高权力。一个群体获胜了，不久另一个群体又获胜了；或者达成联盟，最高权力就被不稳定地分享了。没有最终的胜利，也不应该有最终的胜利。但这并不是说不同群体的要求都必然是错的，或者说他们所诉诸的原则作为分配标准是毫无价值的；原则常常在一个特定领域的范围内是确切公正的。意识形态都容易被腐蚀，但其腐败并不是有关它们最有趣的事情。

正是在研究这些斗争的过程中，我找到了自己论述的主线。我认为，这些斗争有一种范式。某个男人们和女人的群体——阶级、种姓等级、社会阶层、身份、联盟或社会构成——最终享受对某种支配性的善的垄断或近乎垄断；或者，若干群体间的联盟享受这种垄断，等等。这种支配性的善或多或少有规律地转化成所有其他种类的东西——机会、权力和名誉。因此，财富被强者占有，荣誉被出身名门的人占有，职务被教养良好的人占有。也许为这种占有辩护的意识形态被广泛信奉为真理，但愤恨和抵抗(几乎)如同信仰一样遍布整个社会。总有一些人，经过一段时间后就有许许多多的人，认为这种占有不是正义的，而是侵占。统治集团并不拥有，或并不唯一拥有它所宣称的品质；转换过程破坏了人们对关键物品的共识，社会冲突断断续续，或限于局部；在某些时刻，相反的主张提了出来。尽管冲突有许多不同种类，但三个一般性种类特别重要。

1. 主张支配性的善不管是什么，应当重新分配，以便人们能够平等地或至少更广泛分享它：这等于说垄断是不公正的。

2. 主张所有社会物品的自主分配方式应当是开放的：这等于说统治是不公正的。

3. 主张某些新群体垄断的新的善应当替代当前占据支配地位的善：这等于说现有的统治和垄断模式是不公正的。

第三种主张，在马克思看来，是每一种革命性意识形态的典范——可能，除了无产阶级的或最后的意识形态之外。因此，在马克思主义理论中，法国大革命就是贵族出身与贵族血统的统治和封建土地所有制终结了，资产阶级财富取而代之。原初状态以不同的主体和客体（这从不重要）再现出来，于是阶级斗争立刻重新开始。在此我的意图不是支持或批判马克思的观点。事实上，我怀疑每个革命性意识形态都或多或少包含着这三种主张，但这不是我在此想要支持的立场。无论其社会学的价值如何，第三种主张在哲学上都不是令人感兴趣的——除非相信确有一种天然的支配性的善，以便其占有者能够合法地要求统治我们其余的人。在某种意义上，马克思确实相信会这样。生产方式是纵贯历史的支配性的善，而马克思主义就是历史主义的理论——它主张无论是谁，一旦控制了主要生产方式，就意味着其统治具有合法性。① 共产主义革命之后，我们应当去控制全部生产方式：在这一点上，第三种主张蜕变成第一种主张。与此同时，马克思的模式是一个不断进行分配斗争的计划。当然，谁在这一时刻或那一时刻获胜将是重要的，但如果我们只是注意到接连不断的关于统治和垄断的主张，那么我们就不会明白为什么它是重要的，以及它是如何那么重要的。

（四）简单平等

我应该先探讨前两种主张，最后再单独探讨第二种主张，因为第二种主张对我来说，似乎最充分地抓住了分配体系的社会意义的

---

① 见 Alan W. Wood：*The Marxian Critique of Justice*，*Philosophy and Public Affairs* 1(1972)，pp. 244～282。

多重性和真正复杂性。但第一种主张在哲学家中显得更为常见，它与他们自己对一致性和唯一性的追求是相符的，而我需要花些篇幅详细地解释它的困难之处。

提出第一种主张的男女们挑战的是垄断，但不是一种特定的社会善的支配地位。也就是对垄断提出一般的挑战。因为，比如说，如果财富占据支配地位并被广泛分享，那么，其他的善就不可能被垄断。设想一个社会，其中每样东西都是准备出售的，每个公民都与别人一样有同样数量的钱。我将称之为"简单平等政体"。平等在转换过程中是不断增加的，直到它扩大到足够大的社会物品范围。简单平等政体不会持续多长时间，因为转换的进一步发展和市场的自由交换必然会将不平等带入它的运行轨道。如果有人想花很长时间来维持简单多数，那他将需要一部"金融法"，就像古时候的土地法或希伯来安息日法那样，来支持这个阶段回到原初状态。只有一个中央集权的激进主义国家才能够强大到足以促成这样一种回归，并且如果金钱是支配性的善的话，还不清楚该国官员是否真正有能力或愿意这样做。总之，原初状态在别的方式中是不稳定的，不仅垄断将会重现，而且支配将会消失。

在现实中，打破金钱垄断将使金钱的支配性无效。别的善就会加入游戏，而不平等就呈现出新的形式。我们再来考虑一下简单平等政体。每样东西都是准备出售的，每个人都有同样数量的钱。因此，可以说，每个人都有同样的能力为他的孩子们买得教育。有些人那样做，而别的人不那么做。结果教育被证明为一项好的投资：别的社会物品都是不断地向拥有教育证书的人出售。很快每个人就都投资于教育；或更可能的，这项购买通过税收体制普及了。但是到那时，学校就变成了一个竞争的世界，其中，金钱再也不是支配性的了，相反，生来的天才、家庭教养或写作测验中的技巧就成为支配性的了，而教育上的成功和证书就被某些新的群体垄断了。让我们称他们（即他们自己称呼自己）为"天才群体"。最终，这一群体的成员们就主张他们所控制的善应当在学校外面也成为支配性的：职务、头衔、特权，也包括财富，都应当由他们掌握。这就是职业向有才能的人开放，机会平等，等等。这就是公平所需要的，天才将会出现，并且无论如何天才的男和女都将扩充每个人都能得到的资源。因此迈克尔·扬（Michael Young）所说的任人唯贤政治诞生了，同时伴随着参加者的不平等。①

　　现在我们应当做什么？我们有可能为新的转换模式设置边界，承认但限制天才的垄断权力。我认为这就是约翰·罗尔斯差别原则的目的，根据这一原则，不平等只有在被设计来将最大可能的利益带给，并确实带给最少受惠者的社会阶级时才是正当的。② 更明确地说，一旦财富的垄断被打破，差别原则就是一个强加于天才男女身上的限制。它是这样运作的：想象一个外科医生，他基于他所学的技术和在大学和医学院里经过艰苦的竞争、奋斗所赢得的证书而要求获得比他的同辈人更多的财富。当且仅当这个要求在规定的办法下是有益的时候，我们才会承认它。同时，我们将采取行动限制并规制外科手术的价格——也就是说，控制外科手术的技能直接转化为财富。

　　这种规制必将是国家要做的工作，正如金融法和土地法是国家所为一样。简单平等将要求国家用连续不断的干涉来打破或限制早期的垄断并抑制支配的新形式，但那时，国家的权力自身将成为竞相争夺的中心目标。不同群体将试图去垄断国家权力，将国家用于巩固他们对别的社会物品的控制。或者，国家将由于寡头铁律被它自己的代理人垄断。政治总是统治的最直接方式，而政治权力（而非生产方式）可能是人类历史上最重要的，但无疑也是最危险的善。③

---

①　Michael Young：*The Rise of the Meritocracy*，1870—2033（Hammondsworth，England，1961）——一部天才的社会科学小说。

②　Rawls：*Theory of Justice*[1]，pp. 75ff.

③　我在此应当特别指出：随着我的论述的深入，政治权力是一种特殊的善这个观点将变得更清晰。它有两重性。首先，它和别的东西一样，是由男人们和女人们制造、估价、变换和分享的：有时占支配地位，有时则不；有时被广泛持有，有时则被极少数人占有。其次，它又与所有别的东西不同，因为不管它是如何取得的，也不管谁拥有了它，政治权力通常都是社会物品的管理代理人。它被用来保卫所有分配领域，包括它自己的边界，并强化人们关于善是什么，以及它们的用途是什么的普遍共识。（但显然，它也能被用来侵入不同的领域，并推翻那些共识。）在第二种意义上，我们事实上可以说，政治权力总是占据支配地位的——但只是在边界上，而不是在边界内。政治生活的中心问题是维持"在边界上"和"在边界内"的关键区别。但在简单平等规定下，这个问题不可能得到解决。

因此，需要对做出限制的代理人们进行制约，需要建立宪法的制衡。这是强加于政治垄断之上的限制，并且，一旦各种社会的和经济的垄断被打破，它们就显得更为重要。

限制政治权力的一种方法是将其广泛分配。鉴于被详细讨论过的多数人暴政的危险，这个方法可能不会奏效；但这些危险与人们通常列出的危险相比，可能小得多。民主政府的更大危险是它将会虚弱得难于应付整个社会重新出现的垄断，难于应付财阀、官僚、技术专家治国者、实力政治家等社会力量。从理论上讲，政治权力在民主国家是支配性的善，并且，它能够向公民们所选择的任何方向变换。但回到实践中，打破对权力的垄断又抵消了权力的支配性。政治权力如果不受公民们已经拥有和希望拥有的所有别的物品的牵制，那就不可能被广泛分享。因此，正如马克思所指出的，民主在本质上是一个反思体系，反映着起主导作用的以及正在出现的社会物品的分配。① 民主决策将受决定或支持新垄断的文化观念的影响，为了战胜这些垄断，权力将必须集中，可能它自己就是被垄断的。再一次地，如果想要实现由差别原则或别的类似的干涉主义规则给它定下的目标，国家就必须是非常强有力的。

但简单平等政体还是可以运转的。可以想见，一种或多或少的紧张关系存在于新的垄断与政治限制之间；存在于天才们提出的特权要求与差别原则的执行之间；还存在于执行代理人与民主宪法之间。但我怀疑困难会再现，在许多方面对个人特权唯一的及时救治将是国家主义，而逃脱国家主义的唯一方法将是个人特权。我们将动员权力来制约垄断，然后再寻找制约我们所动员起来的权力的方法。但不向占据战略地位的男人们和女人们开放占有和利用重要社会物品的机会是不可能的。

这些困难都源自将垄断而非支配当作分配正义的中心问题。当然，理解哲学家们(和政治活动家们)为何将注意力集中于垄断并不

① 见马克思在《哥达纲领批判》中的评论，即民主共和国是阶级斗争将在其中进行最后决战的“国家形式”：这一阶级斗争直接地、毫不变形地在政治生活中反映出来。(Marx and Engels, Selected Works[Moscow, 1951], vol. Ⅱ, p. 31.)(参见《马克思恩格斯选集》，第 2 版，第 3 卷，315 页，北京，人民出版社，1995。)

困难。现代的分配斗争肇始于反抗贵族政治即贵族独自掌握土地、职务和荣誉的斗争。它似乎是一种特别恶劣的垄断，因为它建立在个人无法选择出身和血统之上，而不是建立在财产、权力和教育，这些——至少在原则上——人们能够争取到的东西之上。可以说，当男人或女人都成为出身和血统领域的小持有者时，他（她）实际上已赢得了一项重大胜利。与生俱来的特权再也不是一种支配性的善，从此以后，它的购买力就微乎其微，而财产、权力和教育则走上前台。但是就这些后来的物品而言，简单平等却根本不能靠它们得到维持，或者说，只有随着我刚才所描述的世事变迁，它才能够持久。在它们各自的领域内，其意义正如人们通常所理解的那样，这三种物品易于产生天然的垄断，而只有国家权力自身就是支配性的，并且被醉心于压制的官员所垄断时，这种天然垄断才能被抑制住。但我认为，会有另外一条道路通往另外一种平等。

（五）专制与复合平等

我想要表明的是，我们应该将注意力集中到减少支配上，而不是，或者不主要集中在打破或限制垄断上。我们应当思考一下，缩小特定物品在其中可能转换的范围和证明分配诸领域的自主，究竟意味着什么。但这一论证方法，尽管在历史上并非少见，却从未在哲学著作中充分地展现出来。哲学家们一直倾向于批判（或证明）现行的或正在出现的财富、权力和教育的垄断，或者批判（或证明）特定的转换——财富转变成教育或职务转变成财富——的合理性。而且，所有这一切总是以某种极端简化的分配体系名义而进行的。相反，对支配的批评建议重塑并接受分配的现实复杂性。

现在设想这样一个社会，其中不同的社会物品被垄断性地持有——正如这些物品实际并且总会反对国家不断干预一样——但其中没有特定物品能够普遍转换。在我的论述中，我将试图界定转换的明确界限，但目前这种一般描述就足够了。这是一个复合平等的社会。尽管会存在许多小的不平等，但不平等不会通过转换过程而增加，也不会在不同的物品之间累加。因为分配的自主性倾向于产生各种由不同群体掌握的地方性垄断。我并不是要宣称复合平等必然比简单平等更稳定，但我倾向于认为复合平等将向更为分散、具体的社会冲突形式开放，并且，对物品的可转换性的抵制将会继续，但更大程度地是由普通的男人和女人在他们自己的能力和控制范围内来进行的，而不再有大规模的国家行为。

我认为，这是一幅诱人画面，但我还没有解释为什么它如此诱人。对复合平等的证明始于我们对各种社会物品的理解——我的意思是，我们现实中具体的有事实根据的特定的共识。然后，这一证明就开始解释我们彼此间通过这些物品相互联系的方式。简单平等是一种简单分配状态，因此，如果我有 14 顶帽子，你也有 14 顶帽子，那么我们就是平等的。并且如果帽子占据支配地位，那么皆大欢喜，因为这样一来，我们的平等就延伸到了社会生活的所有领域。但是，我在此所持的观点是，我们只是拥有相同数量的帽子，而帽子不可能永远是支配性的。平等是人与人之间的一种复杂关系，由我们在我们自己中间制造、分享和分割的物品来调节；它并不是财产的等价物。因此，这就要求有反映社会物品多样性的各种分配标准。

关于复合平等，帕斯卡（Pascal）在其《思想录》中的一篇里作了精彩论述。

专制的本质是渴望得到统治整个世界、超越自己领域的权力。

它有着不同的伙伴——强壮的、英俊的、睿智的、虔诚的——每个人统治着他自己的王国，而非别处。但有时，他们会相遇，而强壮的和英俊的人都为统治权而战——多么愚蠢啊，因为他们的统治权是不同种类的。他们彼此误会，都认为对方旨在夺取世界主权。什么都不能赢得世界主权，即使力量也无可奈何，因为在智慧的王国里，力量是无能的。……

**专制**。因此，下述的声明是错误的、暴虐的："因为我英俊，所以我应当得到尊重。""我是强壮的，因此人们应当爱戴我……""我是……"

专制是希望用此种手段获取只有用他种手段才能获得的东西。我们对不同的品质负有不同的义务：爱是对魅力的恰当反应，恐惧是对力量的反应，而相信是对学问的反应。①

马克思在其早期手稿中作了类似的论述，可能《思想录》这本书在他脑海中留有痕迹：

> 让我们假定人就是人，而他与世界的关系就是人与人之间的关系。因此，爱只能为了爱而交换，信任只能为了信任而交换，等等。如果你想要欣赏艺术，你必须是一个有艺术修养的人；如果你想去影响别人，你必须是一个真正能够鼓舞和鼓励别人的人。……如果你的爱没有激起爱的回报，也就是说，如果你没有能力，通过自己作为一个充满爱意的人的表白，来使自己成为一个被爱的人——那么你的爱就是无力的、不幸的。②

这些都不是易懂的论述，而我这本书的绝大部分只是对它们的含义的评论，但在此，我将尝试用更简单概括的方法将这些论述翻译成我常用的措辞。

帕斯卡和马克思的第一个主张是：个人品质和社会物品各有自己运作的领域，它们在各自的领域中自由地、自发地、合法地发挥着作用。由于特定物品的社会意义，就相应出现了合理的或自然的转换，并且在直觉上似乎是合理的。这一主张合乎我们通常的理解，但同时，又有悖于我们通常所默认的非法转换模式。或者说，这是一个从默认到我们的不满的主张。帕斯卡提出，力量转换为信仰是错的。用政治术语讲，帕斯卡的意思是，没有一个统治者能够仅仅因为他所掌握的的权力就能正当地控制我们的观念。马克思补充道，

---

① Blaise Pascal：*The Pensées*，trans. J. M. Cohen（Hammondsworth，England，1961），p. 96(no. 244).

② Karl Marx：*Economic and Philosophical Manuscripts*，in *Early Writings*，ed. T. B. Bottomore(London，1963)，pp. 193～194. 有趣的是帕斯卡的观点在那里有更早的回应；见 Adam Smith：*Theory of Moral Sentiments*（Edinburgh，1813），vol. Ⅰ，pp. 378～378. 但斯密似乎相信，在他自己的社会里，分配实际上与这种恰当性是一致的——这个错误。帕斯卡和马克思都没有犯。

这个统治者也没有影响我们行为的正当的权利：如果一个统治者想要那么做，他必须是令人信服的、有益的、鼓舞人心的，等等。这些观点的力量依赖于对知识、影响和权力的某种共识。社会物品有社会意义；我们通过解释它们找到了分配的正义。我们寻找每个分配领域的内在原则。

第二个主张是：忽视这些原则就是专制。将一种善转换成另一种善，而二者之间又没有内在联系时，就侵犯了另一些群体正当统治的领域。垄断在各领域内并不是不适当的。比如说，令人信服的、有帮助的男性和女性(政治家)基于政治权力而进行的控制就没什么错。但运用政治权力作为获得别的物品的手段便是专制地滥用权力。因此，一种对专制的古老描述精辟地概括了这点！在中世纪的著者看来，当国君攫取臣民的财产或侵入臣民的家庭时，他们就变成了暴君。① 在政治生活中——但又远不止在政治生活中——对物品的控制导致对人民的控制。

复合平等的政权是专制的，它建立一套关系以使控制成为不可能。用正式术语讲，复合平等意味着任何处于某个领域或掌握某种善的公民可以被剥夺在其他领域的地位或其他的善。因此，可能是公民 X 而不是公民 Y 当选政治职务，于是，这两个人在政治领域就是不平等的。但只要 X 的职务没有在任何领域给他带来超越 Y 的利益——优越的医疗照顾、将自己的子女送到更好的学校、享有更好的事业机会等，那么，一般而言他们并不是不平等的。只要职务不是一种支配性的善，不是可以广泛转换的，职位持有人就会处于或至少能够与他们所治理的男人们和女人们处于平等的关系中。

但如果支配消失了，各领域的自治建立了——同一群人在一个又一个领域取得成功，在每一个结合中都成功了，物品堆积如山，再也不需要非法转换了，那么情况又会怎样呢？这必定导致一个不平等的社会，但这也以最有力的方式说明一个人人平等的社会不可能是一个生机勃勃的社会。我怀疑任何平均主义(egalitarian)的论述能够驳倒这个事实。我们自由选出了一个人(没有考虑他的家庭关系

---

① 总结性解释见 Jean Bodin：*Six Books of a Commonweale*，ed. Kenneth Douglas MaRae(Cambridge，Mass.，1963)，pp. 210~218。

和个人财富）做我们的政治代表，他同样是一个勇敢的、有创造力的企业家。当他年少时，他学习了科学，在每次考试中都名列前茅，并有重大发现。在战争中，他异常勇敢，赢得了最高荣誉。他自己是富有同情心的、引人注目的，并为所有认识他的人所爱戴。有这样的人吗？可能有，但我还是有所怀疑。我们总是讲像我刚才所讲的那种故事，但故事是虚构的，是将权力、金钱或学术才能变成了传奇式的声誉。无论如何，那种人在数量上不足以组成统治阶级来统治我们其余的人。他们也不可能在每个分配领域都取得成功，因为有一些领域是与成功的想法毫不相干的。在复合平等条件下，他们的孩子们也不可能继承他们的成功。总的来说，最有成就的政治家、企业家、科学家、士兵和情侣将是不同的人，并且，只要他们所拥有的物品并不给他们带来一连串别的物品，那么，我们就没有理由害怕他们的成就。

对支配和控制的批判指明一个永无定论的分配原则。**任何一种社会的善 X 都不能这样分配：拥有社会善 Y 的人不能仅仅因为他拥有 Y 而不顾 X 的社会意义占有 X。**对曾经占据支配地位的每一个 Y 来说，这个原则可能时不时地被重申。但这个原则很少用普遍词项来陈述。帕斯卡和马克思已暗示了用这个原则反对所有占有 Y 的可能，而我将尝试完成这一应用。那么，我要关注的不是帕斯卡所说的团体中的成员——不管是强壮还是弱小，不管英俊还是相貌平平——而是他们分享和分割的物品。提出这个原则的目的是集中我们的注意力；它并不决定物品的分享和分割。这个原则引导我们去研究社会物品的意义，从内部去考察不同的分配领域。

(六)三个分配原则

这里所导出的理论不可能是完美的。对一种社会物品意义的任何解释，或者对该物品合法运作领域的边界的任何解释，都存在善争议。也不存在任何生成或检验不同解释的完美程序。这些论述构建再精细也会略显粗糙，反映了社会生活多样化和充满冲突的特征，而这又是我们同时都想理解和调控的——但直到我们理解了，我们才能去调控。因此，我应该置任何追求唯一分配标准的主张于不顾，因为没有一种标准可能与多样化的社会物品相称。但是，有三个标准似乎符合这个永无定论的原则的要求并经常被论证为分配正义的起源和目的，因此，我必须对每一个标准稍作论述。它们是自由交换、应得和需要。所有这三个标准都有真正的力量，但没有一个有跨越所有分配领域的力量，它们都只是故事的一部分，而非全部。

### 自由交换

自由交换显然是无穷尽的；它不保证有特定的分配结果。在任何可以被合理地称之为"自由"的交换中，无论如何都不可能预测将在稍后某个时刻达成的社会物品的特定分割。[1]（但是，预测这种分割的一般结构也许是可能的。）至少在理论上，自由交换创造出一个市场，其中所有物品都通过货币这个中介转换成所有别的物品。没有占据支配地位的物品，没有垄断。因此达成的连续性分割将直接影响被分割的物品的社会意义。因为每一宗交易、贸易、销售和购买将是那些知道物品的社会意义的人，事实上也是意义的制造者们自愿达成的。每一个交换都表现了社会意义。因此，在定义上，X不能仅仅因为某人拥有 Y、无视 X 对社会其他成员的意义而分配给 Y 的拥有者。市场在其运作和结果上基本是多元化的，对人们赋予物品的各种意义非常敏感。那么，以多元主义名义强加到自由交换上的可能限制是什么呢？

但市场中的日常生活，即自由交换的现实经验，与理论陈述是截然不同的，金钱，据称是中性媒介，在实践中是一种支配性的善，并且它被那些拥有讨价还价和特殊买卖才能的人——资产阶级社会中的能人——所垄断。于是，别的人要求对货币重新分配，建立简单平等政体，并开始寻找某些方法来支撑该政体。但即便我们将注意力集中在简单平等开始的平静阶段——建立于平等份额之上的自由交换——我们将仍然需要对什么能够交换什么设置限定条件。因为自由交换将分配彻底地放到了个人手中，社会意义并不服从于或并不总是服从于作为个人的男人们和女人们的解释性决定。

让我们考虑一下政治权力这个简单例子。我们可以将政治权力理解为一组有不同价值的物品：选票、影响力、职务，等等。其中

---

[1]　Cf. Nozick on *Patterning*, *Anarchy*, *State*, *and Utopia*[2], pp. 155ff.

的任何一个都能在市场上交易，并且，有的人会将其积聚起来而自愿牺牲别的物品。但是，即便牺牲是真实的，结果仍然是一种专制形式——在简单平等条件下，是小型专制。因为我情愿不要我的帽子，所以我将投两次票；而如果你认为自己的选票没有我的帽子价值大，那你就根本不用去投票。我怀疑即便只有我们这两个人自愿达成这种协议，其结果也是专制的。而对于必须屈服于我的权力的所有其他公民来说，这毫无疑问是专制的。这并不是说选票不能交易，一种解释说，这正是民主政治的全部内涵，而人们当然早就知道民主政治家通过许诺给特定选民群体好处的公共支出来收买选票或试图收买选票。但这是获得公众认可并用公共基金公开进行的。私人间的买卖则因政治，或民主政治的本质——也就是说，因为我们组成政治共同体后的所为和我们仍然对我们曾做过的一切的思考——而被禁止。

自由交换不是一个一般性标准，但只有通过对特定社会物品进行仔细分析，我们才能明确它能在其中发挥作用的领域的边界。在做完这一分析之后，我们最多只能提出一组哲学上具有权威性的边界，而肯定不是一组应当在政治上具有权威性的边界。因为金钱渗透所有的边界——这是非法移民的首要形式；而应当使它停于何处，既是一个权宜之计问题，也是个原则问题。不能在某个合理的点上使它停住将在所有分配领域产生影响。但论述这些是后面一章的事。

**应　得**

像自由交换一样，应得似乎也是永无定论和多样化的。可以想象唯一一个可实施奖惩并对各种形式个人应得一直保持敏感的中立机构。虽然分配过程将肯定集中起来，但结果仍然将是无法预料的、多变的。不存在支配性的善。若不考虑其社会意义，任何 X 都永远不能被分配，因为，如果不关注 X 是什么，那么，说 X 是应得的在概念上就是不可能的。所有不同的男人和女人结合都将得到他们恰当的回报。但是，这在实践中将怎样发挥作用却是不容易理解的。比如，说一个可爱的年轻人值得去爱可能是有道理的，但说他值得这个（或任何一个）特定的女子去爱则是毫无道理可言的。如果他爱她，而她仍然对他的（真实）魅力无动于衷，那只能是他的不幸，我怀疑我们会想用某种外界因素来矫正这种局面。就我们所理解的而言，特定男女之间的爱情，只能由他们两人来分配，而他们在这些事情上也很少用考虑是否应得来左右自我。

影响力也同样如此。比如说，这儿有一位被公认为富有魅力、令人鼓舞的女性，可能她有资格成为我们共同体中一位有影响力的成员，但我受她的影响或者接受她的领导并不是她应得的。同样，我们也不希望我的追随者身份被任何有权分派任务的机构指派给她。她可以尽全力来鼓舞我，使我兴奋起来，并做出所有被公认为令人兴奋、令人鼓舞的事情。但如果我执意拒绝鼓舞和兴奋，我也不是否定她所应得的任何东西。同样的论点可用于政治家和普通公民。公民们不能用自己的选票去买帽子，他们不能私自决定逾越政治领域与市场领域的边界。但在政治领域内，他们的确可以做出个人决定，并且，他们的行动也几乎不受考虑是否应得的左右。职务能否是应得的还不清楚——这是我必须稍后论述的又一个问题；但即使它们能够成为应得的，如果某种中央机构将职务简单地分配给有资格担当职务的男人们和女人们的话，就破坏了我们对民主政治的共识。

类似地，无论我们怎样划定自由交换在其中起作用的领域的边界，应得在那些边界内也将毫不起作用。比如说，我在讨价还价和买卖方面很有技巧，因此积累了大量精美的油画，如果我们假设，正如画家们通常所做的，油画在市场中是正当买卖的，那么我拥有这些油画便无可厚非。我的所有权是合法的。但如果仅因为我善于讨价还价和买卖就说这些油画是我应得的，那可就太奇怪了。应得似乎要求特定物品与特定个人之间有一种非常紧密的联系，而正义只在有的时候才要求那样一种联系。但是，我们也可以坚持，只有有艺术修养的人，即有资格拥有油画的人，才能事实上拥有它们。想象这样一种分配机制是毫不困难的，国家能够买下所有用来出售的油画（但艺术家必须有执照，于是就不会有数不清的画），对它们进行估价，然后将它们分配给有艺术修养的男人们和女人们，将更好的画分配给更有艺术修养的人。有时候，国家确实做这样的事，但是分配的是人们需要的东西——例如医疗保健——而不是人们应得的东西。这里存在着实践上的困难，但我怀疑这种差别有一个更深层次的理由。应得并没有需求的紧迫性，而且，它同样也不涉及持有（拥有和消费）。因此，我们愿意容许油画的所有者与有艺术修养的人分离，或者说，我们不愿意要求干预市场以结束这种分离。当然，公共设施和服务可能通常与市场共存，因此我们可以争论说有艺术修养的人应得的并非油画，而是博物馆。可能他们应得的确实是博物馆，但他们并不值得我们其余的人捐钱或划拨公共资金来买油画和建博物馆。他们将不得不劝服我们说，艺术就值那么多钱；他们将不得不激发和鼓舞我们自己的艺术修养。而如果他们做不到这一点，那么，他们自己对艺术的热爱就会被证明是"无力的和不幸的"。

即便我们将爱、影响力、职务、艺术作品等的分配指定给某些全能的应得公断人，那么我们又怎样来选出这些公断人呢？又有哪个人应得这样一个职位呢？只有知道暗藏于人们心中的秘密的上帝才能实行这种必要的分配。如果人类必须做这项工作，那么，分配机制不久就会被某群贵族（这正是他们自称的）用预先安排好的一套关于什么是最好的最有价值的东西的固定观念所攫取，而他们对公民同伴们各种各样的长处将无动于衷。这样，应得将再也不是一种多元标准；我们将发现自己面对着一群新（当然是某种古老类型）的暴君。当然，我们确实选出了作为应得公断人的人——比如说，来充当陪审团，或颁发奖品；稍后来考虑一个陪审团成员的哪些特权是有意义的，但在此着重强调的是他只能在一个受限制的范围内发挥作用。应得是一个强有力的主张，但需要艰难的判断；而只有在非常特殊的条件下，它才能产生具体明确的分配。

### 需 要

最后，我来谈谈需要这个标准。"按需分配"通常被认为是马克思的著名格言中关于分配的那半部分：我们要分配共同体的财富以满足其成员的需要。① 这是一个似乎合理的建议，但却是一个极其不完整的建议。事实上，格言的前半部分也是一个分配建议，而且，它与格言的后一半并不相适合。"各尽所能"意味着工作应当以个人的资格条件为基础来分配（或者男人们和女人们应当被征召到工作中来）。但是，个人并非在任何明显意义上都不需要他们有资格做的那

---

① Marx：*Gotha Program*，p. 23.

些工作。也许那些工作是稀缺的，并且有许多能胜任的候选人：哪一个候选人最需要这些工作呢？如果他们的物质需要已经得到满足，可能他们就根本不需要工作了。或者，如果在某种非物质意义上，他们都需要工作，那么，就不需要对他们进行区分，至少在表面上无法区分。要求一个调查委员基于院长候选人的需要而不是基于医院的员工和病人的需要去寻找一个医院院长，无论如何都是很奇怪的。但后一组需要，即便不是政治争论的主题，也不会产生单一的分配决定。

需要也不会对许多别的物品起作用。马克思的格言对于政治权力、荣誉和名声、游艇、珍贵书籍、各种漂亮东西的分配来说，根本就不起作用。严格地讲，这些不是人人都需要的东西，即便我们像孩子们那样宽泛地把动词"需要"（to need）定义为最强烈的动词"要"（to want）。我们仍然没有一个适当的分配标准。我所列的那些东西并不能平等地分配给那些有着同样需要的人，因为这些东西中有些是一般的，有些是必需的、紧缺的，而有些根本就不能被占有，除非别的人出于自己的理由而同意由谁来占有它们。

需要产生了一个特殊的分配领域，其中需要本身就是正当的分配原则。在一个贫困的社会里，相当大部分社会财富将被划入这个领域。但考虑到任何普通生活所产生的大量不同物品，即便是生活在一个极低的物质水平，别的分配标准也会始终与需要并行并发挥作用，而且，担心将它们划分开来的边界总是必要的。在需要领域中，无疑需要满足了关于 $x$ 和 $y$ 的一般分配原则。所需的物品根据人们的所需情况而分配给他们，显然并不由别的什么物品来支配。这里重要的并不是持有 $y$，而只是缺乏 $x$。但我认为，我们现在可以看到，有点影响力的每一个标准都在它自己的领域内而非别处，满足这个一般原则。这便是该原则的作用：不同的物品因不同的理由、依据不同程序分配给不同的男人或女人的结合，为使所有这些都公正或大致公正，我们需要详细勾画整个社会领域。

节选自［美］迈克尔·沃尔泽：《正义诸领域》，
南京，译林出版社，2002。褚松燕译。

# 《厚与薄——道德论证的内与外》（1994）（节选）

## 道德底线主义(moral minimalism)[①]

### I

　　我想从一幅场景谈起（我记得是在辉煌的 1989 年的晚些时候，我从电视新闻中看到的一个片断），作为本章真正的出发点和分析的语境。在布拉格大街上游行的人们高举着标语，有的写着"真理"，有的写着"正义"。当我看到这一场景时，我立刻就知道这些标语意味着什么——不管是谁，只要看到同样的场景，都能理解这些标语的意义。不仅如此：我也明确认可游行者所捍卫的那些价值——（差不多）每个人也和我一样认可那些价值。有没有对政治语言的某种崭新的说明，某种后现代主义者的说明，能够解释清楚上述的这种理解和认可？我怎么能够如此迅捷地洞悉、如此毫无保留地加入一个遥远的示威活动所牵涉的语言游戏或权力角逐之中呢？游行者所共

---

　　① 作者在本文中区分了"moral minimalism"与"moral maximalism"。前者可直译为"道德最小（化）主义"，后者可直译为"道德最大（化）主义"。由于二者都是作者立论的核心概念，所以根据二者的语义差异，我们将之分别译为"道德底线主义"和"道德充量主义"，相应地，"minimal and maximal meanings"译为（道德术语的）"底线意义"和"充量意义"；"minimal morality"与"maximal morality"译为"底线道德"与"充量道德"。

享的文化在很大程度上是我所不熟悉的；他们所应对的经验也是我从来没有过的。但是，我依然能够非常顺当地走在他们中间。我也能够高举同样的标语。

这种来之轻易地友善和赞同，其缘由当然与游行者的实际用意有关，但也与另外一些为游行者所不在意的东西有关，而且两种相关程度是一样的。他们游行，并不是为了捍卫有关真理的某种理论，无论是融贯论、常识论，或是符合论。对于这些理论，他们中间可能存在着分歧；更有可能的是，他们根本就不关心这些理论。在此，对真理的任何特殊说明都无关紧要。游行无关乎知识论。或者好一点说，游行者的知识论承诺是如此初级，可在任一现成的、只要不否定"真实"陈述之可能性的理论中得以表达。游行者只是想从他们的政治领袖口中听到真话；只是想从报纸上看到真实的报道；只是不想再被欺骗。

同样，布拉格的这些居民们的游行，并不是为了捍卫功利主义的平等，抑或约翰·罗尔斯（John Rawls）的差异原则，抑或任何以应得、功绩或资格为本位的哲学理论。他们也不是被一些有关正义的溯源性历史景观所推动，比如说胡斯派（Hussite）的宗教激进主义。毫无疑问，如有必要，他们会为一些不同的分配计划而争论；他们会以不同的方式描述一个正义的社会；他们会呼求不同的赏罚原则；他们会对历史和文化作出不同的解释。然而，他们将"正义"铭写在标牌上，其用意却极为简单：结束任意的逮捕，执行平等、公正的法律，废除政党精英的优惠和特权——普通的、平常的正义。

Ⅱ

道德术语有其底线意义和充量意义（minimal and maximal meanings）；我们可以标准地给予这些术语以两种说明，一种是浅层的，另一种是深层的，而且，这两种说明适用于不同的语境，服务于不同的目的。然而，这并不是说，在人们的头脑中萦绕着两种道德，以正义为例，并不是说对正义有两种理解，一种来自类似于布拉格游行那样的场合，而另一种事先已备好，以供不久有关课税和福利政策的争论之用。似乎可以这么说，游行是为了争取外部的支持；而争论则是留意于内部的真理和地方性的价值；于是，在前一种情况下依据的是普通的正义，而在后一种情况下则更多地依据于高度教化的、根深蒂固的多样性的正义。但是，这并不是两种意义之差异所在。毋宁说，底线意义（minimalist meanings）本就嵌入于充量道德（maximal morality）之中，且以同样的用语表达，共享着同样的（历史/文化/宗教/政治）倾向。只是在个人或社会危机或政治对抗——比如说在捷克是共产主义者的独裁——的过程中，底线主义才从这种嵌入状况中摆脱出来，以独立的面目和不同的浅度而出现。因为我们其余的人绝大多数对于什么是独裁、独裁何以错误都有一些理解，所以，示威者们所使用的那些语词，无论其在捷克语中具有什么样的特殊含义，都能够传播，都可以被广泛而普遍地理解。如若没有对独裁的共同看法，理解就是不可能的。与此同时，同样的语词对于游行者来说还具有更深一层的含义；这些含义会引发他们的内部争论，但作为远观者的我们却往往无法觉察到这些含义。同样的语词在布拉格所引起的共鸣大不同于，比如说，在巴黎或纽约所引起的共鸣。

　　关于相对主义和普遍主义的当代论争可以理解为是对那些共鸣的程度和合法性的一种极佳论证。道德的理念可以涵盖多大程度的差异？对于这个问题，我想结合布拉格游行者的经验提出一种思路。很清楚，当他们挥动他们的标语时，他们不是相对主义者：他们肯定会说——至少我这么认为——这个世界上的每一个人都应当支持他们的事业，都应当为了捍卫"真理"和"正义"而加入到他们的行列里来（我引用这些标语，并不含有讽刺意味，或对其中所传达的信息有所怀疑）。但是，当他们转而为捷克或斯洛伐克设计一个卫生保健体系或教育体系时，或者当他们就二者是联合还是分离进行政治争论时，他们将不是普遍主义者：他们将着眼于，对他们自己而言，什么最好，什么适合于他们的历史和文化，而不会坚持要我们其余所有人都认可或重申他们的决定。①

　　我认为，这种二重性是任何一种道德的内在特性。哲学家们的

---

　　①　实际上，对分离的论证是一个底线主义的和普遍性的论证，诉诸自我决定的原则（见《厚与薄》第三章）。但是，不管为何而做出合作安排，很明显新的国家将依赖于更为特殊的理解。

描述往往是这样：将一系列(浅层的)普遍原则应用到这样那样的(深层的)历史环境中去。以前我曾指出，核心道德的形象在不同文化中被以不同的方式所精心刻画。① 在我看来，精心刻画(elaboration)的理念要比随顺修改(adaptation)的理念好，因为前者倡导一个更少环境限制因素、更多自由创造的过程：其中理想的考虑和实践的考虑占有同等分量。它更能说明人类学和比较历史学所揭示出来的那些实际差异。但是，这两种表述都错误地认为，在每一种情况下，道德发展的出发点都是一样的。每个地方的男人和女人在一开始都有某种共同的理念或原则，或者是一系列共同的理念和原则，他们以多种不同的方式发展之。他们始于淡薄，随着年龄的增长而日趋深厚②，仿佛是依照我们对于发展和成熟之意义的至深直觉。但是，在此，我们的直觉是错误的。道德从一开始就是深厚的，在文化上是一体的，是能引起充分共鸣的，只是在某些特殊的场合，当道德语言被转用于某些特殊的目的时，道德才显示为淡薄。

进一步考虑正义的理念。就我所知，在人类的每一社会，我们都能看到关于正义的三个层面的东西，首先是正义的理念本身，其次是用来命名正义的某一语词或某一系列的语词，再次是一些使正义得以落实、体现、颁布和实施的制度与实践。所以，当我们读到《旧约·申命记》中所说"正义，正义，你理当追求"的话时，我们可以毫无困难地赞成之；我们是将我们自己对正义的进一步理解(这是《厚与薄》第二章的主题)引进来，这才是真正指导或应当指导我们的政治与法律追求的正义观念。但是，如果有人试图通过对文本的切近阅读和对历史语境的重建，向我们提出一个更为深层的说明，试图探问《申命记》作者所说究竟是何意义，可能我们就不会那么轻易地表示赞成了。相反，我们极有可能倾向于一种更为复杂、更为细微，甚至是更为模糊的反应态度。或者，这个说明看起来是如此遥远，如此疏离，我们根本就无所感触(然而我们仍然承认它是对"正

----

① 迈克尔·沃兹尔(Michael Walzer)：《解释与社会批评》(*Interpretation and Social Criticism*)，23~25 页，哈佛大学出版社，1987。

② 作者使用了"thick"与"thin"来表达两种程度不同的道德，我们根据不同的语境将之分别译为"厚"与"薄"或"深厚"与"淡薄"、"深"与"浅"或"深层"与"浅层"。

义"的一种说明）。同样，当先知以赛亚谴责他所谓的那种"压榨穷人"的不正义行为时，至少在那一刻，他不涉及任何复杂性：反正那就是不正义。① 即使我们每个人都一样确定地不知道什么才算是正义地对待穷人，我们也知道那就是不正义。对以赛亚批评中可能预设的那些实践和制度的一种充量主义（maximalism）的解释，会使我们中的许多人对于正义是否能够真正要求那些东西感到困惑。

无论正义理念的起源是什么，无论在这一或那一社会中论证正义的出发点是什么，人们在思考正义、谈论正义时，总会包括一些非常常见的领域，总会针对一些相似的问题，比如政治独裁或对穷人的压迫。他们就这些问题所说的东西可能是他们就其他所有事情所说的东西的一个部分，但是，其中的某种因素——可能是其负面，其对残忍（压榨）的拒绝——可以直接传达给那些对相关情况的其他部分毫不知情的人们。几乎所有旁观的人都会在这里看到他们所承认的东西。这些承认的总和就构成我所谓的底线道德。

我要强调（尽管应当已经清楚了），"底线主义"并不表述一种实质上不重要、情感上极浅薄的道德。事实也许恰是其反面：它是深得要领的道德。没有再比对"真理"和"正义"的底线理解更为重要的。我们彼此之间的底线要求——当其被否定时——会在满怀激情的执守坚持中不断重复。在道德话语中，淡薄往往与强度相伴，而与深厚相随而来的则是限制、妥协、复杂性和分歧。

Ⅲ

对许多哲学家（无论是英美传统还是欧陆传统）而言，底线道德不过是进一步工作的一种邀请。道德哲学通常被认为具有双重志向，一是着意于为底线主义提供一个基础，二是着意于在此基础之上建立一个更为广大的结构。但我设想道德哲学的目标是对我们应当如何行事与我们应当如何生活的一个单一的、或多或少是全面的解释，且这一解释能够被用作为对特殊社会和文化之更为情境化建构的一种批判标准。寻求单一性在西方哲学中可能是武断的，但在此则特别是被道德底线明显的单一性所激发，或至少是被在诸如"真理"和

---

① 《以赛亚书》3∶15。

"正义"的底线主义价值上达成普遍一致的事实所激发。如果我们就此(底线)达成了一致——看起来并不难,那么,为什么不去寻求一个更大的甚至更难的一致呢?

三十多年前,一群美国画家,同时也是绘画理论家,力倡某种他们所谓"抽象艺术"(Minimal Art)的东西。① 这几个大写的字②来自于他们在倡导一种"客观的、非表现性的"的艺术形式时的宣言。我不敢肯定那几个字在用于绘画时究竟是什么意思,但是它们的确恰如其分地抓住了道德底线主义的一个观点。在用于道德规则时,它们的意涵就是,规则并不服务于任何特殊利益,并不表现任何特殊文化,而是将每个人的行为都规范在一种普遍有益、完全正确的方式之中。规则并不携带任何个人或社会的签名。(我不知道抽象艺术是否有签名。)尽管规则可能是由这个人或那个人以特殊的强力所教授的,但是规则不属于个人。尽管规则初次起作用一定是在某个特殊的时空中,但是这与其起源的任何迹象无所关涉。这是标准的道德底线主义的哲学观点:它是每个人的道德,因为不是某个特殊的人的道德;在此,主观利益和文化表现得以避免或是被清除。而且,如果我们能够成功地理解这种道德,我们就应当能够建构一种完全客观的、非表现性的法典——一种道德的世界语。

但是这一希望是错误的,因为底线主义既不是客观的,也不是非表现性的。让我再次重申,底线主义是特殊主义的,是注重地域性的,是与在特殊时空的此时此地所创造出来的充量道德(maximal moralities)紧密相关的。因是之故,当我们看到布拉格的游行者时,我们一开始并不是(或者从来就不是)在赞成某种关于"真理"和"正义"的抽象命题。毋宁说是,我们认清那种场合;我们以想象的方式加入游行;我们的赞成并非独立的、猜度性的,而是共鸣性的。我们也不想被欺骗;我们也记得——或者说我们也已经听说了——关于独裁和压迫的故事。我们明白捷克标语的要点,但是,对于"真

---

①　关于抽象艺术,参见《牛津二十世纪艺术指南》(*The Oxford Companion to Twentieth-Century Art*),哈罗德·奥斯本(Harold Osborne)主编,375～377页,牛津大学出版社,1981。

②　指"抽象艺术",注意其中的用词是"minimal"。

理"和"正义"，我们还有自己加上去的其他意义；我们允许它们在我们自身文化之内充分地发挥其表现力。所以，当我们在精神上与布拉格的男男女女们一道游行时，其实我们有着我们自己的队列。（这一点在这个例子中似乎不太明显，既然布拉格在文化上与我们比较接近。设想一下在仰光或北京为了"真理"和"正义"而游行的队伍。）

我们出于共鸣而与那些处于不幸之中的人们——不管他们是谁——一道游行，然而，我们却是走在自己的队列之中。这个二元性隐喻抓住了我们的道德实质。我们不应试图摆脱这种二元性，因为其契合于——我倾向于称之为——任一人类社会的必然特征：就其是人类的而言，是普遍的；就其是社会而言，是特殊的。正如我已指出的，哲学家们常常想让那个形容词①主宰那个名词②，但是这种努力在任何特殊社会都难以维持，除非采取强制和一律化的手段，而这就要付出所有人都将承认是无法承担的高昂代价。在这种承认中，既包含着对底线主义的辩护，又包含着对充量主义的辩护；既包含着对浅层道德的辩护，又包含着对深层道德的辩护；既包含着对普遍道德的辩护，也包含着对相对主义道德的辩护。其所倡议的是，在某一特殊地域，也就是说，在自家的地方，在自己的家或家园，对生活价值的一种普遍理解。社会必定是特殊的，就其总是具有特殊的成员和特殊的记忆而言，而且，成员的记忆并非只是他们自己的记忆，更是他们共同生活的记忆。相比之下，人类就只有成员而没有记忆，于是也就没有历史，没有文化，没有习俗性的实践，没有熟识的生活方式，没有节日，没有对社会美善的共同理解。当然这些东西是为人类所拥有，但人类拥有这些东西的方式却不是单一的。与此同时，所有不同社会的成员毕竟都还是人，他们都还能够相互承认不同的生活方式，都还能够相互回应求助的呼声，都还能够相互学习，都还能够相互走进对方的游行队列中。

那为什么这还不够呢？想一想以色列人从埃及的逃离(the Exodus)，希腊人从幼发拉底到黑海的大撤退(the Anabasis)，穆罕默德从麦加到麦地那的逃亡(Hegira)，英国清教徒(the Pilgrims)的横越

---

① 指"人类的"。

② 指"社会"。

大西洋，布尔人的艰苦跋涉(the Boer trek)，中国共产主义者的游行长队，布拉格的示威者：所有这些都必须要并入一个宏大的游行队列中吗？并入不会给予我们任何东西，因为任何这种游行的主要价值只存在于游行者的特殊经验之中。他们可以相互加入，但只能是暂时性的；而且也没有理由认定他们都朝向同一方向。宣称他们必须朝向同一方向，且善良的(或意识形态上正确的)人们能够朝之行进的只有一个方向，按照捷克小说家米兰·昆德拉(Milan Kundera)在《不能承受的存有之轻》①(*The Unbearable Lightness of Being*)中所说，是左派媚俗(kitsch)的一个典型例证。② 这种做法也是哲学之傲慢的一个典型例证。但是，它与我们的道德经验并不契合。

### Ⅳ

尽管如此，但对道德底线做出某种实质性的说明还是可能的。我觉得这种努力没有任何问题，只要我们理解我们表达自己的深层道德的必要性。世界语的道德等价物大概并不可能——或者说，正如世界语相比之下更接近于欧洲语言而不是其他语言一样，底线主义当其以底线道德的形式表达出来时将被迫带着某一种充量道德的倾向和习语。并不存在中立的(非表现性的)道德语言。然而，我们还是能够从我们的诸多价值和诸多承诺之中找出一些来，正是这些价值和承诺促使我们与布拉格的人民产生共鸣并一道游行。我们也能够在自家范围内列举出类似的情境，归纳出我们的种种反应，并尽力推想出什么样的情境和反应是共同的。这一努力的最终产物大

---

① 该书中译本有两个译名，或译为《生命中不能承受之轻》，或译为《不能承受的生命之轻》，皆不从。"being"在西方文化中具有非常复杂的意涵，并不是单指"生命"，昆德拉在这里所要表达的也并非只是生命的轻或重，其语境与生命之重于泰山或轻如鸿毛的中国古典精神氛围并不相类似；毋宁说，弥漫于整个小说的主导情绪是在包括世间万有的整个世界变得无足轻重、人们再难以有所执着时产生的一种无法承受之感。与此相同，当让·保尔·萨特通过他虚构的人物表达"对存有的恶心"时，我们不能将之译为"对生命的恶心"；当保罗·蒂利希向我们强调"存有的勇气"(the courage to be)时，我们也不能将之译为"生存的勇气"。学术界多用"存在"一词来翻译"being"，但在汉语的使用中，存在的含义主要指向"existence"，所以我们用"存有"一词来翻译"being"。

② 米兰·昆德拉(Milan Kundera)：《不能承受的存有之轻》，纽约，哈珀与路出版社(New York：Harper and Row)，1984，第6部"盛大的游行"。

概就是所有社会赖以维持的一系列标准———系列否定性的禁令，极有可能是一系列反对谋杀、欺骗、酷刑、压迫和独裁的法则。这一系列标准在我们这些20世纪末期的美洲人和欧洲人自己的范围内可能是以权利（rights）的语言表达出来的，而这种语言正是我们自己的道德充量主义（moral maximalism）语言。但是，用这种语言来谈论那些任何人都不应该承受的伤害和错行是完全可以的，而且我认为，这种语言是可译的。

如果一种道德不能够顾及上述这一点，也就是说，这种道德的践履者对于他人的痛苦和受压迫不能够有所反应，或者（在有的时候）不能够加入到他人的游行队列中，那么，这种道德将是一种有缺陷的道德。一个侵犯底线标准的社会或政权（比如说捷克的共产主义政权）将是一个有缺陷的社会。在此意义上，底线主义提供了一个批判的视景（perspective）。但是，我想再次强调的是，道德底线不是一种独立的道德。它只是指出了各种特殊的深层道德或充量道德的一些重叠特征而已。因此，在我们批评其他社会时，把我们自己说成在很大程度上是在运用底线标准，我对此表示怀疑；至少，我们所做的比这更多。当然正是关于"真理"和"正义"的底线主义才使我们加入布拉格的游行者队伍得以可能。但是，当我们以这样的方式——建议其他可能的选择——来批评捷克的共产主义时，我们就很快地超越了底线，很显然，我们所说的有些内容能在布拉格（或者在布拉格的这个部分或那个部分）引起积极的响应，但有些内容大概就不能。比如说，我可能捍卫社会民主的诸价值，尽管这些价值无论如何都不是反独裁政治的普遍价值。对独裁的其他批评会与我的论点的某一部分重叠，而对其余部分却可能忽视或拒斥。但是，我并没有哲学上的理由将这些部分分离开来（我可以有政治上或审慎的理由）。

批判的事业必定是根据某种深层道德而展开。希望有根基的、引申出来的底线主义能够充当普遍性批判的理想，这是错误的。底线主义只促成某种有限的——尽管是重要的、令人振奋的——团结。它并不导向一种彻头彻尾的（full-blooded）普遍教义。所以，我们暂时一道游行，然后就回到我们自己的队列。道德底线的理念在每一个这样的时刻都扮演着一个角色，不只是在游行时。这一理念解释了我们何以走到一起，也确证了我们彼此的分离。这一理念以其深度保证我们回到我们自己的深层。道德底线嵌入其中的那种道德，也是道德底线只能临时从中抽象出来的那种道德，就是那种我们向来就有的、唯一的、彻头彻尾的道德。在某种意义上，底线必须有，但只要底线有了，其余部分就是不受限制的。我们应当加入布拉格的游行队伍，但是，一旦我们加入了，只要是与我们更大的道德理解相契合的东西，我们就可以自由地为之辩护。游行队列是一个，同时也是许多个(或者说，游行队列有许多个，而有时是一个)。

V

我需要讨论道德底线主义的一种当代版本，这一版本宣称既尊重一，也尊重多，但实际上却做不到。时下流行的是在程序的意义上理解底线——用有关辩谈或决定的浅层道德来统摄实质性的深层道德的每一特殊产物。由是观之，底线主义为不同的道德充量(moral maximums)提供了生成规则。我们与这个世界上的每个人所共享的或应当共享的那一小部分理念指导着我们生产出我们没有共享、也不需要共享的诸多复杂文化——文化的生产也由此得到解释和证明。一般而言，正如在尤尔根·哈贝马斯(Jürgen Habermas)的批判理论中，这些共享的理念要求着民主的程序——实际上，它们要求的是彻底的民主，而人民就是那些口齿清楚的行为人，就是那些对于实质的正义问题有着无休止争论的男女众生。① 底线道德存在于将所有言说者系于一起的约定规则(the rules of engagement)之中；充量主义则是他们的那些争论的不尽成果。

这种精致的理论面临着两个严重的困难。首先，我们会发现，程序式的底线其实不是底线，这是因为，设计约定规则是为了保证言说者的自由与平等，保证他们免于宰制、附属、奴役、恐惧和顺从。否则就意味着我们不能够尊重他们的看法和决定。但是，这种

①　尤尔根·哈贝马斯：《道德意识与沟通行为》(*Moral Consciousness and Communicative Action*)，克里斯汀·乐哈特(Christian Lenhardt)和西尔瑞·韦伯·尼克尔松(Shierry Weber Nicholsen)译，麻省理工学院出版社，1990；希拉·本汉比(Seyla Benhabib)：《批判，规范与乌托邦——对批判理论之基础的研究》(*Critique, Norm, and Utopia: A Study of the Foundations of Critical Theory*)，哥伦比亚大学出版社，1986，第 8 章。

规则一旦得以设置，言说者就留不下什么实质性的问题可辩谈、可决定的了。社会结构、政治安排和分配标准几乎就是给定的，只有局部调整的余地。浅层道德业已具有了一定深度，一种完全得体的自由或社会民主的深度。实际上是约定规则建构着生活方式。怎能不如此呢？男女众生承认相互之间的平等，主张自由言论的权利，实践宽容和相互尊重的美德，没有跳出哲学家的头脑，就像雅典娜没有跳出宙斯的头一样。他们都是历史的产物，受到世世代代的影响；他们继承了一个"适合"他们特性的社会，这样一个社会所支持、促进、再造着的，恰恰是与他们自身非常相似的人。甚至在他们开始有关规则治理的讨论之前，他们就已经是充量主义者了。

第二个困难可能只是第一个困难的重申。很显然，约定规则假定，开始时是规则，然后是约定。底线主义先于充量主义，我们是由浅入深的。这一观点我已经反驳过了，眼前的这个关于辩谈和决定理论的例子，将使我们更容易理解其问题所在。这是因为，由这些理论所规定的底线道德是直接从当今的民主文化中抽象出来的，而且与之相去不远。如果这种文化不存在，底线道德的这种特殊版本对我们来说甚至都不太可信。实际上是充量主义先于底线主义。但是，没有任何一种特殊的（道德）充量是道德底线的单独源泉，更不必说其他所有的（道德）充量。当成熟的民主主义者将辩谈约定的规则设想为所有类型的道德的生成规则时，他们非常像一棵被赋予了言说能力，也鼓励自由言说的橡树在严肃地宣布，橡子就是种子，就是整个森林之源。

但这至少还暗示着某种宽宏大量。更恰当的类比也许是，一棵橡树承认整个森林中树种的差异，但是却主张将所有那些不是从橡子生长出来的树木都贴上不合法的标签，并砍掉。所以（一些）程序主义的哲学家主张拒斥任何不是或不能从他们的程序中导出来的道德。① 道德底线主义实际上具有批判的功能。但是，如果除我们自家之外的每一个（道德）充量都被排除，我们马上就能将自家的那个采纳为批判的标准：为什么底线主义总是这么麻烦？除非我们能够

---

① 我认为这是布鲁斯·艾克曼（Bruce Ackerman）在《自由国家中的社会正义》一书（耶鲁大学出版社，1980）中的论点。

确认一个中立的、多种不同的和可能合法的道德文化都可赖以发展的出发点，我们才能建构程序主义的底线。但是，这样的出发点是不存在的。诸多道德没有一个共同的开端；实践着多种道德的男女众生并不像竞技中的赛跑者。赛跑者们有着一系列共同的规则和一个共同的目标，而在尚未组织好的文化阐述作品中，这些都不起什么作用。

最近，斯图尔特·翰普歇尔(Stuart Hampshire)在他的《天真与经验》(*Innocence and Experience*)一书中提出了一种更有分寸的程序主义，他捍卫他所谓的"一个浅层的底线程序正义观念……起码规范(mere decency)的条件"。翰普歇尔倾向于将这些条件等同于政治权衡(political deliberation)的共同(他说是"跨种类的")经验。他力图从这种经验中得出一系列实践规则，或者是达成能够保护男女众生免于残暴和压迫的谅解。他是非常明确地贯彻底线主义的风格而提出关于"真理"和"正义"的观点的：关于真理和正义的底线主义观点就已足够，在此基础之上，关于真理和正义的更进一步的观点才能继续。更进一步的观点没有必然的形式；许多不同的形式(不仅仅是民主的形式)都满足起码规范的要求。翰普歇尔并不是在发明或推导理想的程序来主宰论证，来塑造其结果，来给予其结果以合法性。在更为地方性、更为特殊主义的意义上，结果可能是正确的，也可能是错误的；可能是好的，也可能是坏的。重要的是要在没有独裁高压或内战的情况下达到这些结果。我将之作为领会道德底线主义之实质的一种有效思路，它也是——也许这一点更为重要——与20世纪的政治经验相当契合的一种思路，但是，我仍将坚持，这不是唯一的思路。

诉诸程序主义是因为它表面上(在翰普歇尔的例子中，实际上)允许多样的结果；它将共同性(commonality)定位于通往差异的路上。然而，我们也可以将论证倒转过来，首先承认历史进程中伟大的差异性，然后寻求相似的或重叠的结果：将共同性定位于差异的终结处。我们倒是经常从重现于许多国家和文化的社会实践中(而不是从重现的过程中)抽象出道德底线。比如说，治理(government)的实践引出治理的理念，即关于治理者(governors)对于被治理者(the governed)之责任的理念。战争的实践引出战争的理念，即关于战斗人员之间的战斗、非战斗人员的排除、平民的豁免等方面的理念。商业的实践引出商业的理念，即关于诚信、公平交易和欺诈的理念。毫无疑问，所有这些理念在时间的长河中都是无效的，或者是，它们只在某些高度精巧的文化体系中才起作用，而正是文化体系给予每一种组成实践（constituent practice）以一个截然不同的形式。然而，当运用这些理念的情况出现时，它们在底线主义的意义上能够被运用。

## Ⅵ

现在，让我们来考察一下常常出现在当今新闻中的一种可能的情况：当我们所同情的、那些处于困境中、面临着谋杀和压迫的人们为了团结不仅要游行，而且要为之战斗——代表他们而进行军事干涉——的时候。毫无疑问，我们不应草率地发动战争；我曾在其他地方指出过反对干涉别国内政的有力根据。① 我们在底线主义意义上所能描述的每一种道德价值都不能为使用强力而辩护。我们更像是被号召为了"真理"呐喊呼吁，而不是为之而战斗。"正义"也是一样，靠外部人士的道德支持比靠他们的强力干涉可以得到更好的捍卫。我们甚至可以说，这种倾向是道德底线的一个特征。然而，有些时候，派遣武装人员跨越边界可以得到道德上的辩护——底线主义独自（彻底的底线主义?）规定其场合，独自确定其界限。

所以，我们的干涉如果不是代表"真理"和"正义"，那就是代表"生命"和"自由"（反对屠杀和奴役）。我们设想我们试图帮助的人们真的需要我们的帮助。可能仍有一些阻止的理由，但是，认为这些人愿意被屠杀或被奴役的想法不在其中。是的，一些我们认为是压迫性的东西并不是在任何地方都被这样认为。这种看法是我们自身的充量道德的一个特征，它不能够为我们提供军事干涉的理由。我们不能将这些人征募到我们自己的队列中来。但是，底线主义不仅在政治领域中适合于（某些）假定的情况，在私人领域中也是一样。

---

① 《正义战争与不正义战争》（*Just and Unjust Wars*），基本图书（Basic Books）出版社，1977，第 6 章。

比如说，我们将使用强力去阻止一个人自杀，但事先不知道他是谁、他从哪里来。也许他自杀的理由根据他的道德共同体所认可的充量道德可以得到证明。即使如此，"生命"仍是一种值得重申的价值，捍卫生命仍是一种团结的行为。而且，如果我们为了尊重他的自杀理由而放弃强制性地捍卫生命，我们仍然可以批评提供了那些理由的道德文化：我们可能会说，这种文化对生命的价值不够重视。

Ⅶ

底线道德非常重要，不仅为了批判，而且也为了团结。但是，它不能取代或代替对深层价值的捍卫。社会民主，市场自由，道德放任，共和价值，公共风尚(public decency)或美好生活的这一或那一理念——所有这些都必须在他们自身的意义上得到捍卫。我们代表他们所提出的观点极有可能包括道德底线，但是，这些观点与道德底线并不具有连续性，也不是得自道德底线或被道德底线所蕴涵。如果我们要使这些观点得当，老实说，我们必须要清楚他们的处境：他们是我们的，不是每个人的，除非我们已经说服了别的人。相比之下，底线主义不是说服的产物，而是从充分发达的不同道德文化的倡导者之间的互相承认中得来的。它着眼于不同时间和地域里都会重视的那些原则和规范，即使是用不同的习语表达出来，即使反映了这个世界的不同历史和不同样式，那些原则和规范仍被看作是相似的。在此，我将不考虑何以重视或何以不同的理由(首先看起来最好的一个解释是自然主义的，其次是文化的解释)。只要强调那些原则和规范的双重效果就足够了。在每时每刻的具体情境中，它们提供着殊为不同的多重视角；从一定的距离来看，在危机和对峙之时，它们指向共同性。

我应当强调，所承认的就是这种(局部的)共同性，而不是其他文化的整个道德意义。大多数人在大多数时候是看不见具体情境中作为价值承载者的他者的；大多数人都不是多元主义者。文化多元主义是一个充量主义的理念，是高度发达的自由政治的产物。底线主义所依赖的比之更少：质言之，底线主义可能依赖于这样一个事实，我们不仅对于我们同胞的行为具有道德上的期望，而且对于陌生人的行为也一样具有道德上的期望。而他们也是如此，对于他们自身的行为和我们的行为，都具有重叠的期望。尽管我们有着不同的历史，我们仍然有着共同的经验，而且有时还有着共同的反应，而道德底线作为需要，正是从这些共同的经验和共同的反应中形成的。它是一种草草建成又摇摇欲坠的事务——就像布拉格游行队列所打出的标语一样匆忙草率。

所以，底线主义并不像奥维尔的雕像，从无定形的石头释放而来。事实上我们对于那石头没有任何知识；我们开始于业已完成的雕像；充量主义，时髦的与陈旧的，是由许多双手雕刻而成的。于是，在危机来临的时刻，我们匆忙建构起一种抽象的观点，一种白描，一种漫画，只是间接指向原初事物的复杂性。我们抓取某个单一的、与我们当下的（常常是有争端的）目标有关的、可得到广泛承认的因素。在那一刻将我们联合起来的并不是对一种共同的文化的担当，而是对一个共同的敌人的认知。我们所有人并不拥有或赞赏同一个雕像，但是我们理解那种抽象。它是历史事态的产物，而非哲学"前提"的产物。

底线主义不是基础性的：它不是说，不同的人群发现他们全都服膺某一系列的终极价值。举个简单的例子，在支持布拉格游行示威的人们中间有基督教原教旨主义者（或译"基要派"），对他们来说，世俗的"真理"和"正义"并不是最重要的事情。但是，他们也能参与庆祝谎言政权的倒台。常常是，对一个群体来说最为深刻的东西（比如说个人救赎或关于上帝的知识）对于另一个群体极有可能没有多大意义——于是第一个群体只有去强行理解第二个群体的成员如何能够成为有道德的男女众生。我们常常会对他者中的美善感到惊异，就像古以色列的拉比惊异于"正直的异教徒"，耶稣会传教士惊异于没有上帝的中国人，或者冷战时期的美国人惊异于持不同政见的共产主义者。我们与这些他者共享着某些价值，其中包括一些重要的价值，有时有必要为之而游行（或战斗）。但是，（道德）底线并不是（道德）充量的基础，仅仅是其中的一小片。底线主义的价值在于那些特殊的遭际，它有助于那些遭际，同时也是那些遭际的产物。但是那些遭际不足以——至少在现在——生出一种深层道德。底线主义在别处为（道德的）深度留下了余地；事实上，它假定道德的深度在别处。如果我们没有自己的队列，我们就不能与布拉格的人们一道共鸣地游行。那样，我们将会对于"真理"或"正义"没有任何理解。

选译自［美］迈克尔·沃尔泽：《厚与薄——道德论证的内与外》，
鹿特丹，鹿特丹大学出版社，1994。 唐文明译。

# [英]巴里(Brain Barry，1936—　)

# 《作为公正的正义》(1995)(节选)

# 《作为公正的正义》（1995）（节选）

## 公 正

### （一）导 言

我选用卡尔·波普（Karl Popper）的《开放社会及其敌人》一书中的警句并非偶然。该书完成于 1943 年（虽然它的出版要晚一些），回顾该书的写作过程，波普写道："我自己的声音对我而言起初好像来自于遥远的过去——就像 18 世纪甚或 17 世纪的充满热望的社会改革者的声音。"这些话写于 1950 年，波普补充说，他低落的情绪到那时其实已经消失。50 年后，我发现我对波普回忆中的 1943 年期间的精神状态简直太熟悉了。

这种情形初听起来似乎不合常规。无疑，波普所倡导的那种自由宪政主义现在要建得比 1943 年时更好。希特勒和墨索里尼在 1945 年的失败及随后西班牙和葡萄牙法西斯政权的垮台并没有让人们不再诉求于"鲜血与祖国"或基于宗教极权主义政体：情况远非如此。但是，在此背景下产生了比 1943 年多得多的自由民主国家。而且，自由宪政主义的基本理念在不同的程度上，在几乎每一个国家，包括那些没有自由制度历史的国家，都被证明是有吸引力的。

倘若一切果都如此，我该如何解释我对 50 年前波普的生不逢时之感的共鸣呢？我只能说，我始终坚信创造一种有利于使自由平等主义原则普遍有效的情形是有可能的。在当代以英语为母语的政治哲学家中，这压根儿也不是一个时髦的观点。从一系列的前提，包括柏克式的保守主义、"稳定性"关切、"文化帝国主义"担忧以及后现代主义的"反讽"等前提出发，他们已倾向于达成这样一个结论：所谓的"启蒙谋划"——宣称，拥有健全心智的人类是有理性的，而且我们所能渴望的只是将我们自己社会中的成员的共有信念清晰地表达出来——乃是一个巨大的错误。

若如是，它将对某些国家的人权保护运动产生破坏性的影响，在这些国家里，人权（运动）既不被尊重，也从来没有得到过尊重。政府将会长期保持高压传统，并引用我的哲学同僚的观点，来证明将完全抽象的原则与现实的道德交织而成的密集网络相对照的荒谬性。更不用说，非自由国家的未来改革者将不会向外国政府或者团体（如大赦国际，Amnesty International）寻求帮助。因为这将意味着请外来者将其理念强加于当地人共享的理解。①

在一个自由制度获有广泛支持的社会里，一个对共享理解的解释程序将（自明无误地）支持自由制度。但是它可能缺少与反对这些共享理解的人交流与论辩的资源，比如说，认为一些特殊的宗教学说应成为其制度的基础。在现有的正统派学说的框架内，新的理念会被认为是错误的；但是应该说它们只是对现有的正统学说的确认。假设通过诸如移民，异族繁衍和改变等联系，新的理念将成为占统治地位的思想，那么，被社会的政治哲学家清楚表达出来的共享理解将会轻视原来的那个旧理念。关键在于，这里不存在任何视角，

---

①　我不希望指出这种观点只有政治哲学家赞同。在英国，当那些撰写新闻专栏或者从事广播事业的人们对自己受不列颠法律保护拉什迪（Salman Rushdie）的生命却受着威胁的现象逐渐变得愤慨时，常常出现这种含蓄的建议，若是在伊朗的法律下拉什迪将作为一名叛教者（apostate）和亵渎者（blasphemer）而被起诉，却是完全正确的。在我看来，因出版《撒旦诗篇》（The Satanic Verses）而杀死拉什迪同样应该是可憎的，不管他是在英国为领赏而被追捕所击中，还是在伊斯兰国家如伊朗、巴基斯坦、苏丹和沙特阿拉伯因悬赏而被人杀死。

由此出发，人们把抛弃自由主义刻画为堕落行径。这种观点认为，不存在一种能够超越某地区居民的共享理解的普遍吁求，它本质上是对奥格斯堡和平条款（the doctrine of Peace of Augsburg）的一种更新。在 1555 年，与普遍的宗教宽容相比较，"此地同此教"是一种腐朽的理念，它的后继理念也好不了多少。

这种持反普遍主义纲领的世界图像是不同社会中的世界图像中的一种，每一个社会都具有一套独特的、同质的和内在一致的政治信仰体系。有些社会在其信仰方面非常接近，因为他们具有允许不同信仰论证间的可转化性（transferability）；在另一些社会里，则要松散得多，以至于对一种信仰的论证在别的信仰体系那里根本无法被理解。当然，人们通常并不是如此粗陋地解释信仰体系的，但是 19 世纪的浪漫民族主义者诸如赫德尔（Herder），曾经清楚而准确地表达过这些理念，他们的遗产在当代反普遍主义中仍是正确的。这一图像从来就不曾清晰过。今天它需要人们有一种不寻常的行动意愿来构建一种政治哲学。无论是各社会内部诸信仰体系的同质性，还是不同社会间诸信仰体系的相互不理解性，都不能作为这种政治哲学的前提预制。

首先看看前一个方面，让我们把美国政治哲学家眼下正在努力探求作为政治实体（body politic）的美国之国家精神（如果有的话）的方式作为一个案例来考虑。值得注意的是，政治哲学家们，从民主社会主义者到激进自由主义者，都宣称他们不仅仅是提出自己的观点，而且也是在表达美国人最深刻的政治承诺。这可能被作为夸夸其谈的经验主义而遭摒弃，但是转向真正的经验主义研究也并不像人们期望的那样有多大帮助。为了相当详细地重建关于个体公平的政治信念，美国人往往喜欢揭示大量的混乱，以表明不仅不同的人怀有不同的理念，而且即使在单个的心智中也有不同的、互不相容的理念在相互撞击，以此一理念在一种语境里占优势，而另一理念则在另一种不同的语境中占优势。国家选举的结果强化了这一结论，该结果显示在投票支持共和党总统和民主党国会议员的人中，属这种状态的始终占多数。大众的民意测验给人以同样的模棱两可的印象。各种回应极易反复变化，形式上的些微变化，都会导致诸答案明显而巨大的特征变异。

　　面对许多政治哲学家都声称他们正在提供对普遍的美国价值观最可靠的解释这一现象，我们可能很自然地得出这样的结论：除了其中一种主张是对的，其他的都是胡说八道。然而，我却以为所有的结论无一例外都是错误的。因为他们所争论的事情纯属子虚乌有。不存在一套潜藏着的价值观等待他们去发现。也许人们会发现，与美国相比，一些社会在文化上的多样性要少些；而另一些社会则肯定差异分化更为复杂。但有两件事是确定的：一是没有一个当代社会是真正同质的；二是那些声称源自某一社会共同的价值观的结论总是带有强烈倾向性的。如果不是这样，下列情况就不得不被看成是一种巨大的巧合：一个政治哲学家声称他已察觉到的共享价值总是恰好和他一贯所支持的结论相一致。

　　人们有理由问：为什么这些政治哲学家热衷于这些荒唐可笑的伎俩？毕竟，他们可以轻易地避免这样做，只需承认（这无论如何是显而易见的）他们从其社会可利用的共同而丰富的理念中提取这些想法，它们相互支持并能导向他们希望提出的那些结论。我推测，他们之所以不愿意这么做是因为他们意识到他们将不得不回答这一问题："为什么是这个选择而不是另一个不同的选择导致不同结论？"设法回答这个问题将不可避免地导致这样一种尝试，即表明存在着作为思考起点的所谓正确理念。但是，要弄明白它是如何可能又难免引起普遍主义的嫌疑。因为任何试图解释为什么你始于此而非彼——一旦你抛弃从你的社会的共享性预设前提出发的想法——必定会迫使你对何为好出发点做出一般性陈述。因此，一种正义理论不可能仅仅是一个特定社会需要的正义理论，而且必须是所有社会的正义理论。

　　我已经谈到适用于一社会内部的共同理念。现在我假定，虽然社会的诸理念是异质的，但这种异质性通常不至于如此严重，以至于使得基于这些理念之一种论证难以为社会中的任何人所理解。这使我看到了反普遍主义世界图像的第二个缺陷：它往往夸大在不同社会中普遍流行的理念之不可公度性（incommensurability）。尤其是，本书谈论的一类理念构成了实质上适用于世界上每一个社会的理念资源之一部分。很少国家没有这类理念的追随者。在绝大多数国家里，反对者也是少数；但这些理念的存在足以说明它们是可以普遍为本土文化所理解的，在本土文化(那些不可改变的文化碎片)中也是有意义的。

很早以前，后革命时期的法国表现出它通过军事手段进行领土扩张的欲望，而其他欧洲列强因其理念的感染力而害怕它、厌恶它。这些理念继续散布到世界的各个角落，如果我所坚持的关于这些理念是唯一能达成理性一致的基础之主张是正确的，这就完全可以解释了。在此形成的正义理论在许多方面是这些基本理念的重构形式。它是从曾遭柏克敏锐抨击的基本前提出发的，即，否认规定的权威性。一俟我们寻求能获得每个人赞同的社会和政治制度的某些正当合理性证明，我们也就踏上这样一种学术之旅，即我们必须从本书的论证思路开始，并依其前行。

对反普遍主义者的标准回答是为普遍主义者的方法提供一种解释，其方法使得普遍主义者显得如此堂吉诃德(quixotic)，以至于其解释路径在比较中显得极为敏感。据说普遍主义者希望像"火星来者"(men from Mars)那样对现存的一切理念不屑一顾。他们或者声称带来了某些凡人所无法企及的超感觉智力领域的新信息，或者仅从质朴的合理性概念中推演出整个的政治哲学。

如果说在此罗列一些人的真名是可能的，那么，《正义论》的作者罗尔斯则总是被当作极端理性主义变种的典型人物。然而我必须强调，这是对罗尔斯的方法和由罗尔斯的工作所开启的那些理论成就的歪曲仿造。任何声称是正义论的理论都必须用通常思考正义的模式来表达之，否则没有任何根据可以称其是正义理论而不是其他理论，比如飓风理论。罗尔斯以及像我本人这样的追随者之所以这样做，是因着我们所建立的正义的内容与合理一致之间的关系要求这样。因为我相信，那些在非正义安排的条件下行为不当的人会理性地拒斥这种非正义的安排，这一情况也会被作为非正义安排的标志而得到人们的广泛认可。

至于诉诸理性，如果它是被理解为纯粹是指逻辑推演，那完全是一种误解。历史地看，理性总是与权威、规定、启示或者专制相对，并被当作制度的正当性证明的基础。在此语境下，"理性"意味着基于理性的论证，该论证原则上是从对所有人开放并被接受的前提出发的。我们可以在此加个现代注脚，即，这些前提是有理性的、寻求达成自由的、想与他人达成非强制性契约的人们所能接受的。

依理性一致而得到证明的正义理论，我称之为公正正义论。满足其条件的正义原则之所以是公正的，是因为它们顾及了某种平等：所有那些受到影响的人必定能感到他们可以如其所愿，成其所能。因此，正义原则是与任何基于不能使其他人自由接受的某种特权要求相冲突的。这仍然难以解决不平等可能合法化的问题；但它排除了基于诸如高出生率、族类性或者种族的当下优待要求。因为即使你将得益于某原则，该原则将你的肤色（比方说）作为获得优待的基础，你也不能合理地期待这会被那些忍受着因实施这样一种原则所带来的损失的人所接受。

显然，我已经在谈论人们能合理拒绝什么的过程中引入了实质性的道德理念。由于我已经指出我们无法期待从质朴的理性概念本身那里得到什么，所以我至少不会因为认识到这点而感到不安。在这里一个潜在的假设是：仅仅基于某种特定的血统、族群或种族之成员身份的特惠要求实在是太明显的自顾之举，以至于不能成为也要求其他人严肃同意的契约基础。更进一步说，我们寻求每一个人都同意的整个理念乃是立基于平等之上的根本承诺。这种平等正是法国《人权宣言》和美国《独立宣言》所寻求的平等。只有在此基础上，我们才能捍卫这种观点，即，每一个人关切的利益和观点都应得到包容。这种说法并非不可改变，它会遭到那些认为不同种族和族群成员的利益不应该用同一标准来衡量的人的反对。原则的合理可接受性标准给予了根本性平等理念一些实质内涵，同时又是从这一根本理念中得出其标准的。如果你喜欢，可以说这是一个循环——但不是恶性循环。两者都是对同一道德理念的表达。

在这里，我们进一步提出的关于正义之标准形成的一个明显难题是，它把大量的问题留给了合理性的概念。因此，很自然地我们应该寻求一些更有效的机制借此产生合理契约的条款。这正是罗尔斯宣称《正义论》所要提供的东西，其主张之勇敢气概绝大程度上可与该书所产生的——不仅在哲学家中间，而且在许多其他学科中间——热烈反响相媲美。罗尔斯用"作为公平的正义"这一表达来描述他自己的理论。在这一点上我将追随之，并把他的"作为公平的正义"理论视为最负盛名、最有影响和拓展最为充分的作为公正的正义理论的一种变体。

罗尔斯别具一格的理论机制是"原初状态"，它如此设计是为了保证在此状态下所选的原则是正义的原则。其基础性理念也许可以这样理解：想象两个人在争论其中一个人所提出的某个原则的合理性。另一个人很可能提出这样的反对："你不可能拥护一个你根本不知道它是否对你有利的原则。"康德将其绝对命令系统表达为：它要求我们弄明白我们行动的法则是否能成为一条普遍的法则，也许可以用来建在这样一个熟悉的问题上："如果每个人都这么做将会怎样？"类似地，罗尔斯的原初状态的建构只是把一个早已在道德论证方面普遍化的步骤系统化了。应当承认，这是一个以人为目的的论证而非一种实质性论证。既然目标是为实质性道德论证减压，那么一个普遍化的以人为目的的论证就恰好是所需要的。"解释学派"对罗尔斯的这种无理由的抽象指控，忽视了他的原初状态概念是从一种反实质性假设中展开的，这一假设丝毫也不神秘。（我将在第 9 节中展开论述这一点。）

罗尔斯式的原初状态旨在排除那些会对正义原则的熟思过程可能产生偏见的信息。隐藏那些将影响他们正确推理的当事人特征的"无知之幕"，不可避免地在一个关于什么构成了一个不相关因素的道德争论基础上展开。正如罗尔斯清楚指出的，目标不是要取消实质性的道德论证，而是要将其置于关于原初状态的恰当的细述中。理论的其余部分可以通过询问原初状态的理性代表会选择什么作为管理他们生活的原则来采用严格程度不同的推演形式。要重新绕回到合理契约之方式的这个圈可以这么绕，在一个正确规定的原初状态中选择的原则谱系强烈要求每个人对它的忠诚。

罗尔斯发展原初状态理念时所表现出来的创造性和他试图使其理念发挥作用时显示出来的坚持不懈精神应该为他赢得崇高的赞誉。然而，我认为它最终却没有。而且，其错误是根本性的，人们不可能有机会通过随意改变对原初状态的具体规定，来挽救罗尔斯的原初状态理论。（罗尔斯他本人已经对之进行了诸多修补。）我将在第 9 节中陈述我的理由来说明这一点，在此不拟赘言。让我们现在假定我是正确的，问题便接踵而至：建立基于合理契约的正义之方案有何余地？

有人会提出一种新的方法，这种方法将达到罗尔斯的原初状态理论想要达到的那种状态，这是完全可能的。我虽对此颇为怀疑，但仍看不出完全排除这种可能性的任何途径。我对此感到自信的是，至今还没有人做到这一点。因此我除了回到合理契约**理念**本身，并试图精心详述它之外，别无选择。顺着这一思路，最有帮助的是斯坎伦(T. M. Scanlon)提出的建议，他实际上提出了一种罗尔斯原初状态理论的一种替换理论——在该状态下，信息灵通的人们在一种平等权利的情形下（这由每个人都有选取权来保证），与那些同样是被无法合理拒绝的条件激发起来的人寻求达成契约。

我将在第 11 节更充分地解释这一理念。我眼下的目的，仅仅想弄清楚，对于不必要的抽象指控，斯坎伦的选择状态中相关的部分要比罗尔斯的情形少一些。那些在讨论正义原则的人们不是被剥夺了信息；恰恰相反，他们能获得充分的信息。关于归属于他们的动机没什么神秘的：他们仅仅被一个动机所驱使，这个动机在某种程度上几乎影响着我们所有人，即渴望以对他人而言是被保护的方式行动。

在这一节的开始部分，我批评了政治哲学的"解释性"方法。然而，从斯坎伦的建构开始，我认为，事实上存在的道德信仰在正义论中能够占据一个重要的位置。我们想知道在某些假设条件下人们将赞成什么。这些实际条件越接近于斯坎伦提出的理论，我们就更需要他们更多用来作为在理想条件下我们将会同意的证据。这种方法和"解释性"方法的关键的不同之处是我批判地、有选择地利用了普通的信仰，使用了一般的正义论作为试金石。既然每天的实践和信仰表现了不平等的权力关系，这种理论告诉我们尤其要警惕一种常识性道德，我们可能最希望他们表达因权力的不平等而产生的偏见。因此，例如，似是而非的是，常识性道德的大部分不得不说到令人怀疑的两性之间的关系：在理论上来解释这些，我们可以猜测它会被妇女理智地拒绝。

出于同样的原因，来自某些国家的证据将比来自另一些国家的证据更有分量：这些证据最接近满足平等权利的条件和全部主要利益的表达,它将在斯坎伦的原初状态中为人们的契约一致提供最好的证据。这就把我在此勾勒的方法和一开始就批判的"解释性"方法清晰地区分开来了,因为没有更高的立场使人们可由此出发来评价一个社会中盛行的信仰。我暂且持保留态度直到稍后对我所主张的我称其为研究社会正义的"经验性方式"给予充分的说明和辩护。我现在把它提出来的目的是使拒斥"解释学派"的方法论前提这一点更清楚,解释性学派并没有将一种方法归于一种无法用普通信仰清楚表达出来的方法。

迄今为止,我已经尝试对本书中得以阐述的正义理论的性质予以说明。然而我知道,关于其具体内容的线索我几乎没有说什么。在这一节的剩余部分,我试图通过安排概述本书的两大主题以及对它们的重复出现的追踪做些补救工作。第一个主题是关于正义论中公正概念所起的两种独特作用的方式。当然,我的论点是,抵制部分由于没有能够区别这两种方式而产生的那种理论,而公正的标准正是通过这两种方式来寻求的。

作为公正的正义理论要求的是,能在寻求合理条款的契约的人们中形成作为自由契约之基础的原则和规则。如果在这种语境中我们称公正是二级公正,那么我们可以把它同一级公正作一个对比,这种公正是一种公正行为转化为公正规则的必要条件。大致地讲,在这里,公正的行为意味着它不被私人考虑所驱动。这种说法常常为事实兑现(cash out),要公正即你不能在同样的情况下为某个人做你不为其他人做的事——其中你是某人的而不是其他人的朋友或者亲戚,这种情形考虑作为相关差异将被排除。

一级公正与二级公正之间有何联系呢?这两个层次常常被公正的批评者不合理地混用。结果是没有任何论证地断定能具有公正合法性的任何原则,必然是具有普遍公正性的原则。然而,二级公正与一级公正之间的关系必须在二级公正的理论内部来建立。因此,人们想提出的问题是:能够引向普遍一致的规则和原则在公正的行为方面有怎样的要求?

我们能期待何种答案?本章随后的一节将致力于公正的常识理念分析。我将其分成三层结构:某些内容要求严格的公正;某些则是完全随意的;另一些则介于二者之间。在第8章,我论证这三重结构将得到一种恰当建构起来的选择情形所支持。因此，可能的影响是二级公正并不涉及普遍的一级公正。

本章的最后两节将介绍普遍一级公正的一种形式，并在第37节有详细讨论。此一形式的公正产生于这样一种观念：每个人任何时候都有义务努力将普遍善的总量最大化。第38节将介绍另一种形式。这是一种基于一种过度平等要求概念的伪康德主义（bastardized Kantianism）。在第9章中，我论证了普遍的一级公正的翻版也不值得接受。在第10章，我提出，典型女性主义对公正的批判源于对劳伦斯·科尔博格（Lawrence Kohlberg）的理念的理由充分的拒斥，他将道德发展的两个最高阶段与蕴涵着普遍一级公正的功利主义和康德主义的翻版同一化了。

贯穿本书的第二个主题是正义与善的关系。本书对之给予了深入的阐述，作为公正的正义之关键任务是协调诸善概念之间的冲突。这一主题在本章的最后一节得到了阐明，其中我论证到，对人人有义务追求善这一理念的一个致命攻击，是存在一个无法解决的争论，即：到底是什么构成了善。

对此，最简单的回答是通过抽演出反映权力平衡的规则，将正义看作是解决这些冲突的一种理论机制。我将在第二章讨论这一点，我拒绝两种形式的正义，即我已经提到的互优正义和互惠正义。这为作为公正的正义论扫清了道路，第三章将讨论这些问题。与此相关的方面是，为了保持某种中立，公正的正义在相互冲突的善的概念之间持公平立场。第三章的最后一节将通过表明它有证成正义规则的独特方法，并将其与从善的观念中引出正义规则的方式相比较，对作为公平的正义理论进行一番考察。"正义规则"在此被界定为这样一类规则：它们是任何一个想要避免冲突的社会所必需的规则。紧接着在第四章，在一个极为重要的问题即宪法与政治体制的设计问题上，将这两种方法作一对比。这一章的绝大部分内容是致力于揭示作为公正的正义之政治含义，同时探讨它如何为把中立的追求应用于制度构架的实际问题提供一种解释。

正义与善的主题贯穿于本书第二部分。第五章讨论对作为公正的正义的完整性所提出的挑战，这种完整性已经遭到许多人的反对。我主要针对麦金太尔（Alasdair Macintyre）所提出的见解，虽然我在讨论的过程中涉及更广的范围。这种指控认为，作为公正的正义理论所宣称的中立性是具有欺骗性的，并且认为，正义的观念不可避免地依赖于正义本身的善观念。麦金太尔的备选答案是一个需求满足（want-satisfaction）（换言之是偏爱选择性功利主义）的善观念。在第六章中我论证道，实际上的确存在一种中立性，但它不同于作为公正的正义所固有的那种中立性。第七章结束了第二部分的内容，分析了新近出现的几种有利于我所拥护的中立性形式的论证。在这里我认为，诉诸关于善的争论的不确定性的思路是唯一论证得较充分的。中立性是指：它是处理这一事实唯一公平的方式，因此是普遍可接受的方式。

（二）公正的常识理念

如果我们要思考公正行为所要发挥的作用，就极可能要涉及判断所要发挥的作用。当边沁（Jeremy Bentham）委婉地问道："什么原因使得在正义和理性看来对公正原则的最轻微的偏离，也仅比由法官所裁定犯罪的偏颇要轻些？"法官被假定是不为个人利益所动，也不为他们身边的其他人的个人利益或者个人喜好所动。因为我们意识到了偏见的力量，如果法官们在某个案子中涉及金钱利益，或者，他们和牵涉进这个案子的任何人有私人关系的话，我们会要求法官自己取消对该案件的听审资格。偏袒——霍布斯称之为"个人授受"（acception of persons）——是把私人考量引入一种应该依据公共标准进行的判断。

马克斯·韦伯对官僚组织所进行的著名分析也强调公正是公务员的主要美德之一。他谈到官僚组织的标志性特征是："一种形式主义的非人格化精神的宰制：'Sine ire et studio'，没有仇恨或者激情，因之也没有友爱和热情。宰制性规范是没有个人考量的正直的义务概念。每个人都服从于形式的平等，也就是说，每个人都处于相同的经验状态。这是一种公务员履行其职责的精神。"稍后在《经济与社会》一书中，他甚至更为强烈地表达了相同的理念："官僚组织发展得越完善，就越'非人性化'，越是成功地消除公共事务中的爱、恨和各种纯私人性、非理性和逃避算计的情绪化因素。"

不带偏见的公正是一个理想的法官或官僚的一贯作风，它可能在某些特殊场合——诸如，为比赛做裁判，决定出场秀的入选者，或者对候选人的检查等——成为对我们及其他人的要求。在出场秀的决定者或检察官的工作中个人性的考量是肯定有的，通过让参加者或被检查者匿名化的方式，这也是行得通的。然而，假设让公正仅置身于这么一个冷漠的环境，也许是个错误。比如，老师们很容易被指责犯有"偏爱主义"的错误。同时扮演被偏爱者——"老师的宠物"（teacher's Pets）的出现——无异于偏离某种适用于教师的公正。相对来说，如果老师与所有的学生保持一定距离并对他们一视同仁，这种公正是容易达到的。要成功地做到把学生当作个体来交往并与他们保持一种私人联系，同时又要避免"偏爱主义"，则要艰难得多。尽管如此，我认为，常识道德——存在于学生和导师之间的——使这种正当的公正成为一种美德。

在父母与其子女的关系中，所有这些考量都是非常有效的。情感主义者（包括一些当代哲学家）以为，公平的观念在家庭生活中不起任何作用。然而很明显，兄弟姐妹间通常有一种成熟的不公平对待感。同样，父母也为此焦虑，且这种焦虑并不是只在寻求平和的生活时才有。他们试图自省是否存在类似于"偏爱主义"的倾向，如果他们的确偏爱某一个孩子甚于爱其他孩子，他们通常会做出艰苦的努力阻止自己表现出偏爱。不用说，好的父母行为远不同于理想的法官和公仆在履行其公职时所表现出来的不带感情的呆板的公正。孩子之间的公正是依其价值随着不同的人际关系变化而不断变化的。而且，即使年幼的孩子常常要求一种机械的平等对待，但意识到家庭生活中的公正不需要这样一种机械的平等也是一个成熟的标志。从根本上说，最重要的是孩子们要有这种感觉，即感到他们对其父母而言同等重要。无数的个人经验以及小说作品证明了这一点：将自发的情感与公正联系起来是困难的。（我们有亨利·费尔丁的权威观测报告："最好的父母也做不到对其孩子遵守一种严格的公正。"）但我认为，家庭生活中对公正的大致偏离也一定会遭到常识性道德的强烈谴责。

同哲学家们（无疑也存在其他人身上）随处可见的错误观念相反，我们不能说公正的规则存在于公共领域，而偏袒在私人领域则是允许的。尽管如此，我们必须强调，对公正的范围是有限定的。常识性道德坚持认为，人们要求自己的孩子对父母要持一种公正标准，但是并不要求在自己的孩子与他人的孩子之间保持公正。（然而，这并不是允许他们不顾一切地为其孩子谋利，我将在本书的最后部分即第 42 节再讨论这个问题。）同样，当一个人面临要从一个燃烧的建筑里营救其妻子还是营救别人的选择时，常识性道德并不要求他会对此公正地做出决定，即，只考虑要求被营救的候选者的竞争性要求，而不考虑其中一个是他的妻子。（我将在第 9 章对这个被用烂了的哲学例子给予详细说明。）

根据常识性道德，某些选择可以合法地基于这种确定因素，即，设想法官和官僚都排除了他们自己的考量。关于此，一个不错的例子是择友。我们之所以同一些人成为朋友，不是因为他们在一系列客观特征上比我们遇到的其他人得分更高，而仅仅是因为出于这样或那样的理由我们喜欢与他们为伴并想和他们建立联系。任何不墨守成规的人都不会想这其中有什么不合时宜的地方。这不是说，常识性道德没有能够让人们理智交友的资源。我们可以说他已然是近墨者黑，或者说他的择友背叛了社会上的攀附之风，或者表现出了种族偏见或伦理偏见。但我们仍然不认为该错误是因公正的缺失。他并没有推卸某种责任；毋宁说，他有做自己喜欢的任何选择的道德权利，不过他实际上对权利的运用反映了他性格上的缺陷。（要了解有关这种“道德权利”的更详细的讨论，可见第 12 节的最后部分。）

显然，在常识性道德中，公正在有些情况下是相关的，而在另一些情况下则不合适，择友就是一个典型的例子。然而，这些界限并不是固定不变的，在任何既定的时间里，可能存在一个有争议的领域。俱乐部成员的选择因道德目的被同化为对朋友的选择，人们习惯于把这看成是不言自明的。一个排斥犹太人、黑人，或者妇女的俱乐部可能受到批评，原因很可能在于：个人择友可能是一种种族歧视或性别歧视的表现。但在择友中不可能有公平问题。然而，关于该问题的这种观点会受到质疑，事实上已经受到了质疑。

这种情形直接引向以公正为依据的分析，其中，私人俱乐部可以被看作是控制着稀缺资源。假设俱乐部成员中有大部分是来自城市的高层经理人，因为人们在这种非正式场合谈成了许多生意，由此使该俱乐部声名鹊起。如果它有不允许女性参加的明文规定，将会受到来自道德的压力，在有些地方是法律的压力。结果则是，该俱乐部被看成是以限定其参加者条件的方式控制着某种特殊的稀有资源。并且，由于该资源对于商业成功的重要性，它对女性成员的完全拒绝将引起公平问题。有个例子可能更简单明了。比如，一个俱乐部控制着有形的稀缺资源，如高尔夫球场。如果某地唯一的高尔夫球场不对犹太人或黑人开放，或者那儿有数个俱乐部，但所有的俱乐部都奉行同一种政策，那么迟早会引起有关公正的问题。自由结社的价值与下列原则相冲突，这些原则是：不能因为人们属于某一种族或族群使他们处于实质性的劣势地位。

　　一些俱乐部在成员选择上除了对某些特定人群比如犹太人或女性一概排斥之外，不做任何鉴别。例如，不受某禁止命令的制约，任何人都可以加入，或者当其成员名额达到其所允许的最大量时，可以把申请加入者列入候选名单。此类俱乐部有一个基于自由结社价值的相对较弱的说法：用择友来类比并不完全吻合。因此，要求他们应公正地择友，取消这种完全排斥某个群体的做法是完全合理的。然而，许多俱乐部都有某些选择程序，该程序允许仅仅出于私人的原因——可能是由于某些老会员的强烈厌恶，不让那些自身条件合格的候选者加入。这种情形中的自由结社要求更为强烈，但仍有争议，即，一个俱乐部应该能够阻止出于个人癖好的原因而拒绝候选者的做法，但不应该有权力制定基于诸如种族或性别特征而不考虑其他因素的排斥政策。这也许看起来有悖于情理，但我认为它有其逻辑存在。被随意开除出某俱乐部是任何人都会面临的可能性，这种可能性根本取决于俱乐部对其成员的选择权力。但是根据种族或性别而排斥人就会招致被排斥的群体的合法抱怨，而这是那些因个人偏见而被排斥的人所不具有的。既然这种抱怨仅仅是针对排斥的政策——它给某个群体造成的耻辱感，那么它对俱乐部是否控制着稀有资源没有任何影响。（在以下情形，如在宾馆里，这一点体现得很清楚。）某家宾馆拒绝为黑人提供服务，并不能通过说"附近也有其他不错的宾馆"而摆脱被指控的困境。顺着这一推理的思路，人们将认为它在一个方面而不是其他方面需要公正。这再次阐明了这样的道理：公正能以一种方式对行为设限，同时在其他方向上让选择处于开放状态。

我说过，公正与私人社团的成员政策之相关性是一个常识性道德难以单独处理的问题。当然，我应当补充一点，即，在一个社会中被广泛同意的东西，在不同的时间和不同的国家会发生变化，各不相同。因此，虽然社会民主理念在西欧比在美国要浸润更深，但美国人却在那些早期被普遍认为是结社性私人事务的领域进行了更深入的合法干预。这能从以下事实得到解释：美国人自20世纪50年代就已经开始运用法律制度打击种族歧视，其所表现出来的远高于西欧国家。在这种背景下发展起来的法律手段，随后被用于提高其他诸如妇女（在某些地方）和同性恋等群体的地位。甚至在那些不适合用法律干预的——也许人们认为没有必要这样做，对各种社团的行为方式进行道德批评在美国也是极为普遍的，因为在美国，"私人的"决定影响到不同社会群体的相对地位。

尽管这类例子可能不胜枚举，但是相对于我目前的理论目标——对关于公正的常识理念得出一些更为宽泛的结论——而言，我所给出的例子已经足够。问题是，在常识道德框架内，公正不是一个强势的组织性概念。我这么说的意思是，它不是一个可以派生其他概念的基础性道德概念。毋宁说，在各种不同的情境中，公正有着不同的特点，在每一种语境中，都存在其他更深层的将它所讨论的问题特性化的方式。因此，公正在一个法官身上显然是重要的；但是如果我们问为什么，就会发现其重要意义是派生性的。法官的公正是一场公平审判的基本要素之一（尽管只是一个要素）。类似地，韦伯式官僚的公正则是一种美德——在这个问题上，韦伯本人暧昧含糊已是恶名昭著——它之所以是一种美德，是因为它确保公平对待。一些类似的情形也将得到同等对待，而不必考虑当事人的特点，除了那些事先被认为是相关的因素之外，比如说他们的经济环境，但不是他们的衣着、举止或种族。

因此关键是，公正在法官和官僚的行为中像程序公平一样重要。我们最初可能用另一种方式预期：公正（impartiality）将成为一般概念，而公平（fairness）则是它的一个方面。但实际上不是这样的。可能值得补充的是，这种公平的价值本身有赖于所应用的原则的正义性。因为它相当于规则的正确运用。诚如韦伯所强调的，一个运行良好的官僚机构乃是一架高效运作的机器；但它是一架可同时轻易导向恶之目的与善之目的的机器。假设有道命令要把所有的犹太人都聚集起来驱逐之，理想的韦伯型官僚将执行命令。容许人的感情介入其工作的官僚可能对情感上的诉求做出反应，而一个唯利是图的官僚将准备接受贿赂而忽视其职责。

在我的其他例子中，公平可以说是公正的根基，虽然在这些案例中，还有其他更准确的表达方式。让我们再次考量一下教师和父母应当公正这个规定，不表现出偏爱主义可能被描述为公平对待的要求。但是，我们可以通过提供这样的例子更充分清楚地说明这一点，在这些例子中，假定的身份平等（作为学生和兄弟姐妹）引起了平等对待的假设。如果公正在这里有更多的内容要阐述，那也仅仅是，因为情境创造了一个学生或同胞受到同等对待的假设，相反，法官和官僚的公正却只是要求按规则来区别对待，他们应无所畏惧或毫无偏好地坚持这些规则。

正如我早已指出的那样，平等地对待孩子给父母们为孩子做不同的事情或为不同的孩子做不同的事情留下了宽广的空间。例如，早期上流社会的父母们如果将他们的儿子送到公立学校和大学就读，却只给女儿安排一名女家庭教师，或夏初时节参加伦敦上流社会的社交"季节"，他们会觉得他们对所有的孩子都很平等。但是，平等对待的观念仍然是不缺少实际内容的。在现代条件下，如果父母们所做的仅仅是为一桩"美好婚姻"创造条件，那么就不能说他们在其女儿们的事情上做得很好。

维多利亚女王时代的小说通常以婚姻结束；现代的小说常常以离婚开始。人们大概不会对下述情形存在太多质疑：不给女儿良好的教育却保证儿子受到良好的教育，是以不利的方式对待女儿。而且，在非西方文化中普遍存在许多实例，它们非常明确地确定女性在家庭内部的次要身份，例如，她们要先服侍男性就餐，然后自己吃男人们剩下的食物，任何男性（无论多大年龄）都能够差遣任何女性（不管年龄大小）等习俗惯例。

某些群体被一概排除在俱乐部成员之外的案例也清楚地显示出，在常识性的思考中，公正不是一个中心的构成性概念。如果我们愿意，我们能够在公正之伞下提出这个例子。例如，我认为根据种族和性别对整个群体的排斥是一种不同的恶，因为这是对众多个体的任意排斥，同时也是因为整体的排斥对有相当人数的整个群体有侮辱的影响。我们可以说这些情形中的公平是成问题的，因为成为被侮辱的牺牲品是不公平的。并且，我认为这样说的确是对的。但是，如果我们进一步说，对一类人的排斥违犯了公正，显然，我们没有增加什么也没有减少什么，因为同样的情况很可能被解释成对个人的排斥。

总之，公正的观念肯定不会与常识性的道德思维无关。但它不是扮演主要的角色，它确实是可有可无的，因为总是有一些适用的概念能够同样好地(如果说不是更好地)发挥道德上的作用。由于这个问题在本书的剩余部分极为重要，所以应该给予特别关注的是，任何人都可能满足公正的全部要求——因为这些要求已在常识性道德的层面上为人们所理解，同时仍然有许多自由决定的空间。很多情况根本未被公正所覆盖。而对其余一些情况，公正则在绝大部分时间内能够为可接受的行为设置外部的限制。它通常采取有条件的形式：如果你做 X，你就不能同时做 Y，但是它不告诉你是否做 X。即使在我一开始提到的司法或官僚组织的情境中，对他们的决策设法进行严密的限制也是遵守规则的要求。说到规则应当公正地得到遵守仅仅是说它应当切实地得到遵守。更准确地说，规则不应与他们表现出来的偏袒所构成的具体方式分离。

(三)公正的善概念

我在本章关注的焦点是关于公正行为的理念。然而，为了介绍我要讨论的两个公正行为概念中的第二个概念，我必须首先转向一个不同的层次并对公正的善概念进行讨论。我这样做的意思是，善的概念对当事人的利益和利害关系不予特别关注，而是同等对待所有人的利益和利害关系。相反，不公正的善概念则对当事人或者以某种方式与之相联系的人(例如，他的家庭成员，他的同民族群体，或者他的同胞)的利益和利害关系比其他人关注更多。我要澄清一点，一种公正论的理论不是非得限制在人类的利益和利害关系不可。通过表明在某种程度上善的概念会考虑人类的利益和利害关系——如果它就被人们看作是一个公正的概念，它就应当一视同仁，这种要求因此能够给予更普遍化的陈述。

我应该通过区分三种较广的公正论的理论范畴以将这些评论穷究到底，它们中的每一种都能够派生出不止一种善的观念。我称其为以人类为中心、以动物为中心和以生态为中心的三种公正论。所谓以人类为中心的善观念，我的意思是指，一个仅将价值归因于人类状态的善观念。不同的人都可能同意这个一般性陈述，人类的善是该主张考虑的唯一事情，即使人们在什么构成人类善的问题上存有分歧，也会平等地考虑所有的人类善（已有的备选项包括快乐，幸福，所欲求的满足感以及自我实现。）在这些项中，什么构成了人类的善，通常以为，人们在把不同人的善集合起来以形成对人类之善的评价方式上仍然存在分歧。在一定的程度上，平等对待每一个人的善这一限定并未解决上述分歧。最简单的回答是，所有的善被同等地考虑，却又要在人们之间进行分配，但重要的是，认识到这是唯一可能的答案。它也将满足公正的要求，例如，通过假定的一定量的善被分配得越平等就越有价值，或其特殊的意义被赋予那些拥有最小量善的人是怎样得到公平对待的。如果我们把相对于人类的四种善概念与不同的人的善相关的三种方式联系起来，我们就可以得出许多特殊的善观念，而且即令是所有这些善观念，也还不能穷尽所有的可能性。

生态为中心论基础性理念，是"自然作为敬畏、关爱和尊重的对象，本身具有道德价值，因此仅仅由于其自身的原因，而不仅仅是因为它为人类提供'满足'和'利益'，它也应该得到保护"。无生命的自然、植物的生命也具有同动物一样的价值，在以下观点看来，"生物共同体的善是道德价值和行为正当与否的最终标尺"。价值被最大化为"生物共同体的完整性、稳定性和美丽"。一个以此为目标的社会的所有成员很可能对"在既定的情况下确切的要求是什么"这一问题产生很大的分歧，人们很容易这么想。一个类似的非决定性问题与动物中心主义理路相冲突，现在更常见的情形是，"动物解放"已被人们广为了解。彼得·辛格（Peter Singer）认为，它是实现"所有动物都一律平等"这一口号的唯一途径。但是，对所有有知觉的生命的利益给予同等考虑，将意味着消除一切任意的区分，但在把蟑螂和猫的利益与人类的利益进行比较时，我们却遇到大量含糊不清的问题。

三种伦理学中的每一种都为其他的伦理学找到了空间，但它们都只是用它们自己的方式和术语考量问题。因此，如果我们关心生态系统，很可能有助于非人的动物以及人类的福祉。如果我们以动物整体的福祉为中心，那么生态系统的健康就带有工具性价值（基于和以前相同的假设），显然，人类的福祉也是其中的一个组成部分。最终，假设生态系统的健康有助于人类的幸福，即使以人类中心主义观点来看，生态系统也具有工具性价值。同样的道理，如果能很好地对待动物，动物们即使被迫服务于人类也能服务得更好（至少在某种意义上是如此）。此外，生态系统和动物的生存状态也能作为人类的效用因素发挥作用：如果一些人关心环境状况或者关心非人动物的苦难，那么，在满足人类的利益时，就必然需要做一些事情，以满足环境或满足这些人的仁慈关爱之需。

　　然而，我们不应当低估这三种观点导致相互冲突的规范的程度。这一点可能很明显，只关心人的利益容易违反这些条件，这些条件是最大化生态中心主义的或动物中心主义的标准价值所必需的。但是，这两种观点之间的潜在冲突也是经常存在的。例如，"为了保持生态系统的健康运行和它的整体性，让许多个体生物灭亡……可能是必需的——比如，鹿——可能通过人为的干预免予饿死或者甚至在一种人类管理的环境里很好的生长"。从一种生态学的角度看，一物种的最后成员的生存本身将被赋予更高的价值，远多于那些与人类关联紧密但普通的物种。但是，这种判断在动物福利伦理看来是不可理解的。

　　也许有人会说，现实中的冲突没有我在描述这个问题时所预料的那么尖锐，因为人们通常知道价值有多处来源。这很可能是真的，几乎没有人会完全否认生态系统、非人的动物的利益以及人类的利益各有其自身的价值。但同样清楚的是，不同的人对这些善的来源有着殊为不同的偏重，所以，当他们在这些善之间进行权衡而产生冲突时，他们的处理方式往往相差甚远。这足以说明源自我所概述的三种方式中的分歧。

　　　　　选译自［英］布瑞·巴里：《社会正义论》，第二卷，
　　　　牛津，牛津大学出版社，1995。　左高山译，万俊人校。

# ［美］斯坎伦（Thomas Scanlon，1940—　）

《我们彼此亏欠什么》（1998）（节选）

《宽容之难》（2003）（节选）

# 《我们彼此亏欠什么》（1998）（节选）

## 价　值

### （一）引　言

第一章对我的一个决定作了解释和辩护，把理性当作一个基本概念来处理。在本章中，我要使用理性这个概念作为规范性思想的最基本、最抽象的成分，从而为一个更加具体的规范性概念——价值——提供一般特征描绘，这样做将为我们在本书的其他部分讨论价值的具体形式奠定基础，这些价值的具体形式与我们的观念是否正确或者（如我所说）与我们彼此是否亏欠相关。

在哲学之外，"价值"（value）与"诸价值"（values）这些术语通常是在极为广泛的意义上使用于广阔的道德领域以及各种各样的非道德观念中。例如，正确与错误的问题一般被认为是价值问题，正确与错误的具体观念，比如正义、公平、守约，都很自然地被当作"价值"来对待。但也有其他许多事物被说成是有价值的或者代表价值，其含义似乎独立于正确与否的考虑，这样的事物包括自然的运作、艺术和音乐中的卓越、理智的或科学的成就。介于这两个价值区域之间——狭义的道德价值和广义的非道德价值——还有对朋友和家庭的忠诚这样的价值，以及勤奋、避免过度消费这样一些东西。

在哲学专业的讨论中，"价值"和"诸价值"这些术语用得比"好的"(good)或"善"(the good)少，尽管这些成套的术语经常被当作可以互相替换的，比如，有人认为所谓"价值论"也就是对"什么是善""什么东西是善的"这样一些问题的研究。① 还有，乍一看，"善"和"正确"应该当作截然不同的规范领域来处理。"善"涉及我们有什么理由要这个世界成为这个样子，而"正确"必然与我们可以做什么或必须做什么相关。有些人坚持说后者可以用这样或那样的方式还原为前者，但这是一种不同的、有争论的主张（只有在一种意义上它不会成为有争论的主张，即正确的概念可以还原为我在上一段话中描述过的广义价值问题，因为它们显然是这样的问题）。

在本章中我要论证，对"善"的这种强调已经给我们有关价值的一般思考带来了变形的效果，尤其是对我们有关"正确"（我们彼此亏欠的东西）与其他价值之间关系的看法。我们拥有的价值这个最根本的概念比哲学讨论中经常用到的"善"的含义要广，它不是唯一关于这个世界成为什么样子才是最好的，或者对具体民众来说什么才是最好的概念。如果接受这种含义较广的解释，那么讨论"我们彼此亏欠的东西"与其他价值之间的区别就不会显得那么僵硬，这不是因为它们之间没有差别，或者正义不可以"还原为"善，而是因为其他许多价值似乎都拥有一个与我们的正确与错误的观念特征明显相同的结构。我要论证说，艺术、科学以及其他一切努力中的卓越这样的价值是真的，爱和友谊这样重要的人与人之间关系中的价值是真的，人生的价值是真的。

### （二）目的论

关于何为"善"、何为"有价值"的这样一些人们熟悉的、有影响的观点可以公正地被称作"目的论"观点，它们采取下述形式。价值的基本承担者是事件的状态，或者用一种过时的方式来说，是世界有可能变化的方式。这些事情可以有内在的价值，也就是说，价值不是事物有所贡献或者使别的一些具有价值的事情变得可能的趋势。哪怕要想准确地说出事物的不同状态具有多少内在价值，一般说来

---

① 例如参见 W. D. 罗斯：《正当与善》，75 页。

是不可能的，哪怕像某些人所主张的那样对这个问题并非总是具有原则上的、精确的回答，但对事物的内在价值进行理解，哪些事物有内在价值，哪些事物的内在价值多一些，哪些事物的内在价值少一些，（在我们力所能及的范围内）仍旧是一件理智的事务，这一点仍旧是真的。作为行为者，我们与事件状态的关系在于我们能够实现它们，或阻止它们发生，或者使它们或多或少地发生。按照这个观点（至少就其中所涉及的价值问题而言）我们有理由要做的事情是行动，以便实现事件的最佳状态，亦即使之具有最大的价值。这种目的论的结构经常被当作"善"或"价值"，这些观念形式上的特点，而非有关何种事物为善的某些实质性观点的组成部分。①

价值具有目的论的结构这种想法经常伴随着其他许多关于价值的想法。这些想法中有三种与目的论在一般的快乐主义中结合在一起，例如，认为事件状态所具有的价值由该状态中包含的快乐的量来决定。第一，按照这种观点，行为本身没有内在价值，所以行为的价值是由它的后果的价值来决定的，也就是说，由行为所能导致的快乐的量来决定。第二，按照一般的快乐主义，这种价值是公正的，不仅在每个人的快乐都受到重视的意义上，而且也在事件状态的价值给予每一行为者以同等促进它的理由的意义上，这一点对于我们当前的讨论来说非常重要。第三，按照快乐主义，这种价值是添加的。有关价值的任何目的论观念包括最大化在内，在一种较弱的意义上认为我们有更多的理由促进拥有更大价值的事件的状态。但是快乐主义还包含着另一种观念，认为事件状态的价值是它的组成部分的价值的总和。

首先，尽管这三种想法经常聚合在一起，但它们在逻辑上是独立的，并非为所有目的论观点所分有。例如，许多这样的观点认为，行动本身可以拥有内在价值。如此说来，如果我以一种方式给某人

---

①　例如，谢利·卡冈在讨论所谓"有适当的理由促进善"的时候说，"谈论善就是部分地使用一个占位符号，说有一个适当的理由促进善就是说有一个长期有效的理由促进那些最能适应恰当标准的结果，而无论这些标准会是什么"（《道德的限制》，60页）；这就假定了无论善是什么，都与要加以促进的那些结果有关。

提供快乐，那么实现这一事件状态就在其他事情中由这种快乐的发生和这种快乐由该行动产生这一事实组成。所以事件状态的价值依赖于快乐的价值，并且也可能依赖于行动的正面或负面的价值。使目的论的观点具有特点的不是对事件状态的内在价值有所贡献的成分（无论这些成分是否包括行动在内或者仅仅包括行动的后果），倒不如说是只有事件的状态拥有价值这种想法。如果行动具有内在价值，因而行动是事件状态的组成部分——就像发生了的事物一样，它的发生是好的（或坏的）。按照这种观点，所谓（内在地）有价值的，就是"要加以促进的"。

其次，价值的目的论观念不需要是公正的。我已经描述过的目的论结构不仅经常被拿来表示公正地加以理解的"善"，而且还拿来表示源于具体的个人观点的善（他有理由想要使事物呈现的方式）。所以价值的观念可以拥有目的论的结构，而同时又可以成为并非一切行为者都有相同的理由要加以促进的东西。

最后，一种价值目的论的纯粹的观念（无论公正与否）不需要是添加性的。可以认为事件状态的价值不是它的某些成分的价值的总和，而是以某种更加复杂的方式实现其价值。①

我在这一部分关心的是价值具有目的论的结构这样一个抽象的论题，而非目的论的观念经常具有的其他特征。但不管怎么说，把其他特征记在心里是重要的，因为具体的目的论观点的诉求，以及它们与非目的论的可以替代的观点之间的差别，经常依赖于这些特征。人们确实可以感到惊讶，一旦承认了价值目的论观念可以把内在价值赋予行动以及它们的后果，而这种价值又不需要是公正的或添加的，那么是否还会有人留下来对赤裸裸的目的论结构表示满意。价值的目的论观念和非目的论观念之间剩下来的差别似乎也变得没有意义。我相信二者有差别，价值的观念不能以一种纯粹的目的论的方式来加以理解。我这样想的理由可以通过考虑最近发生在道德的效果论观点和义务论观点之间的一场争论来揭示。

---

① 阿马蒂亚·森在《权利与行为者》这篇论文中发表了一种目的论的观点，充分探讨了我刚才列举的这三种可能性。

　　拥有价值的纯粹目的论观念的人也接受道德的效果论的解释不足为怪，按照这种解释，一项行为之所以具有道德上的正当性就在于它的实施导致事件的最佳状态。如果正当性是一件促进善的事务，那么善必定是某种"要加以促进"的事情。但是这个观点像有关价值的命题一样有着广泛的运用，甚至对许多反对把效果论当作一种有关正确与错误解释的人来说亦如此。例如，托马斯·内格尔，他激烈地反对作为一种道德理论的效果论，无论其是否引出了价值的概念，或者至少引出了公正地加以理解的"善"的概念，它都完全是目的论的。他说，当我们从一个客观的或公正的观点出发考虑这个世界时，给我们留下深刻印象的第一件事是某些事物不仅从这种或那种个人观点出发是好的或坏的，而且在客观上也是好的或坏的。例如，我疼痛不仅对我来说是一件坏事、你疼痛对你来说是一件坏事，而且客观上说这些事情也是坏事，某人的疼痛得到缓解从客观上说是好事。①

　　他这个有关疼痛的例子很重要，因为价值和反面价值(disvalue)的观念实际上就是"要加以促进"和"要加以阻止"这种想法，而这在经验状态下非常可疑。但是内格尔似乎感受到一种强大的动力，想要更加一般地说出这种价值的真实性。对于通常所谓义务论的推论，他抱有坚定的信念，这些推论可以用来作为反对做某些事情的理由，尽管做了这些事情可以导致较好的各种效果。例如，他会认为在各种案件的审问中刑讯逼供是错误的，因此我有很强的理由不这样做，虽然拷打犯人会导致较好的效果，比如可以阻止其他人犯下更为严重的罪行。但是内格尔发现这样的推理就其并非建立在事件状态的善与恶之上而言会产生"形式上的困惑"。他问道："怎么会有一个不扭弯某人胳膊的理由不同于阻止他的胳膊不被其他人扭弯的理由呢？"②

　　这个例子在这里涉及的不仅仅是疼痛，而且涉及故意使其发生的错误。所以内格尔提出的问题是一般性的：一个使坏事情不发生的理由与其他行为者或自然力阻止这件事发生的理由怎么会不同呢？

---

①　托马斯·内格尔：《无从之见》，第 8 章，尤其参阅 147～163 页。

②　同上书，178 页。

内格尔相信这个问题是能够回答的，但他用这个问题来表现一场困难的挑战。

这一挑战为何如此困难？塞缪尔·谢弗勒提出了一种可能的回答。他说："与效果论的核心直接相连的是一个我们接受并在一个非常广泛的场景中运用的理性概念，它是非常根本的，是我们熟悉的。"①这就是他所谓的"最大化的理性"。他写道："这个理性概念的核心是这样一个观念，如果一个人接受某个值得想望的目标，在相同条件下，如果一个人可以在两个机会之间选择，而其中一个机会肯定能够比另一个机会更好地达到目标，那么选择前者而不选择后者是合理的。"②

谢弗勒这个理性概念以下述方式对义务论者提出了问题。第一，他似乎有理但又模糊地假设，义务论者把遭到禁止的行为，诸如拷打、谋杀、背叛，当作"道德上不可欲求的"。（他在这里利用了可能性的概念，但我们在上面提到过，行动可以具有与其效果的价值分离的价值。）第二，他似乎不那么有理地把这一点解释为一种内在的恶，这样的行为不应该发生，我们应当拥有一个使这些事情的发生最小化的目标。但是，如内格尔所指出的那样，在审讯中拷打一个人可以比不这样做更好地实现这个目标。因此，如果说一个人无论如何都不能在审讯中拷打人，那么像内格尔这样的义务论者违反了最大化的理性概念。

这个论证有许多有益的方面，发人深省。首先，这个论证如我已经提出的那样，到此为止似乎依赖这样一个假设，依附于道德上值得想望的行为的否定性的内在价值是公正的，也就是说，具有这

---

①　谢弗勒：《以行为者为中心的限制、理性与道德》，载《效果主义及其批判》，251页。菲利普·佩蒂特提出了同样的主张，"当效果论与我们理性需要些什么的标准观点非常吻合的时候，非效果论者在为一种某些价值需要在实践理性的非道德领域中没有类似物的立场辩护的时候会感到困窘"（《效果主义》，238页）。我对谢弗勒的论证的思考得益于菲利帕·福特在《功利主义与价值》一文中对它的批判。我得出了与福特相同的结论，尽管论证路线不同。

②　谢弗勒：《以行为者为中心的限制、理性与道德》，252页。佩蒂特同样也写道："如果一项预测比另一项预测更好地实现了我的价值，那么确实也就确定了它的价值。"（《效果主义》，238～239页。）

种反面价值的行为是任何人（不只是相关行为的行为者）都有理由阻止的事情。谢弗勒相当正确地认为，义务论认为某些行动是错误的，因此不应当实施，甚至要由其他人来阻止相同的行动的想法，按照这种的行为的公正的反面价值来说是不可能成立的。例如，要是反对谋杀的理由是由被害人的死亡的公正的反面价值和凶手专门的内在的公正的反面价值所组成，那么这些理由也可以用于这样一个案例，我们必须在阻止谋杀或防止其他类似的偶然死亡之间进行选择。但是，甚至那些相信有一种特别禁令反对故意杀戮的人（由于这个原因）也必须阻止谋杀而不是防止事故。谋杀是一件似乎将要发生的、非常糟糕的事情这种想法似乎包含着必须试图加以防止，哪怕有更多机会可以防止事故带来的死亡。但是，这一点似乎是错的。这一点可以用来表明，要是我们通过给杀人行动确定内在反面价值使义务论禁止杀戮的禁令有意义，那么这种反面价值一定不公正，而是某种有时候可以称作与行动者相关的反面价值。就是这种反面价值给了行动者专门的理由不去实施这种行动，但这个理由不能以同样的方式用于其他情况，比如有些人也许正处在防止这种行动的位置上。

但是为什么要采用这种理由呢？它被理解为从事件的行动的反面价值中产生，它是专门的，与行动者相关。也就是说，我们为什么要在这一点上停留在目的论的框架中呢？一种有可能成立的解释是被称作纯粹的目的论的理性概念，据此，由于任何合理的行动必定旨在某些结果，是否要实施该行动的理由必须诉诸这些将会发生的结果值得想望或不值得想望，也可以考虑行动自身的内在价值。这种解释看起来似乎有理，但作为一般的关于理性的命题是错误的。在许多案例中，我们确实面临着在可能产生的后果之间进行选择的问题，而正确的选择方式就是确定这些后果中哪一种更值得想望。但从事实来看，经常也有案例并非始终如此，甚至即便始终如此，对选择有影响的各种理由也可以归结为某种应当发生的事件是善的或者是恶的这种形式。

如我在第 1 章第 10 节中所论证的那样，对行动产生影响的理由中有许多涉的不是结果值得想望，而是其他各种理由的合法或不合法。所以在这种案例中，我们在想这样的理由要在决定 A 和 B 何者更值得想望时发挥作用（要按照某些根据作评价，比如按照它们的快乐程度），这是决定在特定境遇下该做些什么的恰当方式。我在第1章中还论证到，考虑某种不被视为行动理由和确定由于该理由而发生的行为的否定性内在的价值不能等同。这样的价值始终可以只用某些起抵消作用的价值来衡量，但是对这样的考虑下判断不可能与之无关。

这种关于理由之构成的一般性观点与关于"义务论的禁止"，以及它们所谓令人困惑的特点有关。例如，我们可以考虑一下"杀一救百"这个原则。接受这个原则牵涉到这样一个有关理由的看法：拯救其他一些人的肯定性价值并不能使杀死某人成为正义的。如果这个原则是正确的，那么不需要用违反这个原则所获得的"善"来加以平衡。这样做会与原则本身完全不一致，因为这样的善不足以使相关的行动成为正义的。因此，接受这一原则的人不需要诉诸杀人的"否定性内在价值"来解释为什么他不做那些对于拯救许多人来说是必要的事情。

当然了，还有一个是否应当从接受这样的原则开始的问题。这个问题显然需要回答，而对这个问题来说，义务论的禁止是悖论的主张似乎显得最为有理。我本人的观点是，回答这个问题的最佳途径是考虑什么样的赋予他人可以合法取走我们的生命的原则是可以加以合理拒斥的。然而，无论能够做出何种最佳回答，诉诸杀人行动的内在道德反面价值做出的回答不会是合理的。有这样一种道德的反面价值的想法是对该原则本身的一种反思（我要说是一种误解），而非某种可以诉诸该原则的正义性的东西。

值得注意的是，尽管谢弗勒谈论"一种根本的熟悉的理性概念"，但他没有以我已经陈述（以及反对）过的一般形式诉诸有关理由的目的论概念。他所说的是，"**如果**一个人接受某个值得想望的目标，**如果**一个人在两个机会之间可以选择，**在相同条件下**，其中之一肯定能够比另一个达到更好的目标，那么选择前者而不选择后者是合理的"。（重点是我加的。）谢弗勒说"接受某个值得想望的目标"的意思似乎是指接受它作为目标，因为他继续讨论的是在两种实现它的可替换的方式之间进行选择的过程。所以这里的意思是，接受一个目标意味着接受这样一个事实，在相同条件下，行动会促进被视为有利于该行动的某些事情的目标。所以，**如果**一个人采取了一个目标(并且没有理由对采取该目标重新考虑)，**那么**一个人，在相同条件下，有理由倾向于选择能够较好实现该目标的行动。把这种主张当作对实际思考中的一种虽然普通、但很有特点的成分的一种观察，那么这种主张相当正确。然而，使之成为正确的正是它不主张在决定行为的合法性中所有考虑都要采取"目标"以及它们的"值得期望"的形式。如我已经说过的那样，以这种方式理解义务论者的杀人禁令似乎并不合理。

使谢弗勒的主张似乎有理的另一个因素，是**"在相同条件下"**这个从句的法律内涵。但它们可以隐藏的内容比它们最初显现的内容更多。按照一种很自然(但是过分简单)的观点，采取某些东西作为目标正是为它的完成确立某些肯定性的价值，并把这种价值，在相同条件下，当作有利于由此产生的任何行为的东西。以这种方式看待事物，当然可以把"在相同条件下"这个从句解释为"除非该行动与实现其他某些目标有冲突，其价值超过这种价值"。我在第1章中论证说，这种目标概念是错误的。采用某些事情作为目标不仅仅是给它的完成附加某些肯定的价值和把它当作有利于促进其实现的任何行动(除非这种考虑被来自别处的考虑所压倒)。当我们"采取了一个目标"时，我们通常在我们的生活和实际思考中赋予该目标一个具体的地位，比如一个长期职业计划的地位、某个古怪念头的地位、在度假时做某事的地位。也就是说，作为采取目标的组成部分的意愿使得追求该目标的时机、追求该目标的方式等具体化了。所以，其他事物必须由与其相同的由必备条件所表示的限制来决定，包括我们对目标的理解以及它作为我们的目标的方式，而非仅仅是由其他可能"压倒"它的其他价值所规定的限制来决定。下面我要论证，这样的条件对我们的价值概念来说是一个普遍的特征。

如果有关理由的纯粹目的论的概念遭到拒斥，那么有价值就是"要加以促进"这种想法还有什么其他来源？就公正这个价值来说，一种可能性是它本质上是一种道德观念(而非一个以理性概念为基础的概念，或者是一种独立于正确与错误这些观念的价值概念)。据此，它是"我们彼此亏欠的东西"的一部分，是我们必须加以促进的事件的某种状态，它似乎可以被称作"善"。要加以促进的善的"公正性"反映了一种道德要求：我们对每个人都欠下一份同等的关心。因此，这样理解的"善"包括一切个人（或一切有感觉能力的生灵）的善——他们不应受苦或者未成年就夭折、他们在其他方面都应活得很好。（它也必然包括某些非个人的善，比如正义、平等，或者按照德行分配幸福，但这些事情也可以被理解为独立于道德要求。）

这种"道德目的论"与上面讨论过的非道德目的论相对立，按照道德目的论，公正以善的观念为基础，而非以关于正确与错误的道德为基础。可以认为增进一个人的幸福就像对促进整个事件的善的状态一样，是公正的，也像促进其他处于相同处境的人的生活一样，是公正的。（这是关于什么是善的实质性命题。）因此，就我们所涉及的一般的善而言（诚如西季威克所言，一种"源于宇宙观"的善），是我们对于促进个人幸福有了与促进他人幸福一样强的理由（这些理由是由包含于其中的善提供的，而非由我们这里所说的道德上对个人"所亏欠"的东西提供的）。

内格尔对客观意见的评价似乎反映了道德目的论和非道德目的论的诉求。一方面，如我们所见，他谈到要接受一种听起来与西季威克的"宇宙观"非常相似的公正观点。另一方面，他对该层面问题的讨论有时候似乎以道德为基础。例如他说，我们有非个人的理由解救个人的痛苦，但不会促进他们拥有的每一目标。允许个人愿望赋予外在于他的某些事情以非个人的价值似乎过分了，哪怕他在一定程度上与此相关。我们应当如何理解这种"太过分"的要求呢？按照一种自然而然的读法，它反映的不是一种有关善的想法，而是有关"我们彼此亏欠些什么"的想法，亦即当要求我们承认防止或缓解彼此痛苦的道德原因时，如果我们试图推进他人拥有的所有目的，那么这样的要求就是"太过分"。按照这种理解，内格尔的公正视域就是有关正确与错误的道德视域，或者是包括正确与错误在内的道德视域。

当前我关心的不是道德，而是比较一般意义上的价值。我在这里提到道德目的论只是为了将它与价值目的论的概念或者善的目的论概念区别开来，这是我关心的最主要的东西。善就是使"要加以促进"的想法可以显得极为自然，甚至无法避免。如谢利·卡冈所建议的那样，认为所谓善只不过是我们有理由加以促进，这样的说法似乎有理。然而，尽管这样说在许多例子中是正确的，但我会在下一节中论证，当我们考虑大部分哲学家引为善的例证的那些具体事物时，认为我们有关价值的所有思考都可以化为这种形式似乎相当无理。

(三)价值：一些范例

被哲学家列为拥有内在价值的事物一般可以分为下述类型：意识的某些状态；个人之间的关系；理智、艺术、道德上的卓越；知识；人的生命本身。在宣布这些事情有价值的时候，这些哲学家的意思似乎是，这些事情的发生是好的。G. E. 摩尔关于这一点的看法相当准确。他说，为了决定一个事物是否内在地有价值，我们应当想象有这样一个世界，其中只有这样东西存在，并且要问我们自己是否应当把它的存在判断为好的。① W. D. 罗斯的看法不那么准确，但他对"什么东西是善的"这个问题的讨论也集中在使宇宙的某些状态比其他状态要好这一点上。然而，当我们考虑到一般被认为具有内在价值的事物时，事情变得很明显，在大部分案例中把它们当作有价值的不只是，或者主要不是，认为宇宙的某些状态比其他状态好，因此要加以促进。

首先考虑一下友谊这个例子。摩尔把人的交媾之乐列为我们知道或者能够想象的最有价值的事情之一。他这样说的意思是，一个包含两个享受着交媾之乐的人的世界，在相同条件下，会由于包含这种事情的发生而变得更好。友谊和快乐的存在使世界变得更好可以是真的，但它给我们留下很古怪的印象，好像是在建议这就是友谊这种价值的中心。我们认为友谊有价值（假定这也是摩尔肯定的一部分意思）当然是对的，所以为这件事寻找比较合理的解释的一种方式就是问，这种"赋予事物以价值"与哪些事

---

① 摩尔：《伦理学原理》，187 页。摩尔还允许本身无价值的事物对其作为部分而存在的复合体的价值有所贡献，如这一试验所揭示的那样。在这种情况下，它们的价值由考虑一个只有复合体存在的世界来揭示，首先考虑有组成部分的世界，然后考虑没有组成部分的世界。

情有关。

把价值赋予友谊的人会寻找做这些事情的理由，包括成为好朋友在内。首要的事情有忠诚、关心朋友的利益、试图保持接触、花时间与朋友在一起，等等。把价值赋予友谊的某些人也会相信自己拥有一些与此略有不同的理由培养新的友谊和保持原来已有的友谊，会认为有朋友是一种值得追求的善。因此赋予友谊以价值的人也会认为其他人有朋友也是好的，并会将这种想法推及那些与他有关的人。友谊的重要之处就在于它增加了友谊发生于其中的宇宙状态的价值，这样说显得过于夸张。① 但是友谊增进了生活的质量，这样说就没有什么可奇怪的。所以，我提到的最后这三种理由（拥有朋友的理由、保持原有朋友的理由、帮助相关的人拥有朋友的理由）可以视为是以一种比较朴实的形式重述摩尔的命题。它们至少与他的具有目的论形式的命题相似：接受它们作为理由意味着友谊是善的（在这个案例中是相关个人的善），友谊应当发生，因此友谊"应当促进"。

但是在第一种类型的理由，即成为好朋友的理由，并不具有这样的形式。它们中的某些理由，比如，对朋友忠诚、不出卖他们的理由，以这样的方式而成为非目的论的：对朋友忠诚的基本原因不是由于为了延续友谊必须这样做。这个类型中的其他理由是使事件的某些状态产生的理由：例如，促进朋友的利益，试图使他们幸福。但是，"要加以促进"的东西在这里不是友谊的发生，而是其他具体目的。

还有，我已经提到过的所有理由都会被赋予友谊以价值的人承认，而正是这第一种类型的理由（与成为好朋友有关的理由）对友谊来说是核心的，当有冲突发生时，这些理由对于我们促进友谊的其他理由（为我们自己或者为别人）具有优先性。如果一个人为了结交几个新朋友或者为了让其他人结交更多的朋友而背叛朋友，那么我

---

① 在此迈克尔·斯托克在《价值与目的：目的论的局限与友谊的目的》一书中的讨论对我帮助很大。尤其参阅该书第三部分。

们不会说这表明他有多么看重友谊。①

几乎从讨论友谊的价值一开始，我就从什么使友谊成为有价值的这个问题转移到有价值的友谊包含什么的问题。这些问题是不同的。人们把许多实际上没有价值的东西当作有价值的。然而，我想要建议的是，友谊是有价值的这种主张最好理解为恰当地赋予友谊以价值，也就是说，某些赋予友谊以价值的人所承认的理由实际上是好理由。与友谊相对照，让我们来考虑一下"狂慕"：忠实地崇拜某些著名人物，比如影星、歌星、运动员，这种状态就是狂慕。有些人赋予狂慕以价值。也就是说，他们认为做一个狂慕者可以使生活变得比较好，比较欢乐，比较有趣。他们也可以认为，做一个好影迷是重要的。有很好的理由观看他们喜欢的影星出演的所有电影，刚一发行就去看，当其他人批评这个影星时为他辩护，认为能亲眼看见影星是一件妙事，哪怕距离很远。按照我正在建议的对价值的解释，认为狂慕没有价值就好比认为这些理由不是好理由，或者至少可以说，认为这样的人会对他们的人生产生巨大影响是错误的。另外，认为狂慕或友谊有价值的也就是认为相关的赋予其价值的理由是好的，因此认为这个观念在塑造人生中占有重要地位是恰当的。

如果我关于赋予友谊以价值的理由是正确的并接受这个主张，那么宣布友谊有价值主要不是说对它"要加以促进"，或者说它所在的世界由于这个原因而会变得更好，虽然这是真的。如果友谊是有价值的，那么有理由为你自己去寻求友谊，为你所关心的人去促进友谊。当我们以摩尔推荐的这种方式（通过问使这个世界变得较好的是什么）考虑价值问题时，这是我们注意到的后一类理由（使友谊发生的理由）中仅有的理由。这些理由是目的论的，在许多案例中是公正的。但当我们解释那些拥有朋友的人的看法时，会涌现更多的理

---

①　友谊是好的，应当发生，这是一个事实，但为了使友谊发生，人们必须受到促进友谊发生之外的其他理由的推动，这是一个可以称作"目的论的悖论"的例子。（我在这里跟随亨利·西季威克，他提出了"快乐主义的悖论"这个名称，用于一个人经常不能有效地用直接针对快乐的目标来促进快乐，而必须有其他一些不能简单地视为快乐的工具的目标。）参阅《伦理学方法》，48、136 页。

由。这些理由不是一般的公正，而有些理由根本就不是目的论的。在这些理由中只有少数理由直接或间接地会使更多的友谊发生。按照我提供的这种观点，主张友谊有价值就是主张所有这些理由都是好理由。

我相信同样的说法也可以用于其他一般关系的价值，它们似乎是合理的，而且也被人们认为是好的，比如家庭关系。由于友谊和家庭关系可以被视为道德价值和"行为者关系"的价值，所以这没有什么可奇怪的。但我相信包含在其他种类的价值中的理由可以看到相同的结构，比如理智探寻的价值、理解的价值。我将以科学研究为案例展开讨论，但我认为我要说的东西在其他形式的理智活动中也适用，比如历史、哲学或数学。

科学和科学知识具有内在价值，这一主张支持着一系列关于人们拥有理由的不同结论。第一个结论，拥有相关能力和愿意这样做的人有理由以科学研究为自己的生涯，并且为它献身。第二个结论，把科学当作生涯的人有理由试图成为一名优秀的科学家，努力工作，选择重要的研究方针，而且选择那些最容易的，或者最能引起关注的方针，以一种有助于其他研究者的方式准确报告研究结果，公平对待他人的研究成果，承认他们的功绩而非只是强调他们的弱点和缺陷。看不到这样做有很强理由的人可以说是不明白或不关心科学的价值，而只是为了金钱、名声或竞争的快乐。

第三个结论，如果科学是有价值的，那么我们这些不是科学家的人有理由做一名纳税人或捐赠人，支持科学工作。第四个结论，我们有理由学习科学并试图理解它。如果科学是有价值的，那么这种学习是有价值的，哪怕我们的理解总是极为不完善。最后，我们有理由把科学当作一项事业来尊重，敬佩科学成就和那些做出成就的人。

我们可以试着按照严格的目的论来解释所有这些理由。这种解释会认为科学价值从根本上来说在于某些事件的状态的价值：这个世界会由于有关自然的基本真理得到理解或考察而成为一个较好的世界。要是人们能够为这些有价值的结果的产生做贡献，那么人们有理由以科学为生涯。他们有理由成为"好科学家"，因为在这样做的时候他们会做出更大的贡献。其他人有理由促进或支持科学工作，因为这样做也会推进这些有价值的结果。按照这样的说法，有一点比较难以解释的是为什么非科学家有理由研究科学。这也许可以通过扩大有价值的状态的范围来进行解释，哪怕把传播不完善的理解也包括在内。但是很容易明白为什么要敬佩科学工作，因为它产生了有价值的结果。

这样的观点极为简洁，非常吸引人。它比包含在有价值的友谊中的所有理由都来自使友谊产生的善这个相似的主张显得更加有理。但我不认为这样的观点为科学和科学知识的内在价值提供了最合理的解释。要明白这一点，首先要考虑事件的有价值的状态，在此基础上才能做出最好的解释。

首先，通过科学成就在技术中的运用，科学成就的贡献在于扩大了我们能够做的事情的范围，使我们的寿命变得更长，使我们的生活变得更加安全和舒适。这些效果无疑有价值，但由于它们不是人们已经在心中主张的那些具有内在价值的科学知识，所以我要把它们放在一边。

其次，学习科学和从事科学研究可以是挑战性的、激动人心的、有吸引力的，因此，它能够丰富那些从事科学的人士的人生。但其他追求也可以是挑战性的、激动人心的、有吸引力的，例如登山和赛艇。人们认为科学研究比这些追求更能提高从事这些活动的人的生活质量，我假设，这是因为人们认为它以一种更有价值的方式使用人的时间和才能。它被认为有价值也许是由于我刚才提到过的实际福利，但我不相信这是唯一原因。如果这不是唯一原因，那么献身于科学活动对于提高生活质量的独特贡献取决于这种活动具有内在价值，而非取决于这种活动价值对从事它的那些人的幸福有所贡献。

这就是说，按照一种纯粹目的论的解释，科学特有的内在价值必定产生于科学知识在其中被获取的事件的状态（也许也因为在此事件状态中科学考察在以正确的方式进行）。它是一种较好的状态，因此"要被促进"。以这种方式看待这件事情会导致某些令人困惑的问题。假定内在有价值的东西是对这个世界的真正信念，尤其是对这个世界具有的最根本特点的信念，那么有一个小问题，这就是在任何给定的时间里，有许多自然的最根本特点被科学视为真实的，但很可能是虚假的。所以，科学有价值也许是因为它是获取真正信念的一个步骤。或者说不仅从科学研究的结果中产生的真正信念有价值，而且研究本身的发生也有价值，至少在研究进展良好的时候。这样一来，这种解释就比较合理了。但是，我们接下去就需要一种独立的解释，说明科学的价值如何给予非科学家，就其所能，以试图理解科学的理由。

当然了，如何系统阐述这一观点还会有一些问题，但这一事实并不表明这种观点是错的。在我看来，这种解释中最没有道理的是我们应当明白我们学习和研究科学的所有理由这一基本想法。它首先把学习和研究科学等同于使世界变得较好的某些方式，然后通过考虑这些行动如何有助于世界变成这个样子来解释这些理由。在有些案例中这种解释秩序似乎非常有理，如疼痛这个例子。由于这个理由，我疼痛这个事件的状态对我来说是一个比较差的事件状态，这一事实产生了做那些必要的事情以阻止疼痛的理由。但我们并非总是可能把独立于价值的结果合理地视为理由的源泉。尤其是，科学研究和学习中的行动虽然有各自的目的，但我们对这些行动的最佳解释也可以不来自我们所关心的这些结果的价值。

可以用来替代的另一条解释路线始于我们有很好的理由对自然界表示好奇并试图理解它的运作。以这种方式对自然做出回应的人有权利这样做，不能做出这种回应的人正在失去某些东西。由于科学是这种理解迄今为止最成功的尝试，那么学习它并试图为它做贡献是我们有理由要做的事，二者都是我们对世界的合理的好奇心的理性回应。接下去可以说，我有理由采取阅读为普通人所写得好的科学书籍这一目标，科学家有理由采取创造新的更好的理论这一目标(与可以用这种方式获得的知识的有用性无关)。所以我们各自都可以正确地把这些目标的成就当作善(甚至是内在的善)。但这是一个源于我已经提到的、有关理由的主张的结论，而不是它们的源泉。当我们从一个赞助人或保护者的角度考虑这件事，情况就有点不一样，有些人出资支持科学研究或科普教育。这样的人受到一些想法的专门的推动，认为科学研究是好的，应当发生，会有越来越多的人赞扬科学的结果。促进他们的理由就像我在前面提到过的摩尔观点中的那些人拥有的理由，可以推动一个人去促进他人友谊的那些理由。我不是在建议它们不是好理由，而只是想说它们不是可以用来支持科学价值的中心理由。

当我们考虑追求科学知识是一件应当发生的好事的其他两个理由时，这些不同视域的一个类似的分歧就显示出来了。例如，科学受到尊敬和促进，因为它是人的卓越品质的一种形式，包括用高度发达的理智才能献身于富有功德的研究在内。但从科学实践者的观点来看，努力工作与思考以形成这种卓越的理由是，这是他们从事研究的最佳方式，而不是这样做可以产生卓越。科学作为一种复杂的协同努力，需要许多人运用他们高度发达的能力共同劳作，这也值得我们尊重和敬佩。有些人不赞扬科学的这种人性和社会性，只看重科学结果的价值，当然也会错失许多重要的东西。但是从实践者的角度看，理解科学价值包含着尊重科学团体规范的理由，而不只是明白为什么这种团体的存在是好的。

对科学价值的这种解释与纯粹目的论的解释之间的差别似乎很小。如果自然界的根本问题值得研究，那么是否意味着这种研究产生的后果，如果成功的话，是好的？否则，为什么这些事情值得努力呢？

如果事件的状态值得努力，那么它是善的。这在一种意义上相当正确。但还留有一个解释顺序方面的重要问题。我正在建议的是，如果我们想要了解为什么科学研究值得从事，它的结果值得学习，我们最好考虑它涉及的这些问题为什么重要，它为什么提供了一种恰当的试图回答这些问题的方式，而不是专注于科学考察或学习会带来的任何具体结果（可以想象这个世界包含着伟大的科学发现，或者包含着我可以通过业余时间的学习来获得的对量子力学的非常不完善的理解）。我相信，这样的结果值得努力，但要弄明白为什么要这样做，我们还需要看一看别的地方。如果我们从对这个世界的好奇心的合理性和恰当性出发，把科学力量当作对这种好奇心的回应方式，就会导致这种对好奇心的回应通过各种更加具体的方式可以融合到我们的生活中去。这样一来，我们就达到了对上面提到的各种理由的统一解释，在有能力和机会时献身于科学的理由、作为赞助者支持科学的理由、使其他人尽力理解科学的理由，等等。这些理由采取了某些目标，并把它们获得的成就当作好的。但是，如我在前面讨论谢弗勒对理性的评论时所说的那样，在实际的思考中，决定如何追求目标起着重要作用，我们不应当得出结论说，对价值的一切解释都必须从目标开始。

### （四）对价值的一种抽象解释

友谊和科学的例子提出了下述一般图景。我们赋予不同种类的事物以价值，这些事物至少包括：物体及其属性（比如美丽）、人、技能、性格状态、行动、成就、活动和追求、关系和理想。赋予某些事物以价值就是找到某些理由，以便采取某种肯定的态度和用某些方式的行动对待这些事物。这些理由到底是什么，支持什么样的行动和态度，这在不同的案例中是不一样的。它们一般包括对这些事物的尊敬和敬佩，这是一个共同的核心，虽然"尊敬"在不同案例中可以包括非常不一样的东西。通常情况下，赋予某事物以价值包含知道保存和保护该事物的理由（例如，当我赋予古建筑以价值的时候）；在其他案例中它包含与价值相关的、由目标和标准引导的理由（像我在赋予忠诚以价值的时候）；在有些案例中，上述两方面都可以包含在内（就像我在赋予美国宪法以价值的时候）。①

宣称某些事物是有价值的（或者说它有价值）也就是宣布其他人也有理由赋予它价值，只要你这样做。我们可以非常恰当地赋予某些事物以价值，这就胜过其他没有宣布它们更有价值的人。举例来说，我赋予我的孩子以价值，这样说很自然，而要否定它则显得很奇怪。但是在我看来，以这样的方式说他们有价值是很奇怪的（除非在每个人都有价值的意义上）。这种奇怪背后的理由是我们刚才提到过的；宣称某些事物有价值一般说来也包含宣称它的属性也有价值，认为自己的子女的价值高于其他孩子的价值（在此意义上我们全都这样做），缺的就是那些并非特指某一个人的性质，而这样的性质依赖于功绩或对他们的品质的要求。当前关于价值的讨论涉及的是，使事物成为有价值的是什么，而不是怎样赋予事物以价值。我已经讨论过后者，

① 类似的对价值的解释最近已经由杰拉尔德·F. 高斯和伊丽莎白·安德森提供，尤其参阅安德森《伦理学和经济学中的价值》，第 1 章。我得益于他们的讨论。尤其是"赋予价值"和"有价值的"之间的关系，参阅高斯《价值与合理》，111、156、167 页，以及安德森《伦理学和经济学中的价值》，17 页。

但之所以要讨论仅仅是因为它提供了一块很有帮助的踏脚石。

说它有一定的帮助，乃是因为它使人注意到有价值的事物的多样性，以及包含在认为它们有价值的想法中的各种理由。相信某些事物有价值可以包括相信有理由促进它们的存在，但并非总是包括理由。一般说来，如我们在友谊和科学知识的例子中所见，判断某事物有无价值取决于进一步判断什么样的事情有理由发生。然而，如我们在这些案例中所见，这些判断不会穷尽与价值有关的思想，它们不需要全都从关于其存在或发生为什么是好的这样一个核心判断中产生出来。

我在这里已经勾画的是有关价值思想结构的一个抽象描述，与人们熟悉的这种结构的目的论概念相对照。它不是一个价值的"理论"，也不是一个有价值事物的系统化的解释，更不是一个有关价值"源泉"的解释。我的解释包含两个因素，它们是独立的，可以区分的。一个是思想，在前一节中加以强调，价值不是一个纯粹目的论的概念。另一个是，有价值不是一个带着理由提供给我们的属性。倒不如说，宣布某些事物有价值就是说有其他的性质为它提供理由，要我们以某种方式对待它。通过下面对摩尔关于"善"的悬而未决的论证的反思，我要引出这种对价值的"推卸责任"的解释。①

我们判断事物是好的或者有价值，乃是因为它们拥有其他属性。这些属性经常是物理的或心理的，比如，我们判断某些事情是好的，因为它是快乐，或者判断一项发现有价值，因为它提供了癌细胞如何发展的新理解。但是成为好的或有价值的不能等同于任何"自然的"属性，更一般地说，不能等同于非规范性的属性。这就是这个悬而未决的论证提供的教训。"X 是快乐的，但它就是好的吗?"这个问题拥有摩尔所说的"开放的感觉"。也就是说，它显然是一个真正的问题。摩尔问："X 是 P，但它就是好的吗?"这种形式的问题同样也是真的。在这里，"P"是一个用来表示某些自然的或形上属性的术语。以这种开放性来标志价值和善的问题，对此我们可以用下述方式作解释。

---

① 摩尔：《伦理学原理》，第 13 节。

什么是好的或什么是有价值的，这样的判断一般用来表达应当如何以某种方式行动，或者表示至少在正确的条件下做出回应的理由。自然的或"形上的"事实可以为这样的实际结论提供基础，比如令人愉悦的事物、揭示癌症的原因，还有我刚才提供的例子。对这些事实下判断不需要获得相关的准确性来引出这些结论，然而，像"这是 C，但它就是有价值的吗"（在这里 C 是一个表示某些自然的或"形上的"属性的术语）这样的问题有开放的感觉，因为它们准确地问是否得出某些实际的结论。哪怕一个人相信与结论相关并为之提供基础的 C 的属性，但它也只是说某些事物拥有这些属性，与得出结论无关。所以，即使一个人相信对它的回答是"是"，问题仍旧"悬而未决"。

即使有价值不等于拥有一套自然属性，但拥有这些属性的事物可以成为产生它是有价值的这个结论的基础。所以，这些自然属性之间的关系、有价值的事物的属性、我们以某种方式行事以对待有价值的事物，这些方面相互之间的关系是什么？这里似乎有两种可能性。第一，当某些事物拥有恰当的自然属性时，它就进一步拥有了有价值的属性，这种属性给我们提供了以某种方式行事或回应这些事物的理由。摩尔说它是简单的、未经分析的、非自然的属性，这时候他似乎接受了这种关于善的观点。第二，另一种可以用来替代的可能性（我相信它是正确的）认为给善或价值提供以某些方式对该事物做出回应的理由的不是属性本身。倒不如说，成为好的或有价值的就是拥有能产生这种理由的其他属性。① 由于宣布某些属性形成理由是一个非规范的主张，这种解释也采取善和价值作为非自然属性的说法，亦即善和价值是纯粹形式的属性，是可以为相关的、较低层次的属性提供理由的较高层次的属性。它与第一种可能性的差别仅仅在于：不是善或价值本身在提供原因，而是其他属性在提供原因。因此，我称之为推卸责任的解释。

我们不得不凭着直觉对那些有价值的事物进行选择，表达我们

---

① 在这个方面我对价值的解释与约翰·罗尔斯对"善"的解释类似："当且仅当在已知人们使用 X 的特定目的或意图（以及无论何种其他恰当的附加因素）的条件下，A……具有那些性质时，A 是一个善 X。"参阅《正义论》，399 页。谢利·卡冈把善说成是一个"占位符号"，似乎也表达了我在这里称作"推卸责任的解释"的意思。参阅《道德的限制》，60 页。

的喜好、推荐和敬佩，而有关善和价值的推卸责任的解释以两种方式受到这种直觉的支持。第一，当我考虑具体案例时，理由似乎是由使事物好或有价值的自然属性提供的。所以，举例来说，旅游胜地是令人愉悦的，这一事实是我们去那里或把它推荐给朋友的一个理由；某一发现揭示了癌症的原因，这一事实是赞扬该发现和进一步支持这种研究的一个原因。这些自然属性对我们必须以这些方式对好的和有价值的事物做出反应的理由提供了一个完整的解释。由专门提供理由的善和价值的属性还能进一步做哪些工作是不清楚的，而这些属性为何能够提供理由更不清楚。

支持推卸责任的解释的第二个源泉是，事实上有许多不同的事物可以被说成是好的或有价值的，这些判断的根据极为广泛。似乎并不存在一个单一的、为所有案例都共有的提供理由的属性。最为可能的候选者也许是"成为被想望的对象"。但如我在第 1 章中论证过的那样，我想望某个事物这一事实本身并不为我提供追求它的理由。成为合理的或"正式的"愿望所想望的对象可以与这种理由的呈现联系在一起，但是这些理由不是由这个假设性的愿望提供的，而是由使该愿望产生，或使之"合理化"的思考提供的。

因此，我接受关于善和价值的推卸责任的解释。一个人可以接受这样的解释而仍旧保持一种纯粹的价值目的论观念，因为在仅从可能性中给出规则的论证中，与某些事物成为有价值的相关的理由都是促进它的理由，或者也许是促进以各种方式显现的事件状态的理由。①我对后一种观点的拒斥建立在对那些较早提到的例子进行考虑的基础上，在这些例子中，成为有价值的包含着有理由以更加多样的方式行动做回应。

对这种非常抽象的关于价值的解释，一个很自然的反对意见是：它代表着直觉主义的一种可以加以反对的形式，因为它认为对价值作判断诉诸不同的直觉，"什么是适合的或恰当的"。提出这种反对

---

①　这种主张涉及善的时候会显得更加有理，这是一个更加专门的概念。我不认为一种严格的目的论的解释在这种情况下也是正确的，但我在这里不会讨论这个问题，或者讨论善到底与我主要关心的广义价值有什么区别的问题。关于这些差别的讨论参阅高斯《价值与合理》，118～124 页。亦参阅保罗·齐夫《语义学分析》，221 页。

意见有两种方式：一种是方法论的，另一种是实质性的。在第一种反对意见的范围内，我们的论证始于对所谓"语言直觉"的关注，亦即注意到我们关于价值和有价值的东西所说的那么多话不适合所谓有价值就是"要加以促进"这个模式。哪怕我通常所说的话是正确的，但也不能解释问题。我们需要决定是否有理由继续这些主张，或者经过反思认为应当修正我们的实践，这就有可能把它带回到这种熟悉的目的论的模式的论证路线。这种选择并非介于"诉诸直觉"和其他论证形式之间。倒不如说，它是一个决定我们的哪一种"直觉"最能经受详细反思的考验。在此我们必须使用我在第 1 章描述过的方法，这个方法适用于任何与我们拥有的理由相关的决定。诉诸"直觉"的指责并不表明对一种回答的喜爱超过其他回答。

如同实质性的反对意见会提出来的指责一样，如果我们接受我已经描述过的这种观点，那么我们后来关于价值的思考会更加混乱（会包含更多独立的、对有关恰当性的直觉的诉求），超过我们接受某些合理和统一的解释，比如把价值等同于某些可以最大化的专门性质，这种情况确实是真的。但若它是真的，那么它也仅仅是因为我们在接受了我描述过的这种解释以后已经决定这些有关恰当性的不同问题确实相关。仅仅为了使我们的思想更加简洁而忽略这些我们实际上视为相关的判断，这样做是错误的。[1]

---

[1]　菲利普·佩蒂特在他的百科全书"效果主义"条目中观察到，对任何价值一个人都可以做出两种主张：价值是应当促进的；价值是应当荣耀的。他所说的荣耀价值的意思似乎与我已经讨论过的回应相似。如他所定义的，效果论认为"个人的或组织的行为者无论采用什么价值，对这些价值做出的恰当回应就是促进它们。行为者应当仅在荣耀价值是促进价值的组成部分时去荣耀价值"。我的命题，按照他的术语，更加接近反面：当一个价值恰当时，促进一个价值就是恰当地看到荣耀它的一个方面。除了与"理性的标准观点"形成张力外，如佩蒂特所见，非效果主义"在涉及简单性的方法论的德性时有严重的缺陷"。当效果论者只采用一种方式回应价值的时候，非效果论者采用了两种。他还可以说，第二种方法是极为复杂的。但这种"简洁性"为什么要被当作德性是不清楚的。佩蒂特引用了更一般的方法论实践，"当它们同样令人满意时"，喜欢两个假设中比较简单的那一个。但是，如我已经论证了的那样，要是前者包含放弃有关价值的那些合理的目标，那么效果主义和非效果主义不是"同样令人满意的"。所以，如他后来提出的那样，必须转向对这些主张的相对合理性的反思。

　　因此在我看来，我正在指出的对价值作判断的复杂性不是在反对这种解释。人们一旦承认可以拥有价值的事物具有多样性，这些价值要我们做出的回应具有多样性，那么可以有一个系统的"价值理论"就变得非常合理。理解某些事物的价值不仅是知道它如何有价值，而且是要知道如何赋予它价值——要有什么样的行动和态度来对待这些有价值的事物。这是当前这种解释的长处，要求关注我们价值思想的这个方面，这种长处很容易被一个假设所掩盖：关于某事物的价值的基本问题就是这种价值有多大。①

　　在艺术和音乐的价值这个案例中可以清楚地看到这两个问题之间的区别：一个是某事物怎么会有价值，另一个是它如何成为有价值的。它也许会诱使人们到某些好的经验形式或应当发生的快乐中去追溯这些事业价值的踪迹。我们确实有很好的理由想要这些经验发生，它们为支持博物馆、音乐会、公共艺术教育提供了很好的根据。但这些理由并不构成关于我们所讨论的价值的一个完整的解释。通过考虑人们对这些价值表示不同意见的不同方式可以显示这一点。一类不同意见是：这类经验怎么会有价值，它是否值得人们去努力，需要使用什么资源去使它产生。这是一种重要的不同意见。但是人们关于音乐经验会有的另一种不同意见不是它怎么会有价值，而是人应当以什么态度接近它：应当以严肃的、精力集中的态度去尝试或注视它，还是以一种比较轻松，甚至随意的态度对待它，就好像娱乐或开玩笑似的。②

　　这仅仅是诸多可能的回答中的两个，针对不同的音乐，会有不

---

　　①　安德森的多元论价值观也强调了赋予事物价值的方式的多样性。参阅安德森《伦理学和经济学中的价值》，尤其参阅 8～16 页。在我赞同安德森的多元论并向它学习时，我不接受其合理行动的表达理论，按照这种理论，我们有理由以某种方式处理一个有价值的事物，这是因为处理的模式与表达我们赋予价值的态度的规则一致。当赋予一个事物以价值包含看到以一种方式处理它的理由——例如保护它，不让它受害——以这种方式加以处理可以"表达"我对赋予其价值的态度，而不能保护它可以表达不赋予它价值的态度。但在这样的案例中，表达这个概念相对于理由概念来说是次要的，理由概念在先，包含在我们所说的价值之中。

　　②　安德森描述了有关音乐价值的一种不同看法。参阅其《伦理学和经济学中的价值》，12～14 页。

同的恰当回答。这类不同意见中有一条不仅针对导出这种有价值的经验必须要有什么样的精神状态与看法，而且针对一个人应当以什么样的态度对待经验本身。说某人在这个问题上会有与他人不同的看法、说某人"不懂这种音乐的价值"，这样说非常自然和恰当。例如，把一座办公大楼的电梯、过道、卫生间里播放的贝多芬的晚期四重奏录下来，可以表明人们不理解这种音乐的价值。我想指出的不是这样做可以显示对这种音乐缺乏尊敬，而是表明人们对这种应当期盼的东西、值得以某种方式加以关注的东西缺乏理解。要是播放音乐的话，那么在这样的场合应当播放什么样的音乐，这个问题并不重要。但它说明了一个重要的观点：理解某事物的价值经常不仅包含知道它是有价值的，或它多么有价值，而且也包括它是怎样成为有价值的。

（五）快乐主义的阴影

那么，要是有许多被公认为有价值的事物不适合从某种事件状态"要加以促进的"这一点出发去思考价值这个模式，我们就可以问，为什么价值的目的论观念会有如此广泛的运用。

一个假设是，对价值的这种看法的产生是快乐主义的一个必然结果，但是这种看法后来抛弃了快乐主义。如果快乐主义的简单形式作为对价值的一种解释是正确的——要是有价值的事物本身就是快乐或无痛苦——那么价值就会具有目的论的结构。① 按照这样的观点，事件的状态就是价值的负荷者，依据它们所包含的快乐与痛苦的量，它们会或多或少地具有价值，产生价值的理由也就全都会有这样简单的形式：使事件的最有价值的状态产生。快乐主义作为一种价值理论不再被人们广泛接受，但即使那些反对它的人也可以保存这一假设，无论对价值的正确解释是什么，它们都会具有这种相同的形式。

这种思想路线在讨论效果论的正确与错误时确实起了作用。人们经常说功利主义是效果主义的附庸，认为道德上正确的行动就是

---

　① 这是"快乐主义的一种简单形式"，因为如我下面将会论证的那样，甚至最大的快乐的价值也不能被它们是"被追求的"这种思想恰当地解释。

有着最佳后果的行动，而快乐主义认为所谓"最佳"应当按照快乐和
无痛苦来理解。所以我们可以说快乐主义不是对价值的一个令人满
意的解释，应当拒斥，但在这样做的时候要留下效果主义，它应当
保存下来，因为它在考虑什么是"善"时做出的那些具体解释有很大
的合理性。①

　这种观察事物的方式给我留下的印象很有启发，但不能令我信
服。如果快乐主义的简单形式是对价值的正确解释，那么行动之间
就会有尖锐的区别，行动没有内在价值，它们的后果、事件的状态、
它们的内在价值是由它们所包含的快乐和痛苦的量来决定的。这就
使得效果论有关正确与错误的看法——行为的道德状态由它们所导
致的价值来决定——更加合理了。然而，如果快乐主义受到拒斥，
那么支持价值总是拥有一个目的论的结构这种想法的一个天然资源
也就失去了。效果论有关正确与错误的一种抽象形式——道德上正
确的行动就是有着最佳后果的行动，无论"最佳"是什么意思——不
是按照上面提出的方式保存下来的，因为"善"（可以理解为我们的价
值观念的总结）就是内在于事件状态中的某种东西，因而要被"最大
化"，这些观点已经不再那么清楚了。这不是说效果论者不可以在其
他某些价值观念的基础上重新建构理论。这里的要点是，它的合理
性依赖于某些同样的有关价值的本质概念，如快乐主义，它们拥有
一种目的论的形式。②

　一种可供替代的说法是，事件状态的价值由生活于其中的个人
幸福水平来决定。我会在下一章考虑这个想法。关于价值的目的论
也从事实中得到支持，哪怕快乐主义作为对价值的一般性解释是错
的，但无论如何有一系列重要价值似乎适合"要加以促进的事件状
态"这个模式。痛苦和死亡是明显的例子：宣布它们的规范意义仅由
要避免它们这一事实组成，而就死亡来说，人们会尽可能推迟它的
降临。在我们引用过的例子中呈现得极为明显的这些价值激发了我
们的效果论的直觉。（"假定你们面临着行为选择，一种选择会导致

---

　①　例如，参阅塞缪尔·谢弗勒：《效果主义及其批判》，导言，1、6页。
　②　这个观点由伦纳德·卡茨提出，参阅他的《作为一种心灵与价值的形而上学的快
乐主义》，20~22页。

一位无辜者的痛苦死亡，另一种选择会导致五个人的死亡……"）

就像这些案例所说明的那样，痛苦与死亡经常通过赋予事件状态以价值或反面价值而提供了我们要促进或防止这些状态发生的理由。但是快乐、痛苦、死亡，尽管它们很重要，并没有穷尽价值和反面价值的范围，由于上面指出过的原因，它们在这个方面不能代表其他许多价值。还有，刚才提到的这些例子是孤立的，没有给我们提供一幅完整的价值本身的图景。考虑一下死亡的例子。除了死亡是不是恶、它有多恶这些问题之外，还有我上面已经提到过的应当如何理解这种反面价值这样一些问题。由于死亡是恶无非就是说活得长一些比结束生命要好，所以死亡的反面价值仅仅是生命的肯定性价值的一个方面。所以应当如何理解这种价值的问题包括：我们有关生命的价值的思考如何受到生命有限这一事实的影响？我们应当拥有什么样的态度面对这一事实？恐惧？沮丧？我们在决定如何生活的时候应当如何接受死亡的可能性？我不认为对这些问题的令人满意的回答能够从这样的想法中产生出来：在人的一生中，这件坏事在任何时刻都会以各种方式降临。相反的考虑似乎更加有理：最好把我们在具体案例中获得的大量判断视为来源于并成形于我正在描述的这一整套比较一般的态度。但若我们仅仅关注死亡不可避免这一事实，追问很快就死而不是晚些时候再死有多么恶，那么态度问题就被遗漏了。

这就说明了我在讨论谢弗勒诉诸理性概念极大化时提到的一个一般性的观点。按谢弗勒的说法，如果避免死亡是我的目标，那么我必须在两种机会中作选择，要实现这个目标，有一种机会肯定比另一种机会更加确定，所以选择机会在相同条件下是合理的。但是，理解死亡的反面价值在很大程度上就是理解我应当在什么时候、以什么方式把避免死亡当作我的目标，什么时候可以把其他事情当作"同等的"目标来对待。如果我们仅仅专注于目标，把目标当作既定的，专注于后来实现目标的理由，那么价值的这个重要维度就被忽略了。

同样的评论也可以用于痛苦。我们不仅可以问"它有多恶"，而且也可以问"要防止它我们应当给予何种关心"。在有关痛苦和死亡的态度和解释中可以看到它们与我们只想避免它们的理由联系很少。

我相信这种反应是一个错误，哪怕是在这些案例中，但这个错误在某些形式的快乐案例中比较明显，尤其是那些有着高度意向性内容的快乐(亦即快乐取决于拥有某种信念)，以及那些内容与他人有关的快乐。可以作为例子的有：竞争的快乐、成功合作的快乐、共享的欢笑的快乐、性方面的快乐、受到你在意的某些人的敬佩的快乐。这些快乐包含与他人的具体关系、对他人的具体态度以及对我们与他们之间关系的态度。(例如，在竞争中取胜的快乐一般包括想到以这种方式取得胜利是一件值得追求的事。)因此，把这些例子中的快乐之一判断为"善的"——相关事件的状态是要加以促进的——取决于先前有关对待他人的行为和态度的恰当性的判断。所以，理解了这些快乐的价值就相当于理解了这个更大的评价体系。对所有快乐来说它也许不是真的——某些事例像痛苦一样只有很少意向性的或评价性的内容，要是有的话——但它对许多快乐来说是真的。

所以一般说来，我们承认的价值似乎不具有一个简单的目的论的结构。尽管承认这些价值包含懂得促进各种事件状态的理由，但并非与之相关的所有理由都具有这种形式。尽管可以捍卫这样的思想，但我通过论证已经提到过的所有价值——快乐、避免痛苦和死亡、友谊、艺术成就、理智卓越——仅在对个人幸福有贡献的范围内具有价值，幸福是一种要加以促进的价值，无论如何，我们可以说有关价值的思考在最根本的层面上是目的论的。个人有理由去做的事情(仅仅考虑他们自己)是促进他们自己的幸福，而从道德的观点来看，人民的一般幸福是重要的。我在下一章将要考虑作为主要价值的幸福。然而，在转入这种思考之前，我想要进一步考虑人的生命的价值。

(六)人的生命(或理性的生命)的价值

我们全都同意人的生命具有巨大的价值。问题在于应当如何理解这种价值。一件事情是，人的生命是有价值的这种主张可以限定为人的生命(或理性的生命)的存在是一件好事——一个世界由于包含这种事情而变得更好。情况也许如此，但重要的是，并非任何人的存在都是好的，价值并非这种意义上的事情——例如，这个世界并不会由于有较多的人的生命(而非较少的人的生命)而变得更好。

赞扬人的生命的价值确实包含着懂得我们有很强的理由不去摧毁它，在我们能够做到时保护它。我们确定有理由做这些事——保存人的生命，不摧毁它——相信其他人也有理由这样做，但当我们不能实现这些目标时我们也有理由认为这是一件坏事。但这种思想是派生出来的，来自我们必须保存生命，不摧毁它的理由。这些理由本身并不源于认为有较多的人而不是较少的人是一件好事的想法。这一点可以用这样一个事实来表明：我们有很强的理由保护人的生命，不去摧毁它；但当我们能够创造生命时，我们没有同样的理由去创造更多的人的生命。就我们有理由创造新的生命而言，这些理由与我们不摧毁它的理由相比是不同的，而且要弱得多。但若它们全都来自人的生命的存在是一件好事情这一事实，那么这些理由就会相同。

赞扬人的生命的价值主要是懂得人的生命值得尊重，其中包含着懂得不去摧毁它们的理由、保护它们的理由、想要它们幸福的理由。然而，这些理由中最强有力的是尊重和关心这些人的生命，而不是关心和尊重对人的生命的尊重，或者在更抽象的意义上，尊重这种人的生命的实例。这两种形式的尊重之间的差别在安乐死和自杀中表现得非常明显。①

假定一个人处在不可逆转的昏迷之中。撤去食物和其他维持生命的必要手段以结束他的生命，或者由于不能提供治疗手段保护他的生命，这种情况表明缺乏人的生命价值所要求的尊重吗？一个人面对无穷无尽的、无法忍受的病痛而寻求结束生命，这样做表明他缺乏对他或她自己的生命的尊重吗？这些问题是有争论的，但我相信这两个案例中的回答都是"不"。这表明，当赞扬人的生命的价值包含很强的保护生命和不摧毁它的理由时，这些理由受到"一个人的生命有理由延续或者需要活下去"的限定。

正如谋杀表示对人的生命缺乏尊重，也可以有自杀表示对人的生命缺乏尊重的例子。我们可以说，一个人出于犬儒主义的信念认为一切都无意义，因而自杀，或者因为失恋被爱人抛弃，因而自杀，

---

① 我对这些问题的理解得益于罗纳德·德沃金在《生命的支配》中的讨论。

他或她表现出对生命的价值缺乏理解，允许自己的生命被浪费。一个人想要活着，但无所事事，他只是在消磨生命，或者在犬儒的虚无主义泥潭中打滚，对这样的人我们也可以说出同样的话。这样的人与刚才讲的受到批评的自杀，二者的共同之处在于看不到他们拥有继续活下去的理由，比如，他们有可能取得成就，可以对他人行善，能够得到快乐，这些都是可以活下去的理由。至少就我们所说的生命是这个人的生命而言，他的生命的价值可以等同于他活着的理由。这与前不久得出的结论吻合，我们有理由保护生命，但仅仅是在这个人有理由继续这样活下去或者想要这样活下去的时候。所以我们可以说，承认人的生命的价值就是把每个人都当作理由的处所来尊重，也就是说，承认他们想要活下去，以及想要生活得更好的理由和力量。

至少由于两个原因，这种观点还是不能令人满意。第一个原因，如前所述，它对一种"理想的观察者"的解释悬而未决，把赞扬人的生命的价值当作承认各种人拥有的一切理由的力量（就像被内格尔称为客观的那种观点）。除非再作说明，否则它无法操作，因为我们不能对它做出回应，甚至不能马上对所有理由进行思考。仅仅说我们完全自由地对这些理由进行选择，以便做出回应，这样说是不恰当的（我们以这种方式自由地选择我们想要让其继续在我们的生活中起作用的各种有价值的卓越形式，要是有这样的形式的话）。一种关于人的生命的恰当解释需要更多地说明我们拥有的这些理由。①

第二个反对意见按照处理这个问题的方式指向我们。刚才描述过的观点承认人的特点，或者更一般地说，承认我们作为有理性的人拥有的理性生活有特点，这时候不需要对这种特点进行深度利用。它提到的是，我们是有理性的人，需要有某些事情发生。这个预设的前提没有提到的是，我们是拥有评价理性和公正能力的人。它也没有提到，我们有能力以各种方式选择想要继续生活的理由，从而支配生命，积极地生活。赞扬人的生命的价值必定包括承认和尊敬

---

① 这里提供了一种可供替代的解释，内格尔评价说主张每个人都有理由关心其他人拥有的每一个目的，这样的要求太过分，我们的解释仍旧保持在理由和价值的水平上，不必要求限制我们对他人的义务。

这些独特的能力。

总的说来，这两条反对意见提出了下列观点。我们不能对每个人想要很好地延续他或她的生命的所有理由做出反应，所以我们必须在这些理由中作选择；我们应当以这种方式承认作为理性动物的人的能力，评价这些理由，并按照这种评价支配他们的生命。在我看来，对这两种考虑的最佳回应是这样的：尊重人的（理性的）生命要求我们只能以他们不能合理地加以拒斥的原则允许的方式对待理性的人，寻找其他理性的人不能合理加以拒斥的相互支配的原则。这就是以一种承认我们作为评价理由的、自我支配的人的方式，对选择理由的问题做出的回应。①

我不主张这是对理解赋予人的生命以价值的问题唯一可能做出的回应，也远远没有为它提供一个严格的论证。然而，这个想法在我看来似乎不是对我列举的考虑的最好的、最合理的回应。在本书其余部分，我要论证相同的想法，作为对我们有关正确与错误，或者对"我们彼此亏欠什么"这种想法的最佳理解。总体来说，这两个论证为调和价值的一般视野和狭义的道德提供了一种方式。

如我在本章开头所说，人们经常认为这些领域之间有强大的张力：一方面是被称作"义务论的道德"的东西；另一方面是我们的价值观。我在这里试图说明的是这种张力被夸大了。有价值的并非总是"要被促进的"。被恰当地承认为有价值的这些事物中的大多数有更加复杂的结构。所以权利和义务不应当由于没有采取这种简单的形式而被视为古怪。还有，对人的生命的价值这种首要的价值的合理的理解（在我心中它是最合理的）直接导致正确与错误这个道德的核心。回过头来看，这似乎就是一个人应当期待的东西。赋予人的生命以价值、尊重个人的义务和他人的权利，这些想法如果不是一回事的话，那么它们必定紧密相连。效果论描述了使之为真的一

---

① 罗伯特·诺齐克就承认人的生命的价值的问题提供了相同的描述，尽管他没有完全得出这个结论。参阅他的《哲学解释》，451～473页。例如，诺齐克说，我们应当"把某些人（他是一个寻求价值的我）当作一个寻求价值的我"（462页）。他后来提出"对那些基本的道德特征做出回应的方式似乎就是追随承认这些特征的道德准则，通过它们拥有的特点来对它们的呈现做出回应"，470～471页。

种方式，按照效果论，正确、错误和义务被造就为一种服从纯粹目的论的善的观念。如我刚才说过的那样，我相信有另外一种方式能够达到这种调和，在考虑正确与错误的问题时会起到更加基本的作用。在更加仔细地考虑了幸福问题以后，我会在本书第二部分开始发展我的论证的这个方面。

选译自 [ 美 ] 托马斯・斯坎伦：《我们彼此亏欠什么》，

坎布里奇，哈佛大学出版社，1998。 王晓朝译。

# 《宽容之难》（2003）（节选）

## 何谓宽容

宽容要求我们接受人们，甚至当我们很不赞同他们时也要允许他们的实践。因而宽容包含着一种中间态度，此种态度处于完全接受与坚决反对之间。[①] 这种中间地位使宽容成为一种令人迷惑的态度。有些事情是不应当被宽容的如谋杀。虽然我们能够阻止这类暴行的行动受到诸种限制，但不必因为这些行动乃是作恶者价值的表现而让自己不宽容。在其他情形下，我们反对或不赞成的情感应该给予恰当的控制，若能完全摆脱这些情感则会更好。例如，假如我们受种族或种姓的偏见驱动，更可取的补救措施就不仅仅是宽容那些为我们所憎恨的人，而是不再仅仅因为他们的与众不同或来自不同的背景而憎恨他们。

也许，从理想状态上来看，任何事件必然会居于这两极之一极。在有些地方，完全不赞成和坚决反对是适当的，例如在谋杀的例子

---

[①] 感谢约书亚·科恩（Joshua Cohen）和威尔·金里卡（Will Kymlicka）对本论文草稿的有益评论。正如约翰·霍顿（John Horton）在"宽容是一种美德"一文中所指出的那样。该文献载于大卫·赫德编：《宽容：一种易于忘却的美德》，28～43页，普林斯顿，普林斯顿大学出版社，1996。

中，除了这些情况之外，假如能完全消除那种产生冲突和分歧的情感，那就再好不过。宽容，作为一种态度要求我们控制某种反对和不赞成的情感时，可能只是一种次佳的方式，即作为一种处理这类不可避免的态度之次佳方式。这样说并不是要谴责宽容。在此意义上，即使它只是次佳的，相对于我们这个星球上许多地方司空见惯的宗派间的流血事件来说，宽容态度的广泛采用无疑是一个巨大的改进。阻止这些暴力绝对是一个壮举！

而且，在我看来，存在许多纯粹宽容情形，在其中宽容并不仅仅只是处理人性瑕疵的权宜之计。在这些情形中，我们能够预见到持久的冲突和分歧，然而与种族偏见不同，它们与我们对持不同意见的人的充分尊重是完全相容的。但是，彼此间的尊重并不能要求我们抛弃分歧，而只是给我们如何解决分歧设定了限度。通过本文，我想研究这种纯粹宽容的可能性，目的是要更好地理解我们的宽容理念和达成宽容的难处。因为我特别想更清楚地了解为什么宽容是一种难以维持的态度和实践，我将集中研究那些我自己发现的宽容之难的个案。我想从人们熟知的宗教宽容开始，它为我们思考其他绝大部分种类的宽容提供了模型。

人们普遍接受——至少在北美和欧洲——的宗教宽容理念乃是欧洲宗教战争的历史遗产。今天，宗教宽容已被广泛承认为一种理想，即使如我们所言在世界许多地方仍存在着流血冲突和宗教分裂，至少部分如此。

作为一个并不看重宗教的个人，我很容易认可，至少在一开始，认可宗教宽容。至少当人们根据美国宪法第一修正案的两个极其相似的原则来理解宽容时，情况是这样的。两个原则说："国会将不以立法来支持建立一个宗教，也不禁止人们自由的宗教活动。"从我的观点来看，接受这些原则有百利而无一害。假如别人并不强制我进行宗教活动，我为什么要对别人的宗教活动指手画脚呢？如果说宗教宽容是有代价的，我想说，那也是别人造成的，而与我无关。

所以，我最初认为，对我而言宗教宽容缺乏我刚刚描述的那种张力：我并没有感受到它要求我控制我的反对态度。（尽管稍后我将论证，这是一种错误的看法。）我为什么要告诉别人应该信仰何种宗教，或者让一种已经建立的宗教成为官方信条？恰恰相反，对于那些需要这些东西的人来说，宗教宽容似乎要求甚多：假如我认为每个人以一种正确的方式确立宗教崇拜极为重要，我又如何才能把宽容作为一种不稳定的停战协定，使之成为一种永久流血的替代方式而为人们所接受？即便如此，我们有必要为之忏悔吗？纯粹的宽容似乎已经远离我们。

我想论证这一观点是错误的。宽容对我们所有人都意味着代价和危险，然而即便如此，它仍然是一种我们都有理由珍视的态度。

## 宽容要求什么

这是一个难以回答的问题，之所以如此，一部分原因在于有多个同样好的答案，另一部分原因则在于任何一个好的答案在一些重要方面又都含混不清。在某种程度上说，任何答案都与法律和政治相关。宽容提醒人们，对于那些我所提到的，与我们不同并且有"错误"的人，我们不应该为此而剥夺他们的法律权利和政治权利，例如选举权，担任公职的权利，以及从公共物品中受益的权利，如教育，公共安全，受法律制度的保护，卫生保健，有权使用公共设施。除此以外，它要求国家在基本公民权利和利益的分配中不应该厚此薄彼。

在我看来，这一部分的答案有多种版本。例如，在美国，每一宗教团体对国家提供的保护和利益都享有平等的权利，这一要求被解释为：国家不从财经或者其他方面支持任何宗教组织。一个主要的且颇具意义的例外是任何宗教组织都享有免税资格。所以，即使我们的"非政府确立"的理念代表了一种混合的策略：某些形式的支持**任何**宗教都不能享有；而另一些形式的支持则为**任何**宗教所享有——假如这些支持适合于**任何**宗教的话。我更愿意把这种混合策略看作是一种特殊的政治妥协，而不是为宗教宽容的观念所要求的独特的解决方法。一个社会如果对公民担任公职有宗教限制的话，那么它不可能是一个宽容的社会或者正义的社会。但我不会说任何形式的对宗教实践的国家支持都是一样的。例如在英国，就有国家确立的教会，国家既支持宗派学校，也支持非宗派学校。依我所见，这些学校的范围太过狭窄而不能反映当代英国宗教的多样性，但我的确不明白为何人们错误地认为这种体制缺乏宽容。即使给予某一宗教以某种特殊的支持是不宽容的，也还有许多不同的可以接受的混合形式，它们不是所有宗教的混合而是适合于所有宗教的混合形式。在美国，现在被接受的那种特殊的混合形式并非唯一正义的解决方法。

这种不确定性甚至延伸到了言论自由领域，在以下的论证中，这一点将会显得特别重要。任何正义而宽容的社会必须保护言论自由。这不仅仅意味着审查制度要被取消，也要求个人和团体以有效的方式让公众了解他们的意见。然而还有许多其他的方式可以做到这一点。① 例如，有许多定义和规范"公共论坛"的方式，它们并非都是特别重要的。可允许的言论与受到保护的言论模式不必处处相同。

现在让我从宽容之明显具有制度化特性的方面转向其较少制度化的方面，从而从不确定性转向模糊性。我已经说过，宽容包含着"平等接受"那些与我们不同的人。到目前为止，我说的意思是，这种平等意味着平等拥有基本的法律权利和政治权利，但是宽容所包含的平等理想远远超过这些特殊的权利。它可以这样来表述：在考虑我们的社会界定时，所有社会成员都给予平等考虑的资格，所有成员都有平等参与决定我们社会之未来的资格。这一观点难以避免其模糊性且难以为人们所接受。之所以难以接受是因为它要运用到那些与我们不同或与我们有分歧的人中去，那些人可能想使我们的社会成为另外一个不同的社会；其所以模糊是因为要确切地弄清"平等资格"包含着什么是很困难的。通过正式的选举政治、公职竞选，尽力为我们所拥护的法律和制度募集选票的方式参与社会活动当然是种参与方式。但我现在要强调的是另外一个方面，即宽容的要求已经远远超出了正式的政治领域，而进入了社会生活的非正式的政治领域。

---

① 更确切地说，是有许多方法试图做到这一点。有种观点认为：目标和达到目标的手段是密切相关的，制度安排作为一种达到目标的手段，是至关重要的。我认为根据这一观点，言论自由的观点一定可以被理解。但是这些手段并不能完全满足其目标，这正是持续不断的进步之动力所在。我在本书的第八篇文章"对内容规则的再思考"一文中讨论了这种"创造性的不稳定性"。

　　宗教团体之间的互竞是这种非正式的政治的一个明显例子，但它仅仅是一个例子。其他的团体和个体也始终参与了相同的政治斗争：我们树立榜样并追随着他们，寻求在文化生活和通俗生活的每一个方面得到人们的承认，或者让我们的领袖人物得到承认。我想说，一个宽容的社会乃是在非正式的政治生活方面民主的社会。这种民主确实是一个法律和制度的问题（如言论自由规则），但更重要的它也是态度的问题。这种宽容难以为人们轻易接受，因为它危险且令人恐惧；也难以轻易实现，甚至在人们的态度上实现宽容都很难，更不用说在整个社会实现宽容了。

　　解释一下我的想法，从考察人们颇为熟悉的言论自由和"道德强制"的争论开始乃是最容易的方式。阻止那些持不同政见者影响我们社会的欲望，一直是限制言论自由的主要动机，例如，限制宗教信仰的自由，限制销售有关性的出版物，即使其他人是被迫看这些出版物，也不得售卖和使用。这种动机不仅支持审查制度，也支持那种引起"道德强制"问题的私人行为规则。成年人在私人卧室中发生彼此默契的性关系不是"自由表现"，但是把规导这种行为表现和控制表达看作是紧密相关的也没有什么错误。在这两个案例中，强制者都想阻止某种行为和态度模式的扩散，其使用的方法一种是吓阻，另一种至少同样重要的方式是，通过使用刑法来树立社会反对的权威声明。

　　自由回应的一种形式一直是否认任何"使社会免予"某种改变的兴趣的合法性。（与之类似的是，宣称宗教纯粹是个人的私事。）在我看来，这种反应是错误的。① 我们都对如何促进风俗和实践的进化怀有浓厚兴趣。当然，我自己也有这种兴趣，而且我并不认为这是不合法的。就我个人而言，我并不在意别人是否裸泳，但我不希望我们的社会成为这样一个社会：在这个社会中，裸体游泳成为一项规范，不穿衣服也丝毫不觉得尴尬，甚至只是为了引人注目才穿衣服。我并不想窥测其他个人、夫妇和团体私底下的行为，但是，我很希望生活在一个不论是什么样的性方面的事情和性吸引力，都不

----

　　① 此处利用了我在本书第五篇文章"言论自由与言论自由的范畴"的第五部分中所提出的观点。

会受到今天这般重视的社会中。我并不在意别人读什么、听什么，但我的确希望生活在这样的一个社会中：在这个社会里，至少有很大一部分人了解和赞美同我的爱好相同的音乐和文化，以至于这种音乐能够普遍流行，他人能同我一起分享其价值。

这样看来，宗教宽容对我来说具有比我在本文之初所认为的大得多的危险性：假如他人让我自得其乐，我会满足于让他们自己去选择他们的宗教实践。但是，如果这很快又导致了社会成为一个几乎人人都极为宗教化的社会，不论是用什么方式，甚至宗教在所有公共话语中都担当中心角色，我又会很不开心。而且，我会感受到这种不开心，即使我会继续享有《宪法》第一修正案的坚定保护。我恐惧的不仅是法律对宗教的强制，还有它对社会的宰制。

因此，我没有看出某些**关切**有什么错误或者不合法，这些**关切**激励着人们去倡导合法的道德强制，或者为了阻止社会的堕落而试图限制言论。本质上我不同意他们的观点，但是我不会说，这种关切是任何人都应该有或能够避免的关切。人们对"合法的道德强制"的反驳是，它试图限制个体的个人生活，以此作为控制风俗进化的方式。例如，法律道德主义用刑法来阻止同性恋者参与非正式的社会政治就是不宽容的例子。

我并不想就如何规导这种非正式的政治发表意见。相反，我的目的始终是：想通过非正式的政治，指出它对我们大家都很重要，并提示大家，由于以上原因，宽容对我们所有的人都是一个很危险的问题，是一个带有高风险的实践活动。

## 宽容的价值

那么我们又为什么要珍视宽容？我以为答案就在于，在人们的"公民伙伴"（fellow citizens）的关系中，正是它使这种"伙伴公民"成为可能。人们不难明白，宽容者和不宽容者对待与其意见相左的人的态度是不同的。宽容者认为："即使我们各执千秋，至少他们同我一样都是这个社会的成员。他们跟我一样有资格享有法律的保护，跟我一样有资格过自己选择的生活。此外（这是很难的部分），不论是他们的生活方式还是我的生活方式都不是社会唯一的生活方式。

在我们社会潜藏着的许多不同的观点中，上面所说的只是其中的两种，但在社会生活中，每一种观点都有平等表达的权利，就像其他人能够采取的另一种生活方式一样。假如一种观点在一定时期在数量和文化上占据了优势地位，那也应该是由于且依赖于社会个体成员的普遍选择，而被确定下来的。"

但不宽容者否认这一点。他们把自己的价值和生活方式置于特殊的地位。在他们看来，那些以不同生活方式生活的人，例如德国的土耳其人，印度的穆斯林，以及美国某些地区的同性恋者，完全不是这个社会的成员。他们以保护社会和社会价值的名义，主张有权利压制其他生活方式。他们不仅试图运用刑法的力量，而且还通过否认给予其他团体以各种形式的公共支持，例如对艺术的公共补助来这样做。

我所提供的只是一种描述，而不是一种论证。宽容的个案例证只是一种最初级方式，只是想在描述的基础上指出，在一个社会中相互对立的团体之间，宽容包含着更有魅力和更吸引人的关系。任何社会，无论它多么协调，都必定存在对如何生活以及希望我们的社会变得如何等问题产生的不同意见。（在相对较为同质化的文化中，这种分歧可能比建立在多样性基础上的社会，如美国，表现得更为剧烈。）考虑到分歧存在之必然性，且持不同意见的人由于某种原因也必须生活在一起，假如可能的话，让这些分歧包容在一个相互尊重的结构中不是更好吗？这种替代方式似乎是——甚至在最深刻的层次上也总是与大量的公民伙伴处于冲突之中。此处"甚至在最深刻的层次上"这一限制非常关键。我假设，随着时间的流逝，任何社会关于社会的本质及其发展方向都会产生冲突，甚至是严重的冲突。宽容表达的是对比这些冲突更为深刻的公共成员关系的认识，是对那些同我们一样有资格为社会贡献力量的其他人的认识。缺乏这一点，我们就只不过是在这一相同的地域内相互倾轧的竞争团体而已。我们每一个人，都出于善良的历史理由和个人的理由，把社会看作是我们的**地域**、我们的**传统**，这一事实使得这种冲突变得更为深刻。

不论人们是否承认这种对宽容的证明是不是一种充分的证明，宽容在人们和他者的关系中所表现出来的差异都是显而易见的。但是，宽容在人们与其极为亲密的人之间的关系中所表现出来的差异就不那么明显了，然而它至少和前者同样重要。人们同自己的孩子们之间的宽容就提供了最为清晰的个案。孩子们和我们一样，都是社会的成员。他们的社会和我的社会具有同样的范围。但是，作为父母亲，我们了解到的是，我们并不能保证说他们需要的社会同我们需要的社会一样。根据他们和我就什么是正确的生活方式所达成的协议，不宽容意味着，他们按照自己的选择生活的权利和影响他人也那样做的权利都是有条件的。假如我认为，在他人和我存在分歧的情况下，我们都没有资格形成我们这个世俗社会的道德观念，那么，我必须认为我的孩子们也一样，他们应该加入这种反对。也许我认为，他们是我的孩子，这给了他们特殊的政治身份。但是，对我而言，这是不可能的。我认为，更可能的反倒是，这个例子揭示了这样一个事实，即，不宽容包含着对所有具有"他者"成员身份的人的否定。这个关于孩子的个案的特殊之处在于，他们的成员资格是不可能否认的。但是，不宽容强迫人们通过使他人与自己的价值达到实质上的一致成为有条件的，以此来否认他人的成员资格。

到目前为止，我为宽容所作的证明还只是一些例证，这些案例来源于下述事实，即，拒绝宽容意味着同他们的公民伙伴保持某种形式的疏离。然而重要的是，这种证明的力量取决于下列事实，即，我们把正在谈论的"社会"中的成员资格当成了一个政治统一体，认识到这一点非常重要。通过思考在教会和政治运动这类私人协会中，对宽容的证明是如何运用的，就可以明白这一点。① 在任何这类团体中，关于团体成员所共享的价值该如何被理解，不同的意见都应该提出来。那么，把那些持有不同意见的人从团体中驱逐出去，拒绝给予他们参与聚会的权利，以党派的名义取消他们担任公职的权利，反对他们参加基督圣餐，或者停止邀请他们到会，是不是不宽容的呢？人们会说，这包含着我所描述的那种疏离，使他人有条件地与我们的价值保持一致。但是可以肯定，这种团体有充分的理由排除那些持不同意见者。假如宗教团体和政治团体非得把任何人都

---

① 此处我应该感谢威尔·金里卡提出的很有帮助的问题，我不知道他是否同意我的回答方式。

纳入团体之内的话，就失去了其特殊意义。

至少在一种意义上，我所描述的宽容和不宽容的观点可以运用到私人协会中。正如我所说的那样，在这些团体内部，分歧不可避免，当这些团体反对给持不同意见者以机会去劝服其他人采纳其对团体价值和使命的解释时，它们就是不宽容的。建立在对"共享价值"的承诺之上的团体需要宽容。在何种意义上，这些价值才可以被共享呢？除非存在着某种过程，例如，我所提到过的正式的和非正式的政治，通过这种过程，它们可以进步并且对它们的认同也在其中延续。① 但有很多限制。那些处于争论中的公共善物，如基督圣餐、党派商标，要求它们以某种信仰为标准来分配之。因此，对于整个团体来说，经过恰当的慎思之后，拒绝把这些公共善物分给那些明显缺乏这种信仰的人就不是不宽容的。

在政治社会层面上的宽容是一个不同的问题。在这一层面，公共善物具有很高的风险，例如选举权、担任公职的权利、参加公共论坛的权利，如果给那些持有不同意见者（他们在我们想拥有一个什么样的社会上与我们不同），甚至给那些拒绝最基本的社会原则的人提供这些公共善物，也不会失去其意义。一个人能够成为一个社会的成员，因而他有资格享有这些公共善物，这仅仅是因为他因生而入其中（在其他方面也一样），而且只要他还在这个社会领域内，就要求他遵守社会的法律和制度。我一直在描述的这种对宽容的证明建立在社会理念的基础之上，也以下述理念为基础，即社会所包含的"公民伙伴"关系乃是我们有理由珍重的关系。当这种关系受到侵犯时，我所说的"疏离"就会发生，即当我们否认他人同我们一样也是我们社会的成员，也有权利确定和塑造我们的社会时，"疏离"就会发生。②

---

① 正如迈克尔·沃兹尔（Michael Walzer）在相似的问题上所说的："当人们对社会善物的意义持有异议时，当各种理解存在冲突时，正义就要求社会忠诚于这些不同的意见，为它们的表达、判决机制、替代性分配提供制度性渠道。"参见《正义诸领域》，313页，纽约，基础图书出版社，1984。

② 当我们以种族和文化为根据，拒绝给予其他人成为社会成员的机会时，不宽容也能明显表现出来。但在此讨论移民政策和入籍政策恐怕离题太远。

正如我所说的那样，我们否认一个私人协会的伙伴成员在形成该协会过程中的正当权益时，相似的事情就会发生。但在这里所侵犯的"伙伴成员"(fellow members)关系和"伙伴公民"关系是不同的，人们也会出于不同的理由给这两种关系以不同的评价。尤其是，评价这种关系的理由常常限制其运用的范围。例如，对长老教会成员而言，考虑美国 20 世纪 50 年代出生的每一个教会成员的成员资格就是荒谬的，因此，否认他们中的某些人参与推进制度进化的权利就不会是不宽容的。但是，"伙伴公民"的关系被认为至少是同出生于该社会中的每一个人相关联的，并在此范围内维持下去。因此，它并不蕴涵任何更为狭窄的限制，事实上也与之不容。

## 宽容之难

我们周围不宽容的例子比比皆是。就举发生在美国的几个例子吧。在俄勒冈州和科罗拉多州有反对同性恋权利的公民投票，参议员耶西·赫尔姆斯和其他人试图阻止国家艺术基金会和国家人文基金会给他们不赞成的项目提供支持。最近密西西比州州长发表言论说"美国是一个基督教国家"，基督教右派在美国 1992 年"共和党全国大会"(Republican National Convention)的讲话中也发表了类似的言论。

在我们的对手那里看见不宽容是很容易的，可是要我们自己避免不宽容就比较困难了。在此我想起了比如在美国公立学校中发生的进化教学和"创造科学"之间的反复争论，甚至有人建议，为了允许在公共学校中进行有组织的祈祷活动，如果有必要的话，可以修改宪法，我正在考虑我对这些争论的反应。我坚定地认为"创造科学"是虚假的，并且科学分类不应该把科学理论和宗教教义作为具有相似和同样之认同主张的替代品。因此我认为，反对这些创造论者本身并非不宽容。我承认，在这些例子中有某种党派性的热情，相对于提出这些主张的人，我们有优越感，希望不让他们得分，即使这样并不给任何人带来多少损失。在科学教学的例子中，一如在公立学校祈祷一样，都是有代价的。但我仍然倾向于支持把"我们相信上帝"从我们的新词汇中清除出去，并支持停止在公共事务中举行祈祷活动。

这些改变之所以吸引我，是因为它们会使我们国家的官方象征更彻底地世俗化，因而同我自己的观点也就更为一致，我因此可以宣称，这些改变代表了一种更为连贯的对宗教的"非政府确立的"宪法原则的忠诚。他人可能认为这两个理由是不一致的。按照他们的观点，我不仅仅是想从我们的官方象征中清除了宗派性的陈述，同时也想用另外一种陈述取代它；我并不是要使我们的公共实践在世俗主义和笃信宗教之中保持中立，而是要找到正式的步骤，进一步推崇世俗主义，并使之（他们可能说，在其他许多方面，它已经获得了"官方的认同"）成为我们的国家观点。我不得不承认，无论宪法问题的正确答案是什么（它可能是不确定的），当它被认为是对我的动机的一种说明时，这种回应虽然有更多的真理性，但仍带有强烈的宗派性。

为什么这些答案不应该是宗派性的？在此，为了避免极端化，我似乎在带有自由特征的这条路上走得太远。为了把这个口号与金钱问题分开，我正在寻求非宗教信仰的官方认可，毕竟，我的证明最多还只是间接的，并不真正具有很强的说服力。然而，这个口号本身的确就拥有一个具有强烈的包容性的，因此是潜在地唯我独尊的"我们"："**我们**信任上帝。"（你认为的"我们"是谁？）

这是否意味着在一个真正宽容的社会中，没有这种宣言，没有鼓吹，也没有为任何特殊的教义规定所施加的强制呢？是否甚至没有宽容本身？这似乎很荒谬。让我们分阶段来考虑这个问题。

首先，在行为上强制要求宽容和阻止不宽容者按照他们的信仰行动，这是不是不宽容的呢？当然不。被迫害者有权利要求保护，但我们不能要求任何事都得到宽容。

其次，把宽容作为一种官方教义提出来是否是不宽容的呢？我们可以借用下列句式："我们信任宽容。"虽然这个口号并不坏，但是我认为，还是应该小心地宣传。在公立学校讲授宽容和在国家资助的广告中支持宽容是否是不宽容的呢？当然不是，理由同上。人们可以在社会任何正当的地方拥护宽容。它保证任何个人和团体，他们付出了多少就能收获多少。

最后，拒绝给予不宽容的人阐明他们自己观点的机会是不是和宽容背道而驰呢？这似乎否认了他们同其他人一样应有的地位。要求我们用这种方式宽容那些不宽容者似乎有点强人所难。假如某一个团体坚持认为，我和像我一样的人在我们的社会中根本没有地位，我们必须离开或者被排除出去，我怎样才能认为其他人也具有这种观点，这些人在非正式的政治中（甚至在正式的政治中）都平等地享有较高的地位？要求我们持这种态度似乎太过了。

如果宽容是有意义的，那么我们必须把两种态度区分开来，一种是我们关于对手所拥护的主张的态度，另一种是关于对手本身的态度：问题不是他们有权利发表的**观点**，而是**他们**（作为公民伙伴，而不是作为观点的持有者）有权利倾听。因此，我一直在为伏尔泰的一句响亮的至理名言作辩护。① 但是在我们讨论的语境下，我认为这不仅是一句至理名言，而且是一个难点的所在，或者说是几个难点的所在。

伏尔泰的话提醒我们，宽容要求我们对其他人的态度，必须根据特殊的权利和保护来理解。他提到了言论的权利，但这只是一个例子。他者有权平等地为非正式的政治贡献力量，也有为正式的政治贡献力量的权利，这种模糊认识可以通过列举特殊的权利来使之明确化，例如言论权，通过人们的行为来举例，通过特殊形式的官方支持使人们的生活方式得到承认。在这里，我们必须对这种支持做出详细说明，是没有任何生活方式能够要求得到这种支持，例如仅仅因为一个人不赞成就对其他人实施禁止。这些详细说明赋予了宽容态度更为明确的内容，并使之更易于维持。人们应该承认（或者说我相信），其他人也有这些特殊权利，因此不必理会人们对他们的话是如何的反感。这一步骤减少了我早先所说的宽容态度的模糊性，但是把更为正式的权利的不确定性留给了我们。遗留下来的这种不确定性包含两个问题。

第一个问题是概念上的。为了赋予宽容的理念以内容并使之易于维持，虽然某些对权利的详细说明、对范例的限制和拥护都是必要的，但是宽容理念绝不能完全用任何特殊的权利和限制性制度来

---

① 据说他曾经说过："我不赞成你说的，但是我支持你表达你的观点的权利。"

证明，例如自由言论和结社的权利、隐私权、自由进行宗教活动的权利（但都是非政府的），现在它们在美国都得到了认可。许多不同的权利制度也为人们所接受，但没有一个是理想中的。因此，每一种制度都要时常应对挑战，并进行修正。我所说的宽容精神是某种精神的一部分，它引导我们接受上面的制度，并在修正过程中指导着我们。要确切地说清楚这种精神是什么比较困难，但我认为它是调和精神的一部分，是一种寻找其他人（所有达到"公民伙伴"关系的人都包含在内）都应该接受的权利制度的欲望。我怀疑，在我自己对待公立学校中的祈祷和我们自己立场的态度中，所缺乏的正是这种精神。我需要问问自己调和的问题：严格地避免牵涉到宗教是我能接受的唯一可接受的政策吗？或者，在世俗主义和许多不同的宗教信仰之间，是否存在着某种其他形式的妥协呢，我是否乐意思考这些问题呢？

第二个更为相关的难题是政治上的。在实际政策中去追问调和的问题，几乎没有什么刺激性，通常有比这强烈得多的理由，既有好的也有坏的，要求我们不要那样做。因为宽容的界线是不明确的，提出可以为人们接受的宽容界线可能被认为是授人以柄，不宽容的指控反而是一种有力的政治策略。

当我把任何人提出的一个主张看成是对我的团体身份的威胁时，我很可能有一种强烈的欲望，也许可以说是义务，不能让它变得毫无反应。正如我所说过的，甚至在相对琐碎的案例中，我也感受到那样一种欲望。然而情况常常是，尤其在一些不平凡的案例中，一种特别有效的反应形式（对"反话语"的反应）会对非正式的政治制度的限制提出挑战，它主张，不能要求人们去接受那样一种制度，该制度允许其他人已经做过的事，从而要求改变这一制度，以便它禁止那些行为，而且是以宽容本身的名义。

这是人们所熟悉的一种模式。例如，20世纪70年代初，美国的大学为要求演说的抗议者所困扰，这种要求是由那些智商研究者例如理查德·赫恩斯坦（Richard Herrnstein）和威廉·斯科克利（William Schockley）所提出的，但被取消。他们的理由是，允许大学生演讲会促进他们的理念的传播，因而会促进采用那些对少数民族的孩子们有害的教育政策。表面看来，这一要求似乎是不理性的，因为这些抗议本身给演讲者带来了比他们可能预期的更多的听众。但由抗议者所引发的争论也为其对手带来了更广泛的听众。因为"言论自由"正在受到挑战，市民中的自由至上主义者，不论是与抗议者比较友好的，还是不那么友好的，都加入到了辩论中。许多学校都折腾了一番，结果极具戏剧化和情绪化，也提升了新闻媒体覆盖率，他们在许多报刊上发表了让人深感苦恼甚至令人愤慨的社论。对流行的宽容规则的挑战无论是否具有任何理论意义，但它作为一种政治策略，的确意义重大。

在我看来，对更近的争论也可作相同的分析，例如，由校园"憎恶言语"（"hate-speech"）规则所引发的争论，由印第安纳波利斯和明尼阿波利斯的反色情文学条例所引发的争论。我发现，人们很难相信，采纳这些规范会对处于争议中的团体起到更大的保护作用。但是，之所以提出这些规范，仅仅是因为它挑战着人们业已接受和珍重的言论自由原则，而提出这些规范已经成为把种族主义和男性至上主义争议引入更大的共同体讨论的有效方式（即使会付出代价，即：用抱怨"政治正确"的形式，把武器给了其对手）。

在受影响的团体中，挑战那些已被接受的宽容规则也是一种动员支持者的一种有效方式。正如我已经说过的那样，我们不能期望种族主义的牺牲者和反犹太攻击的受害者把这些看成是表达了"仅仅另外一种观点"，它应该受到公共舆论的检讨。甚至在更为琐碎的案例中，人们也绝不应该受到威胁，人们（正如我说我自己一样）常常无法在反对一个教训和一个信仰之间做出区分，这种信仰认为，在涉及国家的时候，允许它发表的仅仅是一种宗派性偏见。因此，对那些憎恨言语的受害者而言，把是否愿意取缔那样一种言语作为他们是否受到尊重的试剂是很自然的。① 即使这是一个不合理的要求（我也常常认为它是不合理的），宽容标准的不确定性和政治敏锐性使其在政治上不可抵御。

由于这类标准的不确定性——因为在某种程度上说，我们的宽

---

① 例如见玛丽·马特苏达(Mari Matsuda)的文章，"对种族主义言论的公开回应：考虑一下受害者的故事"，载《密西根法律评论》，1989(87)。马特苏达强调，合法的禁止是必要的，因为它代表着对种族主义立场的公开谴责。

容制度应该是怎么样的总是一个开放性的问题——就算是对许多宽容的支持者来说，为了保护一个受害团体，要求禁止一种特殊形式的行为也并非就是毫无疑问的。甚至当提出的修正实际上难以实施时，情况也是如此，因为一种切实可用的宽容制度不可能为每一个团体提供这种形式的支持。另外，由于同样的不确定性，一套宽容的制度要想发挥作用，它必须受到高度重视，并且要留心不要受到侵蚀。这意味着提出的任何修正必定具有政治敏锐性，会引发强烈的反对，因此，对处于争议中的团体来说，那是一个颇有价值的公共宣传。

而且，一旦那些为团体讲话的人要求保护——也就是说，一旦它被当成测量尊重的指示剂——对这个团体中的个体成员来说，不支持这一要求就难了。① 结果就是政治僵局的产生，在这一僵局中，宽容理念对两方面都产生了强有力的激发力量，一方面，以试图保护潜在地被排除的团体欲望形式出现；另一方面，以试图保护有效的宽容制度的欲望出现。对于这些问题，我尚无解决的办法。的确，我的部分观点就是，宽容的本性使这些问题不可避免。我提出的策略就是努力尽可能地防止让那些对宽容制度有害的措施成为检验尊重的"试纸"。有一些像我一样的民间自由至上主义者，急切地捍卫着这种制度，但我们不应该只是大喊大叫"不能那样做"，也应该追问一下如何调和的问题："是否存在着其他的方式，既不会破坏宽容制度，又能对受威胁团体的尊重能够得到证明?"②

## 结　论

从思考宗教宽容的范式个案出发，我首先谈到，一种学说认为，

---

① 在此，我特别想到了沙尔曼·拉什迪（Salman Rushdie）案例。阿亚图拉·霍梅尼（Ayatollah Khomeini）关于《撒旦诗篇》应该被禁止的要求是不合理的。另外，许多住在英国的穆斯林认为，由于对他们的伙伴公民的身份缺乏尊重，他们感觉受到了威胁。即便他们能够明白阿亚图拉的要求是不合理的，一旦对这个要求进行争论，要他们不去支持也很困难。这里的情况被英国保护基督教而不保护伊斯兰教的亵渎性法律复杂化了（迷雾重重，难以实施）。结果就导致了本文中所说的那种僵局。

② 我并不是暗示情况总是这样的。它取决于案例和团体。但是比较困难的案例是，在那些案例中，宽容不仅要为保护那个团体辩护，还得反对它们要求的措施。

从世俗自由主义的角度来看，在宪法的保护之下，反对宗教的"政府确立"是很少风险的，这种反对似乎没有什么代价，也没有什么危险。接着我解释了为什么普遍的宽容，尤其是宗教宽容是一项具有高风险的危险政策，甚至在一个稳定的宪法民主的社会结构中也是如此。在正式的法律政治和宪法政治中，这种危险并不太大（虽然也可能存在危险），但在非正式的政治中，情况则恰好相反；社会的本性常常通过这种非正式的政治形式来重新界定。尽管宽容存在着风险，我仍然相信它，因为在我看来，任何替代方式都可能把我置于一种和我的伙伴公民身份相敌对和相疏离的关系中，朋友也成了敌人。尽管如此，宽容的态度仍然是难以保持的。它的内容只有在正式的和非正式的政治活动中，通过对参与者公民权利的详细说明才能给定。但是任何这样的权利制度都是习俗性的和不确定的，而且必然常常受到冲击。要维护和解释这样的制度，我们需要更为普遍的宽容和调和态度，只是这种态度本身也难以维持。

选译自［美］托马斯·斯坎伦：《宽容之难》，
坎布里奇，哈佛大学出版社，2003。陈代东译，万俊人校。

# ［美］桑德尔（Michael Sandel，1953—    ）

# 《自由主义与正义的局限》(1982)(节选)

# 《自由主义与正义的局限》（1982）（节选）

## 结论：自由主义与正义的局限

为使正义成为第一美德，我们就必须对某些东西有真实的把握。我们必定是以某种特殊方式与人类环境相联系着的特殊创造物。我们必定与我们的环境保持着某种距离，无论是作为康德式的超验主体，还是作为罗尔斯式的根本没有约束的占有主体。在这两方面，我们都必须把我们自己看作是独立的，即独立于我们在任何时刻所可能具有的利益和依附联系之外。我们永远不会通过我们的目的来认同这些利益和依附联系，却又总能对它们洞若观火，从容评价，甚或可随意修正。

### （一）道义论的自由谋划

与这种独立自我的概念密切相关的，是一种该自我必须居于其中的道德宇宙观。与经典的古希腊观念和中世纪基督教观念不同，这种道义论的伦理宇宙是一个没有固有意义的所在，用马克斯·韦伯的术语来说，是一个业已"祛魅"的世界，一个没有客观道德秩序的世界。唯有在一个无**目的**的宇宙中，诸如人们所认肯的 17 世纪的科学和哲学，才可能设想出一种排除或先于其目标和目的的主体。唯有在一个不受目的性秩序支配的世界里，人类才能开放地建构其正义原则，个人才能开放地选择其善观念。也正是在这里，道义论的自由主义与目的论的世界观之间的深刻对立才得以最充分地呈现出来。

如果说，无论是自然，还是宇宙，都不能提供一种可以为人类把握或理解的意义秩序的话，那么，人类主体也无法构造他们自己的意义。这或许可以解释自霍布斯以降契约论为何得以凸显，而与之相应，力举惟意志论伦理学以反对认知伦理学的倾向何以在康德那里达到登峰造极的地步之因由所在。然而，在人们再也无所发现的地方却仍然多少留有可待开创的余地。① 在这一联系中，罗尔斯将他自己的观点描述为一种康德式"建构主义"的翻版。

> 原初状态中的各派对何为道德事实不会达成一致，权当这些事实仿佛已然存在。这并不是说，他们置身公平的境况，对一种在先的和独立的道德秩序已有一种清晰的未被曲解的观点。相反（对于建构主义来说），**根本就不存在任何这样的秩序**，因而也不存在任何超出完整程序之外的这类事实。

同样，对于康德来说，道德法则并不是理论理性的发现，而是实践理性的释放，是纯粹意志的产物。"基本的实践概念具有在理性中所给定的纯粹意志形式作为其基础"，而使这种意志具有权威性的原因是，它为一个尚未发现意义的世界立法。也正是在这种意志能力上，在其不诉诸认识的情况下直接产生实践戒律的能力上，实践理性优于纯粹理性。"由于在所有纯粹意志的戒律中，意志决定是唯一的问题"，所以这些戒律根本就不需要"等待靠直觉去获取意义。这是由于一个值得注意的原因，即**它们自己生产它们所诉诸的那种实在**"。

---

① 正如一位自由主义的著作家所大胆断言的那样："人们艰难寻找的真理在于：在这宇宙的深处，并没有隐藏任何道德意义……然则我们也没有任何必要为这种空白所吓倒。我们，也就是你和我，可以创造我们自己的意义。"让人奇怪不已的是，尽管如此，他却又坚持认为，自由主义并不承诺任何特殊的形而上学或认识论，亦不承诺任何"具有高度争论品格的大问题"。

回想一下下面一点是很重要的，按照道义论的观点，剥离了根本目的和依附的自我概念，并不意味着我们是完全没有目的或根本不能建立道德联系的存在，相反，这种自我概念意味着，我们所具有的价值和关系乃是选择的产物，是优先其目的的自我的占有。对于道义论的宇宙来说也同样如此。尽管自由主义否认存在一种客观道德秩序的可能性，但它并不坚持认为一切任由自然。它认肯正义，而非虚无主义。依道义论的观点所见，这种无内在意义的宇宙概念，并不是意指一个完全不受规导原则支配的世界，相反，它意指一个居住着能够按自己的意愿来构造意义的主体——作为**权利**的建构主体；作为善的**选择**主体——之道德宇宙。作为本体的复数的自我，或作为原初状态中的各派，我们达成了正义原则；而作为实际的个体性的自我，我们建立了善的观念。而且，我们作为本体的复数自我所建构的那些原则，包含着（但不决定）我们作为个体自我所选择的那些目的。这反映出权利优先于善。

道义论的宇宙和游荡其中的独立自我一起构成了一种自由[解放]的图景。通过摆脱自然天命和各种社会角色规约而获得自由，道义论的主体被安置在至高无上的位置上，成了仅有的道德意义的原创者。作为**无目的**世界的居住者，我们自由地建构正义原则，该正义原则不受先定价值秩序的限制。尽管正义原则严格地说不是一个选择问题，但它们所界定的社会却"不断接近于一个可以成为志愿图式的社会"（13页，1788），因为它们产生于一种纯粹意志，或产生于一种先验道德秩序所无法解答的建构行动。而且作为独立的自我，我们自由地选择我们的目标和目的，这些目标和目的也不受此类秩序或风俗习惯、传统、遗传特性的限制。只要它们不是非正义的，我们的善观念——无论它们是怎样的观念——都能仅仅凭借我们的选择而具有分量。我们是"各种有效主张的自生之源"（罗尔斯，543页，1980）。

于是，正义成了一种美德，它具体体现着道义论的自由解放图景并使其得以展现。它通过描述据说是由至高无上的主体在先于一切价值构成的境况下建构的那些原则，来具体体现这一图景。同时，它又在这样一种现实中展现这一图景，即，由于装备了这些原则，正义的社会以一种与所有人同样的自由相容的方式，规导着每一个人的目的选择。受正义支配的公民也因此能够在环境所允许的条件下充分实现道义论的自由谋划——去实践他们作为"各种有效主张的自生之源"的能力。所以，正义的首要性既表达又推进着这种道义论世界观和自我观念的自由解放的抱负。

然而，这种道义论的图景无论就其内部而言，还是更一般地作为一种有关我们道德经验的解释，都是有缺陷的。就其内部而言，道义论的自我由于被剥夺了一切构成性的依附联系，更像是被解除行动权利的自我，而非自由解放的自我。正如我们业已看到的，无论是权利，还是善，都不能纳入道义论所要求的那种唯意志论的推导之中。作为建构的行为主体，我们并没有真正建构什么（第三章）；而作为选择的行为主体，我们也没有真正选择什么（第四章）。在无知之幕的背后，人们所进行的并不是达成一种契约或合同，而是看是否有某种发现；而在"纯粹的偏好性选择"中，人们所进行的更多的是一种预先存在着的诸欲望（它们的价值无所区别）与最有效满足欲望之手段之间的匹配，而非一种目的的选择。对于原初状态中的各派来说，一如对日常慎思合理性中的各派一样，自由解放的时刻在到来之前便已消失；至高无上的主体被抛入环境要求的汪洋大海。

道义论自我的道德脆弱性也表现在第一原则层面上。在这里，我们发现，独立的自我本质上已成为被剥夺者，他已过于单薄，单薄得难以获得其日常意义上的应得[价值]（第二章）。因为应得的要求是以具有深厚构成的自我为先决前提的，唯有这样的自我才有能力占有日常意义上的[价值]，而道义论的自我却全然缺乏这种占有能力。罗尔斯不承认这一缺乏，相反，他却把各种权利资格建立在合法期待的基础上。如果我们无法得其应得，至少我们还有资格要求[社会]制度应尊重它们所产生的各种期待。

但是，差异原则却要求更多。与道义论的观点相应，它一开始就认为，我所拥有的财富仅仅是偶然属于我的。但是，它最后却又假定，这些财富因此而成为共同财富，而社会对这些财富的实际结果具有一种优先的要求。这就既剥夺了道义论自我的权利，也否定了道义论自我的独立性。要么，我的前程只得由制度摆布，这些制度是出于"在先的和独立的社会目的"而建立起来的，而这些社会目的既可能与我自己的目的相吻合，也可能与我的目的相冲突；要么，我就必须把我自己算做是某一共同体的一员，而该共同体部分却是由这些社会目的来规定的；在这两种情形的任何一种情形中，我都不再是不受构成性依附联系约束的自我。在这两方面，差异原则都与道义论谋划的自由抱负相矛盾。我们无法成为既把正义当作首要原则，又把差异原则当作正义原则的个人。

### (二)品格，自我认识和友谊

如果道义论伦理不能履行它自己的自由解放诺言，它也就无法令人信服地解释我们道德经验的某些不可或缺的方面。因为道义论坚持认为，我们把我们自己看作是独立的自我，即在我们的认同与我们的目的和依附联系永远没有关系的意义上的独立自我。假定我们有"形成、修正和合理追求一种善观念的道德能力"，我们的身份之连续性也就可以毫无疑问地得到保障。我的目的和依附的任何转变都不会产生我所是的个人问题，因为任何这样的忠诚无论有多么深厚坚实，都不可能一开始就确定我的认同。

但是，我们无法以这种方式把我们自己看作是独立的，除非我们为这些忠诚和确信付出沉重的代价，这些忠诚和确信的道德力量部分在于这样一个事实，即靠这些忠诚和确信而活着，与把我们自己理解为我们所是的特殊个人——理解为某一家庭、共同体、国家或民族之一员；理解为某一历史的承担者；理解为某一场革命的儿女；理解为某一共和国的公民——是分不开的。诸如此类的忠诚不同于我所偶然拥有的价值，或者不同于我"在任何既定时刻所支持的"那些目的。它们超出了我自愿承担的职责，和我对人类所承担的"自然义务"。我对某些人所持有的这些忠诚不同于正义，它们不需要甚至不允许我所做出的契约推理，相反，倒是需要和允许我凭借那些或多或少能够持久保持的依附与承诺，正是这些依附和承诺一道给予我所是的个人以部分规定。

想象一个没有保持其类似构成性依附联系之能力的个人，并不是去拟想一种理想的自由而理性的行为主体，而是想象一个人完全没有品格，没有道德深度。因为拥有品格就是了解我生活在历史之中，尽管我既不吁求也不命令，可历史仍然是我选择和行为的结果。

它使我离某些人较近，离另一些人较远；使一些目的较为适宜，另一些则不太适宜。作为一种自我解释的存在，我能够反思我的历史，并在此意义上使我自己与历史保持一种距离，但这一距离总是不确定的、随时变化的，反思的视点也永远不会最终超逸于历史本身。因此，一个有品格的人知道，他在各个不同的方面都如同他所反思到的那样，是十分复杂的，也会感受到他所了解事物的道德分量。

这一点对于行动主体和自我认识来说具有不同的意义。因为正如我们所看到的那样，道义论的自我由于完全没有品格，在任何严肃的道德意义上都没有自我认识的能力。如果说，这种自我不受任何约束且在本质上被剥离一空，那么，任何个人都将无法作为反思的对象而对自己进行**自我**反思。这正是为什么按照道义论的观点来看，关于目的的慎思只能是一种任意行为的缘故所在。由于缺少构成性的依附联系，慎思只是先于"纯粹的偏好性选择"，它意味着我们所追求的目的已陷于偶然之中，它"与一种道德观点毫不相关"。

与之相对，当我出自多少能够持久保持的品质而行动时，我对目的的选择就不是任意的。在审查我的各种偏好时，我不仅权衡它们各自的强度，而且也估价它们对我（已然）所是的个人之合适性。在我慎思时，我不仅要探询我真正需要什么，而且也要探询我真正是谁；而这后一个问题将使我不只是关注我自己的欲望，而且还会反思我的身份本身。如果说，我的身份曲线在某些方面仍然是开放的和可以修正的，那它们也不是完全没有定型的。而且，它们并非全无定型这一事实，使得我能够区别我的各种更为直接的需求和欲望；对于我确定的谋划和承诺来说，它们有一些在眼下看来是根本性的，而另一些则仅仅是偶然性的。尽管在我赢得我所是的这种人格时，可能存在某种终极偶然性——唯有目的论才能讲清这一点——但它仍然可以使我们对下述情况做出一种道德区分，即，作为我所是的个人，我认肯这些目的而非那些目的，采取这样一种方式而非那样一种方式。如果说构成性依附的概念最初看起来是行为主体——即自我，他现在受到了约束，严格地说也不再是先验的——的一种障碍的话，那么，对于我们防止滑入道义论自我无法回避的那种任意性来说，某种品格的固定性似乎具有根本意义。

对于某种友谊——友谊的标志是感情和相互了解——来说，品格在构成意义上的可能性也是不可缺少的。不管怎么解释，友谊必定与某种感情相联系。我们喜欢我们的朋友，对他们，我们有着爱慕的情感，祝愿他们平安顺利。我们希望，他们的欲望能得到满足，他们的计划能获得成功，而我们自己也以各种不同的方式承诺，为达成他们的目的助一臂之力。

但是，对于那些被预先假定没有构成性依附联系之能力的个人来说，这类友谊的行动便面临着一种强大的限制。无论我多么希望朋友万事如意，并随时准备为之努力，也只有朋友自己才能知道善者为何。这种进入他人之善的限制，正是自我反思的范围受到限制的必然结果，而这又反过来违背了道义论自我开始所追求的那种透明性。如果说关于我的善的慎思仅仅意味着关注我所直接注意到的那些需求和欲望的话，那么，我就必须自力更生，既不能要求也不能指望别人的参与。所有友谊行为也因此成为寄生于一种预先确认的善之寄生行为。"仁慈和爱是第二层次的概念：他们寻求促进被爱个体业已给定的善。"甚至于最友好的情感也必须等待友谊自身所不能进入的那一反省时刻。想期待有更多的朋友，或者想给朋友提供更多的帮助，都只能是一种与自我认识之终极隐私相反的假设。

与之相反，对于部分受到他们与他人共享的历史约束的个人来说，认识自己乃是一件更为复杂的事情。它也不是一件严格意义上的私人的事情。如果说，寻求我的善必定与探究我的身份和解释我的生活历史相关，那么，我所寻求的这种知识对于我就少了几分透明性，而对于他人则多了几分透明度。友谊就不仅是一种喜欢的方式，也是一种认知的方式。当我彷徨于十字路口，我可以询问一位对我深有了解的朋友，我们可以一起慎思推敲，依次提出并评判对我所是的人以及我所面对的与我的身份相关的各种选择所做的不同描述。严肃地对待这种慎思，也就使我的朋友有可能把握到我所迷失的东西，为我的身份面对各种抉择做出承诺的方式提供更充分的解释。采取这种新的描述，即是以新的方式来看待我自己。我原有的自我图像现在似乎变得不甚完整或被封闭了，而我也可以幡然醒悟，原来我的朋友比我更了解我自己。与朋友慎思自我，就是承认有这种可能性，它又进而预制了一种较道义论所能容忍的具有更为丰富构成的自我。如果说，友谊需要尊重朋友的自我认识——无论它存在多大的缺陷——这一点要经受时间的考验的话，那么，这也需要洞见。在这里，尊重的需要意味着了解的能力。

所以，像道义论那样来看待我们自己，就是剥夺我们的这些品质、我们的反思能力和我们的友谊，它们都依赖于构成性谋划和依附的可能性。而且，把我们自己看作是既定要服膺这类承诺的，也就是承认有一种比仁慈所描画的更为深刻的共同性，它是一种共同分享自我理解的共同性，一种"扩展了的爱"。正如这种独立的自我在他无法与之分离的那些目的和依附联系中，发现了他的种种局限一样，正义也在那些既涉及身份也涉及参与者利益的共同体的形式中，发现了自己的局限。

对于所有这一切，道义论最后可能会作出让步并给予一种区分：允许"公民在其个人事务中……保留各种依附和爱，他们相信他们不会或难以离开这些依附和爱"，他们"认为，在没有某些宗教的和哲学的确信与承诺的情况下来看他们自己，是不可思议的事情"。但允许这种情况是一回事，而对于公共生活来说，情况则有所不同。在公共生活中，任何忠诚或效忠对于我们的认同感都不可能是同样根本的。同我们与家庭和朋友的联系不同，任何对城邦或国家的奉献，或是对党派或事业的奉献，都不可能深刻到足以确定这种联系的地步。与我们的私人认同相对，在我们的善观念中，我们作为道德个人的"公共身份"，"并不受时间变化的影响"。如果说，在私人领域，我们可以成为具有深厚构成的自我，那么，在公共领域里，我们则必须是完全无先定约束的自我，也正是在这一领域，正义的首要性［主张］才得以盛行。

但是，一旦我们回想起道义论主张的特殊特性，我们对究竟这种区分的根据何在就模糊不清了。乍一看，这种区分似乎是一种心理学的区分。在公共生活中，人们的分离来得更轻而易举，我们所具有的各种联系显得更无关紧要。比如说，我可以比摆脱某些个人性的忠诚和爱恋更轻易地摆脱党派性的忠诚。但是，正如我们一开始就已看到的那样，道义论对自我之独立性的主张肯定远不止是一种心理学或社会学的主张。否则，正义的首要性就可能取决于某一特殊社会所要激发的仁慈与同胞感情的程度。自我的独立性并不意味着我能够——作为一个心理学事件——在这样或那样的环境中，呼吁人们与既定的联系分离开来，因为这种分离是我超脱我自己的价值和目的所要求的。相反，自我的独立性意味着，我必须把我自己看作是一个不同于我的价值和目的——无论它们可能如何——的自我之承担者。它首先是一种认识论的主张，而这同那种与公共关系或私人关系相联系着的感情之相对强度几乎没有什么瓜葛。

然而，如果把道义论的主张理解为一种认识论的主张，道义论的自我观念就无法做出这种必要的区分。在关乎"私人"目的的地方允许多种构成可能性，似乎就不可避免地至少要允许"公共"目的也能成为构成性的。一旦自我的边界不再固定，不再被预先个体化或不再被预定为先验的，原则上我们就根本不能说，哪一种类型的经验能够塑造或再造它们，我们也就根本不能担保只有"私人的"事务才能想象为是决定性的，而"公共的"事务却永远不能想象为是决定性的。

逼近道义论共和国公民的不是利己主义者，而是陌生者，有时候则是那些仁慈的陌生者；正义之所以产生，是因为我们无法很好地相互了解，或是无法很好地了解我们的目的，以至于单单靠共同善来管理我们自己远远不够。这种状况不可能完全消失，而只要它不会完全消失，正义就是必需的。但是，我们不能永远保证正义总占有先定的支配地位，且迄今为止它并未如此，共同体将是可能的，而对于正义来说，这一切都是一种不可确定的表象。

自由主义教导人们尊重自我与目的之间的距离，而当这一距离消失时，我们也就被淹没在一种陌生的环境中。但如果想要太完美无缺地确保这种距离，自由主义就会削弱它自己的洞察力。通过将自我置于政治学的领域之外，自由主义使人类行为主体成了一件信仰品，而非持续关注和关切的对象；成了一种政治的前提，而非政治之不确定的成就。这就失去了政治的动人品性，也失去了政治最激动人心的丰富可能性。它忽略了这样一种危险：在政治陷入危机之时，其可能导致的结果不仅是失望，而且还有混乱。同时它也遗忘了这样一种可能性：在政治清明昌盛之际，我们在共同体中能够了解一种我们无法独自了解的善。

### 第二版前言：共同体主义的局限

　　自本书问世以来，政治哲学的景象已发生诸多改变。20世纪八九十年代有关被人们现今称作"自由主义—共同体主义"之争的书籍和文章犹如雪花似的涌来。与此同时，约翰·罗尔斯——其奠基性著作《正义论》成为我评论的首要焦点——以多种重要方式，重塑了他的理论。在本书第二版新增的最后一章里，我考察了罗尔斯在其近著中提出的经过修正的自由主义观点。在这篇前言中，我想表明对"共同体主义"这一标签的某种不安，这一标签已被贴到我在《自由主义与正义的局限》（以下简称《局限》）一书中提出的观点上。

　　（一）共同体主义错在哪里

　　《局限》一书与其他同时代的自由主义政治理论之批评者（最著名的有阿拉斯代尔·麦金太尔[①]、查尔斯·泰勒[②]和迈克·沃兹尔[③]）的著作一起，渐渐被确认为是对具有权利取向的自由主义的"共同体主义"批评。由于我的部分论证是，当代自由主义对共同体提出的解释不充分，"共同体主义"这一术语在某种程度上还是合适的。然而，在许多方面，这一标签却会引起误解。最近几年在各种政治哲学间爆发的这场"自由主义—共同体主义"之争，表明了问题讨论的范围，而我并不总是认为我本人站在共同体主义一边。

　　这场争论有时表现为这样两类人之间的论战：一些人重视个人自由（权）的价值，而另一些人则认为，共同体的价值或大多数人的意志永远应该占压倒地位；或者，表现为另外两部分人之间的论战：一部分人相信普遍人权，另一部分人则坚持认为，不存在任何批评或判断不同文化和传统之价值的方式。如果"共同体主义"只是绝大

---

　　①　阿拉斯代尔·麦金太尔：《追寻美德》，圣玛丽，圣玛丽大学出版社，1981。

　　②　查尔斯·泰勒：《哲学论文》第一卷《人类主体与语言》、第二卷《哲学与人学》，剑桥，剑桥大学出版社，1985；泰勒：《自我的根源——现代认同的塑造》，剑桥，哈佛大学出版社，1989。

　　③　迈克·沃兹尔：《正义诸领域——为多元论与民主一辩》，纽约，基础图书出版社，1983。

多数主义的另一种名称，或者，如果它只是下述理念——认为，权利应该依赖于在任何既定时间和既定共同体中占先定支配地位的那些价值，那这并不是我要捍卫的一种观点。

罗尔斯的自由主义与我在《局限》一书中所提出的观点之间的争执关键，不是权利是否重要，而是权利是否能够用一种不以任何特殊善生活观念为前提条件的方式得到确认和证明。争论不在于是个体的要求更重要，还是共同体的要求更重要，而在于支配社会基本结构的正义原则，是否能够对该社会公民所信奉的相互竞争的道德确信和宗教确信保持中立。易言之，根本的问题是，权利是否优先于善。

对罗尔斯来说，如同对康德一样，权利对于善的优先性基于两种主张，而将这两种主张区分开来是重要的。第一种主张是，某些个体权利如此重要，以至于哪怕是普遍福利也不能僭越之。第二种主张是，具体规定我们权利的正义原则，并不取决于它们凭借任何特殊善生活观念所获得的证明；或者按罗尔斯最近所说的，凭借任何"完备性"道德观念或宗教观念所获得的证明。《局限》试图对之提出挑战的，恰恰是第二种主张，即权利优先于善的主张，而不是第一种主张。

正义是与善相关的，而不是独立于善之外的。这一观念把《局限》一书与其他人的作品联系起来，这些人被公认为是自由主义的"共同体主义批判者"。但是，认为正义与善相关的主张有两个版本，而只有其中一个版本才是通常意义上的"共同体主义的"观点。困扰自由主义—共同体主义之争的大部分混乱，正源于人们未能区分这两个版本。

把正义与善观念联系起来的一种方式主张，正义原则应从特殊共同体或传统中人们共同信奉或广泛分享的那些价值中汲取其道德力量。这种把正义与善联系起来的方式，在下述意义上是共同体主义的，即共同体的价值规定着何为正义、何为不正义。按照这种观点，承认一种权利取决于向人们表明，这种权利隐含在传统或共同体的共享理解之中。当然，人们对于一种特殊传统的共享理解实际支持什么样的权利，可能存在分歧，社会批评者和政治改革者可以用各种挑战现实中盛行的实践之方式，来解释各种传统。但是这些论证总是采取唤起共同体自我回忆的形式，采取诉求于隐含在一种共同谋划或传统中却又尚未实现的理想之形式。

把正义与善观念联系起来的第二种方式主张，正义原则及其证明取决于它们所服务的那些目的的道德价值或内在善。依此观点，承认一种权利取决于向人们表明，它能为某种重要的人类善增光添彩，或使之发展。这种善是否偶然得到人们的珍重，或是否隐含在该共同体的传统之中，可能不是决定性的。因此，第二种将正义与善联系起来的方式，严格地说并不是共同体主义的。由于它使权利依赖于权利所促进的那些目的或意图的道德重要性，因此最好是把它描述为目的论的，或者（用当代哲学的术语来说）是完美主义者的。亚里士多德的政治理论便是一个例子：在我们能够规定人们的权利或研究"理想宪法的本性"之前，他写道："我们有必要首先决定最称心如意的生活方式。只要这一点还模糊不清，理想宪法的本性也必定晦暗不明。"①

在两种把正义与善联系起来的方式中，第一种方式是不充分的。某些实践是由一特殊共同体的诸种传统所裁定的，单纯是这一事实还不足以使这些实践成为正义的。使这种习惯性创造物成为正义，也就是剥夺其批判性品格，即令人们允许存在对相关传统所要求的各种互相竞争性解释也是如此。关于正义和权利的论证具有一个不可避免的判断性质。那些认为权利问题应该对各种实质性的道德学说和宗教学说保持中立的自由主义者，与那些认为权利应该基于普遍盛行的社会价值的共同体主义者，都犯了一个相似的错误：两者都试图回避对该权利所促进的目的内容作出判断。但是，这些并不是仅有的选择。第三种可能性——依我所见，也是更为可信的可能性是，权利及其证明依赖于它们所服务的那些目的的道德重要性。

（二）宗教自由的权利

让我们考量一下宗教自由问题。为什么自由的宗教活动应享受特殊的宪法保护？自由主义者可能会回答说，宗教自由之所以重要，

---

① 厄勒斯特·巴克尔编译：《亚里士多德的政治学》，1323a14，279页，伦敦，牛津大学出版社，1958。

普遍的个体自由之所以重要，均出于相同的理由：使人们可以自由地过自主的生活，自由地选择和追求他们自己的价值。按照这一观点，为了尊重作为自由而独立之自我的个人，让他们能够选择自己的宗教信仰，政府应维护宗教自由。严格地说，尊重自由的呼求并不是尊重宗教，而是尊重有宗教的自我，或者说，是对包含于自由地选择其宗教的能力。按照自由主义的观点，宗教信仰之所以值得尊重，并不是凭借其内容，相反是凭借它是"自由与自愿选择的产物"①。

这种捍卫宗教自由的方式将权利置于善之前；它试图在不对人们的信仰内容作出判断的情况下，或者在不对宗教本身的道德重要性作出判断的情况下，来确保宗教自由的权利。但是，最好还是不要把宗教自由的权利理解为更一般的个体自律权利的特殊情形。如果把宗教自由的权利与选择自己价值的一般权利同化起来，就误解了宗教信仰的本性，使受特殊宪法保护的宗教自由活动得不到清楚的解释。若将所有宗教信仰都解释为人们选择的产物，就无法理解宗教在这些人的生活中所起的作用，对于他们来说，遵守宗教义务乃是一种构成性目的，对于他们的善来说，这一点具有根本意义，也为他们的认同所不可或缺。一些人可能会把他们的宗教信仰看作是选择问题，而另一些人却不这样看。使宗教信仰值得尊重的不是其获取方式——它的选择、启示、说服或习惯——而是它在一种善生活中的地位，或者是它所促进的品质；或者（从一种政治的观点来看）是其培养那些造就好公民之习惯性气质的倾向。

把宗教信仰与某一独立自我可能选择的各种各样的利益和目的放在同等地位，将使我们难以把良心的要求与纯粹的偏好区分开来。一旦失却这一区分，要求国家给那些强加于自由宗教活动以负担的法律提供特别证明的权利，就必定只能是"一种忽视各种可普遍应用法律的私人权利"②。如果一位正统基督徒同意有权利在空军健康体检中头戴犹太男子祷告时所戴的小圆顶帽，那么，对那些要穿戴其

----

① 此一短语出自《华莱士案宗·贾弗里卷》，美国版，第 472 卷，1985 年。"值得尊重的宗教信仰乃自由的产物和经由信念所作出的意志选择。"

② 这一短语取自《雇佣案宗·史密斯卷》，美国版，第 494 卷，872、886 号，1990。

他为军装着装法规所限制的头饰的服役者又当如何?① 如果正统的美国人有权利在圣餐上使用含麻醉品的食物，那么，对那些出于娱乐目的而触犯国家禁毒法的人又能说些什么呢?② 如果遵守安息日的人同意有权按照他们的作息时间来安排他们的工作日，难道那些想要去观看橄榄球赛的人，就没有同样的权利去安排他们的工休日吗?③

把宗教自由同化为普遍自由，反映了自由主义对中立性的渴望。但这种普遍化倾向并不能永远为宗教自由服务。它把个人偏好与履行义务混为一谈，因而也忽略了宗教自由对受意识约束的自我之困境的特别关切。义务要求这些自我，告诉他们不能选择放弃，甚至于面对有可能产生冲突的各种公民义务，也不能放弃。

但人们会问，为什么国家应该对受意识约束的自我给予特别尊重? 部分理由是，对于政府来说，给它的公民之自我限定施加关键性的实践负担，将会比剥夺他们较不重要的利益(这些利益对于他们生活意义的谋划来说，不太关键)，会给他们造成更深的挫伤。但是，负担本身并不是特别尊重的充分基础。谋划和承诺的界定范围，可以包括从令人钦佩的和英雄般的谋划与承诺到迷狂般和魔力般的谋划与承诺。确定自我的境况可以展示出团结和品格的深度，也可以展示出偏见和心灵的狭隘。

给宗教自由活动提供特别保护，是以宗教信仰——作为一特殊社会中的特殊实践——产生值得荣耀欣赏的存在与行动的方式为先决条件的;或者因为这些存在与行动的方式本身令人钦佩;或者，因为它们滋养了造就好公民的品质。除非人们有理由认为，宗教的信仰和实践在道德上有益于令人羡慕的生活方式，否则，宗教自由的权利就会受到削弱。当然，实用主义的考量仍可保留;确立宗教自由仍将可能被证明为是一种避免公民争斗的方式，而当教会与国家过于亲密地搅和在一起时，就可能导致这种公民争斗的结果。但是，对宗教自由之权利的道德证明，不可避免地包含判断;权利问

---

① 参见《戈德曼案宗·温伯格卷》，美国版，第 475 卷，503 号，1986。

② 参见《雇佣案宗·史密斯卷》，美国版，第 494 卷，872 号，1990。

③ 参见《童顿案宗·科尔德有限公司卷》，美国版，第 474 卷，703 号，1985。

题无法完全与有关权利所保护的实践之道德价值的实质性判断分离开来。

### （三）言论自由的权利

权利与权利所保护的善之间的联系，也可以通过新近有关言论自由与恶语伤人的争论得到清晰的说明。新纳粹分子该不该有权在伊利诺伊州的斯科基游行？这个地区可是一个有大量大屠杀的幸存者的共同体。① 是否应该允许那些主张白种人占统治地位的群体，去散布他们的种族主义观点呢？② 自由主义者认为，政府必须对其公民所信奉的各种意见保持中立。政府可以规导言论的时间、地点和方式——它可以禁止半夜喧哗和冷嘲热讽——但它不能规导言论的内容。要禁止的是那种给别人强加某些价值，因而不尊重每个公民选择和表达他或她自己意见的无礼的或不受欢迎的言论。

与其他观点一致，自由主义者也可以限制那种可能引起重大伤害的言论——比如说，引起暴力的言论。但是恶语中伤的言论中，什么算作伤害，则受自由主义个人观念的限制。根据这一观念，我的尊严不在于我所习惯的社会角色，相反，在于我选择我的角色和自我认同的能力。但这意味着，我的尊严永远不可能受以一种直接针对我所认同的群体之侮辱的伤害。任何恶语中伤的言论都不可能构成伤害本身，因为按自由主义的观点来看，最高的尊重是自我独立于其目的和依附之外的自尊。因为不受约束的自我即自尊的根据先于任何特殊的联系和依附，所以超出一种对"我的人格"的侮辱之外。因此，自由主义者可能会反对限制恶语伤人的言论，除非它可能造成某种实际的身体伤害——某种超出言论本身之外的伤害。

共同体主义者可能会回答，自由主义的伤害观念过于狭隘。对于那些把自己理解为受其所属的种性群体或宗教群体限定的人们来说，对其群体的侮辱会引起他们的切肤之痛。对于大屠杀的幸存者来说，新纳粹的游行旨在引起恐怖和不可言说的恐怖记忆，这种恐

---

① 参见《科林斯案·史密斯卷》，第447卷，补充卷，676号，1978；第578卷，续卷第二卷，1198号，1978。

② 参见《标哈纳伊斯案宗·伊利诺伊卷》，美国版，第343卷，250号，1952。

怖及其记忆，在他们的认同和生活深处刺痛着他们的心。

但是，承认恶语能够伤人并不能导出言论应该受到限制。必须权衡这类言论所引起的伤害与坚持言论自由之善的轻重大小。对待言论一如对待宗教一样，仅仅诉诸构成深厚自我的要求是不够的。重要的是，要弄清言论在与言论可能破坏或冒犯的已确定的认同之道德特性的相互联系中，它所具有的道德重要性。如果斯科基能够挡开纳粹分子的游行，为什么南方各种族隔离主义共同体就不能挡开20世纪50年代和60年代的民权游行？南方的种族隔离主义者们并不想让马丁·路德·金爵士在他们的共同体内游行，一如斯科基的居民们不想让新纳粹分子在他们共同体中游行示威一样。就像大屠杀中的幸存者一样，种族隔离主义分子可能会要求成为构成深厚的自我，并沉溺于可能会受到游行者及其宣传深深触犯的共同记忆。

有没有一种区分这两种情形的原则性方式？对于那些坚持要对言论内容保持中立的自由主义者来说，和对于那些按照共同体普遍流行的价值来界定权利的共同体主义者来说，答案必定都是"否"。自由主义者在这两种情形中都将坚持自由言论，而共同体主义者则可能不顾自由言论。但是，以同样的方式决定这两种情形的需要，表现了自由主义与共同体主义所共享的非判断冲动的笨拙。

区分这两种情形的明显根据是，新纳粹分子想促动种族灭绝和种族憎恨，而马丁·路德·金爵士则想为黑人寻求权利。在对其完整性受到关切的共同体之道德价值的看法上，也存在一种差别。大屠杀中的幸存者们所共享的记忆，应该得到一种道德尊重，而种族隔离主义却不应得到道德尊重。诸如此案的道德歧视与人类的常识相一致，但与那种主张权利优于善的自由主义观点和那种认为权利只依赖于共同价值的共同体主义观点相左。

如果说，言论自由权利的证明，依赖于一种关于与言论所蕴含的危险相联系的言论之重要性的实质性道德判断，我们也不能由此推出，在每一个特殊案例中，法官都应该尝试对言论的优点做出他们的估价。而在各种涉及宗教自由的案例中，法官也应去评价宗教实践的道德重要性。依照任何一种权利理论来看，某些普遍性规则和学说都能给法官留有余地，使他们在面对眼前的每一个案例时，需要重复运用那些最初的规则。但有时，在一些复杂的案例中，法官们若不直接求助于那些首先证明权利之正当合理性的道德目的，就无法运用这些规则。

弗兰克·约翰逊法官在 1965 年的案例中发表意见，允许了马丁·路德·金从塞尔玛到蒙特戈麦里的历史性游行，这是一个令人瞩目的例子。阿拉巴马的行政长官乔治·华莱士试图阻止这场游行。约翰逊法官承认，各州有权利规定其公路的使用规则，而大众沿着公路游行已经达到"宪法所允许的极限"。尽管如此，他还是命令该州允许这次游行。根据是，该游行的原因是正义的，属于"沿公路举行和平集会、示威和游行的权利范围"。他写道："应该与人们抗议和请愿反对的那种邪恶相称。在此案例中，邪恶是巨大的。对以游行示威来反对这些邪恶的权利范围，应该做出相应的规定。"[①]

约翰逊法官的决定在内容上不是中立的；它不会帮助斯科基的纳粹分子。但它恰当地说明了自由主义的权利探究路径，与那种认为权利依赖于对权利所发展之目的的实质性道德判断的探究路径之间的差异。

节选自［美］迈克尔·桑德尔：《自由主义与正义的局限》，结论、
　　　第二版前言，南京，译林出版社，2001。万俊人等译。

---

① 《威廉姆士案宗·华莱士卷》，美国版，第 240 卷，补充卷，100、108、106 号，1965。